神戸学院大学法学研究叢書

企業の法的
リスクマネジメント

赤堀勝彦 著

法律文化社

　　　　　　　　は し が き

　複雑に高度化し，グローバル化した産業社会における現代の企業経営は，厳しい環境下での堅実経営を余儀なくされている。かつてのように，設備投資による生産の拡大や業績の伸長にのみ焦点を合わせて，企業を取り巻く各種のリスクに対する備えを少しでもおろそかにすることは許されなくなっている。ひとたび，企業が事故・災害・その他不祥事を引き起こすと，そのダメージは経営危機を招き，企業のサスティナビリティ（存続可能性）を危うくするばかりでなく，地域社会・消費者など広範囲に及ぶことになる。

　このように複雑に拡大した企業内外のリスクを，最小でしかも経常的なコストでコントロールしようとする経営手法「リスクマネジメント」の重要性は今後一層高まると考える。

　その理由として，①新しい仕組みや新しい技術が数多く出現したことによりリスクの種類が格段に増加し，しかも損害が大型化したこと，②社会がめまぐるしく変化し，将来の予測が困難になり不確実性が増えていること，③国際化して，海外に充満しているリスクに直接関わる機会が増えたことによりトラブルが多発していること，などが挙げられる。

　リスクマネジメントは，このようにリスクが多種多様化してきた時代に対処する指針を示す役割を持っている。

　リスクマネジメントは，論者によって様々な定義がされているが，これを平易にいえば「リスクマネジメントとは，企業の内外に潜むすべてのリスクを発見して，これを分析・評価し，その結果に基づいて事故の防止，損失軽減のためのリスク・コントロールと，損失が発生した時の資金補てんのためのリスク・ファイナンシングを組み合わせて，小さなコストで損失を極小化するための活動である」といえる。

　リスクマネジメントは危険対象と管理対象の種類により，企業危険を管理対象とする企業リスクマネジメント，家庭危険を管理対象とする家庭リスクマネジメント（ファミリー・リスクマネジメント），国公営事業危険を管理対象とする

官公庁リスクマネジメントに類別できるが，一般にリスクマネジメントといえば，対象危険に多様性と巨大性が見られる企業リスクマネジメントを指す場合が多い。しかし，最近は，家庭をめぐる危険も多様化，複雑化し，これに対応するためには，リスク理論を用いた家庭危険の科学的管理，すなわち家庭リスクマネジメント（ファミリー・リスクマネジメント）も重要性を増してきている。また，現在はリスクが多様化し，巨大化し，国際化してきたと同時に社会化してきている。すなわち，現在はソーシャル・リスクの時代であることを踏まえて，このソーシャル・リスクを克服するためのソーシャル・リスクマネジメントも必要になってきている。

さらに，日本では1990年代後半以降企業の不祥事が多発したことから，企業運営の監督・監査の必要性が認識されるようになり，コーポレートガバナンスのあり方が注目され，コンプライアンスや法的リスクマネジメントへの取組みの必要が強く問われるようになってきた。多様なリスクの中で，現在企業にとって最も警戒すべきリスクが法的リスクである。最近の企業社会を取り巻く法的環境は大きく変わり，これに伴い，企業が実践しなければならない，法的リスクマネジメントの対象も変わってきている。こうした企業社会を取り巻く法的環境の変化を踏まえて，本書は，「企業の法的リスクマネジメント」というタイトルのもとに，内部統制，個人情報漏えい，製造物責任，環境法規制およびメンタルヘルスなどに関わる最近の企業リスクとリスクマネジメントについて論述したものである。

第1章の内部統制とリスクマネジメントにおいては，先駆けとして知られるアメリカのSOX法（The Sarbanes-Oxley Act：米国企業改革法）を参考に日本でも法制化され，2006年6月に制定された金融商品取引法の中に含まれている内部統制規定である，いわゆる日本版SOX法（J-SOX法）が2008年4月1日以後に開始する事業年度から適用されたことを踏まえて，日本版SOX法対応時代に問われるリスクマネジメントの重要性について述べた。第2章の個人情報保護法と企業のリスクマネジメントにおいては，2005年4月1日に全面施行された個人情報保護法の制度のもとに，特に相次ぐ個人情報漏えい事故に対する企業のリスクマネジメントについて述べた。第3章の製造物責任法と企業のリスク

マネジメントにおいては，企業を取り巻くリスクが多様化，大型化する傾向の中で，経営に重大な影響を与えうる製造物責任リスクへの対策は，製品を製造・販売するすべての企業にとって不可欠のものであることを踏まえて，製造物責任法のもとにおける企業の製造物責任リスクとリスクマネジメントについて，製造物責任リスクを対象とする生産物賠償責任保険も含めて考察することとした。第4章の最近の環境法規制のもとにおける企業のリスクマネジメントにおいては，現在深刻な問題になっている廃棄物・リサイクル問題，我々の日常生活に深く関わりこれを支えている化学物質の有害性の問題，有害物質による土壌汚染問題および地球規模の破局的な気候変動を引き起こすおそれがある地球温暖化問題等に関する環境法規制のもとにおける企業の環境リスクマネジメントについて述べることとした。第5章の企業のメンタルヘルス・リスクマネジメントにおいては，厚生労働省が事業場におけるメンタルヘルス対策の適切かつ有効な実施をさらに推進するため，2005年に労働安全衛生法を改正し，長時間労働に起因する健康障害防止対策を強化するとともに，2006年3月，同法70条の2第1項に基づく指針として策定した「労働者の心の健康の保持増進のための指針」を踏まえて，職場におけるメンタルヘルス・リスクマネジメントの重要性について述べた。また，法的リスクマネジメントの視点からメンタルヘルス・リスクに対する企業の賠償責任と民間保険の役割・限界を検討することとした。

　以上のとおり，本書は最近日本でクローズアップされている企業の法的リスクとリスクマネジメントについて論述したものである。本書がリスクマネジメントに関心を持つ研究者および実務家，あるいは，学部および大学院でリスクマネジメントを学ぼうとする学生諸君の勉学の一助となれば幸甚である。

　ところで，本書が出版できたのは，実に多くの方々のご指導・ご教示のおかげであることはいうまでもない。まず，学生時代に海上保険論のゼミナールでご指導を受けた恩師故葛城照三先生（早稲田大学名誉教授）には保険会社への就職から会社員時代も含めて大変お世話になったことに心からの感謝を申し上げなければならない。本書が，先生の学恩に多少なりともお答えできるものであれば，非常に嬉しい限りである。次に，日本リスクマネジメント学会会長・名

誉理事長の亀井利明先生（関西大学名誉教授）には，学会での研究発表や研究活動全般についてご指導をいただいていることに心より感謝申し上げる。また，大学卒業後勤務していた日本火災海上保険株式会社（現日本興亜損害保険株式会社）では，二度のニューヨーク駐在を含めて，上司，同僚，後輩の方々に恵まれ充実した会社員生活を送れたことに感謝申し上げるとともに，当時よりお世話になった大羽宏一先生（尚絅大学学長，大分大学名誉教授）および戸出正夫先生（ソーシャル・リスクマネジメント学会会長，元白鴎大学大学院教授）には，引き続き現在も日本リスクマネジメント学会および日本保険学会等でお世話になっていることに心より感謝申し上げる。さらに，会社を定年退職後赴任した長崎県立大学でお世話になった松本勇先生（長崎県立大学名誉教授）および山下登先生（岡山大学大学院法務研究科教授）に対して心より感謝申し上げる。また，日本リスクマネジメント学会および日本保険学会の諸先生方に対し，平素のご指導とご厚意に深く感謝の意を表したい。

　現在，神戸学院大学法学部に籍を置いて，佐藤雅美学部長をはじめ同僚の先生方や事務の方々にお世話になりながら，大変充実した教育・研究生活を送っている。厚く御礼申し上げたい。特に，岡田豊基先生（神戸学院大学教授）には日本保険学会等でもお世話になっていることに心より御礼申し上げたい。

　本書の出版にあたり，神戸学院大学法学会から出版助成を得ることができたことに改めて感謝申し上げる。また，厳しい出版事情のもとで本書出版において種々の適切な助言を頂戴し，編集の労をお取り下さった法律文化社代表取締役の田靡純子氏にも，ここに謹んで謝意を捧げる。

　最後に，私事で恐縮であるが，これまでの会社員生活および研究生活を支えてくれた妻・敏子と長男・智彦に対して感謝の気持ちを記すことをお許し願いたい。

2010年4月

　　　　神戸港を目の前にしたポートアイランドキャンパスにて

　　　　　　　　　　　　　　　　　　　　　　　　　赤堀　勝彦

目　次

はしがき

第1章　内部統制とリスクマネジメント …………… 1
▶日本版SOX法対応時代に問われるリスクマネジメントの重要性について◀

Ⅰ　はじめに ………………………………………………………… 1

Ⅱ　アメリカの内部統制とリスクマネジメント体制 …………… 5
　1　COSO　5
　2　COSO ERM　8
　3　SOX法　12
　4　アメリカの内部統制規則の見直しとSOX法の課題　18

Ⅲ　日本の内部統制とリスクマネジメント体制 ………………… 21
　1　内部統制とリスクマネジメントが重視される背景　21
　2　内部統制報告制度の日米比較とリスクマネジメントの進め方　30
　3　会社法と金融商品取引法の求める内部統制　36
　4　内部統制の限界と課題　42

Ⅳ　おわりに ……………………………………………………… 44

〔別表1〕SOX法と日本の内部統制報告制度比較対照表　48

第2章　個人情報保護法と企業のリスクマネジメント …… 55

Ⅰ　はじめに ……………………………………………………… 55

Ⅱ　個人情報保護法の概要 ……………………………………… 57
　1　個人情報保護法制定の経緯と背景　57
　2　個人情報保護法の目的と基本理念　63
　3　個人情報保護に関する基本方針　65

4　個人情報取扱事業者の義務　66

　Ⅲ　企業の個人情報漏えいリスクとリスクマネジメント…………69
　　　1　個人情報漏えいによる賠償責任リスク　69
　　　2　個人情報漏えいの原因と漏えい事例　73
　　　3　個人情報漏えいリスクマネジメント　77
　　　4　個人情報漏えいリスクに対応する賠償責任保険　82

　Ⅳ　個人情報保護法制の課題………………………………………88
　　　1　個人情報保護の過剰反応への対処　88
　　　2　オプトアウトの周知・徹底　89
　　　3　個人情報の取扱いに関する苦情処理体制の構築　91

　Ⅴ　おわりに………………………………………………………92

第3章　製造物責任法と企業のリスクマネジメント…………97

　Ⅰ　はじめに………………………………………………………97

　Ⅱ　製造物責任法の概要…………………………………………98
　　　1　日本の製造物責任法の経緯と背景　98
　　　2　アメリカの製造物責任法理　107
　　　3　日本の製造物責任法の構成　117
　　　4　製造物責任法の意義と課題　119

　Ⅲ　企業の製造物責任リスクとリスクマネジメント……………126
　　　1　企業の製造物責任リスク　126
　　　2　製造物責任リスクマネジメント　130
　　　3　生産物賠償責任保険の役割　140
　　　4　製造物責任をめぐる新たな動向　145

　Ⅳ　おわりに………………………………………………………152

〔別表2〕製造物責任法（PL法）に基づく訴訟一覧　157

第4章 最近の環境法規制のもとにおける企業のリスクマネジメント……179

- I はじめに …… 179
- II 日本の環境問題の取組みについての変遷 …… 181
  1. 産業公害問題（1955〜1972年） 181
  2. 都市生活型環境問題（1973〜1984年） 191
  3. 地球環境問題およびその他の環境問題（1985年以降） 193
- III 最近の環境法規制についての動向と企業のリスクマネジメント …… 202
  1. PRTR法（「特定化学物質の環境への排出量の把握等及び管理の改善の促進に関する法律」） 202
  2. 循環基本法（「循環型社会形成推進基本法」） 214
  3. 土壌汚染対策法 222
  4. 地球温暖化対策推進法（「地球温暖化対策の推進に関する法律」） 232
- IV 環境リスクに対応する保険の現状と課題 …… 243
  1. 環境汚染賠償責任保険の現状 244
  2. 環境汚染賠償責任保険の今後の課題 250
  3. 環境汚染リスクを補償する保険 253
  4. 廃棄物処理リスクを補償する保険 254
  5. その他の環境保険 255
- V おわりに …… 256

第5章 企業のメンタルヘルス・リスクマネジメント …… 261
▶職場におけるメンタルヘルスケアの重要性について◀

- I はじめに …… 261
- II 職場におけるストレスとライフサイクルから見た職場ストレス …… 264
  1. 現代社会と職場ストレス 264
  2. 職場におけるストレスの状況 266
  3. 職場ストレスの背景 268
  4. ライフサイクルから見た職場ストレス 270

Ⅲ 職場におけるメンタルヘルス・リスクの現状 ……………… 273
　1 メンタルヘルス・リスクを有する者の増加　273
　2 自殺者数の増加と精神障害者等の労災保険請求の増加　274

Ⅳ 心理的負荷による精神障害等に係る業務上外の判断指針 ……… 277
　1 職場における心理的負荷評価表　277
　2 職場における心理的負荷評価表の企業に与える影響　281

Ⅴ メンタルヘルス・リスクに対する企業の賠償責任と保険 ……… 282
　1 最近の裁判例に見る企業の安全配慮義務　282
　2 メンタルヘルス・リスクに対する保険の役割と限界　287

Ⅵ 職場におけるメンタルヘルス・リスクマネジメントと今後の課題 … 289
　1 職場におけるメンタルヘルス・リスクマネジメントの
　　 体制づくり　289
　2 職場におけるメンタルヘルス対策の調査結果　294
　3 職場におけるメンタルヘルスケアの特性と今後の課題　297

Ⅶ おわりに ……………………………………………………………… 299

〔別表3〕職場環境改善のためのヒント集（メンタルヘルスアクション
　　　　 チェックリスト）　303

〔別表4〕自社におけるメンタルヘルス対策の課題と今後の取組み　305

索　　引

図表一覧

[第1章] 図1-1　COSOキューブ（内部統制の統合的枠組み）　8
　　　　 図1-2　COSO ERMキューブ（全社的リスクマネジメント）　9
　　　　 図1-3　コーポレート・ガバナンスおよびリスク管理・内部統制に関する指針の全体図　24
　　　　 図1-4　リスクマネジメントと一体となって機能する内部統制の全体図　36
　　　　 図1-5　会社法施行（2006年5月1日）に伴い最初に決議した内部統制システムに関わる取締役会議についての見直しの決議の有無　37
　　　　 表1-1　COSOレポートとCOSO ERMの主な相違点　11
　　　　 表1-2　SOX法の構成　13
　　　　 表1-3　SOX法の主な論点　14
　　　　 表1-4　日本企業の不祥事分析　25
　　　　 表1-5　内部統制システムに関わる取締役会決議で見直した項目　38

　　　　 〔別表1〕SOX法と日本の内部統制報告制度比較対照表　48

[第2章] 図2-1　インターネット利用者数および人口普及率の推移（個人）　61
　　　　 図2-2　インターネット利用率の推移（企業）　62
　　　　 図2-3　インターネット利用上の不安の有無（世帯）　62
　　　　 図2-4　インターネットを利用する際に感じる不安の内容（世帯）　63
　　　　 表2-1　個人情報保護法の構成　56
　　　　 表2-2　個人情報取扱事業者の義務の概要　67
　　　　 表2-3　OECD8原則と個人情報取扱事業者の義務規定の対応　68
　　　　 表2-4　情報漏えい想定損害賠償総額の経年変化（5年間）　73
　　　　 表2-5　情報漏えい1件当たりの平均想定損害賠償額の経年変化（5年間）　73
　　　　 表2-6　情報漏えい1人当たりの平均想定損害賠償額の経年変化（5年間）　73
　　　　 表2-7　情報漏えいの原因　75
　　　　 表2-8　情報漏えいの経路　75
　　　　 表2-9　個人情報漏えい人数とインシデント件数の経年変化　76
　　　　 表2-10　情報保護マネジメント体制（例）　78
　　　　 表2-11　個人情報保護法遵守のためのチェックポイント（例）　80

[第3章] 図3-1　事故情報収集制度における製品事故件数の年度別推移　129
　　　　 図3-2　製造物責任リスクマネジメントの全体像（事故発生前の対策）　131
　　　　 図3-3　製品安全設計の実施フロー図　133
　　　　 表3-1　製造物責任に関わる各種の提案・試案の比較　104
　　　　 表3-2　製造物責任法（条文）　118
　　　　 表3-3　製品関連事故に係る相談件数の推移　128
　　　　 表3-4　事故発生後に行うPLD対策　139

〔別表2〕製造物責任法（PL法）に基づく訴訟一覧　157

[第4章]
図4-1　化学物質等による環境汚染の多発（1970年後半～）　203
図4-2　PRTRの仕組み（OECDガイダンスマニュアル）　204
図4-3　化学物質の排出量等の届出制度の仕組み（PRTR）　206
図4-4　PRTR制度の実施手順　207
図4-5　化学物質の性状および取扱いに関する情報提供（MSDS）の交付の仕組み　209
図4-6　PRTR法の対象　211
図4-7　リスクコミュニケーションにおける事業者とその利害関係者　213
図4-8　循環型社会の形成図　215
図4-9　循環型社会の形成推進のための施策体系　216
図4-10　土壌汚染に関する対策の進め方　231
図4-11　改定京都議定書目標達成計画の概要　239
図4-12　同一環境汚染に起因する複数の損害賠償請求の取扱い　247
図4-13　賠償請求期間延長特約の適用　248
表4-1　四大公害判例の概要　183
表4-2　成立した14の公害関係法律一覧表　191
表4-3　日本の環境問題の変遷　199
表4-4　土壌汚染が社会問題となった事例　223
表4-5　市街地における土壌汚染の代表的な発生形態　225
表4-6　京都議定書の概要　233
表4-7　マラケシュ合意の概要　234
表4-8　環境汚染賠償責任保険（EIL保険）と他の一般賠償責任保険との関係　244
表4-9　環境汚染賠償責任保険引受時の標準的なリスク調査　245

[第5章]
図5-1　仕事や職業生活での強い不安，悩み，ストレスがある労働者の割合の年次推移　267
図5-2　職業生活におけるストレス等の原因　267
図5-3　事業場におけるメンタルヘルスケアの「4つのケア」　291
図5-4　心の病の原因　295
表5-1　勤労者のストレス点数のランキング　272
表5-2　最近の自殺者数の推移　275
表5-3　精神障害等の労災補償状況の推移　277
表5-4　職場における心理的負荷評価表（平均的な心理的負荷の強度）　279
表5-5　職場以外の心理的負荷評価表　280

〔別表3〕職場環境改善のためのヒント集（メンタルヘルスアクションチェックリスト）　303
〔別表4〕自社におけるメンタルヘルス対策の課題と今後の取組み　305

初 出 一 覧

　本書各章と初出論文の対応関係は下記のとおりであるが，本書にまとめるにあたり，大幅に手を加えており，また，タイトル等も変更している部分がある。

第 1 章：「内部統制とリスクマネジメント──日本版SOX法対応時代に問われるリスクマネジメントの重要性について──」『神戸学院法学』37巻 2 号，1 ～53頁（神戸学院大学法学会，2007年12月）
第 2 章：「個人情報保護法と企業のリスクマネジメント」『神戸学院法学』37巻 3 ・ 4 号，115～195頁（神戸学院大学法学会，2008年 3 月）
第 3 章：「製造物責任法と企業のリスクマネジメント」『神戸学院法学』38巻 3 ・ 4 号，1 ～81頁（神戸学院大学法学会，2009年 3 月）
第 4 章：「最近の環境法規制のもとにおける企業のリスクマネジメント」『神戸学院法学』38巻 1 号，171～262頁（神戸学院大学法学会，2008年 9 月）
第 5 章：「企業のメンタルヘルス・リスクマネジメント──職場におけるメンタルヘルスケアの重要性について──」『神戸学院法学』38巻 2 号，1 ～47頁（神戸学院大学法学会，2008年12月）

第1章
内部統制とリスクマネジメント
▶日本版SOX法対応時代に問われるリスクマネジメントの重要性について◀

I　はじめに

　日本では1990年代後半以降，金融機関における不正会計，食品やガス器具，自動車など最終消費財に関連する安全性や品質について不正や問題が発生し，また，有価証券報告書の開示内容などのディスクロージャーをめぐり不適正な事例も発生した[1]。こうした企業の不祥事が続き，コーポレート・ガバナンス（Corporate Governance）[2]のあり方，コンプライアンス（Compliance）[3]やリスクマネジメントへの取組みの必要が問われるようになってきた。

　コーポレート・ガバナンスは，企業価値を維持し最大化するために，株主や従業員，消費者その他のステークホルダー（Stakeholder）の利害を反映した行動を，代理人である経営者がとるように方向づけて，統制するシステムであり，これに欠かせないのが内部統制システム（Internal Control System）である。

　内部統制システムは，企業が直面するあらゆるリスクの性質や範囲，リスクが顕在化した場合に経営に与える影響，許容できるリスクの範囲，リスクをコントロールするコストなどを考慮して構築される。また，経営の透明性を高め，株主をはじめとして従業員，消費者その他のステークホルダーに対し，適切な

---

1) 企業会計審議会内部統制部会「財務報告に係る内部統制の評価および監査の基準のあり方について」1頁（2005年12月8日）。なお，金融庁は，2004年10月中旬以降に証券取引上のディスクロージャーをめぐり，不適正な事例が相次いで判明したことを受け，2004年11月16日と同年12月24日に「ディスクロージャー制度の信頼性確保に向けた対応について」をとりまとめ公表した。この対応策は，①有価証券報告書等の審査体制の充実・強化，②公認会計士等に対する監督の充実・強化，③開示制度の整備，④市場開設者に対する要請の4つの柱からなっている。この中で，③開示制度の整備において，開示に関する内部統制に対する規制の方向が示されている。

情報を提供すること，さらに従業員の活動内容を的確に把握することのためにも内部統制（Internal Control）は必要である[4]。

すでに，アメリカではエンロン（Enron Corp.）[5]やワールドコム（Worldcom）[6]

---

2) コーポレート・ガバナンスは，「企業統治」と訳され，企業における意思決定の仕組みのことを指す。1990年代半ば以降企業の不祥事が多発したことから，企業運営の監督・監査の必要性が認識されるようになり，注目を集めるようになった。コーポレート・ガバナンスの要素としては，①経営の透明性，健全性，違法性の確保，②各ステークホルダーへのアカウンタビリティ（説明責任）の重視・徹底，③迅速かつ適切な情報開示，④経営者ならびに各層の経営管理者の責任の明確化の4つが挙げられる。しかし，日本企業のコーポレート・ガバナンスは，従業員重視から株主価値の最大化を追求する株主重視へと舵を切りつつあるが，株主至上主義に対する懐疑論，短期利益偏重の短期株主より長期的な株主の尊重，株式持合いへの逆戻りなどアメリカ型コーポレート・ガバナンスへの移行措置には様々な障害がある（青山公認会計士事務所ホームページ他）（http://aoyamaoffice.jp/school/kaikeischool/kigyoutouti.html）。

さらに，上記4つの要素を踏まえて，コーポレート・ガバナンスのもとでは，①企業の最終目的は企業価値向上であること，②企業目標と利害関係者との目標および利害調整，③企業目標の達成を可能とさせる企業組織・管理体制，④経営陣の責任や義務の明確化と利害関係者への説明責任，⑤経営の透明性と情報開示の5つの事項が重視されなければならない（上田和勇『企業価値創造型リスクマネジメント—その概念と事例—』95〜96頁（白桃書房，2003年））。

3) コンプライアンスとは，「法令遵守」と訳されているが，経済活動を行う企業が日本の法令を遵守することは当然の前提であって，法令遵守自体，特別な内容があるものではない。しかし，日本のように複雑化した社会においては，遵守すべき法令は多岐にわたり，その内容も一様ではない。特に，最近相次ぐ企業の不祥事が明るみに出たことで，法令・社会規範・倫理を遵守することがこれまでになく重視されており，企業は行動指針を策定し，その遵守のための内部統制システムの構築に積極的に取り組んでいく必要がある。すなわち，今や，内部統制システムの一環としての効果的なコンプライアンス体制の構築は，日本の企業にとって必須課題である（川崎友巳「コンプライアンス体制構築へのインセンティブ—アメリカ合衆国との比較的考察—」『月刊　監査役』563号32頁（日本監査役協会，2009年））。

そして，内部統制の限界を超えてコンプライアンスリスクが発生したときには，株主をはじめとするステークホルダーに対して，経営者として内部統制の構築・運用の義務を果たしていたこと，さらに経営者には過失がないことを説明する必要がある（東京海上日動コンサルティング株式会社編「ERM（全社的リスクマネジメント）の最新の考え方」『TALISMN』企業経営リスクシリーズNo.13, 34頁（2008年））。

4) 大村岳雄「企業のリスクマネジメントと開示」『経営戦略研究』Vol.2, 41頁（大和総研，2004年）。なお，内部統制システムについては，企業だけでなく行政機関においても理解を深める必要があると考える（南島和久「行政の信頼確保と政策評価に関する考察」『季刊行政管理研究』128号12頁（行政管理研究センター，2009年）。

の破たんなど⁷⁾を契機に，サーベインズ・オックスレイ法（The Sarbanes-Oxley Act：米国企業改革法，以下，SOX法という）⁸⁾が2002年に制定された。この法律によりアメリカで上場する企業は，SEC（Securities and Exchange Commission：証券取引委員会）への登録書類の提出に当たり，「経営者による内部統制の有効性

---

5) エンロンは，アメリカのテキサス州ヒューストンに存在した，総合エネルギー取引とITビジネスを行う企業である。エンロンは，規制緩和をビジネスチャンスにして，小規模なガス・パイプライン会社として1986年に合併・買収を続けて急成長し，2001年にはフォーブス誌上，収入規模でアメリカ第5位にランクされたが，巨額の不正経理・不正取引が発覚し，2001年12月2日に米連邦倒産法第11章（Chapter 11 of the United States Bankruptcy Code）適用を申請した。米連邦倒産法第11章の適用後，エンロンは各種事業を再編・売却し，2006年末には最後まで傘下に残っていたポートランド・ジェネラル・エレクトリック（PGE）を独立会社の形態に改め，エンロン本体は事業性をまったく持たない会社となった。2007年3月1日には正式名称をEnron/Creditors Recovery Corp.と改め，PGEの株式や現金など50億ドル程度の流動資産を紛争解決基金（Disputed Claims Reserve）として保有し，法的手続に従って債務処理を行うための会社に再編された（エンロン関連ホームページ他）（http://www.enron.com/）（http://en.wikipedia.org/wiki/Enron）（http://www.enronfraud.com/）。

なお，エンロン事件の経緯等については，カーティス・J・ミルハウプト（Curtis J. Milhaupt）編『米国会社法』（U. S. Corporate Law）280～284頁（有斐閣，2009年）（田中祐筆）参照。

6) ワールドコムは，アメリカの大手通信会社で6万8,000人の従業員を擁し，65ヶ国で事業を展開していたが，2001年から2002年にかけて大規模な利益水増しなどの不正会計の発覚から株式が急落し，経営危機に陥り，2002年7月21日にニューヨーク連邦破産裁判所に対して，米連邦倒産法第11章適用を申請した。総資産は約1,038億ドル（2002年3月末）と，2001年12月に経営破たんしたエンロンの634億ドル（破たん当時）を大幅に上回り，負債額は300億ドルを超え，アメリカ史上最大の破たんになっただけでなく，世界的にもまれに見る巨大倒産となった。なお，同社は2002年の経営破たん後，社名をMCI Inc.に変更し，粉飾会計の被害者である投資家への補償資金として，SECに現金および株式で7億5,000万ドルを支払っている。さらに，2005年にはベライゾン・コミュニケーションズ（Verizon Communications, Inc.）に買収され，現在はベライゾンの一部門となっている（ベライゾン関連ホームページ他）（http://en.wikipedia.org/wiki/WorldCom）（http://en,wikipedia.org/wiki/Verizon_Communications）。

7) その他，グローバル・クロッシング（Global Crossing）のような「ニューテクノロジー」や通信業界における会計スキャンダル等が挙げられるが，これらの事例においては，経営陣は誤った情報を与えられていたか，あるいは経営陣や株主に情報が伝達されるプロセスが機能しなかったという状況が多く見受けられたこととさらに多くの場合に，金融工学ならびに経済上のリスクの情報非開示が，明確な不正と並んで倒産の原因となっている（Crouhy, M., D. Galai and R. Mark, *The Essentials of Risk Management*, McGraw-Hill Companies, Inc., 2006（三浦良造訳者代表『リスクマネジメントの本質』71頁（共立出版，2008年）））。

に関する宣誓書」および「財務報告の信頼性を確保するための内部統制の報告書」を添付するとともに，当該企業が構築した内部統制の評価に関し，外部監査人が当該報告書に記載することが義務づけられた。しかし，日本に限らず世界中の多くの企業が内部統制システムについては未整備であり，日本では先駆けとして知られるアメリカのSOX法を参考に法制化された。それは，2006年6月に制定された金融商品取引法の中に含まれている内部統制規定である，いわゆる日本版SOX法（J-SOX法）[9]で，2008年4月1日以後に開始する事業年度から適用されることとなった。

本章では，日本版SOX法対応時代に問われるリスクマネジメントの重要性について，アメリカおよび日本の内部統制とリスクマネジメント体制を踏まえて考察することとしたい。

---

8) 正式名称は，Public Company Accounting Reform and Investor Protection Act of 2002（公開企業会計改革および投資家保護法）であり，「証券諸法に基づいて行われる企業の開示の正確性および信頼性を改善することにより投資家を保護することなどを目的として」（"to protect investors by improving the accuracy and reliability of corporate disclosures made pursuant to the securities laws, and for other purposes."）2002年7月30日に連邦公法（Public Law）107-204として制定された。

9) 日本版SOX法（J-SOX法）は通称で，2006年6月に成立した金融商品取引法の中に含まれている内部統制規定（24条の4の4）が内部統制基準の根拠条文となっている。アメリカで制定されたSOX法をモデルに，企業の内部統制強化を目的として法制度化することで，企業経営者に対し「内部統制報告書」の作成と，その内容についての監査を受けることを義務づけるものである。2008年度事業開始年度からすべての上場企業を対象に，内部統制の導入，報告，監査が義務づけられた。また，企業会計審議会より，日本版SOX法の基礎にある「財務報告に係る内部統制の評価および監査の基準並びに財務報告に係る内部統制の評価および監査に関する実施基準の設定について（意見書）」（2007年2月15日）が公開され，内部統制の実施基準が正式に確定した。これにより，企業は業務の効率化や改善という本来の目的達成のために，正面から取り組んでいく姿勢が求められている。

なお，日本版SOX法は，財務諸表の信頼性を確保することで投資家が自己責任で投資活動を行える環境の整備を目指すと同時に，財務諸表の信頼性を合理的なレベルで確保できる内部統制を構築，運用し，その有効性を実証した経営者に関しては，経営者の意図しない粉飾決算のリスクが顕在化した場合の投資家の責任追及から保護しようという思想も込められている（東京海上日動コンサルティング株式会社・前掲注3) 34頁）。

Ⅱ　アメリカの内部統制とリスクマネジメント体制

1　COSO
（1）COSO設立の経緯

1970年代から80年代にかけて，アメリカでは企業の粉飾決算や経営破たんが相次いだ。すなわち，1970年代，アメリカでは不安定な経済状況の中で，ウォーターゲート事件（Watergate Scandal）調査に端を発した企業の海外での賄賂取引など多くの企業における違法支出や粉飾決算等の不祥事が問題となった。[10]　また，1980年代に，貯蓄貸付組合（S&L：Savings & Loan Association）が乱脈融資をしたためこれらが不良債権化し，貯蓄貸付組合など中小金融機関の多くが破たんに追い込まれ，金融当局による救済・整理，そして経営者の責任が追及された。

その後，対応措置として，1985年6月には，アメリカ公認会計士協会（AICPA：American Institute of Certified Public Accountants），アメリカ会計学会（AAA：American Accounting Association），内部監査人協会（IIA：The Institute of International Auditors），全米会計人協会（NAA：National Association of Accountants）および財務担当経営者協会（FEI：Financial Executives Institute）の会計5団体が「不正な財務報告に関する全国委員会（The National Commission on Fraudulent Financial Reporting：通称トレッドウェイ委員会）[11]」を組織し，検討を開始した。

1987年10月に，トレッドウェイ委員会は報告書を公表し，「トップマネジメントは，不正な財務報告を防止または摘発することの重要性を認識し，財務報告に関する総合的な統制環境を確立すること」が重要であることを指摘した。さらに，これを受けて，トレッドウェイ委員会組織委員会（The Committee of Sponsoring Organizations of the Treadway Commission. 以下，COSOという）が，ク

---

10) 例えば，1976年のロッキード汚職事件などが挙げられる。
11) 「不正な財務報告に関する全国委員会」の委員長 Treadway, J. C., Jr. の名前からトレッドウェイ委員会と呼ばれた。

ーパース・アンド・ライブランド（現プライスウォーターハウス・クーパース）に委託して，1992年に「内部統制の統合的枠組み」(Internal Control-Integrated Framework：通称 COSOレポート) を公表した。その内容は，財務報告の信頼性のみならず，コンプライアンスや業務の効率性をも包含するものとなっている。COSOレポートの考え方は，その後全世界に広まった。例えば，1998年に国際決済銀行（BIS）が公表した「銀行組織における内部管理体制のフレームワーク」もCOSOをベースにしており，結果として日本の金融検査マニュアルにも大きな影響を与えている。[12]

(2) COSOレポートの求める内部統制システム

COSOが1992年に公表したレポートは，内部統制を，以下の3つの目的の達成に関して「合理的な保証を提供するために作成された，事業体の取締役会，経営者およびその他の構成員によって遂行されるプロセスである」と定義した。[13]

3つの目的とは，①「業務の有効性と効率性」(Effectiveness and Efficiency of Operations)，②「財務報告の信頼性」(Reliability of Financial Reporting)，③「コンプライアンス」(Compliance with Applicable Laws and Regulations：適用される法令等の遵守) である。まず，①「業務の有効性と効率性」とは，例えば，「ある事業でトップシェアを目指す」「この事業投資からこれだけのリターンを得る」といった個別具体的な事業目的に対して，より効果的・効率的に事業運営がなされることが重要であり，基本的な経営上の目的である。次に，②「財務報告の信頼性」とは，不正な財務報告の防止を含め，信頼できる財務諸表を作成することで，仕掛品，在庫，売掛金等，企業の事業状況が正確に財務諸表に反映される必要がある。米英企業では，企業活動を表象する財政状態の正確な報告が，企業存続の大前提とされている。さらに，③「コンプライアンス」とは，企業が適用を受ける法律と規則を遵守することである。当然のことではあるが，どのような事業目的であっても，法規制の枠内で運営されることが大前

---

12) 長嶋潔「内部統制とリスクマネジメント」『TRC EYE』Vol.81，1頁（2005年）。
13) COSO, *Internal Contorol-Integrated Framework*, 1992, p.13.

提である。

　また，COSOレポートは，この3つの目的を達成するための構成要素として，①「統制環境」(Control Environment)，②「リスクの評価」(Risk Assessment)，③「統制活動」(Control Activities)，④「情報と伝達」(Information and Communication)，⑤「モニタリング」(Monitoring：監視活動)の5つを挙げている。まず，①「統制環境」とは，組織の気風や文化を決定し，事業体に属する人々のコントロール（統制）に対する意識に影響を与える仕組みのことであり，他の4つの構成要素の基礎となるものである。そして，統制環境の中で最も重要なのは，経営者のリーダーシップといえる。いわゆる社風や構成員のモチベーションは，経営理念など経営者の考え方などによって大きく左右されるからである。次に，②「リスクの評価」とは，事業体の目的を明確にし，目的達成に関連するリスクを識別・分析し，リスクを如何に管理すべきかを決定する基礎を提供する活動のことである。事業目的達成のために，障害となるリスクを探し，評価することが必要であり，これはリスクにどう対応するかの判断材料ともなる。さらに，③「統制活動」とは，リスクに対処するために必要な活動のことである。統制活動の対象領域は広く，承認，認証，検証，照合，業務遂行行動の評価などがある。また，④「情報と伝達」とは，情報に目的との整合性，適時性，正確性，可用性，信頼性を確保し，組織内外における情報伝達手段を確立した上で情報伝達を実行することである。内部統制が実行されるためには，必要な情報が社内のトップから従業員に，従業員からトップに，また，社外から社内へ，適切に伝達する仕組みが必要である。最近，コンプライアンス違反に関する内部通報の仕組みを導入する企業も増えてきているが，これもまさにこの情報と伝達の仕組みの1つである。最後に，⑤「モニタリング」とは，事業体が定めたコントロールが実行されていることを監視，確認または評価する活動のことである。これには，日常的な管理活動に組み込まれた日常的な監視活動と主に内部監査部門が行う独立的評価活動の2つがある。内部統制の統合的枠組みを視覚的にわかりやすくしたものが図1-1であり，COSOキューブと呼ばれている。

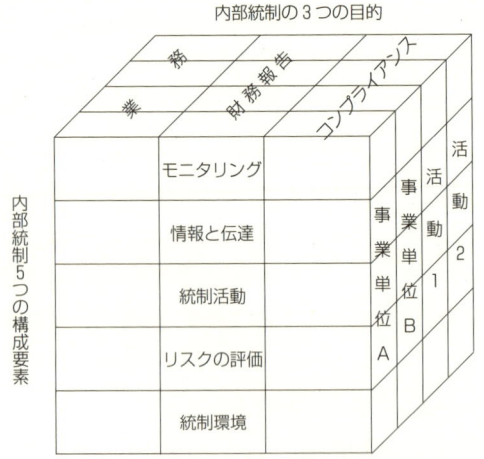

図1-1　COSOキューブ（内部統制の統合的枠組み）

出所：COSO, *Internal Control-Integrated Framework*, 1992（トレッドウエイ委員会組織委員会，鳥羽至英＝八田進二＝高田敏文訳『内部統制の統合的枠組み　理論編』27頁（白桃書房，1996年））をもとに作成（著者一部修正）。

2　COSO ERM

(1) COSO ERM作成の経緯

　COSOは，2001年12月からリスクマネジメントフレームワークの策定に入り，2003年7月の公開草案を経て，2004年9月にCOSO ERM—統合的フレームワーク—（Enterprise Risk Management-Integrated Framework）を発表した。COSO ERMは，企業環境の変化が早まり，組織を取り巻くリスクを特定・分析し，管理することの重要性が高まってきたことを受け，COSOモデルを発展・継承する形で開発された「全社的なリスクを管理する枠組み」である。リスクマネジメントは，戦略の策定および事業体の全体に提供されるプロセスであることから，1992年のCOSOレポートにおける内部統制の5要素に，「目的の設定」（Objective Setting），「事象の識別」（Event Identification）および「リスクへの対応」（Risk Response）が付加され，また，内部統制の目的分類にも戦略が付加されている。「目的の設定」とは，潜在的事象を評価した上で，事業体の経営方針やリスク選考と整合し，かつこれを支持するような目的を設定することを

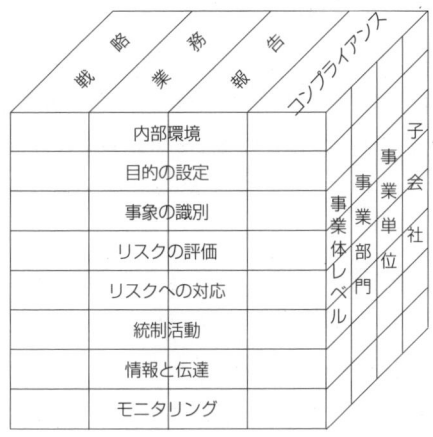

図1-2　COSO ERMキューブ（全社的リスクマネジメント）

出所：COSO, *Enterprise Risk Management-Integrated Framework*, 2004（八田進二監訳，中央青山訳『全社的リスクマネジメント　フレームワーク編』8頁（東洋経済新報社，2006年））をもとに作成（著者一部修正）。

いい，「事象の識別」とは，事業体の目的に影響を及ぼしうる潜在事象を認識し，かつそれが負の影響なのか正の影響なのかを見極めることをいう。また，「リスクへの対応」とは，リスク許容度とリスク選考を考慮し，リスクをどのように管理するか（移転，回避，低減，保有等）を決定することをいう。

COSOキューブと同様に，これを視覚的にわかりやすくしたものが図1-2であり，COSO ERMキューブと呼ばれている。ERMの目的範疇4つが垂直の列で表され，その構成要素8つが水平の行で示され，そして第3の次元で事業体と考且織上の単位が描かれている。

（2）COSO ERMの意義

COSO ERMフレームワークの中で，ERMは次のように定義されている。「ERMとは，事業体の取締役会，経営者，その他組織内のすべての者によって遂行され，事業体の戦略策定に適用され，事業体全体にわたって適用され，事業目的の達成に関する合理的な保証を与えるために事業体に影響を及ぼす発生可能な事象を識別し，事業体のリスク選好に応じてリスクの管理が実施できる

ように設計された，1つのプロセスである」[14]。

さらに，COSO ERMは，①「内部環境」，②「目的の設定」，③「事象の識別」，④「リスクの評価」，⑤「リスクへの対応」，⑥「統制活動」，⑦「情報と伝達」，⑧「モニタリング」の8つの構成要素から成り立っており，それぞれの要素は企業経営のための方法に結びついており，経営管理プロセスに統合される。

また，事業体が企業経営の目的を達成できるように，①「戦略」(Strategic)，②「業務」(Operations)，③「報告」(Reporting)，④「コンプライアンス」(Compliance) という4つのカテゴリを設定している。

COSO ERMにおいても，1992年に公表されたCOSOレポートと基本的枠組みは変わっていない。しかし，COSO ERMは，COSOの内部統制から発展して，組織的・全社的なリスクマネジメントの枠組みを確立することで企業価値

---

14) COSO, *Enterprise Risk Management-Integrated Framework*, 2004（八田進二監訳，中央青山訳『全社的リスクマネジメント　フレームワーク編』21頁（東洋経済新報社，2006年）)。

　なお，1990年代の半ば頃から企業経営が直面するリスクを全社的に管理する動きが，欧米の先端的な企業を中心に導入され始めた。こうした全社的なリスクへの取組みであるEnterprise Risk Management (ERM) は，一般に，Holistic Risk Management, Business Risk Management, Strategic Risk Management, Consolidated Risk Management, Enterprise-wide Risk Management, また，Integrated Risk Managementなどとも呼ばれるリスクマネジメントの新しい手法であり，漸次進展し続けている（Miccolic, J. A., K. Hively and B. Mekley, *Enterprise Risk Management: Trends and Emerging Practices*, The Institute of International Auditors Research Foundation, 2001, Introduction xxii.)。

　また，ERMには主に3つの利点があるといわれている。それは，①組織の有効性の増大，②優れたリスク報告，③事業パフォーマンスの改善である（Lam, J., *Enterprice Risk Management: From Incentives to Controls*, 2003（林康史＝茶野努監訳『統合リスク管理入門—ERMの基礎から実践まで—』62頁（ダイヤモンド社，2008年)）。

　さらに，伝統的なリスクマネジメントとERMの相違点については，①ERM担当責任者はリスクを個別のリスクだけの専門家になるのではなく，すべてのリスクをあらゆる経営意思決定の一部であるという考え方をとり，その結果，リスクマネジャーはあらゆるリスクを考慮する必要があること，②リスクを専門家のものとせず，全社的にあらゆる従業員と職務の一部とすること，の2つの相違点が指摘される（櫻井道晴『レピュテーション・マネジメント―内部統制・管理会計・監査による評判の管理―』184頁（中央経済社，2008年))。その他，ERMは，対象とするリスクが広くなり，これまでの純粋リスクのみならず，投機的リスクとしての戦略リスクや無形リスクが重大リスクとして認識されている（上田和勇編著『企業経営とリスクマネジメントの新潮流』16頁（白桃書房，2009年）（上田筆))。

表1-1　COSOレポートとCOSO ERMの主な相違点

	COSOレポート	COSO ERM
定　義	広義には、以下の範疇に分けられる目的の達成に関して合理的な保証を提供することを意図した、事業体の取締役会、経営者およびその他の構成員によって遂行されるプロセスとして定義される。	事業体の取締役会、経営者、その他の組織内のすべての者によって遂行され、事業体の戦略策定に適用され、事業体全体にわたって適用され、事業目的の達成に関する合理的な保証を与えるために事業体に影響を及ぼす発生可能な事業を識別し、事業体のリスク選考に応じてリスクの管理が実施できるように設計された、1つのプロセスである。
事業体の目的	①業務の有効性と効率性 ②財務報告の信頼性 ③コンプライアンス	①戦略（組織のミッションに関連づけられた高次元の目的） ②業務（組織の経営資源の有効かつ効率的使用に係る目的） ③報告（組織内外の報告の信頼性に係る目的） ④コンプライアンス（組織に適用される法令規則の遵守に係る目的）
構成要素	①統制環境 ②リスクの評価 ③統制活動 ④情報と伝達 ⑤モニタリング	①内部環境 ②目的の設定 ③事業の識別 ④リスクの評価 ⑤リスクへの対応 ⑥統制活動 ⑦情報と伝達 ⑧モニタリング

出所；COSO, *Internal Control-Integrated Framework*, 1992（トレッドウェイ委員会組織委員会、鳥羽＝八田＝高田訳・前掲書（図1-1）17～129頁）、COSO, *Enterprise Risk Management-Integrated Framework*, 2004（八田監訳、中央青山訳・前掲書（図1-2）5～113頁）。

の向上を図ることを目的とし、内部統制をリスクマネジメント体制構築の前提要素としていることから、リスクマネジメントを広義に捉え、組織経営・運営そのもののあり方に近い概念のものになっている。[15]

なお、1992年に公表されたCOCOレポートと2004年に公表されたCOSO ERMの主な相違点を挙げれば表1-1のとおりである。

---

[15] 長嶋・前掲注12）3頁。

3　SOX法

（1）SOX法成立の経緯

　アメリカでは，エネルギー大手のエンロンが，利益の水増しなどの不正経理の発覚により2001年12月に経営破たんし，それに加担した外部監査人のアーサー・アンダーセン（Arthur Andersen）が2002年8月に廃業に追い込まれることになる，いわゆるエンロン事件が発生した。その後不正会計事件は後を絶たなかったが，アメリカでは，特にエンロン事件の教訓から，「内部統制の強化」と「監査人の独立と行動規範の厳格化」の重要性が認識され，それを法律として定める必要性が生まれたわけである。アメリカは法制化を急ぎ，エンロンが倒産してからわずか8ヶ月という短期間の2002年7月にSOX法を成立させた。ブッシュ大統領（当時）は，2002年7月30日に議会のポール・サーベインズ上院議員の提案とマイケル・オックスレイ下院議員の提案を統合する形で生まれたサーベインズ・オックスレイ法に署名し，この法律は即座に発効された。このように立法化を急いだ議会は上院・下院両方の法案を詳細に比較検討することなしに，主だった個所を抜き出して並べて1つの法案として合体したため，条文の一部が重複しているなど不整合が部分的にできているという欠陥が見られる。[16]

（2）SOX法の構造

　SOX法は全部で11章69の条文で構成されている（表1-2）。コーポレート・ガバナンス強化の側面では，第1に公開会社監査を監督する公開企業会計監視委員会（PCAOB：Public Company Accounting Oversight Board）が新設され（第1章），第2に監査人の独立性が一層高められ（第2章），第3に企業の責任が強化された（第3章）。また，証券市場の透明性向上の側面では，企業財務の情報[17]

---

16)　例えば，1102条の「記録の改ざんや公式手続きへの妨害」は，802条の「文書偽造に関する刑事罰」と，1107条の「内部告発者に対する報復」は，806条の「詐欺行為の証拠を提出した上場企業の従業員の保護」と部分的に重複している。

17)　PCAOBを設置する目的は，投資家の利益と公共の利益を保護することである（101条）。なお，日本でもアメリカの影響を受け2004年4月に，公認会計士・監査法人の監督を行う機関として金融庁に公認会計士・監査審査会が設けられた（公認会計士法35条2項2号，41条の2）。

表1-2　SOX法の構成

第1章	公開企業会計監視委員会（Public Company Accounting Oversight Board）
第2章	監査人の独立性（Auditor Independence）
第3章	企業の責任（Corporate Responsibility）
第4章	財務開示の強化（Enhanced Financial Disclosures）
第5章	証券アナリストの独立性と行動規範（Analyst Conflicts of Interest）
第6章	証券取引委員会の財源と権限（Commission Resources and Authority）
第7章	調査および報告（Studies and Reports）
第8章	企業と刑事上の詐欺行為に関する責任（Corporate and Criminal Fraud Accountability）
第9章	ホワイトカラー犯罪に対する規制強化（White-Collar Crime Penalty Enhancements）
第10章	法人税申告書（Corporate Tax Returns）
第11章	企業不正および説明責任（Corporate Fraud and Accountability）

開示が一層強化され（第4章），オフィサー等の責任や民事・刑事罰の大幅強化の側面では，多くの事柄が定められた（その他の章）。

同法の規定の中で，内部統制に関する経営者の評価（404条），発行者による即時開示（409条），内部告発者（806条，1107条），また最高経営責任者等による財務報告書の宣誓書添付義務とこの違反に対する罰則（302条，906条）などの規定は，成立と同時に施行された。しかし，他の規定については，SECが規則の制定を通じて実施する責任を担っており，また，ニューヨーク証券取引所（NYSE：New York Stock Exchange）や全米証券業協会（NASDAQ：National Association of Securities Dealers Automated Quotations）などの上場規則として個別的に具体化されている。SOX法の主な論点を整理すれば表1-3のとおりである。

このようにSOX法は，アメリカ資本市場に対する投資家の信頼を取り戻すために企業の経営者に対して厳しい責任を負わせ，公認会計士の行う会計監査や内部統制の監査の基準をPCAOBが自ら制定し，PCAOBが公認会計士監査の監督を行うことを求めた。

さらに，SOX法は，アメリカ企業だけでなく，SECに登録して定期的に報告書の提出を求められる外国登録企業も準拠しなければならない。したがって，NYSEやNASDAQに預託証券[18]（ADR）を上場し，SECに登録している日本企業にはSOX法が適用されることになる。

表1-3 SOX法の主な論点

項　目	要　旨
①内部統制整備に関する経営者の責任	内部統制は経営者の責任において整備しなければならず，その保証を求めている。次の2点から内部統制の確立について担保している。 （ア）302条と906条で経営者による宣誓を求めていること （イ）404条で経営者による内部統制の有効性についての評価と監査人による内部統制への監査を求めていること
②財務情報の開示の強化	経営の透明性を確保することが目的である。403条における経営者と大株主が関与した取引の開示，406条における倫理規範の開示，407条における財務専門家の存在の開示，409条における即時的情報開示などが要求されている。
③監査法人の独立性の強化	経営者と公平であるべき監査人との間の癒着を禁止している。エンロンとアーサー・アンダーセンの例をはじめとして，経営者と監査人の癒着は過去にも数多く見られたが，これについては201条の監査人による業務の範囲外のサービスで監査活動以外の9種類にわたるコンサルティング活動を禁止していること，203条の監査パートナーの交替制で監査人のローテーションを定めていること，206条の利益相反で過去1年以上役員をしていた企業は監査できないことなどが挙げられる。
④内部告発者の保護	806条と1107条で内部告発者に対する報復を禁止している。エンロン事件もワールドコム事件も不正が発覚したのは，内部告発者によるものである。経営者自身が不正を行っている場合には，内部における牽制機能や自浄機能が働かなくなりがちであり，その糾明には内部告発が有効となる。
⑤罰則の強化	1934年制定の証券取引所法に関する違反の罰則が1106条にて個人，法人ともに強化されている。SOX法自体の違反についても，経営者による虚偽の宣誓（906条），記録の改ざん（802条，1102条），内部告発者への報復（806条，1107条），その他第9章における記述（902条から905条まで）など厳しい罰則が規定されている。

　なお，内部統制に関しては，財務報告の正確性および信頼性を確保するための措置として，年次報告書等の記載内容の正確性に関する経営者による認証義

---

18) ADRとは，アメリカ預託証書のことで，American Depositary Receipt の略称である。ADRの定義は，外国企業・外国政府あるいはアメリカ企業の外国法人会社などが有価証券に対する所有権を示す米ドル建て記名式譲渡可能預り証書である。ADRの預り対象は，通常は米ドル以外の通貨建ての株式であるが，制度的にはあらゆる種類の外国有価証券も可能である。

務を規定する302条および年次報告書等に関わる経営者による認証書の提出と虚偽記載があった場合の当該経営者に対する刑事罰を規定する906条，さらに財務報告の正確性および信頼性を確保するための措置として，経営者による内部統制報告書（Internal Control Report）の作成と開示を規定する404条が中心的な規定となっている。

（3）SOX法302条と906条の財務報告に関する企業の責任

SOX法の302条と906条はともに「財務報告書に関する企業の責任」(Corporate Responsibility for Financial Reports) という同一の見出しになっている。これは重要な内容であるが，何がどのように違うのか。

まず，302条は(a)項において，発行会社の最高経営責任者（Principal Executive Officer）と最高財務責任者（Principal Financial Officer）等は，年次報告書と4半期報告書に以下に示すような内容について宣誓することが義務づけられている。

① 経営者は会社の報告書を精査（Review）したこと
② 経営者の知りうる限りにおいて，報告書に虚偽表示や重要事項の脱漏がないこと
③ 経営者の知りうる限りにおいて，報告書の財務諸表と他の財務情報は，報告書の作成された時点で，発行会社の財務状態と経営成績を公正に表示していること
④ 経営者は以下のことを行ったこと
　（ア）内部統制の確立と維持に責任をもって務めたこと
　（イ）発行会社およびその連結子会社に関する重要な情報が，報告書の作成時期において，経営者に知らされることを保証するために内部統制を設計したこと
　（ウ）内部統制の有効性を決算日に評価したこと
　（エ）報告書の対象期間後に発生した重要な変更を服告書に記載したこと
⑤ 経営者は以下のことを発行会社の監査人および監査委員会に開示したこと
　（ア）財務報告，記録，プロセスに影響を及ぼす内部統制の整備・運用に関

する重要な欠陥（Material Weaknesses）と重大な不備（Significant Defieiencies）
　（イ）重要性の如何にかかわらず，内部統制に重要な役割を果たす経営者または従業員による不正の事実
⑥　経営者は内部統制の変更および内部統制に影響を及ぼす要因の後発事象を評価したこと

　従来，年次や4半期の報告書で主に記述されていたことは，財務情報中心の事柄であったが，SOX法は内部統制の経営者自身による評価を宣誓することを求めている。つまり，財務報告の正確性を担保するための，財務情報が正しく作成されるプロセス―内部統制について，記述することを求めている。[19]

　また，SOX法302条の宣誓書は，SEC規則に定める所定の文言を必ず使用しなくてはならず，一切の変更を加えることは許されていない。宣誓書に署名をすることは，開示統制や財務報告に関わる内部統制を含め企業の財務報告に関して，特別な理由がない限り経営者は言い訳ができないことを意味する。企業の財務報告は，経営者のみで行われるものではないが，SOX法は，財務報告が網羅的に，適切に，適時に行われるための開示統制と財務報告に関わる内部統制の有効性について経営者に責任を持たせることにより，虚偽表示などについての責任を財務会計担当者のみの責任とすることを防止していると考えられる。[20]

　なお，302条の宣誓書の作成義務は，ほんの一握りの問題のある経営者のために，誠実で有能な経営者に多大の努力を求めるものであり，またこれらの者に精神的な圧迫感を加えるものであるため，非効率的なアプローチであるということと宣誓できない多くの発行会社は不祥事ですでに知られているため，市場はどの発行会社が宣誓できないかを予測することができると考えられ，それゆえ，宣誓の有無から投資家が新たな情報を得るとはいえないと見ることもできる。[21]

---

19)　齊藤愼監修『日本版SOX法入門』33頁（同友館，2006年）。
20)　中央青山編『COSOフレームワークによる内部統制の構築』62頁（東洋経済新報社，2004年）。
21)　石田眞得編著『サーベンス・オクスレー法概説』182〜183頁（商事法務，2006年）。

次に，SOX法906条は，最高経営責任者と最高財務責任者の刑事責任を定めたものである。最高経営責任者と最高財務責任者は，証券取引所法（Securities Exchange Act）に基づいてSECに提出する定期報告書（Periodic Report）に以下に示すような内容について宣誓しなければならない。

① 定期報告書が1934年証券取引所法を満たしていること
② 提出された定期報告書が財務状態と経営成績を公正に表示していること

そして906条は経営者の刑事責任を明記している。すなわち，定期報告書が証券取引所法を満たしていないことを，経営者が知りながら宣誓すると，100万ドル以下の罰金と10年以下の禁固刑となり，さらに故意や悪意を持って宣誓すると500万ドル以下の罰金と20年以下の禁固刑となる。

以上述べたように，302条と906条はともに定期報告書の責任について触れていることと個人名で署名する点で共通である。これは経営者としての責任を明確にする意味で有効である。

302条と906条の違いは，302条では内部統制について宣誓を求めているのに対し，906条は内部統制について触れず，定期報告書の正しさについて宣誓を求めていることである。また，違反時のペナルティは906条では極めて厳しい刑罰が定められていることが特徴である。302条の違反については，証券取引所法による改善命令や法的責任が問われることになる。さらに，302条による宣誓はSECが所管し，906条による宣誓は法務省が所管する。

（4）SOX法404条の内部統制に関する経営者の評価

302条と906条は経営者による宣誓を求めていたが，404条では具体的な内部統制の内容についての保証を求めている。すなわち，404条(a)項は，要求される規則（Rules Required）と題して，「SECは，1934年証券取引法13条（a）項または15条(d)項で要求されている年次報告書に，内部統制報告書を含むよう義務づける規則を定めるものとする。その内部統制報告書において，①財務報告にかかる適切な内部統制の仕組みと手続きを構築し維持する経営者の責任を明示させ，かつ②発行会社の直近の会計年度末時点の財務報告における発行会社の内部統制の仕組みと手続きの有効性に関する評価（Assessment）を含むもの

とする」と規定している。他方で，同条(b)項は，内部統制の評価と報告 (Internal Conltrol Evaluation and Reporting) と題して，「本条(a)項が要求する内部統制の評価に関して，発行会社の監査を行う登録監査法人は，発行会社の経営者が行った評価に対して証明しかつ報告するものとする。本項に基づく証明 (Attestation) は，PCAOBが発行または採択した証明監査業務の基準に準拠してなされるものとする。かかる一切の証明は，別個の監査業務の対象とはならないものとする」と規定する。

404条で要求されていることは以上であり，多くの事項にわたっているわけではないがその内容は重要である。

まず，(a)項②に関して有効性に関する評価は，経営者自身が行わなければならず，これは内部統制に関する302条で求められていることに対応している。また，(b)項の証明は，報告書のチェックだけでは不足であり，内部統制に関する監査を行うなど極めて高いレベルの保証が要求されている。

4 アメリカの内部統制規則の見直しとSOX法の課題

(1) 内部統制規則の見直し

内部統制の評価については，経営者の評価を合理的に根拠づける書類等の証拠を保持することを義務づける一方，具体性のある評価方法が提示されなかったことなどから，文書化等に膨大な費用と手間がかかり，このためにアメリカ市場での上場をきらって，有力な資本がロンドン等海外市場へ流出し，アメリカ資本市場の相対的地位が低下している等の批判がなされてきた[22]。このような中で，SECは，2007年5月23日に，SOX法404条による財務報告に関わる経営者評価ガイドライン[23]を策定した。また，翌5月24日に，PCAOBは，財務報告

---

[22] 例えば，2006年11月30日の「資本市場規制委員会中間報告書」(Lnterim Report of the Committee on Capital Markets Regulation：通称ハバード・ソーントン委員会)，2007年1月22日の「ニューヨーク市とアメリカのグローバル金融サービスリーダーシップを維持するために」(Sustaining New York's and the US' Global Financial Services Leadership：シューマー・ブルームバーグ報告書) などが，最近5年間の状況として，ニューヨークで行われる外国企業の新規株式公開 (IPO) に占めるアメリカの割合が低迷しており，SOX法をはじめとする資本市場規制の見直しが必要であるとの問題提起をしている。

に関わる内部統制の経営者による有効性評価に対する監査人の意見表明の基準となるPCAOB監査基準AS2[24]の改正基準であるAS5[25]を決定した[26]。新監査基準AS5は，2007年11月15日またはそれ以降に終了する事業年度から適用されることとなった。

AS5は，投資家が改善された財務報告から得たメリットの維持に重きを置いている。また，AS5は，重要な欠陥がないことについて合理的保証を得ることを，この監査証明プロセスにおける重点とすることにより，外部監査人の目線

---

23) 経営者評価ガイドライン（Management's Report on Internal Control Over Financial Reporting「財務諸表に関する内部統制についての経営者報告書」）では，次の経営者評価プロセスの各ステップに沿って，経営者が考慮すべき事項を列挙する形をとっている（久保陽子「米国による内部統制ルールの見直し」『企業リスク』15号67頁（トーマツ企業リスク研究所，2007年））。
　Ａ．評価プロセス：①財務報告のリスクとコントロールの識別，②財務報告目的内部統制の有効性評価の証拠の検討
　Ｂ．報告プロセス：①問題点の評価，②経営者および外部監査人による財務報告目的内部統制結果の意見表明，③重要な欠陥の開示，④財務報告の過年度修正事項が経営者による内部統制報告書に与える影響，⑤財務報告目的内部統制の一部分を評価できない場合
24) AS2の正式名称は，Auditing Standard No.2, An Audit of Internal Control Over Financial Reporting Performed in Conjunction with An Audit of Financial Statements（「監査基準第2号，財務諸表監査に関連して実施される財務報告に関する内部統制の監査」）である。
25) AS5の正式名称は，Auditing Standard No.5, An Audit of Internal Control Over Financial Reporting That is Integrated with An Audit of Financial Statements（「監査基準第5号，財務諸表監査に統合して実施される財務報告に関する内部統制の監査」）である。
26) 経営者評価ガイドラインとPCAOB新監査基準AS5が決定された背景として，既存の内部統制評価のための具体的指針としては，PCAOB監査基準AS2しかなかったことが挙げられる。このAS2は，会計事務所の監督機関であるPCAOBが公表したものであり，本来外部監査人向けの監査基準であるから，経営者による評価（内部監査等）の指針として用いる場合には一部不都合もあるといわれてきた。また，公表のタイミングも2004年3月9日とまだアメリカの証券市場がエンロン，ワールドコムといった大型粉飾事件の興奮冷めやらぬ時期であり，外部監査人に対して過度に保守的な態度を要請するものであるという批判も呼んだ。さらに，小規模企業の場合には，大手企業に比べると人員もコストも限りがあるから，例えば職務分掌といっても分掌しうるだけの人員もおらず，別の切り口も必要であるという意見も多かった。
　こうした意見を受けて，今後の課題として①経営者向けガイドライン策定の必要性，②外部監査人向け監査基準改定の必要性，③小規模企業の経営者と監査人向けのガイダンス策定の必要性という3つの方向性が合意されたのである（久保・前掲注23）62頁）。

を上げることを意図している[27]。さらに，AS5は会社の規模にかかわらず，SOX法404条に対応しなければならないすべての会社に適用される。なお，PCAOBは，次の4つの目的を達成することを新しい監査基準（The New Auditing Standard）として挙げている[28]。

① 最も重要な事項として，内部統制の監査を実施すること
② 所期のメリットを得るために不必要な手続を排除すること
③ 会社の規模と複雑性（The Size and The Complexity）に応じて，監査の規模を調整することに対する明示的で実際的な指針を提供すること
④ 基準を簡素化すること

（2）SOX法の課題

上に述べた内部統制規則の見直しにより，従前に比べて作業の効率化が図られることが期待される。しかし，いくつかの課題も残されている[29]。

第1に，SOX法導入の直接的なきっかけとなったのがエンロン，ワールドコムといった大企業の破たんであったため，SOX法404条が資金的にも人員的にも余裕のある大企業を想定して作成されている面があることである。この点において，小規模企業は，大企業と同じように内部統制の構築，維持，評価を行うのが困難といえる。

第2に，SOX法404条対応に伴う過大なコストや時間が，新規公開企業の減少や既存企業の上場廃止といった深刻な問題をも引き起こしていることである。コストを3つに分ければ，パフォーマンスコスト（内部統制システムの運

---

27) 従来のAS2の文言から，決算時の監査中に外部監査人が重要な記載誤りを発見すると，それは即，重要な欠陥であると主張されることが多かったが，AS5ではたまたま外部監査人が先に記載誤りを発見したとしても，通常の経営者レビューの過程の中で遅かれ早かれ会社が独自に発見できていたであろうことが明らかであれば必ずしも重要な欠陥に該当しないことが明記された（久保・前掲注23）63頁）。
28) PCAOBのプレスリリース（2007年5月24日）より（http://www.pcaobus.org/News_and_Events/News/2007/05-24.aspx）。
29) 吉田信行「米国SOX法における制度のゆり戻しの動き」（大和総研コラム，2007年8月6日）（http://www.dir.co.jp/publicty/column/070806.html）。

用・遵守コスト），ダイレクト・コンプライアンスコスト（多くはコンサルタントフィー），監査費用（Audit Fee）となる。また，マニュアル作成のような文書化等に時間を要し，コストに加えて相当な時間が生じる原因となっている。

　第3に，内部統制自体，根源的に限界を内在している。すなわち，内部統制は，判断の誤り，不注意，複数の担当者による共謀には有効に機能しない。また，経営者が不当な目的のために内部統制を無視ないし無効ならしめることがある。したがって，内部統制の仕組みが十分構築されたとしても，内部統制の運営自体に限界があると認めざるをえない。

　以上課題として3点を挙げたが，今回のSOX法関連規制の見直しがどの程度コストの削減に資するものとなるかは未だ不透明ではあるが，SOX法が有効な制度として機能し，ひいては新規公開企業を再びアメリカ市場に呼び戻すことができるか否かは，今後も継続的に注視していく必要がある。[30]

Ⅲ　日本の内部統制とリスクマネジメント体制

1　内部統制とリスクマネジメントが重視される背景

（1）日本における内部統制の歴史的経緯

　内部統制およびリスクマネジメントに関して，2006年5月には会社法が施行され，同年6月には金融商品取引法が成立するなど，内部統制およびリスクマネジメントの高度化への要請は一層の高まりを見せている。さらに2007年2月15日には，金融庁長官の諮問機関である企業会計審議会より「財務報告に係る内部統制の評価および監査の基準並びに財務報告に係る内部統制の評価および監査に関する実施基準の設定について（意見書）」（以下，「内部統制基準」という）が公表され，財務報告に関わる内部統制に関して，経営者による評価と外部監査人による監査に向けて，具体的な指針が出され，日本のすべての上場企業の

30）　なお，SOX法を構成する様々な要素が日本をはじめ多くの国で採用されてきていることから，SOX法は，20世紀後半のアメリカ型資本主義の特色とその脆弱性に対する法制度面の対応であったと位置づけることが重要であるといえる（ミルハウプト・前掲注5）312頁）。

新たな挑戦が始まろうとしている[31]。

内部統制の歴史的経緯を見ると，アメリカでは，COSOレポートを契機として内部統制に対する関心が高まったが，日本において内部統制の方向性を強く示したのは，裁判所の見解であった。株主代表訴訟の場において，商法上の取締役の義務として，当然構築すべきものと当然組織に備わっているべき仕組みであることを示した代表的な例が，都市銀行ニューヨーク支店不正取引・巨額損失事件の大阪地裁の判決（2000年9月）[32]および鉄鋼会社利益供与事件に関わる神戸地裁の和解勧告文（2002年4月）[33]である[34]。

これら2つの事件で明らかになったのは，「経営者の責任の一つとして，有効な内部統制を構築し，これを通じて企業内の監視をはかることが重要である」

---

31) 神林比洋雄「企業価値向上のための内部統制とリスクマネジメント」『日本貿易会月報』No.646, 18頁（2007年）。

32) 本件は，大和銀行ニューヨーク支店の従業員が同銀行から認可された300万ドルの取引限度枠内でアメリカ財務省証券（T-Bond）の取引を行う等の証券業務を担当していたところ，1984年頃約20万ドルの含み損を抱えたことから，これを取り戻そうとし，以後1995年までの11年間，同銀行に無断で，簿外においてアメリカ財務省証券の取引を行い，損失を拡大させ，結局約11億ドル（約1,180億円）もの損失を発生させてしまった事件である。1995年11月には，同行の株主がこの巨額損失事件の責任を問うべく取締役および監査役合計50名（内1名については，訴状却下）を相手取って大阪地裁に株主代表訴訟を起こした。2000年9月20日に大阪地裁は，38名の被告については原告らの請求を退けたものの，11名の被告については，取締役としての善管注意義務，忠実義務に違反したとして，原告らの請求を一部認容し，総額7億7,500万ドル（約830億円）の賠償を同銀行に支払う旨の判決が下された。
　本件判決は，アメリカ財務省証券の取引につき従業員による不正取引が行われた事案において，銀行の取締役等の善管注意義務等について，健全な会社経営を行うためには各種のリスク等を正確に把握し，適切に制御すること（リスク管理）が不可欠であり，会社が営む事業の規模，特性等に応じたリスク管理体制（内部統制システム）の整備が必要であるとしたものである。さらに，本件判決は，経営判断に配慮しつつも，取締役は，善管注意義務および忠実義務として，リスク管理体制を構築すべき義務，代表取締役・業務担当取締役がリスク管理体制を構築すべき義務を履行しているか否かを監視する義務を負うとし，海外支店担当の取締役につき適切な財務省証券の保管残高の確認を欠いたリスク管理体制の下で不適切な方法で確認を行った等の善管注意義務違反を肯定したものであり，先例のない分野であるため，先例として注目された。その後，本件は大阪高裁に上訴されたが，同銀行が金融持株会社の設立により株式移転が行われると個人株主は原告資格を失ってしまうなどの理由から，2001年12月の控訴審では和解となった（大阪地判平成12年9月20日判時1721号3頁，判タ1047号86頁）。

とされたことである。大企業においては，経営者が組織全体の活動や個々の従業員の行為を直接監督することは不可能であることから内部統制システムの構築義務が経営者の責務として求められようになってきたのである。

その後，2004年には粉飾決算や有価証券報告書における虚偽記載などが発生し，企業の財務報告に関する信頼性が著しく低下したことから，2005年に，企業会計審議会の下に内部統制部会が設置されることとなり，同年12月8日にはその報告書として，「財務報告に係る内部統制の評価および監査の基準のありかたについて」が公表され，内部統制の報告義務化が方向づけられた。本報告で示した基準案は，「内部統制の基本的枠組み」「財務報告に係る内部統制の評価および報告」「財務報告に係る内部統制の監査」の3部から構成されている。[35]

---

[33] 本件は，1999年に神戸製鋼の元総務担当幹部が，簿外取引等を利用して裏金を捻出し，総会屋に対して利益供与をしていた事件である。2000年に同社の株主らが当時の経営者と総会屋に対して損害賠償を求める株主代表訴訟を神戸地裁に起こした。

　2002年4月に神戸地裁で，当時の経営陣ら7人が責任を認めて計3億1,000万円を支払うなどの条件で和解が成立し，内容は株主側の訴えをほぼ認めるものとなった。神戸地裁の所見では，「企業の経営トップは，違法行為がなされないように監視すべき地位にあったこととチェックシステムを構築すべき義務がある」と指摘し，関与しなかったとしても監視義務違反が認められる可能性があるとした上で，「取締役は，大会社における厳格な企業会計規則をないがしろにする裏金捻出行為等が社内で行われないよう内部統制システムを構築すべき法律上の義務がある」と述べ，法律上の義務として内部統制システムの構築を明確に指摘した。和解条項では，同社が再発防止のため有識者を加えた委員会を設置することなども盛り込まれた。これを受け，同社は，外部の弁護士2人を加えたコンプライアンス特別委員会を設置した（神戸地判平成14年4月5日商事1625号52頁，日本経済新聞（夕刊）2002年4月5日），東京海上日動リスクコンサルティング株式会社「内部統制とリスクマネジメント」『RISK RADAR』No.2007-1，2頁（2007年））。

[34] 内部統制システムに関するその他の株主代表訴訟事件としては，ヤクルト株主代表訴訟事件（東京地判平成16年12月16日判時1888号3頁，東京高判平成20年5月21日金判1293号12頁），雪印食品株主代表訴訟事件（東京地判平成17年2月10日判時1887号135頁），ダスキン株主代表訴訟事件（大阪高判平成18年6月9日判時1979号115頁）等が挙げられる。

[35] 「内部統制の基本的枠組み」は，経営者が整備・運用する役割と責任を有している内部統制それ自体についての定義，概念的な枠組みを示しており，「財務報告に係る内部統制の評価および報告」，「財務報告に係る内部統制の監査」はそれぞれ，財務報告に関わる内部統制の有効性に関する経営者による評価および公認会計士等による監査の基準についての考え方を示している（企業会計審議会　内部統制部会・前掲注1）3頁）。

（2）日本企業の不祥事と内部統制

　日本においても，内部統制の未整備が企業不祥事の原因となっていることを踏まえて，最近の企業不祥事において，内部統制の整備においてどのような点が不足していたのかについて見ていくこととする。

　企業不祥事と内部統制の関係については，経済産業省が2005年8月31日に公表した企業行動の開示・評価に関する研究会中間報告書「コーポレート・ガバナンスおよびリスク管理・内部統制に関する開示・評価の枠組について—構築および開示のための指針—」をもとに述べていきたい。

　この報告書は，各企業がコーポレート・ガバナンスおよびリスク管理・内部統制を構築および開示していくに当たり，参考とすべき基本的事項を提案したものであり（図1-3），最近日本で発生した企業不祥事について，COSOの要素を参考に分析している。すなわち，そこでは，コーポレート・ガバナンス，内部環境（行動規範・職務権限），リスクの認識・評価，リスクへの対応，情報

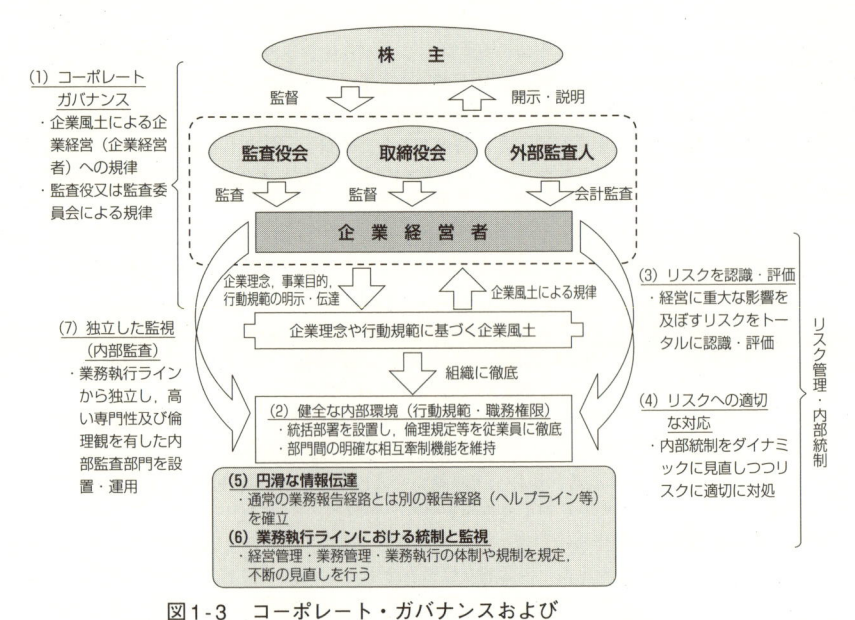

図1-3　コーポレート・ガバナンスおよびリスク管理・内部統制に関する指針の全体図

出所：経済産業省「企業行動の開示・評価に関する研究会　中間報告書」35頁（2005年8月31日）。

表1-4　日本企業の不祥事分析

		例	原因
コーポレート・ガバナンスにおける問題		脱線事故，放射能漏れ臨界事故，システム障害事件，デリバティブ取引巨額損失事件，薬害エイズ事件，集団食中毒事件，違法添加物混入事件，リコール隠し事件，有価証券報告虚偽記載事件，金融庁検査妨害事件，粉飾決算事件，談合事件　等	①良好な企業風土の崩壊 ②企業経営者のリスクへの認識の欠如に対する取締役会の監督不備 ③企業経営者の専門性の不足に対する取締役会の監督不備 ④監査役・外部監査人（会計監査人）の独立性の欠如等に起因する監視・検証の不備
内部環境に関する問題	(A) 行動規範に関する問題	違法添加物混入事件，放射能漏れ臨界事故，脱線事故，無断着陸・整備ミス放置事件，不良飲料水・火薬超過事件，規則データ捏造事件，加工乳再利用事件，産地偽装表示事件，保険金不払い事件，原子力発電所蒸気噴出事故　等	①法令遵守等に関わる社風形成・行動規範の未確立 ②目標達成圧力に起因する違法行為
	(B) 職務権限に関する問題	不正取引・損失事件，デリバティブ取引巨額損失事件　等	①職務権限の範囲が不明確 ②スタープレイヤーへの過度な依存
リスクの認識・評価に関する問題		不正取引・損失事件，薬害エイズ事件，集団食中毒事件，放射能漏れ臨界事故　等	①複雑な取引に対する理解の欠如 ②社会に与える影響の認識，考慮が不足 ③他事例の教訓に対する考慮が不足
リスクへの対応に関する問題		規則データ捏造事件，集団食中毒事件，保険金不払い事件　等	①不適切な子会社管理 ②安全・倫理的行動を優先しない姿勢
情報と伝達における問題		違法添加物混入事件，集団食中毒事件，牛肉産地偽装表示事件，リコール隠し事件　等	①通報者保護の不徹底等といったヘルプラインの不適切な運用 ②危機発生時の情報伝達経路の不備等による被害拡大
統制活動に関する問題		放射能漏れ臨界事故，顧客情報漏えい事件，鶏肉産地偽装表示事件，システム障害事件　等	①マニュアル運用の形骸化 ②管理階層による担当者層への統制の不備 ③ITに関する統制の不備
監視活動に関する問題		不正取引・損失事件，リコール隠し事件，集団食中毒事件，原子力発電所点検記録改ざん事件　等	①内部監査の対象外 ②専門性を有し，かつ業務執行ラインから独立した内部監査機能の不在

出所：経済産業省「企業行動の開示・評価に関する研究会　中間報告」16～21頁（2005年8月31日）をもとに作成。

と伝達,統制活動,監視活動の7項目について,過去の不祥事を分類し,その原因を分析している(表1-4)。

全体的には,コーポレート・ガバナンスにおける問題と内部環境(特に行動規範)に関する問題に不祥事が多かったことがわかる。

まず,コーポレート・ガバナンスにおける問題では,良好な企業風土の崩壊等が挙げられている。これは,経営理念に基づき構築されていた良好な企業風土が,従業員のモラル欠如等が原因となって崩壊することにより,経営への規律が働かなくなることにより,企業経営者の暴走を許してしまい,結果として不祥事が発生してしまうということである。

次に,内部環境(特に行動規範)に関する問題として,法令遵守等に関わる社風形成・行動規範の未確立等が挙げられている。これは,法令や社会倫理等を最優先に遵守すべきという企業経営者の率先垂範や従業員への周知徹底の不足により,法令遵守等の社風の形成や行動規範が未確立となり,結果として不祥事が発生してしまうということである。

3つ目のリスクの認識・評価に関する問題として,複雑な取引に対する理解の欠如等が挙げられている。これは,企業経営者等が,従業員等が行う高度な専門性を要するような複雑な取引について・十分に理解・把握できなかったことにより,取引に伴うリスクを認識できず,不祥事の発生を防止できなかっただけでなく,発生後の損害が拡大してしまうということである。

4つ目のリスクへの対応に関する問題として,不適切な子会社管理等が指摘されている。これは,企業経営者等が,グループ内の子会社におけるコーポレート・ガバナンスおよびリスク管理・内部統制に関わる不備に起因する不祥事の発生というリスクを認識していたにもかかわらず,十分な対応をとらなかったため,結果として不祥事が発生してしまうということである。

5つ目の情報と伝達における問題として,通報者保護の不徹底等といったヘルプラインの不適切な運用等が指摘されている。これは,企業経営者等が社内の情報と伝達の問題の重要性を認識して通常の連絡経路とは別の連絡経路(ヘルプライン等)を設けていたにもかかわらず,通報者の匿名性の保護等を怠ったことによって実際にはヘルプライン等が有効に機能せず,必要な情報が企業

経営者等に上がってこなかったことにより不祥事の要因を事前に発見することができなくなってしまい，結果として不祥事が発生してしまうということである。なお，本来であれば，情報伝達のチャネルが上下双方向に機能することが望ましいが，実際には緊急避難的に内部通報制度を整備することで，これに対応する企業が増えてきている[36]。[37]

6つ目の統制活動に関する問題では，マニュアル運用の形骸化や管理階層による担当者層への統制の不備が指摘されている。これは，企業経営者等が通常業務の遂行において発生する可能性のある事故等を防止するためにマニュアルを作成していたにもかかわらず，実際の業務を行う担当者層において当該マニュアルの運用が形骸化し，その内容に従わない業務の遂行が常態化したことによって，結果として不祥事が発生してしまうことや管理階層の担当者層への統制活動に不備があったために，結果として不祥事が発生してしまうということである。

7つ目の監視活動に関する問題では，内部監査の対象外や内部監査機能の不在が指摘されている。これは，企業経営者等が業務全体を内部監査の対象とすべきであるのに，一定分野が対象外とされリスク管理・内部統制の不備を見過ごしたり，内部監査機能を設けていなかったり，その機能を設けていても専門性や業務執行ラインからの独立性が不十分であったことにより，結果として不祥事が発生してしまうということである。

以上見てきたとおり，過去の企業不祥事をCOSOの要素で分類したとき，それぞれの要素において制度や体制が不十分であったことや整備されていたとしてもその組織の中で制度や体制に対する認識不足や運用面での機能不全があっ

---

36) 内部通報制度とは，企業において，法令違反や不正行為等のコンプライアンス違反の発生またはそのおそれのある状況を知った者が，そのような状況に適切に対応できる社内の窓口に直接通報することができる仕組みのことをいう。その目的は，組織の法律違反等を早期に発見し，企業リスクを低減することにある。2006年4月には公益通報者保護法が施行され，通報により従業員が解雇等の不利益な取扱いを受けることがないようになっている。

37) 内部通報制度の整備状況について，内閣府が2002年9月から10月に国内1部上場企業を対象として実施した調査結果（776社が回答）によれば，内部通報制度を整備している企業は40％（313社），今後整備を検討するとした企業も52％（396社）に上った。

たこと，さらに，リスク管理についてもマニュアルや運用手順が形骸化し，継続的な見直しがされていないために不祥事が発生してしまったというケースが多かった。[38]

　今後企業は，以上のような経験を踏まえて国際競争力等の向上に積極的に結びつける観点からコーポレート・ガバナンスおよびリスクマネジメントや内部統制のあり方について一層の検討を進めていくことが求められる。

（3）日本における内部統制とリスクマネジメントに関する開示制度の整備
　日本においても，いくつかの企業の不祥事の司法処分において経営者が十分な内部統制を構築していない場合，善管注意義務違反に問われる可能性が明確になってきたことから，現在，内部統制の必要性が認識され，多くの企業において取組みが行われ始めてきている。

　2002年12月に金融審議会第1部会から「証券市場の改革促進」が公表されたが，その基本的考え方の中で，投資家保護と市場への信頼性の向上を図る観点から，監査の質と実効性の確保とともに，ディスクロージャーの充実・強化が必要であるとされ，具体的には，コーポレート・ガバナンスの実態を積極的に開示することによりコーポレート・ガバナンスの強化への取組みを市場に明らかにすべきとの提言が盛り込まれた。また，具体的な制度整備としては，市場仲介者に関する制度整備，ディスクロージャーに関する制度整備および取引所に関する制度整備が挙げられている。この報告を踏まえて，企業内容等の開示に関する内閣府令が改正され，2003年4月11日より施行された。改正点として，有価証券報告書等におけるコーポレート・ガバナンスに関する情報[39]，事業等のリスクに関する情報[40]および経営者による財務・経営成績の分析についての開示の充実[41]の3項目が新設された。

　さらに，金融庁は2004年6月1日以降，有価証券報告書等の企業の法定開示資料について電子開示システムEDINET（Electronic Disclosure for Investors'

38）大村岳雄「企業のリスクマネジメントとCOSO」『経営戦略研究』Vol.8, 50頁（大和総研，2006年）。

NETwork）を利用して提出するよう義務づけた。[42]

また，企業法制では，2003年4月1日施行の「商法等の一部を改正する法律」による「株式会社の監査等に関する商法の特例に関する法律」（商法特例法）の改正により導入された委員会等設置会社においては，[43]取締役会，監査委員会の職務に必要な内部統制に関わる基本方針を定め，監査委員会が執行役による業務決定および業務執行を適切に監査できる体制を用意する必要があるとされた。

なお，民間での自主的な取組みとしては，日本経済団体連合会が企業を取り巻く環境と，企業行動に対する社会からの期待の高まりを踏まえて，企業行動

---

39) 有価証券報告書および有価証券届出書の「提出会社の状況」に「コーポレート・ガバナンス」に関する情報の項目が新設されたことにより，会社の機関の内容，内部統制システムの整備の状況，リスク管理体制の整備の状況，役員報酬の内容（社内取締役と社外取締役に区分した内容），監査報酬の内容（監査契約に基づく監査証明に関わる報酬とそれ以外の報酬に区分した内容）等のコーポレート・ガバナンスに関する事項を具体的に，かつ，わかりやすく記載することになった。

40) 有価証券報告書および有価証券届出書の「事業の状況」に「事業等のリスク」の項目が新設されたことにより，事業の状況，経理の状況等に関する事項のうち，財政状態，経営成績およびキャッシュ・フローの状況の異常な変動，特定の取引先・製品・技術等への依存，特有の法的規制・取引慣行・経営方針，重要な訴訟事件等の発生，役員・大株主・関係会社等に関する重要事項等，投資者の判断に重要な影響を及ぼす可能性のある事項を一括して具体的に，わかりやすく，かつ，簡潔に記載することになった。

41) 有価証券報告書の「事業の状況」に「財政状態および経営成績の分析」の項目が新設されたことにより，経営成績に重要な影響を与える要因についての分析，資本の財源および資金の流動性に関わる情報等を具体的に，かつ，わかりやすく記載することになった。

42) EDINET（エディネット）は，金融商品取引法（EDINETが開始された2004年6月時点は証券取引法）に基づく有価証券報告書等の開示書類に関する電子開示システムの愛称である。有価証券報告書，有価証券届出書等の開示書類について，その提出から公衆縦覧等に至るまでの一連の手続きを電子化することにより，提出者の事務負担の軽減，投資家等による企業情報等へのアクセスの公平・迅速化を図り，もって証券市場の効率性を高めることを目的として開発された。具体的には，有価証券報告書等の開示書類の提出者が，これまでの紙媒体による提出に代えて，開示書類に記載すべき情報をインターネットを利用したオンラインで財務（支）局に提出し，これらの開示情報を財務（支）局の閲覧室に設置するモニター画面によって公衆縦覧に供するとともに，インターネットを利用して広く一般に提供するシステムである（金融庁「EDINETのご案内」）。なお，2007年4月1日以降は，株券等の大量保有報告書の提出についてもEDINETの使用が義務づけられている。

憲章を改訂し，会員への周知徹底を図るだけでなく，2003年1月1日には日本経団連ビジョン「活力と魅力溢れる日本をめざして」を公表し，その中で，企業はコーポレート・ガバナンスの向上やコーポレートブランドの確立を通じて，個人の多様なエネルギーを活かし，企業価値を拡大すること等を掲げた。

2 内部統制報告制度の日米比較とリスクマネジメントの進め方
(1) 内部統制報告制度の日米比較

企業会計審議会が2007年2月15日に公表した「内部統制基準」は，2006年6月に成立した金融商品取引法に盛り込まれた経営者による内部統制報告書の作成と提出の要請に関する実務の基準と実施ステップのガイドラインとなるものである。

内部統制報告の要請により，日本の全上場企業は，2008年4月1日以後開始する事業年度より，連結ベースで財務報告に関わる内部統制報告書の作成と提出が義務づけられた。[44]

この「内部統制基準」は，アメリカのSOX法404条の要請と同様に，経営者は自社の内部統制を評価し，報告書を作成し，外部監査人の監査を受けること

---

43) 委員会等設置会社は，2003年4月1日施行の商法特例法の改正により導入された当時は，商法特例法上の「大会社」（資本の額が5億円以上または最終の貸借対照表の負債の部に計上した金額の合計額が200億円以上の株式会社をいう）または「みなし大会社」（資本の額が1億円を超える株式会社（大会社を除く）で監査等に関する特例の適用を受ける旨の定款の定めがある株式会社をいう）のみが対象であったが，その後2006年5月1日施行の会社法では，定款に委員会を置く旨の定めを設けることで，その規模を問わず委員会設置会社となることができるよう制度が改められた。なお，委員会設置会社とは，日本における株式会社の内部組織形態に基づく分類の1つであり，指名委員会，監査委員会および報酬委員会を置く株式会社をいう（会社法2条12号）。委員会設置会社は，従来の株式会社とは異なるコーポレート・ガバナンスを有するもので，取締役会の中に社外取締役が過半数を占める委員会を設置し，取締役会が経営を監督する一方，業務執行については執行役に委ね，経営の合理化と適正化を目指している。
44) 2008年4月1日以後開始する事業年度から上場会社を対象に適用されている内部統制報告制度について，最初に適用になった3月決算の会社に関わる内部統制報告書が2009年6月30日までに2,670件提出された（2009年6月1～30日提出分）。（金融庁報道発表資料「平成21年3月決算会社に係る内部統制報告書の提出状況について」（2009年7月7日））。

になる。ただし、「内部統制基準」は、アメリカでのSOX法対応の混乱や過剰な負担を日本の内部統制報告制度で避けるために、例えば次のような目安や、判断のための数値基準例を示している。

① 業務プロセスの評価は、例えば、連結ベースの売上高等の一定割合を概ね3分の2程度とした事業拠点を対象とする[45]
② 業務プロセスの評価範囲は、決算・財務報告に関わる業務プロセスと企業の事業目的に大きく関わる主要な業務プロセス（例えば、一般的な事業会社の場合、原則として、売上、売掛金および棚卸資産に至る業務プロセス）に焦点を当てる
③ 内部統制の過程で発見された不備の影響が、例えば連結税引前利益の概ね5％程度を上回るような場合は重要な欠陥とされる[46]

しかし、「内部統制基準」は、逆に次のような部分はSOX法404条の対応よりも広い対応を要請している。

① 評価対象とされる「財務報告」は、財務諸表およびその注記事項にとどまらず、財務諸表に記載された金額、数値、注記を要約、抜粋、分類または利用して記載すべき開示事項も含む[47]
② 事業拠点の評価範囲の決定には、持分法適用となる関連会社も含める
③ 決算財務報告プロセスを含む全社的な内部統制の評価については、原則

---

45) ただし、連結ベースの売上高に対する一定割合ではなく、内部取引の連結消去前の売上高等に対する一定割合とする方法も考えられるということである（「内部統制基準」69頁）。
46) 重要な欠陥とは、財務報告に重要な影響を及ぼす可能性が高い内部統制の不備をいい、内部統制の重要な欠陥とは、内部統制の不備のうち、一定の金額を上回る虚偽記載、または質的に重要な虚偽記載をもたらす可能性が高いものをいう。なお、数値例について、最終的には、財務諸表における金額の重要性との関連に留意する必要があるとしている（「内部統制基準」19頁、65頁）。
　重要な欠陥は、有価証券報告書に記載された財務報告の内容を利用する際に留意すべき事項として、財務報告に関わる内部統制に「今後改善を要する重要な課題」があることを開示することに意義がある。また、内部統制に重要な欠陥が存在する場合に、直ちに当該企業の有価証券報告書に記載された財務報告が適正でないことを意味するわけではないことから、内部統制に「重要な欠陥」＝「今後改善を要する重要な課題」があると適切に開示したことをもって、上場廃止や金融商品取引法違反（罰則）の対象にはならないということである。

としてすべての事業拠点について全社的な観点で評価する

　以上挙げたとおり，SOX法404条と日本の内部統制報告制度の要請の違いが見られるが，さらに，内部統制の定義のうち，内部統制の目的と基本的要素についても，日米には若干の違いがある。

　つまり，内部統制の目的に関しては，アメリカではCOSOをベースに3つの目的，すなわち，①「業務の有効性と効率性」，②「財務報告の信頼性」，③「コンプライアンス」が挙げられている。それに対して日本の場合，その3つの目的とは別枠で，資産の取得，使用および処分が正当な手続きおよび承認のもとに行われることが重要であることから，「資産の保全」を1つの目的として明示し，4つの目的としている。

　また，内部統制の基本的要素に関しても，COSO報告書公表後のIT環境の飛躍的進展により，ITが組織に浸透した現状に即して「ITへの対応」を基本的要素の1つに加えて，①「統制環境」，②「リスクの評価と対応」，③「統制活動」，④「情報と伝達」，⑤「モニタリング」，⑥「ITへの対応」の6つの基本的要素としている。「ITへの対応」とは，組織目標を達成するために予め適切な方針および手続きを定めそれを踏まえて，業務の実施において組織の内外の

---

47)　例えば，有価証券報告書の記載事項中，「企業の概況」の「主要な経営指標等の推移」の項目，「事業の状況」の「事績等の概要」，「生産，受注および販売の状況」，「研究会開発活動」および「財政状態および経営成績の分析」の項目，「設備の状況」の項目，「提出会社の状況」の「株式等の状況」，「自己株式の取得等の状況」，「配当政策」および「コーポレート・ガバナンスの状況」の項目，「経理の状況」の「主要な資産および負債の内容」および「その他」の項目，「保証会社情報」の「保証の対象となっている社債」の項目ならびに「指数等の情報」の項目のうち，財務諸表の表示等を用いた記載が挙げられる。なお，この点に関わる経営者の評価は，財務諸表に記載された内容が適切に要約，抜粋，分解または利用される体制が整備および運用されているかについてのものであることに留意するとしている（「内部統制基準」63～64頁）。

48)　「内部統制基準」によれば，内部統制とは，「基本的に，業務の有効性および効率性，財務報告の信頼性，事業活動に関わる法令等の遵守並びに資産の保全の4つの目的が達成されているとの合理的な保証を得るために，業務に組み込まれ，組織内のすべての者によって遂行されるプロセスをいい，統制環境，リスクの評価と対応，統制活動，情報と伝達，モニタリング（監視活動）およびIT（情報技術）への対応の6つの基本的要素から構成される」と定義されている。

ITに対し適切に対応することをいう。「ITへの対応」は，内部統制の他の基本的要素とは必ずしも独立に存在するものではないが，組織の業務内容がITに大きく依存している場合や組織の情報システムがITを高度に取り入れている場合等には，内部統制の目的を達成するために不可欠の要素として，内部統制の有効性に関わる判断の基準となる。

　上記の内部統制の4つの目的は，それぞれ固有の目的ではあるが，相互に関連を有しており，企業等は，内部統制を整備・運用することにより，4つの目的を達成していくことになる。[49]

　さらに，日本の場合，アメリカで採用されている外部監査人が独自の内部統制監査として直接報告するダイレクト・レポーティング（直接報告義務）は採用していない。この結果，監査人は，経営者の評価結果を監査するための監査手続きの実施と監査証拠等の入手を行うこととなる。なお，内部統制の不備の区分については，アメリカは，「重要な欠陥」(Material Weakness)，「重大な不備」(Significant Deficiency)，「軽微な不備」(Deficiency) の3区分方式であるが，日本では「重要な欠陥」と「不備」の2区分方式をもって，少なくとも財務報告に影響を及ぼすような内部統制上の重要な欠陥については是正措置を講じ，講じられていない場合には適切に開示をするという対応がとられている。[50]

　なお，先行したSOX法では，ここ数年の経験と反省を踏まえて，経営者による評価のガイドラインの発行や監査基準の見直しなどが行われている。本章末〔別表1〕は，そのような動きも含めて，SOX法と日本の内部統制報告の要請の比較をまとめたものである。

---

49) 例えば，財務報告の信頼性との関係から見ると，経営者は，自社のすべての活動および社内のすべての従業員等の行動を把握することは困難であり，それに代わって，経営者は，企業内に有効な内部統制のシステムを整備・運用することにより，財務報告における記載内容の適正性を担保することとなる。また，内部統制システムの整備・運用を通じて財務報告の信頼性を確保していくことは，業務の有効性と効率性の確保による情報処理コストの削減，さらには，市場における資金調達機会の拡大や資金調達コストの削減等を通じて一定のメリットを企業等にもたらすこととなる（「内部統制基準」3頁）。

(2) 内部統制と一体化したリスクマネジメントの進め方

　最近，経済産業省，日本経済団体連合会等が，企業の様々な不祥事を受けて，日本企業のガバナンスのあり方，リスク管理，企業倫理についての要請やガイダンスを公表している。各企業は，これらコンプライアンスからの要請に対応すべく，速やかに内部統制とリスクマネジメント体制を見直していく必要がある。すなわち，企業の価値を維持・増大していくために，企業が経営を行っていく上で，事業に関連する内外の様々なリスクを適切に管理する手法であるリスクマネジメントが一層重要となる。企業が社内外のリスクに適切に対処するためには，そのリスクの質・量に応じたコントロールを行わなければならない。このコントロールこそが内部統制ということである。したがって，リスクマネジメントと内部統制は一体として機能するマネジメントシステムといえる。[51]

　内部統制と一体化したリスクマネジメント体制は，今まで多くの企業が取り組んできたリスクマネジメント体制と基本的に異なるものではない。ここ数年，多くの企業が全社的なリスク対応体制を整備してきている。例えば，経営者層における責任者を任命し，特定部門を「リスクマネジメント統括」の事務局として定め，各部門にリスク担当を配置するなどの組織体制を整備してきた。[52]これこそが，内部統制を実現するためのリスクマネジメント体制にほかならない。

　これに関して，2003年6月，経済産業省経済産業局長の私的研究会であるリスク管理・内部統制に関する研究会は，企業不祥事等で顕在化した問題に対処

---

50) アメリカは3区分方式であることによって現場での判断にブレがあったという指摘がされている（八田進二=多賀谷充=持永勇一他『内部統制の要点』34頁（第一法規，2006年））。なお，「重要な欠陥」と「重大な不備」の比較について，PCAOB監査基準AS2によれば，「重要な欠陥」とは，1つまたは複数の重要な不備であって，年次または中間の財務諸表における重要な虚偽記載（Material Misstatement）が防止または発見しえない結果となる可能性のあるものであるとしている。一方，「重大な不備」とは，対外的な財務データをGAAP（Generally Accepted Accounting Principles）に従って確実に開始，記録，処理，または報告する発行者の能力に悪影響を与える1つまたは複数の統制の不備（Control Deficiency）であって，そのために年次または中間の財務諸表における取るに足らないほど小さくはない虚偽記載が防止または発見しえない結果となる可能性のあるものであるとしている。また，発生の可能性がある程度見込まれる場合で，虚偽表示が中程度の重要性の場合は重大な不備に，虚偽記載が重要な場合は重要な欠陥になるとしている。

51) 神林・前掲注31) 19頁。

し，取り組むべき重要な課題として「リスク新時代の内部統制―リスクマネジメントと一体となって機能する内部統制の指針―」を公表している。この指針の中では，内部統制およびリスクマネジメントというキーワードを大きく取り上げ，「内部統制とは，企業がその業務を適正かつ効率的に遂行するために，社内に構築され，運用される体制およびプロセスである」とし，「リスクマネジメントおよび内部統制は，市場経済社会における企業において，経営者が各ステークホルダー等に対する責務を果たしつつ，企業価値を維持・向上するために不可欠なものである。また，適切なリスクマネジメントおよび内部統制が構築・運用されることにより，企業に対する顧客，投資家等の信頼感を高めることができ，これにより，企業価値を向上させていくことが可能となる」と結論づけ，リスクマネジメントを内部統制と一体化した模式図（図1-4）を発表している。このピラミッド型の組織図と各々の階層（事業執行の責任を負う経営者層，管理者層，担当者層）がPDCA（Plan・計画，Do・実施，Check・監視，Act・改善）を回している模式図では，企業がリスクをコントロールする必要がある以上，活動の前提であるべき仕組みが内部統制であり，それらは，企業の各階層すべてにおいて実施すべきとしている。また，この図において，内部監査部門を事業執行の責任者の直轄としてピラミッドの外に配置し，監査役会や取締役会との連携を示唆していることも特徴といえる。

　以上述べたとおり，リスクマネジメントを効率的かつ円滑に遂行するためには，経営者層だけでなく，企業構成員全員のリスクマネジメントに対する理解と協力が不可欠であり，企業構成員に対する教育や啓蒙活動を実施することも，リスクマネジメント組織の重要な役割の1つと考える。

---

52) ただし，2006年5月1日より施行された会社法（362条4項6号，5項）により，大会社の場合，それらが一取締役に委任できる事項ではなくなり，それらに取り組む体制や規定が取締役会の決議事項となった。

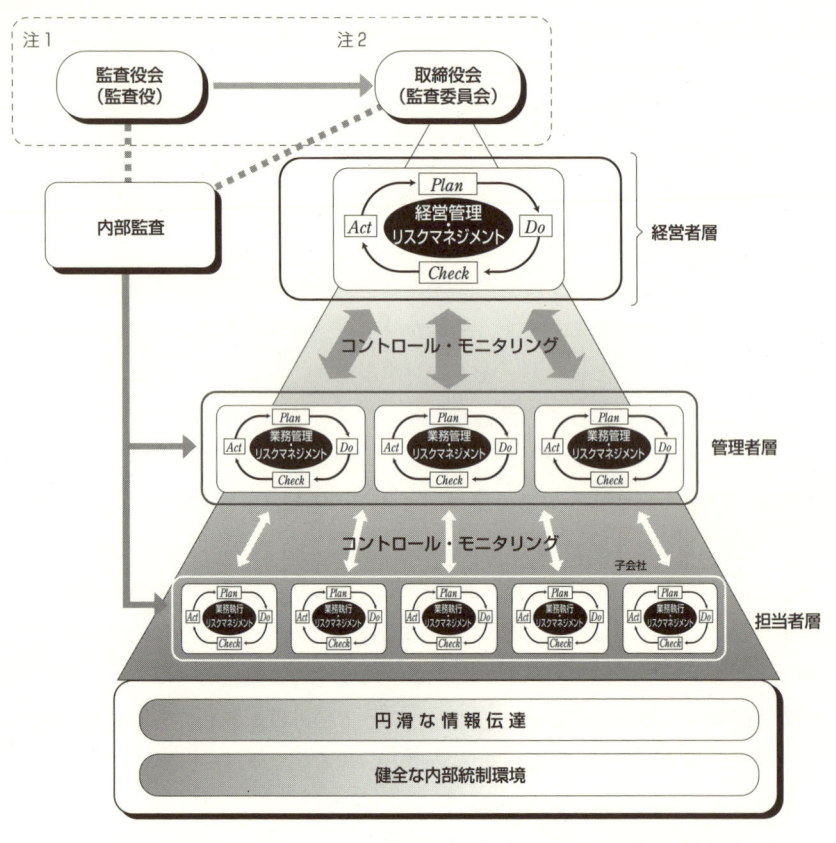

図1-4　リスクマネジメントと一体となって機能する内部統制の全体図

注1：監査役会（監査役）は，監査役設置会社の場合に設置される。
注2：監査委員会は，委員会等設置会社の場合に設置される。
出所：リスク管理・内部統制に関する研究会「リスク新時代の内部統制―リスクマネジメントと一体となって機能する内部統制の指針―」24頁（2003年6月）をもとに作成（著者一部修正）。

3　会社法と金融商品取引法の求める内部統制

（1）会社法上の内部統制に関する規定

　会社法にも会社法施行規則においても，「内部統制」という用語は一切使われていないが，一般には，会社法上の内部統制とは「取締役の職務の執行が法令および定款に適合することを確保するための体制その他株式会社の業務の適

最初に決議した内部統制システムに関わる
取締役会決議の見直しの有無（全体；n=3,207）

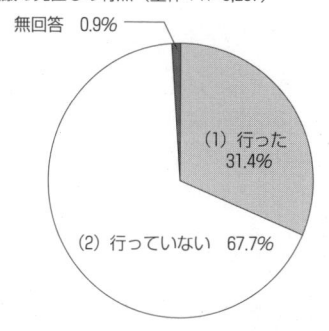

- 無回答　0.9%
- (1) 行った　31.4%
- (2) 行っていない　67.7%

	全　体	上　場	非上場
回答社数（社）	3,207	1,930	1,273
(1) 行った（%）	31.4	33.3	28.5
(2) 行っていない（%）	67.7	65.9	70.4
無回答（%）	0.9	0.8	1.1

図1-5　会社法施行（2006年5月1日）に伴い最初に決議した内部統制
システムに関わる取締役会議についての見直しの決議の有無

出所：日本監査役協会『月刊　監査役』534号（臨時増刊号）160頁（日本監査役協会，2007年）。

正を確保するために必要なものとして法務省令で定める体制」（会社法362条4項6号・会社法施行規則100条，会社法416条1項1号ロ・ホ・会社法施行規則112条）のことであり，大会社である取締役会設置会社または委員会設置会社は内部統制の整備について取締役会で決定しなければならないとされている（会社法362条5項・416条2項）。また当該決定の内容は事業報告で開示され，監査役・監査役会または監査委員会の監査も受ける必要がある（会社法施行規則118条2号・129条1項5号・130条2項2号・131条1項2号）。

　すなわち，会社法では，取締役は取締役会の意思決定や業務執行に関する記録の作成・保存，リスク管理，効率的な職務執行，従業員のコンプライアンス，グループ企業全体の業務の適性など，財務報告のみならず，幅広い内部統制の確保のための体制の構築が求められる。また，これらを確保する体制を構築・維持していないと，取締役は善管注意義務違反を問われることとなる。[53]

表1-5 内部統制システムに関わる取締役会決議で見直した項目 (複数回答)

	全体	上場	非上場
回答社数 (社)	1,007	643	363
(1) 取締役の職務の執行が法令及び定款に適合することを確保するための体制 (%)	57.7	54.0	64.2
(2) 取締役の職務の執行に係る情報の保存及び管理に関する体制 (%)	46.0	40.6	55.4
(3) 損失の危険の管理に関する規程その他の体制 (%)	60.5	59.9	61.4
(4) 取締役の職務の執行が効率的に行われることを確保するための体制 (%)	48.6	44.8	55.1
(5) 使用人の職務の執行が法令及び定款に適合することを確保するための体制 (%)	46.1	43.4	50.7
(6) 当該株式会社並びにその親会社及び子会社から成る企業集団における業務の適正を確保するための体制 (%)	44.9	44.0	46.3
(7) 監査役がその職務を補助すべき使用人を置くことを求めた場合における当該使用人に関する事項 (%)	37.9	35.3	42.4
(8) 上記(7)の使用人の取締役からの独立性に関する事項 (%)	30.9	28.0	35.8
(9) 取締役及び使用人が監査役に報告をするための体制その他の監査役への報告に関する体制 (%)	38.0	34.2	44.6
(10) 上記(7)～(9)のほか、監査役の監査が実効的に行われることを確保するための体制 (%)	31.6	29.2	35.5
(11) 財務報告の適正性を確保するための体制 (%)	19.6	20.1	18.7
(12) 企業理念・企業統治に関する考え方 (%)	18.2	16.6	20.9
(13) その他 (%)	8.4	9.6	6.3
無回答 (%)	2.0	2.2	1.7

注:「損失危険管理体制」(60.5%) および「取締役の職務執行に関する法令等遵守体制」(57.7%) の2項目が半数を上回っている。また、「効率性確保体制」(48.6%)、「使用人の職務執行に関する法令等遵守体制」(46.1%)、「情報保存管理体制」(46.0%)、「企業集団内部統制」(44.9%) の4項目については、ほぼ同数の半数弱となっている。

出所:日本監査役協会・前掲書 (図1-5) 161頁。

　ところで、日本監査役協会が2007年7月に実施した「監査役および監査委員会制度の運用実態調査」[54]結果報告書によれば、会社法施行に伴い最初に決議し

---

53) なお、上場会社では、金融商品取引法が求める財務報告の適性を確保するための内部統制システムについての報告書作成および監査が要求される。これは同法に基づく情報開示制度の適性を確保するためのものであるが、会社法に規定する内部統制システムは取締役等の善管注意義務を具体化したものと解すべきであり、両者の目的は必ずしも同じではない (神田秀樹『会社法』〔第11版〕194頁 (弘文堂、2009年))。

た内部統制システムに関わる取締役決議についての見直し決議を行った会社が3割（31.4%）に上ったということである（図1-5）。そして，見直し決議を行った会社で見直した項目のうち最も多い（60.5%）のが「損失の危険の管理に関する規定その他の体制」（会社法施行規則100条1項2号）である（表1-5）[55]。これにより，リスクマネジメントと内部統制における経営者の役割が一層重要視されてきたといえる。

(2) 金融商品取引法上の内部統制に関する規定

金融商品取引法上の内部統制とは，企業会計審議会が公表した「内部統制基準」によれば，すでにⅢ2（1）で挙げたとおり，企業等の4つの目的の達成のために企業内のすべての者によって遂行されるプロセスであって，6つの基本的要素から構成されるもののことをいい，このうち財務報告の信頼性を確保するための内部統制を「財務報告に係る内部統制」というとされている。そして，届出義務のある有価証券の発行会社の経営者は，財務報告に関する内部統制の有効性を評価した報告書（内部統制報告書）を提出しなければならず（金融商品取引法24条の4の4），当該内部統制報告書は，評価した者と特別の利害関係のない公認会計士または監査法人の監査証明を受けなければならないとされ[56]

---

54) 調査目的は，各社の企業統治体制や監査活動の実態を明らかにすることを目的として実施したものである。調査対象は，全国の日本監査役協会会員（法人および個人）および非会員設置会社で，監査役設置会社5,641社，委員会設置会社110社である。調査期間は，2007年7月4日～7月25日，調査票回収数は，監査役設置会社3,877社（回収率68.7%），委員会設置会社67社（回収率60.9%）である（『月刊 監査役』534号（臨時増刊号）1～303頁（日本監査役協会，2007年））。
55) ここではリスクマネジメント体制の整備が求められている。リスクマネジメントについて，金融機関においては金融庁公表の金融検査マニュアル・保険検査マニュアルならびに金融商品取引業者等検査マニュアルにおいて各リスクが掲げられており，業種毎に該当するリスクに対する基本方針を定め，それに基づく管理規定，人員配置を行うことが必要である。金融庁の各検査マニュアルは業種別の特性を考慮してリスクおよび個別の問題点を定めているが，各企業においては，検査マニュアルにおける個別の問題点に捉われることなく，それぞれの状況を考慮した上でリスクの認識を行う必要がある（小林中「会社法が要求する内部統制とは」銀行研修社編『ファイナンシャルコンプライアンス』38巻2号112頁（銀行研修社，2008年））。

ている(同法193条の2第2項)。

　また,内部統制報告書の作成方法および作成基準に関する金融商品取引法上の詳細規定は,2007年8月10日に「財務計算に関する書類その他情報の適正性を確保するための体制に関する内閣府令」(通称・内部統制府令)の公布によって明らかにされた。その後,金融庁は,同年10月2日に「『財務計算に関する書類その他の情報の適正性を確保するための体制に関する内閣府令』の取扱いに関する留意事項について(内部統制府令ガイドライン)」を公表した。

(3) 内部統制についての会社法上と金融商品取引法上との相違

　企業会計審議会での内部統制に関する議論は,あくまでも企業の財務・会計情報の開示の信頼性を確保することに主眼が置かれているということである。すなわち,財務報告に関する内部統制の有効性に限って,経営者の評価と監査人(会社法上の会計監査人)による検証を問題としているのである。この点,金

---

56) 金融商品取引法24条の4の4第1項の規定は以下のとおりである。
　「24条1項の規定による有価証券報告書を提出しなければならない会社のうち,24条1項1号に掲げる有価証券の発行者である会社その他の政令で定めるものは,事業年度ごとに,当該会社の属する企業集団および当該会社に係る財務計算に関する書類その他の情報の適正性を確保するために必要なものとして内閣府令で定める体制について,内閣府令で定めるところにより評価した報告書(以下「内部統制報告書」という)を有価証券報告書と併せて内閣総理大臣に提出しなければならない」。

57) 内部統制府令における内部統制報告書の作成基準の要旨は以下のとおりである。
　「金融商品取引法上24条の4の4の規定により提出される内部統制報告書の用語,株式および作成方法は,府令の規定のほか一般に公正妥当と認められる財務報告に係る内部統制の評価の基準に従うものとする。内部統制報告書の監査証明は,公認会計士又は監査法人の作成する内部統制報告書により行い,一般に公正妥当と認められる財務報告に係る内部統制の監査基準および慣行に従う。企業会計審議会が公表した財務報告に係る内部統制の評価および監査に関する基準は,一般に公正妥当と認められる評価および監査の基準に該当する」(内閣府令1条1項・2項・3項・4項)。また,「財務計算に関する書類その他の情報の適正性を確保するために必要な体制とは,会社における財務報告が法令等に従って適正に作成されるための体制をいう」(内閣府令4条)。

58) 具体的には,業務プロセスに関わる内部統制の評価範囲を合理的に決定した旨などの記載に加えて,連結財務諸表における売上高その他の指標の一定割合を基準として重要な事業拠点を選定する際の当該指標および一定割合などについても,内部統制報告書に記載することとしている。

融商品取引法では,「情報の適正性を確保するために必要なものとして内閣府令で定める体制」と定められており,会社法に定める「業務の適性を確保するために必要な体制」とは,明らかに情報開示の趣旨・目的が異なっている[59]。また現在,会社法上の内部統制の定義が確立した状況にはない。ただし,会社法では,企業経営に必要な「業務の適正を確保するために必要な体制」全般を対象にしている点で,金融商品取引法上の内部統制よりも規制範囲は広いといえる。一方,企業会計審議会が公表した「内部統制基準」においては,「財務報告に係る内部統制」の評価・監査基準が非常に詳細に定められており,その点では金融商品取引法の方が具体的な形で内部統制の整備・運用を求めているといえる。

さらに,会社法が大会社一般について内部統制の整備の決定を義務づけたのは,「株式会社のうち,大会社についてはその活動が社会に与える影響が大きいことから,適正なガバナンスの確保が特に重要であるし,また,最近の企業不祥事の事例に鑑みても,各会社において自仕の適正なガバナンスを確保するための体制を整備することの重要性は一層増している」と考えられたからであるのに対して[60],金融商品取引法が内部統制報告制度を導入したのは,「証券市場がその機能を十全に発揮していくためには,投資者に対して企業情報が適正に開示されることが必要不可欠」であり,「ディスクロージャーの適正性を確保していくためには,財務報告にかかる内部統制の強化を図ることが重要な課題である」と考えられたからである[61]。すなわち,株式会社が構築すべき内部統制には,規模の観点から求められるものと公開性の観点から求められるもの,さらに加えるならば,事業の特殊性(銀行業など)という観点から求められるものがあるといえる。会社法だけを見ていると後者の観点を見落としがちになるが,上場会社であれば規模のみならず公開性の観点等も踏まえた内部統制を構築しなければならない[62]。

---

59) 菅原貴与志『新しい会社法の知識』194頁(商事法務,2006年)。
60) 相澤哲編著『一問一答 新・会社法』〔改訂版〕121~122頁(商事法務,2009年)。
61) 三井秀範=池田唯一監修,松尾直彦編著『一問一答 金融商品取引法』〔改訂版〕171頁(商事法務,2008年)。

4 内部統制の限界と課題

内部統制の限界とは,「内部統制基準」によれば,適切に整備され,運用されている内部統制であっても,内部統制が本来有する制約のために有効に機能しなくなることがあり,内部統制の目的を常に完全に達成するものとはならない場合があることをいう。そして,「内部統制基準」では,不正行為など以下のとおり,4つの限界を示している。

① 内部統制は,判断の誤り,不注意,複数の担当者による共謀によって有効に機能しなくなる場合があること
② 内部統制は,当初想定していなかった組織内外の環境の変化や非定型的な取引等には,必ずしも対応しない場合があること
③ 内部統制の整備および運用に際しては,費用と便益との比較衡量が求められること
④ 経営者が不当な目的のために内部統制を無視ないし無効ならしめることがあること

以上の4つの限界に対して「内部統制基準」は,それぞれ克服するための考え方を示しているが[63],「内部統制の所有者は経営者である」という本旨を踏まえ,経営者自らが主体的に健全な経営を推進させない限り内部統制を有効に機能させることは不可能であることを留意すべきである。なぜなら,不正な判断・指示・共謀等は,構築された内部統制の枠組みを超えた個所で発生するからである[64]。

例えば,企業の不正という問題を取り上げても,一般的には外部監査人である公認会計士が不正を犯しているのではなく,企業経営者がなんらかの形で関与してはじめて不正ないし粉飾等が起きる[65]。金融機関の場合は,組織の末端の

---

62) 河村賢治「会社法と金融商品取引法の交錯」法セミ633号35頁(日本評論社,2007年)。
63) 例えば,内部統制を整備することにより,判断の誤り,不注意によるリスクは,相当程度低減されるとともに,複数の担当者が共謀して不正を行うことは,相当程度困難になるし,さらに,経営者が,組織内に適切な全社的または業務プロセスレベルに関わる内部統制を構築していれば,複数の者が当該事実に関与することから,経営者による内部統制の無視ないし無効ならしめる行為の実行は相当程度困難なものになり,結果として,経営者自らの行動にも相応の抑止的な効果をもたらすことができることなどを示している。

現金を扱っている従業員による横領や着服があるが，社会問題となるような大きな問題というのは，ほとんど経営トップが関与している。このような不正リスクを発生させないようにするには，まず会社の組織の中で監視制度を整備する必要があり，経営者相互の監視体制を徹底させる必要がある。また，社内の警告システム（Warning System）を構築することも重要である。さらに，各事業部門に関しては，内部監査の担当者が，専門性と独立性，そして気概を持って役割を担っていくという構図がなければならない。

また，経営者のリーダーシップや経営理念は，一律な規制によって成り立ちうるものではない。内部統制は企業自らが取り組むべき課題であり，本来必要なのは，企業が率先して優れた内部統制を構築し，その内容を消費者や投資家などのステークホルダーが評価できる社会的な仕組みといえる。したがって，今後の企業の規制のあり方については，より企業の自主性を重視したルール作りが必要である。一方，企業においては，単に形式的な対応ではなく，内部統

---

64) 山本雄一郎「SOX法に関する一考察—米国の経験を踏まえて—」日本貿易学会編『日本貿易学会年報』45号153頁（2008年）。

65) 日本においてもアメリカと同様に，西武鉄道事件（2004年），カネボウ事件（2004年），日興コーディアルグループ事件（2006年）等，数々の事件で見られるように，企業経営者による不適切な会計処理や利益粉飾事件が発生している。

66) アメリカの一定規模の企業のほとんどは警告システムを有し，企業内部の情報を把握する最高経営責任者（CEO）が極めて単純な警告システムとしての役割を果たしている（Bracken, P., I. Bremmer and D. Gordon, *Managing Strategic Supprise-Lessons from Risk Management and Risk Assessment*, Cambridge University Press, 2008, p.18.）。

67) 日本内部統制研究学会が組織した「内部統制の重要な欠陥に係る実態調査研究部会」による実態調査（調査対象は，日本内部統制研究学会会員，各種上場企業，監査事務所，弁護士等に対して合計649件，回答数は126件（有効回答率19.4％）で，調査期間は，2008年5月10日〜5月19日に発送，5月30日を締切りとして実施）の結果によれば，内部統制報告制度の実施における対応として，金融庁または企業会計審議会に対して，次のような要望が寄せられていたとのことである。すなわち，①重要な欠陥に関する判断指針や具体例を示すこと，②中小企業に対する導入延期や段階適用等，③日本公認会計士協会（JICPA）や監査法人等への指導等である。また，日本公認会計士協会や監査法人に対しても，①過剰な対応をやめること，②評価方法等の実務のレベルの統一といった要望が示されている。なお，「重要な欠陥」という用語は，"Material Weakness" の訳語であるが，適切な訳語としては，「重要な弱点」あるいは「重要な懸念事項」などとすべきではないのかとして，用語の定義を改めるべきとの批判も提起されている（「週刊　経営財務」No.2880，47〜53頁（2008年8月4日））。

制構築に積極的に取り組み，様々な不祥事等のリスクに対する企業体質を強固なものにしておくことで，企業価値の向上につなげていくという姿勢が重要であると考える[68]。

Ⅳ　おわりに

日本の企業を取り巻く環境が急激かつ大幅に変化してきている中で，企業自身も自らのあり方を改めて見直し，必要に応じて自らを変えていくことが必要となっている。

これから内部統制の評価に取り組む企業は，まず，全社的な内部統制の分析が必要であり，その状況を把握し，リスク評価を行う必要がある。重要なリスクに対する現状の内部統制を評価することにより，それまで認識されていなかった内部統制の課題や非効率な業務の仕組みが明らかになってくる。企業が様々な要請によって求められる内部統制を構築しながら，より効率的で効果的な内部統制を目指して改善に取り組むことにより，様々なリスクに対応できる強靭な組織を作り上げることができる。

一方，リスクの抽出が不十分で，類似業種の他社での事例や，自社の常識として，かなり高いリスクが予め見込まれていたにもかかわらず，それに対して特別な対応策を講じなかったために，不幸にして，会社としての大きな損失を被ったような場合には，経営者の立場で，適切な内部統制システムを構築すべき義務を怠ったとして，株主から善管注意義務違反として，責任追及の訴えを起こされる可能性があると考えられる。その意味でも，リスクの想定や，その認識，リスク回避の有効な対策，早期の発見，隠蔽を許さない発生現場からの迅速な通報制度等に関する内部統制システム構築には，十分徹底を期すること

---

68)　前掲注67)のアンケートについて，企業の経営者に対しては，①内部統制報告に関連して，リーダーシップの発揮，②財務報告を含む，社内体制の整備といった要望を抱いていることが示されたことは注目に価する。内部統制構築の現場において，現在なお，企業トップの理解が十分に得られないことによって，内部統制がままならない現状が垣間見られる結果であるといえる。

が肝要である。特に，企業不祥事を防止するためには，何よりも経営トップの意識改革が求められ，企業風土を変えなければならないのである。

したがって，内部統制システム構築の究極の目的は，予期されない事故や不祥事を防ぎ，ブランド価値に代表される，企業としての最大資産をめぐる価値や信頼性の低下，売上の減少，株価の暴落などを通じての，企業財務の毀損，消費者，投資家，従業員，協力・関連企業，地域社会などの離反による損害の発生を極力減らすことである。単に，厳しい行動規範を定めたり，事細かで実効性の乏しい規定を制定したり，不必要に厳しいルールを定めて，違反した場合は厳しい罰則を科すというだけでは，必ずしも内部統制システム構築の目標は達せられない[69]。

また，内部統制システムの実効性を確保するためには，PDCAのリスクマネジメントシステムのサイクルが欠かせない。すなわち，取締役会が内部統制システム構築の基本方針を決定し(P)，代表取締役・代表執行役ら経営陣がこれに基づく事業活動を遂行し(D)，監査機関は違法経営ないし企業不祥事が起きないことを監督・監査し(C)，その危険性が認められればこれを改善する(A)というプロセスが重要なのである。

今後，全社的リスクマネジメントと内部統制の高度化を目指す日本企業としては，財務報告に関わる内部統制への取組みを積極的に推進し，リスクマネジメント体制の組織的向上を図るとともに経営者自らが主体的に健全な経営を推進させることが重要である[70]。それによって，企業の競争力が高まり，企業価値を上げる絶好の機会となる。そうした経営の姿が達成されれば，内部統制は有効に機能していると判断することができると考える[71]。

【参考文献】（注記で引用したものを除く）
青井倫一=竹谷仁宏編著『企業のリスクマネジメント』（慶應義塾大学出版会，2005年）
赤堀勝彦『企業リスクマネジメントの理論と実践』（三光，2008年）
稲上毅=連合総合生活開発研究所編著『現代日本のコーポレート・ガバナンス』（東洋経

---

69) 島村昌孝「足下から見直す内部統制—経営危機の事前防衛の観点から—」『月刊　監査役』531号44頁（日本監査役協会，2007年）。

済新報社，2000年）
甲斐良隆=榊原茂樹編著『企業リスク管理の実践』（中央経済社，2009年）
亀井利明『ソーシャル・リスクマネジメント論』（日本リスクマネジメント学会，2007年）
亀井利明=亀井克之『リスクマネジメント総論』〔増補版〕（同文舘出版，2009年）
木村圭二郎監修，コンプライアンス研究会編著『内部統制の本質と法的責任―内部統制新時代における役員の責務―』（経済産業調査会，2009年）
久保恵一=杉山雅彦=仁木一彦他『内部統制実践ガイド』（ダイヤモンド社，2007年）
経営情報学関連学会「内部統制」タスクフォース編著『内部統制Q&A』（日経BP社，2006年）
沢野直紀=高田桂一=森淳二朗編『企業ビジネスと法的責任』（法律文化社，1999年）
柴田和史『会社法詳解』（商事法務，2009年）
損害保険事業総合研究所・研究部編『欧米主要諸国におけるERM（統合リスク管理）およびソルベンシー規制の動向について』（損害保険事業総合研究所，2009年）
太陽ASG監査法人編『プロフェッショナル・リスクマネジメント』（中央経済社，2006年）
竹谷仁宏『トータル・リスクマネジメント』（ダイヤモンド社，2003年）
土田義憲『会社法の内部統制システム―取締役による整備と監査役の監査―』〔第2版〕（中央経済社，2006年）
土田義憲『法令遵守の内部統制』（中央経済社，2009年）
日本証券経済研究所編『サーベンス・オクスリー法』（新外国証券法令集）（日本証券経済研究所，2007年）
長谷川俊明『リスク管理の内部統制』（中央経済社，2009年）

---

70) なお，内部統制報告制度の適用初年度において，2009年6月30日までに提出された2,670件の内部統制報告書のうち，重要な欠陥は56件で全体の2.1%にとどまった。また，重要な欠陥と判断とした理由として，内部統制報告書に記載された開示例には，「財務報告に関するリスクの評価と対応を実施していない」，「前代表取締役が社内規定による職務分掌や承認手続を無視し，独断で約束手形の振り出しを行った」，「前取締役が，定められた取締役会の承認を得ずに債務保証を行った」，「内部統制の基本的要素である統制環境・情報と伝達・モニタリングについて不備がある」等が挙げられている（金融庁報道発表資料・前掲注44))。2009年度は，重要な欠陥がなかったと判断できた企業においても，今回の分析結果と同様の重要な欠陥の萌芽となるような事態が発生している可能性があれば，早期に対策を講じるとともに今後もコスト効果の一層の向上を図りつつ，新たなリスクの特定と不正防止に必要なコントロールの整備運用を日々着実にこなしていくことが重要である（Protiviti Risk & Business Consulting「J-SOX FLASH REPORT」2009年7月6日，三木昌弘「内部統制報告制度 初年度の結果分析」『企業リスク』25号62頁（トーマツ企業リスク研究所，2009年))。
71) 八田進二「誤解多い日本の内部統制論議」日本経済新聞（朝刊）2007年12月7日。

八田進二『内部統制の考え方と実務　評価・監査編』(日本経済新聞出版社，2007年)
樋渡淳二=足田浩『リスクマネジメントの術理―新BIS時代のERMイノベーション―』(金融財政事情研究会，2005年)
筆島努『中小企業の内部統制戦略―公正で効率的な経営システムの構築―』(中央経済社，2006年)
ベリングポイント戦略・業務改革チーム『トータルリスクマネジメント』(生産性出版，2006年)
牧野二郎『新会社法の核心―日本型「内部統制」問題―』(岩波書店，2006年)
松原恭司郎『図解日本版SOX法〈徹底解説〉―マネジメントのための内部統制報告制度―』(日刊工業新聞社，2006年)
持永勇一=吉田良夫『内部統制の理念―金融商品取引法・会社法―』(第一法規，2007年)
弥永真生『リーガルマインド 会社法』〔第10版〕(有斐閣，2006年)
吉川吉衞『企業リスクマネジメント―内部統制の手法として―』(中央経済社，2007年)

COSO, *Internal Control over Financial Reporting-Guidance for Smaller Public Companies*, 2006 (トレッドウェイ委員会組織委員会，日本内部監査協会=八田進二監訳，橋本尚=町田祥弘=久持英司訳『簡易版COSO内部統制ガイダンス』(同文館出版，2007年))

Green, S., *Manager's Guide to the Sarbanes-Oxley Act*, John Wiley & Sons Inc., 2004 (三宅弘子=田澤元章他訳『SOX法による内部統制構築の実践』(レクシスネクシス・ジャパン，2006年))

Hill, W. L. and G. R. Jones, *Strategic Management: An Integtated Approach*, 5th ed., Houghton Mifflin Company, 2001.

Moeller, R. R., *Sarbannes-Oxley and the New Internal Auditing Rules*, JohnWiley & Sons, Inc., 2004 (古川純子=戸塚圭介訳『サーベンス・オクスレー法と内部監査』(レクシスネクシス・ジャパン，2007年))

Moeller, R. R., *COSO Enterprice Risk Management: Understanding the New Integrated ERM Framework*, John Wiley & Sons, Inc., 2007.

Young, P. C. and S. C. Tippins, *Managing Business Risk-An Organization-Wide Approach to Risk Management*, AMACOM, 2001 (ニューチャーイノベーション監修，宮川雅明=高橋紀子=坂本裕司訳『MBAのリスクマネジメント―組織目標を達成するための絶対能力―』(PHP研究所，2002年))

Walker, P. L., W. G. Shenkir and T. L. Barton, *Enterprice Risk Management: Pulling It All Together*, The Institute of Internal Auditors Research Foundation, 2002 (刈屋武昭監訳，石坂弘紀=眞田光昭=鮫島隆太郎他訳『戦略的事業経営』(東洋経済新報社，2004年))

〔別表1〕 SOX法と日本の内部統制報告制度比較対照表

A. 要件の構成

	SOX法	日本の内部統制報告制度
1. 準拠法	2002年サーベインズ・オックスレイ法（企業改革法） （2002年7月大統領署名）	金融商品取引法 （2006年6月交付）
2. 監査人の監督	PCAOB（公開企業会計監視委員会） ・活動の監督 ・監査基準の設定	金融庁 ・公認会計士の監督に関する制度設計 公認会計士・監査審査会（CPAAOB） JICPA（日本公認会計士協会）による品質管理レビューのモニタリング ・公認会計士等に対する懲戒処分等の調査審議 金融庁企業会計審議会 監査基準の設定
3. 法令における財務報告の要件	・財務報告に関する宣誓(302条, 906条) ・内部統制に関する報告書(404条) ・経営者の評価プロセスと内部統制に関する監査報告書 （改訂草案） ・内部統制に関する監査報告書	・開示の正確性に関する経営者の確認書（24条の4の2） ・内部統制に関する経営者の報告書（24条の4の4） ・内部統制の経営者報告書に関する監査報告書（193条の2）
4. 経営者向けガイダンス（施行済み・公開草案・予定を含む）	サーベインズ・オックスレイ法 米国証券取引委員会（SEC）ルール （改訂草案） SECによる解釈指針（2006年12月草案が公表）	・財務報告に係る内部統制の評価および監査の基準並びに財務報告に係る内部統制の評価および監査に関する実施基準の制定について（意見書）（2007年2月に金融庁により公表）
5. 監査人向けガイダンス（施行済み・公開草案・予定を含む）	監査基準第2号（2004年3月PCAOB発行） （改訂草案） 監査基準第5号修正案（2006年12月にPCAOBにより改正案提出）	・財務報告に係る内部統制の評価および監査の基準並びに財務報告に係る内部統制の評価および監査に関する実施基準の制定について（意見書）（2007年2月に金融庁により公表）
6. 関連諸規則とガイドライン	証券取引所（ニューヨーク, ナスダックその他）の発行する上場規則	金融商品取引法を受けた政省令（未公表）
7. 適用年月日	会社規模により適用時期が異なる （経営者報告書の適用開始時期） 時価総額＄75M以上： 2004年11月15日以降終了する事業年度 時価総額＄75M以上で上場の外国企業： 2006年7月15日以降終了する事業年度 それ以外の会社： 2007年12月15日以降終了する事業年度	2008年4月1日以後に開始する事業年度

B．規制対象となる組織と情報

	SOX法	日本の内部統制報告制度
1. 規制対象組織	米国の証券取引所に上場しているすべての上場企業	有価証券報告書提出会社で，日本の証券取引所に上場しているすべての上場企業等
2. 外国企業	遵守が必要（適用開始時期の延期）	遵守が必要
3. 小規模会社	適用開始時期の延期	小規模会社のための特別条項はない
4. 規制対象となる統制の種類	開示統制および手続き（302条） 財務報告に係る内部統制（404条）	開示統制（24条の4の2） 財務報告に係る内部統制（24条の4の4）
5. 規制対象となる情報の種類	（302条） 年次および四半期報告書における重要な開示情報 （404条） 10K，10KSB，10Q，10QSB，20F，40Fに添付される財務諸表および注記	（24条の4の2） ・有価証券報告書の記載内容 （24条の4の4） ・有価証券報告書の「経理の状況」の（連結）財務諸表及び関連する注記事項 ・財務諸表の信頼性に重大な影響を及ぼす開示事項
6. 財務諸表の定義	連結財務諸表のみ	金融商品取引法を受けた政省令（未公表）

C．内部統制の整備

	SOX法	日本の内部統制報告制度
1. 内部統制のフレームワーク	・義務づけられている特定のフレームワークはない。 ・SEC規則により，COSOが一般に認められたフレームワークの1つとされている。 ・COSOフレームワークは，米国企業に一般的に適用されている。 ・海外企業には，それと同等のその国固有のフレームワークが一般的に適用されている。	・固有のフレームワーク（内部統制報告制度フレームワーク）が推進されている。 ・内部統制報告制度フレームワークは，COSOフレームワークをもとにして開発された。 ・内部統制報告制度フレームワークはCOSOの3つの目的に「資産の保全」が追加されており，またCOSOの5つの構成要素に「ITへの対応」が追加されている。

D．内部統制の経営者による評価

	SOX法	日本の内部統制報告制度
1. 推奨される全般的アプローチ	トップダウン型のリスクベースアプローチ （監査基準第2号に強く影響されている） （改訂草案） トップダウン型のリスクベースアプローチ	トップダウン型のリスクベースアプローチ

		プロティビティのアプローチ	基準における考え方
2.	推奨される評価手順	1. 評価対象とする会社とビジネスプロセスを選択する 2. 組織レベルのコントロールの評価 3. 業務プロセスレベルのコントロールの評価 　(a) 選択したビジネスプロセスを理解する 　(b) 選択した各プロセスにおける，財務報告に関連するリスクとコントロールを特定する 　(c) コントロールの整備状況の有効性を評価する 　(d) コントロールの運用状況の有効性を評価する 4. 経営者評価の総合結果を報告書にまとめる (改訂草案) 1. 財務報告の信頼性に係るリスクと，経営者がこれらのリスクの特定のために設定している関連するコントロールを特定する 2. 経営者は，コントロールの整備状況の有効性を評価する 3. コントロールの運用状況の有効性を評価する 4. 経営者評価の総合結果を報告書にまとめる 5. 合理的なレベルで文書化する	・財務報告に対する金額的および質的影響の重要性を考慮し，合理的に評価の範囲を決定する。 実施基準における考え方 1. 全社的な内部統制の評価 2. 決算・財務報告に係る業務プロセスの評価 3. 決算・財務報告以外の業務プロセスの評価 　(a) 重要な事業拠点の選定 　(b) 評価対象とする業務プロセスの識別 　(c) 評価対象とした業務プロセスの評価 　　ⅰ) 評価対象となる業務プロセスの概要を把握する 　　ⅱ) 選択した各プロセスにおける，財務報告に関連するリスクとコントロールを設定する 　　ⅲ) コントロールの整備状況の有効性を評価する 　　ⅳ) コントロールの運用状況の有効性を評価する 　(d) 経営者評価の総合結果を報告書にまとめる
3.	組織レベルの統制	フレームワークを使用 (改訂草案) 組織レベルの統制は以下を含む 1. 統制環境に関するコントロール 2. 経営者によるコントロールの無視に対するコントロール 3. 会社のリスク評価プロセス 4. 本社で実施されるコントロール 5. 業績をモニタリングするコントロール 6. 他のコントロールをモニタリングするコントロール 7. 期末の財務報告プロセスに係るコントロール 8. 重要な事業上のコントロールとリスク管理の実施に関する方針	基準で明示された6つの要素 1. 統制環境 2. リスクの評価と対応 3. 統制活動 4. 情報を伝達 5. モニタリング 6. ITへの対応 42項目の質問書が例示 質問項目は小規模会社向けCOSOガイダンスのマトリクスと類似している。

[別表1] SOX法と日本の内部統制報告制度比較対照表

4.	決算・財務報告プロセスの評価	選択した会社のみ	全社的な観点で評価するものとそうでないものに分けられ，全社的な観点で評価するものは，原則として全ての事業拠点で評価が必要である。
5.	決算・財務報告以外のプロセスの評価		
(a)	勘定科目の選定	重要性に基づく定量的アプローチ 重要性のファクターを考慮し勘定科目を追加する。 (改訂草案) 重要な虚偽記載の合理的な発生可能性に注目したリスクベースアプローチ	基準 ・金額的および質的影響の重要性の観点から決定する。 実施基準 ・企業の事業目的に大きく関わる勘定科目（一般的な事業会社の場合，原則として，売上，売掛金，棚卸資産と例示されている。）
(b)	事業拠点の選択	組織の大部分をカバーすることが必要である。 （一般的に財務諸表の65〜80％を占める） (改訂草案) リスクに基づいた選択	売上を基準として3分の2をカバーしていることが例示されている。また，重要性が高い業務プロセスを追加する。
(c)	非連結対象会社	会社の持分法の会社処理が適正に報告されていることについての内部統制を評価 持分法による被投資会社における統制は，通常，評価の対象外である。	持分法適用会社を含む。
(d)	ビジネスプロセスの選定	評価対象となった財務要素に影響を与えるすべてのプロセス (改訂草案) 重要な虚偽記載のリスクに対処するコントロールを，リスクベースで特定する。	実施基準における考え方 (1) 重要な事業拠点における，企業の事業目的に大きく関わる勘定科目に至る業務プロセスを評価対象とする。 (2) 重要性の大きい業務プロセスを評価対象に加える。 (3) 全社的な内部統制の評価結果を考慮する。 一般的な事業会社については，売上，売掛金，棚卸資産勘定に至る業務プロセスは，原則として，全てを評価対象とする。 その他，リスク性の高いビジネスプロセス，見積もりや予測を伴う重要な勘定科目に至る業務プロセス等は，評価する必要がある。
(e)	委託業務	特定の委託会社を含む。	特定の委託会社を含む。
(f)	IT統制の評価	特定のガイダンスはない。 (改訂草案) リスクベースアプローチにより関連するアプリケーションとIT全般統制を決定する。	以下の両方を評価する。 (1) IT全般統制 (2) 業務処理統制

(g) IT全般統制	特定のガイダンスはない。 (改訂草案) 以下の点を考慮 (1) プログラム開発 (2) プログラム変更 (3) コンピュータ運用 (4) プログラムとデータへのアクセス	以下の点を考慮 (1) システムの開発, 保守 (2) システムの運用・管理 (3) 内外からのアクセス管理などのシステムの安全性の確保 (4) 外部委託に関する契約の管理
6. 小規模会社の考慮	記載なし (改訂草案) 一定の条件の小規模会社については, 正式な内部統制のテストプロセスをより少なくすることが認められる。	明確に言及されていないが, 職務分掌に代わる代替的な統制や企業外部の専門家の利用等の可能性を含め, その特性等に応じた工夫が行われるべきであると, 意見書に明示されている。
7. 前年度結果の利用	依拠できない。 (改訂草案) リスクによっては依拠が可能	有効に運用され, 評価された時点から変更がない場合等, 一定の場合には, 自動化コントロールの過年度結果は利用可能

E. 内部統制に関する経営者の報告書

	SOX法	日本の内部統制報告制度
1. 報告内容	ICFR (財務報告に係る内部統制) のデザインと運用状況の有効性に関する経営者の評価結果	同左 (但し, 詳細は政省令で制定されるため, 現状では未定)
2. 頻度	年次	同左
3. 不備の定義	主として量的なファクターに基づいた以下の3段階: (1) 軽微な不備 (2) 重大な不備 (3) 重要な欠陥 (改訂草案) 量的, 質的なファクターに基づく3段階 財務諸表監査の重要性と同じであることが明示された。	量的, 質的なファクターに基づいた以下の2段階 (1) 不備 (2) 重要な欠陥 金額の重要性の基準として, 連結税引前利益5%程度とすることが例示されているが, 財務諸表監査の金額的重要性との関連に留意する。

F. 内部統制の監査

	SOX法	日本の内部統制報告制度
1. 監査対象	経営者のICFR（財務諸表に係る内部統制）評価の有効性の監査 ICFRの監査 （改訂草案） ICFRの監査のみ	経営者のICFR評価の有効性の監査
2. 監査チームの選定	統合監査	同左
3. 時期	会計監査と同時	同左
4. 海外の基準に基づく監査結果の利用	海外子会社の監査人が海外の基準を使用してICFRを監査した場合、親会社の監査人がどちらの基準を使用しても実質的には同じ結論に到達するなら、親会社の監査人は海外の監査人の成果物を利用できる。	同左
5. 内部監査人等の作業結果の利用	監査人は、内部監査人の作業結果を、その品質と有効性を評価した上で、彼らの監査をサポートするものとして利用できる。 （改訂草案） 内部監査人以外の者の作業結果も利用できることが明記された。	監査人は、内部監査人等の作業の品質および有効性を考慮した上で、経営者の評価に対する証拠として利用できる。

注：上記比較表は2007年2月20日現在のものである。なお、SOX法については2006年12月にSECが経営者向け内部統制評価ガイドラインの公開草案を公表し、PCAOBは監査基準（AS2）改訂版のドラフトを公表したが、それらはともに若干の修正を経て、2007年5月23日にSECの経営者向けガイドラインが、同月24日に改訂版監査基準（AS5）がそれぞれ承認されている。

出所：Protiviti Independent Risk Consulting J-SOXフラッシュレポート」をもとに作成（著者一部修正）。
　　http://www.protiviti.jp/dowuloads/flashrepoet/JSOX_Frash_Report0221J.pdf-html

第2章
個人情報保護法と企業のリスクマネジメント

I　はじめに

　近年，経済・社会の情報化の進展に伴い，官民を通じて，コンピュータやネットワークを利用して，大量の個人情報が処理されている。こうした個人情報の取扱いは，今後ますます拡大していくものと予想されるが，個人情報は，その性質上いったん誤った取扱いをされると，個人に取り返しのつかない被害を及ぼすおそれがある。実際，最近民間企業や行政による情報漏えい事件が相次いで発生しており，個人情報の保護に対して社会的にも注目が集まっている。情報技術（IT）が高度に発達したネットワーク社会において，企業は情報漏えいという新たなリスクに直面している。高度情報化時代の現在，個人情報を保有する企業等に対して，個人情報を保護するための厳しい管理体制が求められている。

　そのような中で，2003年5月23日，「個人情報の保護に関する法律」（以下，個人情報保護法という）が国会で可決成立し，同月30日に公布され一部が施行された。

　個人情報保護法は全6章59条と附則から成り立っている。第1章から第3章までが基本法部分であり，第4章以下の部分が民間部門を対象とする一般法部分である（表2-1）。つまり，個人情報保護法は，個人情報保護の基本法としての性格と，民間部門の個人情報保護の一般法としての性格を併有する。この一般法の適用を受けるのは，個人情報取扱事業者であるが，営利事業を行うことは，個人情報取扱事業者の要件ではなく，NGO等も含まれうる。個人情報取扱事業者の数は数百万人に上ると予想されており，その影響は極めて大きいといえる。また，多くの企業が関心を寄せる同法第4章の「個人情報取扱事業

表2-1 個人情報保護法の構成

第1章　総則（第1条～第3条）
第2章　国および地方公共団体の責務等（第4条～第6条）
第3章　個人情報の保護に関する施策等（第7条～第14条）
第1節　個人情報の保護に関する基本方針（第7条）
第2節　国の施策（第8条～第10条）
第3節　地方公共団体の施策（第11条～第13条）
第4節　国および地方公共団体の協力（第14条）

← 官民双方を対象とする基本法部分

第4章　個人情報取扱事業者の義務等（第15条～第49条）
第1節　個人情報取扱事業者の義務（第15条～第36条）
第2節　民間団体による個人情報の保護の推進（第37条～第49条）
第5章　雑則（第50条～第55条）
第6章　罰則（第56条～第59条）

← 民間部門を対象とする一般法部分

附　則

出所：岡村久道『個人情報保護法』〔新訂版〕45頁（商事法務，2009年）。

者の義務等」は，2005年4月1日に施行された。

　個人情報保護法は，現代の高度情報化社会において，個人のプライバシーに関する権利・利益を保護するために制定され，個人情報取扱事業者に，個人情報の取得・管理・利用・第三者提供等について，利用目的の特定・開示，利用

---

1) 個人情報保護法が適用される「個人情報取扱事業者」とは，個人情報データベース等を事業の用に供している者と定義され（同法2条3項），その取り扱う個人情報の量，利用方法から個人の権利利益を害するおそれが少ないものとして政令で定める者は除外される（同法2条3項5号）。事業，すなわち一定の目的を持って反復継続して遂行される同種の行為であって，かつ一般社会通念上事業と認められるものであれば営利であると非営利であるとを問わず，また，個人であっても個人情報取扱事業者に該当することになる。そして，個人情報保護法施行令2条では，取り扱う個人情報が5,000人を超えない場合は，個人情報取扱事業者に該当しないとされている。
　この5,000人を超えるか否かの判断においては，その企業において管理するすべての個人情報データベース等を構成する個人情報を基礎に判断するから（重複分を除く），個人情報を扱うほとんどの企業は個人情報取扱事業者に該当することになると考えられる。
　なお，2009年10月9日付で改正された経済産業省ガイドライン「個人情報の保護に関する法律についての経済産業分野を対象とするガイドライン」の「1．目的および適用範囲」において，個人情報取扱事業者でない事業者等についても，個人情報保護法の基本理念に基づきガイドライン遵守が望ましいとされた。

停止等の義務を課したものである。企業としては，法の内容を踏まえ，十分な対応を考えておく必要がある。

個人情報は企業にとっても重要な資産であるが，管理を誤って漏えい事故等を発生させると一転，損害賠償責任等のリスクにつながるおそれもある。個人情報漏えいをビジネスリスクと捉え，個人情報漏えいリスクに対する適切なリスクマネジメント体制を構築することが重要である。

本章では，個人情報保護法制のもとに，特に相次ぐ個人情報漏えい事故に対する企業のリスクマネジメントを考察することとする。

II　個人情報保護法の概要

1　個人情報保護法制定の経緯と背景
（1）OECDプライバシーガイドラインと住民基本台帳法の改正

個人情報保護法が成立する以前は，日本においては[2]，行政機関の保有する個人情報に関して，「行政機関の保有する電子計算機処理に係る個人情報の保護に関する法律」（1988年12月16日公布）[3]が存在したものの，民間の事業者に対して個人情報の取扱いに関して一般的に義務を課す法律は存在していなかった。

---

[2] アメリカにおいては，コンピュータ時代における個人のプライバシーを法的に保護する必要性から日本よりも先に，公的部門に関しては，1974年プライバシー法（Privacy Act of 1974）が成立し，民間部門に関しては，自主規制を基本として，特に機密性が高い情報を扱う分野において，例えば，1970年公正信用報告法（Fair Credit Reporting Act of 1970），1978年金融プライバシー権利法（Right to Financial Privacy Act of 1978），1986年電子通信プライバシー法（Electronic Communications Privacy Act of 1986），1999年金融サービス近代化法（Financial Services Modernization Act of 1999, Gramm-Leach Bliley Act）など数多くの個別法が成立している。なお，1974年プライバシー法は，タイトルに「プライバシー」を使用しているが，「記録システム（Systems of Records）に管理されている連邦記録（Federal Record）の一部である個人情報のみに適用される」（Anita, L. A., *Privacy Law and Society*, Thomson/West, St. Paul, Minn., 2007, p.499.）ということである。

[3] この法律の目的として，1条に以下のことが規定されている。「この法律は，行政機関における個人情報の電子計算機による処理の進展にかんがみ，行政機関の保有する電子計算機処理に係る個人情報の取扱いに関する基本的事項を定めることにより，行政の適正かつ円滑な運営を図りつつ，個人の権利利益を保護することを目的とする」。

なお，民間部門においては，個人情報保護法以前にも，秘密漏示罪（刑法134条），通信の秘密に関する規定（電気通信事業法4条「秘密の保護」，同法104条「承認認定機関の承認等」など），不正アクセス行為の禁止等に関する法律など「他人に知られたくない自由」（プライバシー権の消極的側面）の保護に資する法律は存在した。しかし，プライバシー権の積極的側面に関係する一般的な法律は存在せず，強制力のないガイドライン等を通じて，行政主導による業界の自主規制が行われてきたにすぎなかった。[4]

個人情報保護法制の背景となった要因として，まず，遠くは1980年のOECD（経済協力開発機構）が採択した「プライバシー保護と個人データの流通についてのガイドラインに関する理事会勧告（OECD RECOMMNDATION AND GUIDELINS GOVERNING THE PROTECTION OF PRIVACY AND TRANSBORDER FLOWS OF PERSONAL DATA）」および1995年のEU指令（EU個人情報保護指令）への対応という点であり，さらに，遠い背景事情としてコンピュータシステムの普及によるデータバンク社会の到来を背景として1970年代から国際的に始まった，プライバシーの権利概念の変容という点を指摘することができる。[5]

OECD理事会勧告に付属するガイドラインは，OECDプライバシーガイドラインと呼ばれており，本ガイドラインにおいて「OECD8原則」が示された。それ自体は法的拘束力を有するものではないが，これらの原則は加盟国が国内法で考慮する一方，プライバシー保護の名目で個人データの国際流通に対する不当な障害を除去，またはそのような障害の創設を回避することに努めることなどが勧告された。ここに個人データとは個人識別情報である旨が定義されている。

本ガイドラインの適用範囲は公的部門と民間部門の双方であり，ミニマムス

---

4) 例えば，通商産業省（現経済産業省）「民間部門における電子計算機処理に係る個人情報の保護について（指針）」（1989年），郵政省（現総務省）「電気通信事業における個人情報保護に関するガイドライン」（1991年）等である。

5) コンピュータとプライバシーに関して，アメリカでは，プライバシー論者（Privacy Advocates）は，コンピュータ社会（Computerized Society）が個人の自主性と選択の自由を侵害し，コンピュータに蓄積された情報は，盗難と誤用の危険に晒されていると指摘する（Goode, S., *The Right to Privacy*, Franklin Watts, New York, 1983, p.122.）。

タンダードとして機能するが，個人データの自動処理（電算処理情報）に適用を限定するか否か，換言するとマニュアル処理情報（非電算処理情報）についても適用するか否かは自由であるとされている。以上のOECD 8 原則は，その後における各国の個人情報保護法制の基礎となり，日本の個人情報保護法制でも，やや変容されているものの，基本的には踏襲されている[6]。

また，EU指令は，上記 8 原則を受けて，加盟国がとるべき措置を詳細に定めたものである。同指令は直接適用されるものではないとされながらも加盟国を拘束し，3 年以内に個人情報保護に関する法律の制定または改正を求めるものとされ，さらに，加盟国からの個人データの第三国への移転を，当該国が個人情報に関する十分なレベルの保護基準を達成している場合に限定するものであった。そして，実際に加盟国は，1990年代のうちに，個人情報保護法制の立法または改正に取り組むこととなった。

次に，この法律制定の直接的な契機は，住民基本台帳ネットワークシステム[7]導入に向けた1999年の住民基本台帳法改正[8]時の自民・自由・公明 3 党間の政策合意に基づくものであった。当時，宇治市住民基本台帳データ不正漏えい事件（大阪高判平成13年12月25日）[9]など地方公共団体や企業から個人情報が大量漏えいする事件が続発して社会問題化する一方，民間部門が対象の個人情報保護

---

6) 岡村久道『個人情報保護法』〔新訂版〕10～23頁（商事法務，2009年）。
7) 住民基本台帳とは，住民の居住関係の公証，選挙人名簿の登録その他の住民に関する事務の処理に基礎となる制度で，各市町村において，住民票を世帯ごとに編成して作成されている。そして，住民基本台帳ネットワークシステム（住基ネット）は，地方公共団体共同のシステムとして，居住関係を公証する住民基本台帳のネットワーク化を図り，4 情報（氏名，生年月日，性別，住所）と住民票コード等により，全国共通の本人確認を可能とするシステムである。1999年の改正住民基本台帳法に基づき，2002年 8 月より住基ネットが稼働した。
8) 住民基本台帳は，1967年の住民基本台帳法制定時から，住所を公証する唯一の公簿として，原則公開とされ，閲覧制度が設けられてきた。その後，個人情報保護の観点から，閲覧制度について，請求者に請求事由等を明らかにさせ，当該請求が不当な目的であることが明らかなとき，または閲覧により知り得た事項を不当な目的に使用されるおそれがあるとき等には，市町村長は，閲覧の請求を拒否できるとされ（1985年改正），また，閲覧の対象が，氏名，住所，性別および生年月日からなる台帳の一部の写しに限定された（1999年改正）。

法が存在していないことが問題視された結果，住民基本台帳法改正法案の成立に際して，個人情報保護法を整備する旨の付帯決議がつけられた。

これらの経緯を踏まえ，当初は基本整備に向けた検討作業が進められたが，最終的には基本法制だけでなく，民間部門を対象に具体的な義務をつけ加えた形で個人情報保護法が2003年5月23日に成立し，さらに2005年4月1日より全面施行された。[10]

（2）情報通信技術の急速な進展

個人情報保護法が制定された背景として，さらに，情報通信技術（ICT：Information and Communication Technology）の急速な進展を挙げることができる。

---

9) 本件は，控訴人たる京都府宇治市が，その管理に関わる住民基本台帳のデータを使用して乳幼児健診システムを開発することを企図し，その開発業務を民間業者に委託したところ，再々委託先のアルバイトの従業員が前記データを不正にコピーしてこれを名簿販売業者に販売し，同業者がさらに上記データを他に販売するなどしたことに関し，控訴人の住民である被控訴人らが，前記データ流出により精神的苦痛を被ったと主張して損害賠償金の支払いを求めた事案で，前記従業員との間に実質的な指揮・監督関係があったとして，前記従業員によるプライバシー権侵害に関し使用者責任を負うとして，請求を一部認容した原判決（京都地判平成13年2月23日判例集未登載）を是認した事例である。

すなわち，控訴審判決（大阪高判平成13年12月25日別冊NBL「サイバー法判例解説」79号190頁）は，漏えいした「氏名，性別，生年月日および住所は，社会生活上，被控訴人らと関わりのある一定の範囲の者には既に了知され，これらの者により利用され得る情報ではあるけれども，本件データは，上記の情報のみならず，更に転入日，世帯主名および世帯主との続柄も含み，これらの情報が世帯ごとに関連付けられ整理された一体としてのデータであり，被控訴人らの氏名，年齢，性別および住所と各世帯主との家族構成までも整理された形態で明らかになる性質のものである」とした上，「このような本件データの内容や性質にかんがみると，本件データに含まれる被控訴人らの個人情報は，明らかに私生活上の事柄を含むものであり，一般通常人の感受性を基準にしても公開を欲しないであろうと考えられる事柄であり，更にはいまだ一般の人に知られていない事柄であるといえる。したがって，上記の情報は，被控訴人らのプライバシーに属する情報であり，それは権利として保護される」と判示した。なお，最判平成14年7月11日公刊物未登載が上告不受理としたので，前記控訴審判決は確定した。

10) 2005年4月1日より全面施行されたのは，「個人情報保護法」のほかに，「行政機関の保有する個人情報の保護に関する法律」，「独立行政法人等の保有する個人情報の保護に関する法律」，「情報公開・個人情報保護審議会設置法」，「行政機関の保有する個人情報に関する法律等の施行に伴う関係法律の整備等に関する法律」の関連4法を加えた全5法（個人情報保護関連5法）である。

すなわち，前述の住民基本台帳法改正当時，コンピュータやインターネットなどの情報技術が社会に急速に浸透するに伴い，企業の保有する個人情報の社外流出事件等が増加し，個人情報に対する一般人の不安が高まってきたということも，立法化に向かわせた要因として指摘することができる。

総務省の「通信利用動向調査」[11]によると，インターネットの利用者数は年々増加し，例えば，2008年末のインターネット利用者数は対前年比280万人増の9,091万人となり，その全人口に対する比率（人口普及率）は対前年比2.3ポイント増の75.3％となっている（図2-1）。特に，インターネットの個人利用率は，企業が最近ほぼ横ばいの状態が継続している（2005年末は対前年比−0.5％）のに

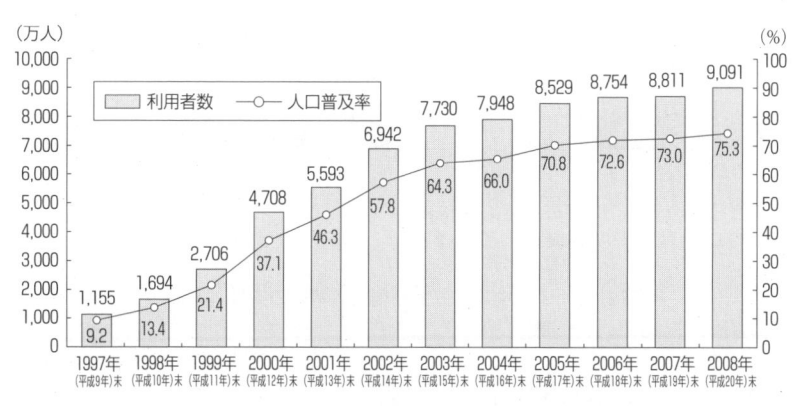

図2-1　インターネット利用者数および人口普及率の推移（個人）

注1：1997〜2000年末までの数値は「情報通信白書（2000年までは通信白書）」より抜粋したものである。2001年〜2006年末までの数値は，通信利用動向調査における推計値である。

注2：インターネット利用者数（推計）は，6歳以上で，過去1年間に，インターネットを利用したことがある者を対象として行った本調査の結果からの推計値である。インターネット接続機器については，パソコン，携帯電話・PHS・携帯情報端末，ゲーム機・TV機器等あらゆるものを含み（当該機器を所有しているか否かを問わない），利用目的等についても，個人的な利用，仕事上の利用，学校での利用等あらゆるものを含む。

注3：2001年末以降のインターネット利用者数は，各年における6歳以上の推計人口（国勢調査結果および生命表等を用いて推計）に本調査で得られた6歳以上のインターネット利用率を乗じて算出（2002年〜2007年末については，世代別に算出して合計）。

注4：2001年末以降の人口普及率（推計）は，上記注3により推計したインターネット利用人口を国勢調査結果および生命表を用いて推計した各年の6歳以上人口で除したものである。

注5：調査対象年齢については，1999年末まで15〜69歳であったが，その後の高齢者および小中学生の利用増加を踏まえ，2000年末は15〜79歳，2001年末以降は6歳以上に拡大したため，これらの調査結果相互間では厳密な比較はできない。

出所：総務省「平成20年通信利用動向調査の結果」1頁（2009年4月7日）。

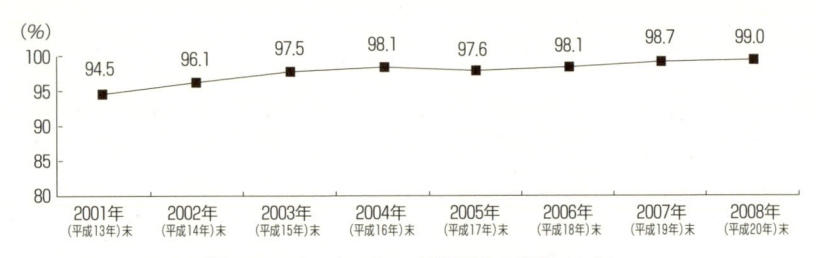

(%)								
100	94.5	96.1	97.5	98.1	97.6	98.1	98.7	99.0

図2-2　インターネット利用率の推移（企業）

出所：総務省・前掲書（図2-1）4頁。

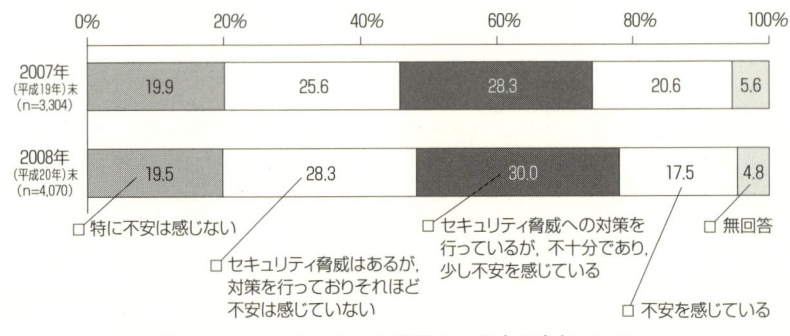

図2-3　インターネット利用上の不安の有無（世帯）

2007年（平成19年）末 (n=3,304)：19.9 / 25.6 / 28.3 / 20.6 / 5.6
2008年（平成20年）末 (n=4,070)：19.5 / 28.3 / 30.0 / 17.5 / 4.8

□ 特に不安は感じない
□ セキュリティ脅威はあるが，対策を行っておりそれほど不安は感じていない
□ セキュリティ脅威への対策を行っているが，不十分であり，少し不安を感じている
□ 不安を感じている
□ 無回答

出所：総務省・前掲書（図2-1）18頁。

対して毎年上昇しているのが目立つ（図2-2）。その一方で，インターネット利用時の不安については，「特に不安は感じない」と答えている者はわずか19.5％にとどまり，インターネット利用世帯の多くは，なんらかの不安や脅威を感じながら利用しているといえる（図2-3）。そして，その中でも「個人情報の保護に不安がある」と回答している者が71.2％で最も多く，「ウイルスの感染が心配である」の67.2％が次に多い（図2-4）。

また，近時その不安が現実のものとなるかのように，企業の保有する顧客名簿などの個人情報データの流出事件が相次いで発生している。事件が発生した

---

11)　総務省の「通信利用動向調査」は，世帯・世帯構成員，事業所および企業を対象とし，統計報告調整法に基づく承認統計として1990年から毎年実施（企業調査は，1993年に追加し，1994年を除き毎年実施。世帯構成員調査は，2001年より実施）している。

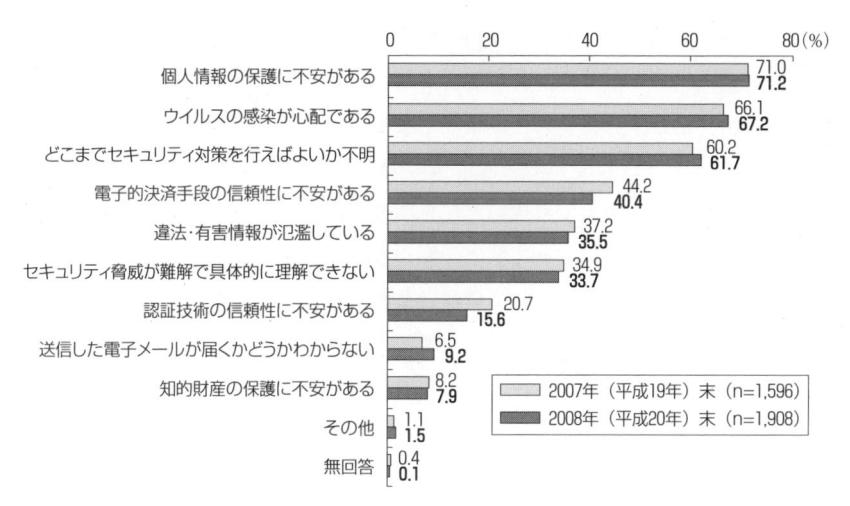

第2章　個人情報保護法と企業のリスクマネジメント　63

項目	2007年	2008年
個人情報の保護に不安がある	71.0	71.2
ウイルスの感染が心配である	66.1	67.2
どこまでセキュリティ対策を行えばよいか不明	60.2	61.7
電子的決済手段の信頼性に不安がある	44.2	40.4
違法・有害情報が氾濫している	37.2	35.5
セキュリティ脅威が難解で具体的に理解できない	34.9	33.7
認証技術の信頼性に不安がある	20.7	15.6
送信した電子メールが届くかどうかわからない	6.5	9.2
知的財産の保護に不安がある	8.2	7.9
その他	1.1	1.5
無回答	0.4	0.1

図2-4　インターネットを利用する際に感じる不安の内容（世帯）（複数回答）

出所：総務省・前掲書（図2-1）18頁。

2007年（平成19年）末（n=1,596）
2008年（平成20年）末（n=1,908）

企業にとっては，顧客への対応に追われるとともに，顧客の信頼を失い，業績に多大の被害を及ぼすケースも出てきている。

2　個人情報保護法の目的と基本理念

（1）個人情報保護法の目的

個人情報保護法1条は，「高度情報通信社会の進展に伴い個人情報の利用が著しく拡大していることにかんがみ，個人情報の適正な取扱いに関し，基本理念および政府による基本方針の作成その他の個人情報の保護に関する施策の基本となる事項を定め，国および地方公共団体の責務等を明らかにするとともに，個人情報を取り扱う事業者の遵守すべき義務等を定めることにより，個人情報の有用性に配慮しつつ，個人の権利利益を保護することを目的とする」と定めている。つまり，個人の権利利益の保護を第1の目的としつつ，個人情報の利用との適切な調和を図ることが基本的な考え方になっている。

現代社会ではコンピュータによる情報処理が本格化しており，インターネットに代表される情報ネットワークの普及はそれを加速させている。こうした高

度情報通信社会の進展は,様々な利便性を社会にもたらしており,中でも各種の用途に個人情報が取り扱われる機会が増加しており,それ抜きでは今や経済活動や社会生活が十分に営めない状況となっている。しかし,その反面,最近頻発して社会問題化している個人情報の大量漏えい事件に示されているように,思わぬ不注意によって取扱い方法を間違えると,便利さは一転して深刻な問題へと転化し,それによって個人の様々な権利利益が侵害されるおそれもある。例えば,誤った情報によって破産者と間違えられたために,信用を毀損されてローンを断られるといった事件など,大量漏えい事件以外にも個人情報の不適正な取扱いによる事件は後を絶たない状態である。

このような場合に,不適正な取扱いによって生じた損害につき,事後的に民法によって損害賠償などの責任を追及する方法が,すでに法制度として設けられていることは事実であるが,それと並び,こうした個人の権利利益の侵害が発生することを未然に防止するために,個人情報の適正な取扱いのルールを定めておくことも重要である。この点こそが個人情報保護法の目的であるといえる。

なお,この法律では,企業の個人情報の保有自体を規制することは困難であるという考えの下,その保有目的をできる限り具体的に特定させ(法15条),その取扱い制限を加える(法16条)とともに安全管理のための必要かつ適切な措置の実施を要請し(法20条),目的外利用や第三者提供について本人同意の原則を採用している(法23条)。

(2)個人情報保護法の基本理念

個人情報保護法3条には,「個人情報は個人の人格尊重の理念の下に慎重に取り扱われるべきものであることにかんがみ,その適正な取扱いが図られなければならない」という規定が置かれ,法律の基本理念が示されている。

個人情報は,プライバシー等の個人の権利利益に関わる情報であり,その取扱いの態様によっては,個人の人格的,財産的な権利利益を損なうおそれがある一方,個人情報は,その有用性の観点から,他の活動主体にとっても一定の範囲で取扱いが認められるべきものである。そこで,その適正な取扱いを図るべきことを基本理念として定めたものである。その宣言するところはOECD 8

原則にいう責任の原則を受けたものといえる。なお，この規定は，この法律の各条文の解釈に際し，常に念頭に置かれる概念と位置づけられている。

3　個人情報保護に関する基本方針

個人情報保護法7条1項は，政府に対し，個人情報保護に関する基本方針を策定するように規定している。この規定を受けて，2004年4月2日に内閣総理

12）ただし，個人情報とプライバシーは密接に関連するが，必ずしも一致しない。個人情報保護法では，個人情報を「生存する個人に関する情報であって，当該情報に含まれる氏名，生年月日その他の記述等により特定の個人を識別することができるもの（他の情報と容易に照合することができ，それにより特定の個人を識別することができることとなるものを含む）をいう」（2条1項）と定義している。すなわち，個人情報とは，個人識別情報であって，その中には，プライバシーとはいえないものも含まれるのである。その意味では，個人情報はプライバシー情報よりも広い概念であるということがいえる（宇賀克也編集代表『個人情報保護の実務　第1巻』104頁（第一法規，2003年））。

　なお，個人情報の定義とプライバシーに関わる外国の文献では，レイモンド・ワックス教授（Raymond Wacks）が，1980年に出版した *"The Protection of Privacy"* の中で，「法的（または超法的保護）は，個人のプライバシーではなく，個人情報の公開（Public Disclosure）および誤用（Misuse）に対して与えられるべきである。個人情報（Personal Information）とは，個人に関連して，その人物が私的（Intimate）または秘密（Confidential）であるとみなし，その結果，その伝達（Circulation）を控えまたは少なくとも制限しようとするであろうと合理的に予測される事実（Facts），情報（Communications）または意見（Opinions）であると定義することができる」と述べている（Wacks, R., *The Protection of Privacy*, Sweet & Maxwell, London, 1980, p.22.）。

　さらに，同教授はその後1989年に出版した *"Personal Information: Privacy and the Law"* の中で，個人情報を次のように定義している。「個人情報とは，事実，情報または意見から構成され，それらは個人に関連して，その人物が私的または機微（Sensitive）であるとみなすことが合理的に予測され，その結果，収集（Collection），利用（Use）または伝達を控えまたは少なくとも制限しようとするものである」（Wacks, R., *Personal Information: Privacy and the Law*, Clarendon Press, Oxford, 1989, p.26.）。ワックス教授の上記2冊の著書における個人情報の定義を比較すると，秘密（Confidential）が機微（Sensitive）へといいかえられ，また，保護対象の行為が，伝達（Circulation）のみから収集（Collection），利用（Use），伝達へと拡大されたことである。

　なお，個人情報保護法では，個人情報を生存する個人の情報に限定しているが，ローズマリー・パテンデン（Rosemary Pattenden）教授は，著書 *"The Law of Professional-Client Confidentiality"* の中で，「個人情報は，データ保護を取り扱う場合を除き，生存者に限らず，死者，胎児の個人情報を意味する」と述べている（Pattenden, R., *The Law of Professional-Client Confidentiality*, Oxford University Press, 2003, pp.4-5.）。

大臣から内閣府の国民生活審議会に対し，個人情報の保護に関する基本方針が策定された。[13]

基本方針では，個人情報の保護に関する施策の推進に関する基本的な方向として，まず，本法制定の背景として，近時のネットワーク社会でのプライバシー保護の必要性と企業活動のグローバル化の中での国際的に整合性を保った保護法制の必要性を説き，次いで，本法の目的である個人情報の保護と有用性への配慮に触れ，各事業者の自立的な取組みと各主体の連携の必要性，OECDなどでの国際的な協調の重要性を説いている。その上で，国が講じるべき個人情報の保護のための措置に関する事項として，①各行政機関の保有する個人情報の保護の推進，②政府全体としての制度の統一的な運用を図るための指針，③分野ごとの個人情報の保護の推進に関する方針，④広報・啓発，情報提供等に関する方針を定めている。

また，このほか地方公共団体・独立行政法人等・地方独立行政法人・個人情報取扱事業者等が講じるべき個人情報の保護のための措置に関する基本的な事項を定めている。この点，個人情報取扱事業者等についていうと，事業者は，個人情報保護法の規定に従うほか，各省庁のガイドライン等に則し，個人情報の保護に主体的に取り組むことが期待されている。これらの取組みにおいて特に重要な事項として，①事業者が行う措置の対外的明確化，②消費者等の権利利益の一層の保護，③責任体制の確保，④従業者の啓発，⑤安全管理措置の程度の5点を挙げている。[14]

4 個人情報取扱事業者の義務

個人情報保護法は，個人の権利利益が侵害されることを未然に防ぐため，第

---

13) なお，2008年4月25日，個人情報の保護に関する法律施行令の一部を改正する政令案および個人情報の保護に関する基本方針の一部変更案がともに閣議決定された。一部改正された施行令は，同年5月1日に公布・施行されている。

14) 2004年4月2日閣議決定されたときの基本方針においては，①事業者が行う措置の対外的明確化，②責任体制の確保，③従業者の啓発の3点であったが，2008年4月25日閣議決定された基本方針の一部変更により，消費者等の権利利益の一層の保護と安全管理措置の程度の2点が追加された。

4章第1節(15条~36条)において,個人情報取扱事業者の遵守すべき義務を具体的に定めている。個人情報取扱事業者の義務の概要およびOECD8原則と個人情報取扱事業者の義務規定の対応は表2-2および表2-3のとおりである。

表2-2 個人情報取扱事業者の義務の概要

条　文	見　出　し	内　容
第15条	利用目的の特定	・個人情報を取り扱うに当たり,その利用目的をできる限り特定 ・利用目的の変更は関連性があると認められる範囲内に限定
第16条	利用目的による制限	・特定された利用目的の達成に必要な範囲を超えた個人情報の取扱いの原則禁止
第17条	適正な取得	・偽りその他不正の手段による個人情報の取得の禁止
第18条	取得に際して利用目的の通知等	・個人情報を取得した際の利用目的の通知又は公表 ・本人から直接個人情報を取得する場合の利用目的の明示 ・利用目的を変更した際の変更内容の通知又は公表
第19条	データ内容の正確性の確保	・利用目的の達成に必要な範囲内で個人データの正確性,最新性を確保(努力規定)
第20条	安全管理措置	・個人データの安全管理のために必要かつ適切な措置
第21・22条	従業者・委託先の監督	・従業者・委託先に対する必要かつ適切な監督
第23条	第三者提供の制限	・本人の同意を得ない個人データの第三者提供の原則禁止 ・本人の求めに応じて第三者提供を停止することとしており,その旨その他一定の事項を通知等しているときは,第三者提供が可能 ・委託の場合,合併等の場合,特定の者との共同利用の場合は第三者提供とはみなさない
第24~30条	公表等,開示,訂正等,利用停止等	・保有個人データの利用目的・開示等に必要な手続等についての公表 ・保有個人データの本人からの求めに応じた開示・訂正・利用停止等
第31条	苦情の処理	・個人情報の取扱いに関する苦情の適切かつ迅速な処理(努力規定)
第32・33条	主務大臣の報告の徴収・助言	・個人情報取扱事業者の義務規定の施行に必要な限度における主務大臣の報告の徴収・必要な助言
第34条	主務大臣の勧告・命令	・個人情報取扱事業者が義務規定(努力規定を除く)に違反し,個人の権利利益保護のため必要がある場合における,勧告および勧告に従わない一定の場合の命令
第35条	主務大臣の権限の行使の制限	・表現・学問・信教・政治活動の自由の妨げとなる主務大臣の権限の行使の制限
第36条	主務大臣	・個人情報取扱事業者が行う事業等の所管大臣。規定の円滑な実施のために必要があるときは,内閣総理大臣が指定

出所:佐藤典文「個人情報取扱事業者の義務」『法律文化』16巻12号(通巻248号)39頁(東京リーガルマインド,2004年11月)。

表2-3　OECD8原則と個人情報取扱事業者の義務規定の対応

OECD8原則	個人情報取扱事業者の義務
○目的明確化の原則 　収集目的を明確にし，データ利用は収集目的に合致するべき ○利用制限の原則 　データ主体の同意がある場合，法律の規定による場合以外は目的以外に利用してはならない	○利用目的をできる限り特定しなければならない。（第15条） ○利用目的の達成に必要な範囲を超えて取り扱ってはならない。（第16条） ○本人の同意を得ずに第三者に提供してはならない。（第23条）
○収集制限の原則 　適法・公正な手段により，かつ情報主体に通知又は同意を得て収集されるべき	○偽りその他不正の手段により取得してはならない。（第17条）
○データ内容の原則 　利用目的に沿ったもので，かつ，正確，完全，最新であるべき	○正確かつ最新の内容を保つよう努めなければならない。（第19条）
○安全保護の原則 　合理的安全保護措置により，紛失・破壊・使用・修正・開示等から保護するべき	○安全管理のために必要な措置を講じなければならない。（第20条） ○従業者・委託先に対し必要な監督を行わなければならない。（第21，22条）
○公開の原則 　データ収集の実施方針等を公開し，データの存在，利用目的，管理者等を明示するべき ○個人参加の原則 　自己に関するデータの所在および内容を確認させ，又は意義申立を保証するべき	○取得したときは利用目的を通知又は公表しなければならない。（第18条） ○利用目的等を本人の知り得る状態に置かなければならない。（第24条） ○本人の求めに応じて保有個人データを開示しなければならない。（第25条） ○本人の求めに応じて訂正等を行わなければならない。（第26条） ○本人の求めに応じて利用停止等を行わなければならない。（第27条）
○責任の原則 　管理者は諸原則実施の責任を有する	○苦情の適切かつ迅速な処理に努めなければならない。（第31条）

注：各義務規定には適宜除外事由がある。
出所：内閣府「個人情報保護法の解説」6頁（2005年4月）。

個人情報を取り扱うすべての者が，本法の規制の対象となる個人情報取扱事業者となるわけではない。しかし，その基準や範囲は流動的で，また外部の第三者からは判別できない事項であることから自分では個人情報取扱事業者ではないと考える企業や個人事業主であっても，本法の趣旨と内容を十分に理解し，個人情報の保護に対する対応策をとる必要があると考える。

また，個人情報保護法の制定後，大規模な個人情報漏えい事件が多発し，その多くのケースが従業員などの内部漏えいによるものであることが明らかになった。したがって，個人情報の外部漏えいを防止するためには，事業者に対して個人情報保護を義務づけるだけでは不十分で，従業員などに対しても同様の義務を課す必要がある。

Ⅲ　企業の個人情報漏えいリスクとリスクマネジメント

1　個人情報漏えいによる賠償責任リスク

（1）民事上の責任追及リスク

個人情報の漏えい者（従業者）に故意・過失がある場合，漏えい者は，本人に対しプライバシー権侵害に基づく不法行為責任を負い，漏えい者の雇用者や委託元である事業者は，使用者責任（民法715条）に基づく損害賠償請求を受けることになる。

プライバシー権は，その内容について様々な捉え方があるが，ここでは損害賠償の前提となる人格権としてのプライバシー権が問題であり，一般に「私生活を意に反して公開されない権利」，「そっとしてもらう権利」として捉えることが可能である。[15]

また，漏えい者が不明であっても，本人から契約によって個人情報を取得して個人データとした個人情報取扱事業者は，本人に対して契約上の安全管理義務を負担しており，個人データの安全管理（個人情報保護法20～22条）に不備があった場合には，債務不履行責任（民法415条）に基づく損害賠償請求を受ける可能性がある。この債務不履行責任は不法行為と同様過失責任であるから，事業者自身に個人情報の漏えいについて過失がなければ責任を負うことはない。

しかし，例えば従業員が個人情報を取り扱う上で故意または過失によって第三者に漏えいした場合，その従業員の過失は，信義上事業者自身の過失と同視されることになる。[16]

さらに，漏えい事件により会社に損失が発生した場合には，取締役・監査役は，株主代表訴訟（会社法847条）により，会社に対する損害賠償責任（会社法423条）や，本人に対する損害賠償責任（会社法429条）を追求される可能性がある。裁判例によれば，この場合の取締役の責任には，取締役が会社に対して負担する一切の債務が含まれる（大阪高判昭和54年10月30日高民集32巻2号214頁）。

（2）個人情報保護法上の行政処分リスク

政府の個人情報の保護に関する基本方針では，「大規模な個人情報の漏えい等個別の事案が発生した場合，各省庁は，各事業等分野における個人情報の適正な取扱いを確保するため，必要な情報の収集に努めるとともに，当該個別の事案の被害の広がりや社会的な影響を踏まえ，迅速に法第4章の規定に基づく

---

15) 裁判所が最初に，実質的にプライバシー権を権利として認めた判決として，いわゆる「宴のあと」事件（東京地判昭和39年9月28日判時385号12頁，判タ165号184頁）が挙げられる。これは，三島由紀夫が執筆した小説「宴のあと」の中で，モデルとされた人物が，プライバシー侵害として謝罪広告と損害賠償を求めて提起した訴訟で，裁判所は判決において，「私事をみだりに公開されないという保障」は「法的救済が与えられるまでに高められた人格的な利益であると考えるのが正当」と判断し，「プライバシー権」という言葉こそ使用しなかったが，「私事をみだりに公開されない権利」を人権の1つとして認めたものである。なお，その後も裁判所は，承諾なく人の容貌を撮影した「京都学府連」事件（最判昭和44年12月24日刑集23巻12号1625頁），実存する人物をモデルとして製作された映画「エロス＋虐殺」事件（東京高判昭和45年4月13日高民集23巻2号172頁，判時587号31頁，判タ246号129頁），市区町村長が弁護士会長からの前科の照会に応じた「前科照会」事件（最判昭和56年4月1日民集35巻3号620頁，判時1001号3頁，判タ442号55頁），刑事事件の被告人実名を使用してノンフィクションを執筆した「ノンフィクション「逆転」」事件（東京高判平成元年9月5日高民集42巻3号325頁，判時1323号36頁，判タ715号184頁）などにおいて，いわゆる「プライバシー権」に相当する権利を人権として保障される権利として認めた。さらに，実在の人物をモデルとして執筆した柳美里の小説について出版を差し止めた「石に泳ぐ魚」事件（最判平成14年9月24日判時1802号60頁）など，注目すべき判決がある。

16) 森山満『顧客情報漏えいの予防プログラム』7頁（商事法務，2004年）。

措置等の検討を行う」としている。

この「法第4章の規定に基づく措置」としては，次のものがある。

① 報告の徴収（法32条）
② 必用な助言（法33条）
③ 個人情報取扱事業者の義務違反行為の中止その他違反を是正するために必要な措置をとるべき旨の勧告（法34条1項）
④ 正当理由なく個人情報取扱事業者が上記勧告に係る措置をとらず，かつ個人の重大な権利利益の侵害が切迫していると認められる場合の，勧告に係る措置をとるべき旨の命令（法34条2項）
⑤ 個人情報取扱事業者が個人情報または個人データの取扱いに関する義務（利用目的の通知・公表（法18条）を除く）に違反し，かつ個人の重大な権利利益を害する事実があるため緊急に措置をとる必要があると認められる場合の，義務違反行為の中止その他違反を是正するために必要な措置をとるべき旨の命令（法34条3項）

「法第4章の規定に基づく措置」としては以上挙げたとおりである。なお，命令には，勧告を先行させる通常の命令（法34条2項）と勧告を先行させない緊急命令（法第34条3項）との2種類があるが，命令に違反した場合，行為者は，6ヶ月以下の懲役または30万円以下の罰金を科され（法56条），事業者は，両罰規定により30万円以下の罰金を科される可能性がある（法58条）。また，報告を怠ったり，虚偽の報告をしたりした場合には，行為者と事業者は，それぞれ30万円以下の罰金を科される可能性がある（法57条，58条）。

以上述べたとおり，個人情報漏えい事件が起きた場合，事業者には債務不履行，不法行為に基づく損害賠償責任が発生することもありうる。また，損害賠償以外にも，謝罪広告やお詫び状の郵送による費用の支出が必要な場合が考えられる。近時の個人情報漏えい事案においては，数十万人から数百万人分の個人データが漏えいした事案が見られるが，この場合郵送費用だけでも膨大な金額となることが予想される。さらに，適切な対応がとられない場合，顧客を軽視し，コンプライアンス意識が低い会社であるという印象を社会に植えつけてしまう可能性がある。その結果，自社への信用が大きく悪化するほか，顧客の

離反や新規採用，株価，格付けの低下，資金調達コストの増加など事業者の経営にも広く悪影響を及ぼす可能性がある。つまり，風評リスクが発生することになる。いったん損なわれた信用を再び回復するには，個人情報保護に関する本格的な取組みによる十分な保護レベルの確立が不可欠であるが，それを対外的に周知させるための広告費用も見逃すことのできないものである。

なお，2004年から2008年までの5年間の個人情報漏えい損害賠償額の経年変化を比較考察する（NPO 日本ネットワークセキュリティ協会の調査による）と，まず，想定損害賠償額総計（表2-4）については，2007年に個人情報の価値が高く，かつ大規模なインシデントが発生したため大幅に激増しているが，2008年には，このような大規模なインシデントが発生しておらず，総額は激減している。しかしながら，インシデント件数の増加を考えると，一概に安全対策が進捗しているとはいえず，このような総額を抑える傾向を維持できるか否かは「大規模インシデントの発生有無」にかかっている[17]。

また，平均想定損害賠償額[18]の推移に関しては，1件当たりの平均想定損害賠償額（表2-5）は，2004年から2006年まで一貫して減少の傾向にあったが，2007年は，大規模な2件のインシデントが想定損害賠償額を大幅に増加させた。しかし，2008年は，2007年の金額から大きく減少し，金額順位としては，個人情報保護法施行の前年である2004年を下回った[19]。2008年は大規模インシデントがなく，高額なインシデントが占める比率は減少しているが，1億円以上のイ

---

17) NPO 日本ネットワークセキュリティ協会「(引用) JINSA 2008年　情報セキュリティインシデントに関する調査報告書」33頁（2009年11月4日改訂）。
18) 個人情報漏えいにおける想定損害賠償額算定式は，事例調査（漏えい事件の調査，判例の調査）・分析（漏えい情報の種類，原因，被害者数等の分析）・算定式作成（入力項目決定，入力値定量化，専門家の助言）・検証（実際の判例結果と算定式から得た結果の比較検算）のプロセスで策定された。なお，算定結果は，あくまでも「もし被害者全員が賠償請求したら」という仮定に基づくものであり，実際に各事例においてその金額が支払われたものではないということである。
19) これは，2008年に発生したインシデントの傾向に由来しているということである。理由の1つには，インシデント件数は大幅に増加したものの，1インシデント当たりの漏えい者数が少ないことと，理由の2つ目には，機微な情報の大規模なインシデントが少なく，想定損害賠償総額が巨額となるインシデントが発生しなかったことが挙げられる（NPO 日本ネットワークセキュリティ協会・前掲注17）37～38頁）。

表2-4　情報漏えい想定損害賠償総額の経年変化（5年間）

2004年	2005年	2006年	2007年	2008年
約4,667億円	約7,002億円	約4,570億円	約2兆2,711億円	約2,367億円

出所：NPO日本ネットワークセキュリティ協会「(引用) JNSA 2008年 情報セキュリティインシデントに関する調査報告書」33頁（2009年11月4日改訂）。

表2-5　情報漏えい1件当たりの平均想定損害賠償額の経年変化（5年間）

2004年	2005年	2006年	2007年	2008年
13億730万円	7億868万円	4億8,156万円	27億9,347万円	1億8,552万円

出所：NPO日本ネットワークセキュリティ協会・前掲書（表2-4）37頁。

表2-6　情報漏えい1人当たりの平均想定損害賠償額の経年変化（5年間）

2004年	2005年	2006年	2007年	2008年
10万5,365円	4万6,271円	3万6,743円	3万8,233円	4万3,632円

注：この平均値は一件当たりのバラツキを吸収するため，まず，各インシデントの一人当たりの想定損害賠償額を個別に算出し，その結果を総合計した後に漏えい件数で割る方法で算定している。よって，想定損害賠償額の総合計を総漏えい人数で割った値ではない。

出所：NPO日本ネットワークセキュリティ協会・前掲書（表2-4）34頁。

ンシデントは，月平均6件となる78件も発生しており[20]，企業にとって事業継続上のリスクと捉えるべきである。

また，1人当たりの平均想定損害賠償額（表2-6）は，2004年から2006年まで減少し，2007年から2008年に若干増加しているものの，2005年以降，大きな変化はなく，ほぼ横ばいと見ることができる。2006年は，2003年をも下回る金額となっている。

2　個人情報漏えいの原因と漏えい事例

（1）個人情報漏えいの原因

最近の漏えい発生の原因あるいは動機の1つとして，個人情報の場合，それを買う者が現れたことが挙げられる。入手した情報を架空請求等に利用することもあるといわれている。

---

20) NPO日本ネットワークセキュリティ協会・前掲注17) 39頁。

すなわち，個人情報の価値が上がり，自らが利用しなくても他者に売るために不正に情報を入手するケースが増加しているか，あるいは，漏えいのリスクが高まっているといえる[21]。

個人情報漏えいの事例では，その原因や影響も個々の事例により異なるが大きく分けると，次の３つのタイプに分類できる。

① 外部からの浸入（社外から立ち入った第三者が，社内に保管している書類，記録媒体，パソコン等の個人情報を違法に持ち出す。あるいは，車上あらし，成りすまし等も含まれる）

② 内部者の故意の持ち出し（内部者が社内に保管している個人情報を意図的に持ち出す。また，内部者の中でも委託先や派遣者が関与したものも含まれる）

③ 内部者の過失によるもの（内部者が，社内に保管している個人情報を営業上の理由その他の目的で社外に持ち出して喪失する場合や，置き忘れ，誤送信等によるものも含まれる）

上記の中で，細部にわたって見ると，例えば侵入自体が違法な場合や，合法的に立ち入って違法に個人情報を持ち出した場合，社内で個人情報にアクセスする権限があった場合となかった場合，持ち出した個人情報をどこかに置き忘れた場合と第三者に窃取された場合など，事例によって様々な相違がある。

また，NPO日本ネットワークセキュリティ協会による2008年度の情報漏えいの原因と経路の調査結果（対前年度比較）を見ると，表2-7および表2-8のとおりである。

まず，情報漏えいの原因について，非技術的要素の人為ミス（紛失・置き忘れ，目的外使用）・犯罪（内部犯罪・内部不正行為，不正な情報持ち出し，盗難）の比率は，前年度（2007年度）と比較すると減少してはいるものの特に，「紛失・置き忘れ」，「盗難」が多く，また，「不正な情報持ち出し」は，ファイル交換ソフトが関係しているケースが多いとされている。一方，2007年度は技術的要素の人為ミスが全体の42.5％の割合であったのに対して，2008年度は61.8％に増加している。特に，「誤操作」と「管理ミス」の比率が増加している。「誤操

---

[21] 谷口博一「情報漏洩事件の原因究明の現場から」『企業リスク』2巻1号（通巻5号）28頁（トーマツ企業リスク研究所，2004年）。

表2-7 情報漏えいの原因

要素	原因	2008年の比率(%)	2007年の比率(%)	原因の内容
技術的	人為ミス	61.8	42.5	設定ミス，誤操作，管理ミス
	対策不足	4.5	10.3	バグ・セキュリティホール，ウイルス，不正アクセス
非技術的	人為ミス	14.4	20.6	紛失・置き忘れ，目的外使用
	犯罪	18.4	25.4	内部犯罪・内部不正行為，不正な情報持ち出し，盗難
その他		0.9	1.3	その他，不明

出所：NPO日本ネットワークセキュリティ協会・前掲書（表2-4）12頁をもとに作成。

表2-8 情報漏えいの経路

要素	経由	2008年の比率（%）	2007年の比率（%）
インターネット	Web・Net経由	11.7	15.4
	E-mail経由	8.1	9.8
	FTP注)経由	0	0
媒体	紙媒体	55.9	40.4
	USB等可搬記録媒体	9.9	12.5
	パソコン本体	7.3	10.9
その他	携帯電話，専用端末，FAX他	6.5	5.9
不明		0.7	5.1

注：FTPは，File Transfer Protocol（ファイル転送プロトコル）の略称である。
出所：NPO日本ネットワークセキュリティ協会・前掲書（表2-4）17頁をもとに作成。

作」の内訳は，①紙媒体の誤配送，②電子メールの誤送信，③FAXによる誤配送の順に多く，技術的対策がとりにくい手動操作に依存する部分で情報漏えいインシデントが発生したためということである[22]。

次に，情報漏えいの経路については，「紙媒体」の割合が最も大きく，その内訳は「誤操作」,「管理ミス」,「盗難」,「紛失・置き忘れ」の原因によるものが多い。また，2番目に比率の高い「Web・Net」の内の約40％がWinnyなどのファイル共有ソフトによるもので，2007年に引き続き比率が高い[23]。

---

22) NPO日本ネットワークセキュリティ協会・前掲注17）12頁。
23) NPO日本ネットワークセキュリティ協会・前掲注17）17頁。

表2-9　個人情報漏えい人数とインシデント件数の経年変化

	インシデント件数	漏えい人数	一件あたりの平均漏えい人数[注]
2002年	62件	41万8,716人	7,613人
2003年	57件	155万4,592人	3万482人
2004年	366件	1,043万5,061人	3万1,057人
2005年	1,032件	881万4,735人	8,922人
2006年	993件	2,223万6,576人	2万3,432人
2007年	864件	3,053万1,004人	3万7,554人
2008年	1,373件	723万2,763人	5,668人

注：2008年は被害者数不明の87件を除いて，平均漏えい人数の母数は1,276件である。
出所：NPO日本ネットワークセキュリティ協会・前掲書（表2-4）31頁。

（2）個人情報漏えいの事例

　NPO日本ネットワークセキュリティ協会の調査によると，2008年のインシデント件数は集計を開始した2002年以降で最多の1,373件となっている。一方，漏えい人数は大規模なインシデントが発生していないことから，2004年以降最小の723万2,763人となっており，2007年の約24％，2006年の約33％と大幅に減少している（表2-9）。その結果，日本の人口に換算すると約18人に1人の割合となり，インシデント1件当たりの平均漏えい人数は，過去最多となった2007年から一転し，過去最小の5,668人／件となっている。インシデント件数が過去最多となりながら，平均漏えい人数が過去最少であったということは，大規模なインシデントが発生しなかったという要因のほかに，個人情報保護に対する世間の認識が常識となってきたことで，各組織においてインシデントが発生した場合に報告する体制が整備されてきたのと同時に，仮に小規模なインシデントであっても公表する姿勢が一般化してきたことが伺える。[24]

　さらに，NPO日本ネットワークセキュリティ協会の個人情報漏えい事件の実態調査によると，氏名は，情報漏えい事件において最も流出する可能性が高い情報であり，また，氏名，住所，電話番号という3つの情報が，他の情報に比べて漏えいする確率が高いということである。その理由として，これらの情

---

24) NPO日本ネットワークセキュリティ協会・前掲注17) 31頁。

報がホームページ上のアンケート，会員情報の記入において，まとめて取り扱われる場合が多いことや，企業における顧客情報の基本項目として扱われているためと考えられる。また，氏名，住所などの基本情報は口座番号，メールアドレス，クレジットカード番号などの付加的情報とともに漏えいしていることが多い[25]。

3　個人情報漏えいリスクマネジメント

（１）PDCAサイクルを表現した情報保護マネジメント体制

　個人情報の適切な管理には，安全保護管理だけではなく，個人情報の取得から，廃棄，苦情対応まで広範な対応が必要となる。情報システム部を中心とした対応だけでなく，全社的な対応が必要とされる点に難しさがある。

　内閣府の「個人情報保護に関する世論調査」(2006年9月調査)[26]によれば，民間事業者に取り組んでほしい個人情報保護対策として，「個人情報が漏れることがないよう，管理を徹底する」を挙げた者の割合が76.5%と最も高く，以下「本人から特に求められなくても，利用が終わった個人情報は速やかに消去する」(56.3%)，「本人から，自分の情報について利用の停止や消去を求められた場合には，これに応じる」(45.9%)，「個人情報の利用目的をなるべく限定する」(44.9%)，「個人情報の相談窓口において，きちんとした対応を行う」(43.3%)などの順となっている(複数回答，上位5項目)。

　個人情報漏えいをはじめとして，個人情報の不適切な管理による事故を個人情報保護リスクと捉え，リスクマネジメントの枠組みの中でリスク対策として個人情報保護対応を進めていくことが有効と考えられる[27]。

　具体的な手順としては，対応策の立案 (Plan)，対応策の実施 (Do)，対応策

---

[25]　内閣府国民生活局「個人情報保護の現状と施策について」2頁（2005年11月30日）。

[26]　この調査目的は「個人情報保護に関する国民の意識を把握し，今後の施策の参考とする」もので，調査対象は，全国20歳以上の者，3,000人を対象とし，有効回収数は1,811人（回収率60.4%）となっている。

[27]　脇田一郎「個人情報保護とリスク・マネジメント」『企業リスク』2巻1号（通巻5号）18頁（トーマツ企業リスク研究所，2004年）。

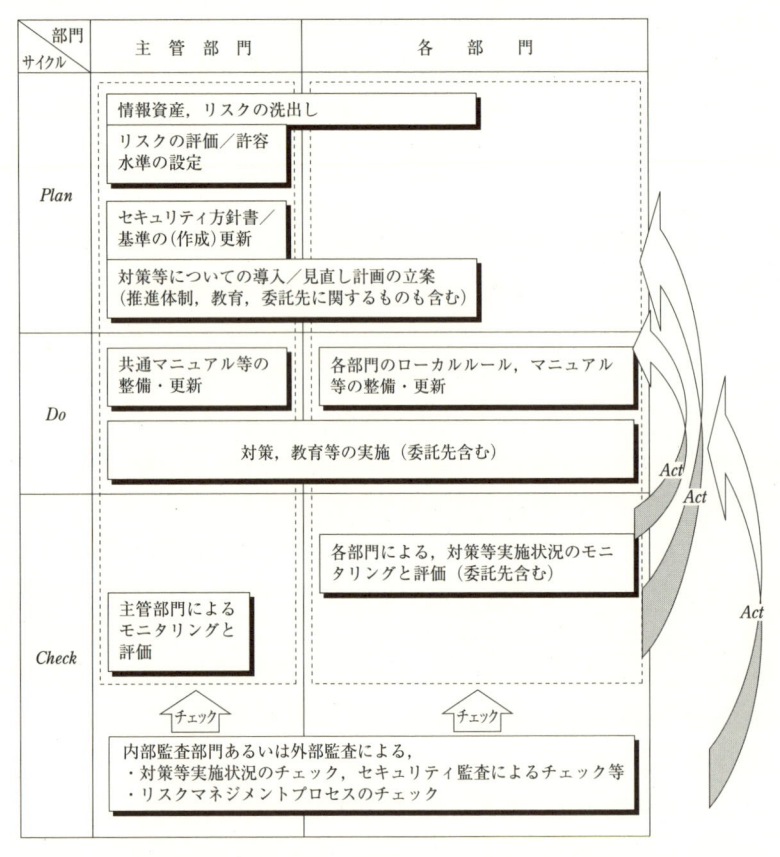

表 2-10 情報保護マネジメント体制(例)

部門 サイクル	主管部門	各部門
Plan	情報資産,リスクの洗出し	
	リスクの評価／許容水準の設定	
	セキュリティ方針書／基準の(作成)更新	
	対策等についての導入／見直し計画の立案 (推進体制,教育,委託先に関するものも含む)	
Do	共通マニュアル等の整備・更新	各部門のローカルルール,マニュアル等の整備・更新
	対策,教育等の実施(委託先含む)	
Check		各部門による,対策等実施状況のモニタリングと評価(委託先含む)
	主管部門によるモニタリングと評価	
	内部監査部門あるいは外部監査による, ・対策等実施状況のチェック,セキュリティ監査によるチェック等 ・リスクマネジメントプロセスのチェック	

出所:谷口博一「情報漏洩事件の原因究明の現場から」『企業リスク』2巻1号(通巻5号)33頁(トーマツ企業リスク研究所,2004年)。

の検証(Check)対応策の実施状況の見直しと改善活動(Act)というサイクルを継続的に回していく必要がある。そのための重要な要素は,リスクの変化を反映した,対応策や対応の仕組み・体制の見直しを適時行うことである[28]。PDCAサイクルを表現した情報保護マネジメント体制の例は,表2-10のとお

---

28) 谷口・前掲注21) 32頁。

(2) コンプライアンス体制の構築

また,個人情報保護法を遵守するためのコンプライアンス体制を社内に構築しておくことが重要である。コンプライアンス違反に対して,いかにこれを発生させないように対処するかという問題は,実は個人情報保護対策とまったく同様と考えられる。個人情報保護法もまた守るべき法律の1つであるから,個人情報を遵守する体制を全体に及ぼすことで,コンプライアンス,すなわち多くの法令を遵守する体制ができるはずである。[29] 個人情報保護法を遵守するためのチェックポイントの例は表2-11のとおりである。

(3) ヒヤリ・ハット事例の活用

ヒヤリ・ハットとは,作業中に事故には至らなかったが,「ヒヤッ」としたり,「ハッ」とした事象や経験のことをいう。アメリカの保険会社の安全技師ハインリッヒ (Heinrich, H. W.) は,「1件の重大な災害事故背景には29件の軽度な災害事故があり,さらにその背景には300件の傷害を伴わない事象が存在する」とのハインリッヒの法則を1931年に発表している。この法則中にある傷害を伴わない300件の事象が,事故に至らない経験であり,すなわち「ヒヤリ・ハット」である。近年では製品事故,医療事故などの様々な分野においても,この考え方を参考として,軽度な事故やヒヤリ・ハットの情報を収集・分析し,大きな事故の予見や防止を図ろうという安全管理が行われ始めている。[30]

この視点から,個人情報漏えいリスクに対してもヒヤリ・ハットを事例として分析して,会社の上(幹部)からでなく,下(現場)からの改善対策を立てるという逆転した発想も重要である。

---

29) 牧野二郎『個人情報保護はこう変わる』138頁(岩波書店,2005年)。
30) なお,ハインリッヒの1:29:300の比率と類似のものとして,1969年に1:10:30:600の比率を提唱したバード(Bird Jr., F. E.)の法則も存在する。

表2-11　個人情報保護法遵守のためのチェックポイント（例）

区分	チェックポイント
個人情報の把握	□何が個人情報に該当するのかについて具体的に検討しているか □どのような個人データを保有しているのかを具体的に洗い出しているか □個人データのうち，保有個人データに該当するものが何かについて具体的に洗い出しているか □個人情報について，だれが管理責任者であるかが明確になっているか
個人情報の取得	□取得している個人情報について利用目的を特定しているか □利用目的の明示は適切に行われているか □利用目的の通知，公表等の手段が具体的に定められているか（特に第三者から取得する場合） □利用目的の変更等が想定される場合，その利用目的の変更時の通知，公表の手続きを定めているか
安全管理措置	□個人データの情報セキュリティ対策について，セキュリティポリシーや関連規程，ルール，手順を定めているか □従業員に対して，個人データの安全管理について教育を行っているか □個人データ処理等を外部委託している場合，どこに委託しているかを把握しているか □外部委託先との契約の有無，契約内容（特に機密保持，再委託の制限について）を確認しているか □外部委託先の管理状況を把握しているか
第三者提供	□第三者提供を行っている場合，あらかじめ本人の同意を得ているか □同意を得ていない場合，本人の求めに応じて個人データの第三者への提供を停止する仕組みができているか □同意を得ていない場合，第三者へ利用目的とすること，第三者に提供される個人データの項目，第三者への提供の手段又は方法等についてあらかじめ本人に通知し，又は容易に知り得る状態に置いているか
共同利用	□共同利用する旨，共同利用する個人データの項目，共同利用する範囲，利用する者の利用目的，共同利用する個人データの管理責任者の氏名等をあらかじめ，本人に通知，又は容易に知り得る状態に置いているか
開示，訂正等，利用停止等	□開示請求の求めのための窓口を定めているか □開示請求のための手順を定めているか □開示請求者の求めに利用する書面の様式等を定めているか □訂正等を行い，本人にその旨を通知するための手順を定めているか □利用停止等を行い，本人にその旨を通知するための手順を定めているか □請求時における本人確認の方法について定めているか □手数料について定めているか □手数料を徴収する場合，徴収方法を定めているか
苦情処理	□苦情対応のための窓口を定めているか □苦情対応のための体制は整えているか

出所：丸山満彦「コンプライアンス体制の構築」『企業リスク』1巻2号（通巻2号）31頁（トーマツ企業リスク研究所，2003年）。

(4) プライバシーマーク等の認証取得

さらに，個人情報保護法の個別の義務に従うことだけでなく，違法行為を防止すると同時に発見・是正するための取組みを恒常的に行っていくことが本来的には必要である。このような見地から，プライバシーマークを取得すること[31]やISMSを導入すること[32]等の対応が重要とされる。プライバシーマークとISMS

---

31) プライバシーマーク制度（Privacy Mark System）は，個人情報の取扱いについて適切な保護措置を講ずる体制を整備している民間事業者等に対し，その旨を示すマークとしてプライバシーマークを付与し，事業活動に関してプライバシーマークの使用を認容する制度で，1998年4月1日より運用を開始した。この制度は，個人情報の保護に関する個人の意識の向上を図ること，民間事業者の個人情報の取扱いに関する適切性の判断の指標を個人に与えること，民間事業者に対して個人情報保護措置へのインセンティブを与えることを目的としており，日本情報処理開発協会（略称JIPDEC）が付与機関となって運用する。特に，2005年4月の個人情報保護法の全面施行以降，プライバシーマーク認定事業者数は増え続け，現在（2010年4月8日現在）のプライバシーマーク認定事業者は，11,325社である（http://privacymark.jp/list/clist）。

プライバシー制度の利用は，単に個人情報保護法に対応できる体制・仕組みを構築するための助けになるだけでなく，顧客，取引先等からの信頼性の向上や第三者機関によるお墨つきを受けることによる同業他社との差別化，さらに認証取得というゴールが明確なことによる従業員のモチベーションの向上などそれを利用する企業に様々な効果をもたらすことが期待される（岡崎史寛「プライバシーマーク取得のポイント」『企業リスク』1巻2号（通巻2号）36頁（トーマツ企業リスク研究所，2003年））。

32) ISMSとは，情報セキュリティマネジメントシステム（Information Security Management System）のことで，個別の問題毎の技術対策のほかに，組織のマネジメントとして，自らのリスクアセスメントにより必要なセキュリティレベルを決め，プランを持ち，資源配分して，システムを運用することである。また，ISMSの要求事項は，組織の自らの事業の活動全般および直面するリスクを考慮して，文書化されたISMSを確立，導入，運用，監視，見直し，かつこれを継続的に改善することである（http://www.isms.jipdec.jp/isms）。さらに，ISMSに関する認証制度には，「ISMS適合性評価制度」と「BS7799-2の認証制度」の2つがあるが，認定・認証機関が異なるだけで内容的には同じである。いずれの認証制度も，ISMS認証基準（Ver2.0）とBS7799-2：2002に適合したマネジメントシステムを整備し，情報資産の取扱いを適切に行っている事業者を第三者機関が認証する制度である。ISMSにおいて，情報セキュリティとは，情報の機密性（Confidentiality），完全性（Integrity）および可用性（Availability）をバランス良く維持し改善することとされており，単に情報漏えい（機密性の喪失）を防止するだけでなく，情報の改ざんや消失，あるいは利用停止といった事態から，効率的かつ有効に情報を保護することをマネジメント・システムとして行うことが要求されている（石井秀明「ISMS・プライバシーマーク認証取得の現場から」『企業リスク』2巻1号（通巻5号）23頁（トーマツ企業リスク研究所，2004年））。

はいずれも情報セキュリティに関わる認証制度であるが，その主な目的は，プライバシーマークが個人情報（顧客や従業員）の本人の信頼を得ること等にあるのに対して，ISMSは事業継続のための情報セキュリティの構築等にある。[33] また，国際的にはTRUSTeによるホームページのセキュリティ認証が行われている。[34] これらの取得・導入には，一定の人的・物的資源を投入することが不可欠であり，経営トップの理解と決断が不可欠であるが，個人情報保護に高い価値観を持って取り組んでいることを示すことができるメリットも存在する。なお，すべての企業がこうしたマネジメントシステムの構築に着手しなければならないというわけではないが，自社の業種上の特性や，個人情報の量，取扱い実態，法令抵触リスクの大きさ等を考慮に入れつつ，取組みの必要性について検討しておくことが重要である。[35]

4 個人情報漏えいリスクに対応する賠償責任保険

（1）個人情報漏えい保険の特徴

　個人情報の漏えい事故が発生した場合，当事者である事業者は，損害賠償金の支払いを余儀なくされる可能性があるだけでなく，長年かけて築いてきた信

---

33) 日本情報処理開発協会（JIPDEC）ホームページによる（http://www.jipdec.jp/）。
34) TRUSTe（トラスト・イー）とは，適切な個人情報保護をしているサイトに貼られる認証マーク制度で，世界的な第三者機関TRUSTeが消費者のための公平な立場で認証を与えている。TRUSTeは，インターネットの世界的な普及に伴い，1996年7月，アメリカにおいて創設され，1997年6月より「オンライン，ネットワーク上のプライバシー保護のため，個人情報保護の開示・自己管理を第三者機関が審査・認証するためのプログラム」としてプライバシー・シール「TRUSTeシール」のプログラムの運用が開始された。現在，アメリカ，ヨーロッパ，アジアなどの地域を中心に各国の企業がTRUSTeの認証を受けており，ネットワーク上における個人情報保護認証のグローバル・スタンダードとして機能している。日本では，2001年にアメリカTRUSTeと特定非営利法人　日本技術者連盟が提携し，現在，有限責任中間法人　日本プライバシー認証機構（http://www.truste.or.jp/）を認証団体として日本における個人情報保護プログラムの普及活動を行っている。
　TRUSTeシールの認証・取得に当たっては，収集する個人情報の種類や従業者・委託先への監督方法を定めた「プライバシー・ステートメント」や個人情報の収集や利用等に関する「自己査定書」の審査やインタビュー審査により認証を受けることができる。また取得にはライセンス料（1年更新）および審査料が必要である。審査はOECD国際基準および個人情報保護法にも対応している。

用や消費者からの信頼を失いかねない。かかる事故が発生した際には,信頼を回復すべくアカウンタビリティ（説明責任）の遂行や広報宣伝活動を行う必要がある。個人情報漏えい保険は,こうした事業者が負担する損害賠償金や各種費用を補償することにより,事業活動を支援することを目的としている。この保険は,賠償責任保険に属し,その担保範囲としては,法的な賠償責任に関する部分から争訟に応じるための弁護士費用等,謝罪広告やお詫び状郵送に関する費用に至るまでの広範な損害を補償する。

　補償内容は一般に保険会社が定めた一定のパターンから選択できる。また,保険料の算定に当たっては,会社の規模,取り扱う個人情報の件数および内容等から一般的な算定式に基づく査定を行った上で,プライバシーマークやISMS適合性評価制度,TRUSTe等における認証を受けていることなど個人情報保護体制の確立状況に応じて保険料を減額する扱いにしている場合が多い。

　なお,個人情報保護法施行令2条では,その事業の用に供する個人情報データベース等を構成する個人情報によって識別される特定の個人の数の合計が,過去6ヶ月以内のいずれの日においても,5,000を超えない者が個人情報取扱事業者から除かれることになっているが,民法ではそのような規定はない。つまり,民法上は1人でも個人情報を持っている事業者は賠償責任が発生する可能性があるということであり,個人情報漏えい保険の対象業者には基本的に日本で仕事をする全事業者が該当するということである。

（2）個人情報漏えい保険の概要

　この保険の概要は以下のとおりである。[36]

　① 保険の補償内容

　　（ア）他人から訴えられた場合に生じる損害（賠償責任部分）[37]

　　　　偶然な事由により個人情報を漏えい[38]したこと,またはそのおそれ[39]があることに起因して,保険期間中に日本国内において損害賠償請求

---

35) 受川忠広「個人情報保護法の解説と企業が取るべき対応」『RMFOCUS』8号9頁（三井住友海上火災保険株式会社=インターリスク総研,2004年）。

がなされたことにより，被保険者が法律上の損害賠償金と争訟費用等[40]を負担することによって被る損害について保険金が支払われる。

(イ) 個人情報漏えい発生時の対応に必要となる費用（費用部分）[41]

被保険者が取り扱う個人情報が漏えいまたはそのおそれが発生した場合において，被保険者が保険会社に事故を通知した日以降12ヶ月以内に支出したマスコミ対応費用[42]，公告費用，コンサルティング費用[43][44]，通信費用，見舞費用，事故原因調査費用，損害賠償請求費用，臨時対[45]

36) 個人情報漏えい保険は，保険会社各社がこれを取り扱っているが，具体例として，本章では日本興亜損害保険株式会社の「個人情報漏えい対応保険」（個人情報漏えい危険担保特約条項・個人情報漏えい対応費用担保特約条項付き総合賠償責任保険）の概要を説明することとする。なお，個人情報漏えい保険の名称は，「個人情報漏洩保険」（AIU保険会社），「個人情報漏えい保険」（東京海上日動火災保険株式会社），「個人情報取扱事業者保険」（株式会社損害保険ジャパン），「個人情報プロテクター」（三井住友海上火災保険株式会社），「情報漏えい補償保険（IT業務賠償責任保険　情報漏えい限定プラン）」（ニッセイ同和損害保険株式会社）など保険会社により異なることがある。また，保険会社により保険料も補償内容も異なることがある。
37) 賠償責任部分は，個人情報漏えい危険担保特約条項で補償される。
38) 本保険でいう「個人情報」とは個人に関する情報であって，当該情報に含まれる氏名，生年月日，その他の記述等により特定の個人を識別することができるもの（他の情報と容易に照合することができ，それにより特定の個人を識別することができるものを含む）をいう。なお，この保険においては，生存する個人の情報に限らず，死者の情報を含み，また記名被保険者（会社）の使用人等に関する個人情報を含む。ただし，記名被保険者の役員に関する情報は含まない。
39) 本保険でいう「個人情報漏えい」とは記名被保険者の意図に反して，記名被保険者が所有，使用または管理する（していたものを含む）または管理を委託した個人情報が流出したことをいう。ただし，①記名被保険者の役員または使用人等，②個人情報共同利用者等によって取得されることは含まれない。なお，個人情報共同利用者等とは，記名被保険者が所有，使用または管理する（していたものを含む）または管理を委託した個人情報を記名被保険者の許諾のもとに利用する，または取り扱う者（これらの者の役員および使用人等を含む）をいう。
40) 争訟費用等とは，①訴訟費用，弁護士報酬または仲裁，和解もしくは調停に要した費用，②争訟対応費用，③求償権保全費用，④保険会社による損害賠償請求の解決に協力するために被保険者（会社）が要した費用等である。
41) 費用部分は，個人情報漏えい対応費用担保特約条項で補償される。
42) マスコミ対応費用とは，事故に関する情報の開示等を目的として実施する記者会見等のために負担する費用である。

応費用に対して保険金が支払われる。

② 保険契約例および保険金支払例

(ア) 契約例

保険金額：賠償責任部分(個人情報漏えい危険担保特約)　3億円

　　　　　費用部分(個人情報漏えい対応費用担保特約)　3,000万円

免責金額：賠償責任部分　設定なし，費用部分　設定なし

　　　　　縮小填補割合：賠償責任部分　100％

　　　　　　　　　　　　費用部分　95％

(イ) 保険金支払例

事故例：自社が所有する顧客情報の入ったパソコンが盗まれ，顧客情報がネット上に掲示された。

損害額：(a) 損害賠償金および争訟費用　2,000万円

　　　　(b) 謝罪広告費用　1,000万円

　　　　(c) 信頼回復広告費用　500万円

　　　　(d) 通信費用　100万円

---

43) 公告費用とは，事故の状況説明，信頼回復のための広告掲載等を行うのに要する費用で，例えば，事故の事実公表や謝罪のための社告，業務再開を公告するための社告等である。ただし，日本国外で行うのに要する費用は除く。

44) コンサルティング費用とは，事故の事実についての確認または調査を行うため，または事故対応の方法を策定するために起用したコンサルタントに支払うべき手数料および費用をいい，法律事務所または弁護士に支払う法律相談費用を含む。

45) 損害賠償請求費用とは，事故について賠償責任を負うと推定される者に対して損害賠償請求を行うために要する費用である。例えば，被保険者(会社)が所有する個人情報が漏えいしたため当該個人に対して見舞金を支出したが，当該個人情報の管理を委託していた業務委託先の管理中に漏えいしたと推定されることから，委託先に当該費用を求償する場合の弁護士費用等が挙げられる。

46) 臨時対応費用とは，事故対応のために記名被保険者が支出する臨時雇入費用，使用人に対して支払う超過勤務手当，交通費および宿泊費等をいう。

47) 保険契約例および保険金支払例は，日本興亜損害保険株式会社の「個人情報漏えい対応保険のご案内」(2006年2月版)より引用した。なお，保険金支払限度額その他補償内容等は，注36)で述べたとおり，保険会社により異なることがある。

48) 縮小填補割合とは，免責金額を超える損害額のうち，保険金を支払う割合をいう。個人情報漏えい保険における費用部分の縮小填補割合は，保険会社により異なることがあるが，一般に90～95％で設定されることが多い。

上記の場合，支払われる保険金は以下のとおり3,520万円となる。
・賠償責任部分の保険金の額
 (a) 2,000万円＜3億円（保険金額）
・費用部分の保険金の額
 {(b) 1,000万円＋(c) 500万円＋(d) 100万円} ×95％＝1,520万円
＜3,000万円（保険金額）
合計　2,000万円＋1,520万円＝3,520万円
したがって，合計3,520万円が保険金として支払われる。

③　保険金が支払われない主な場合（賠償責任部分・費用部分共通）
（ア）保険契約者または記名被保険者（これらの者が法人である場合には，その役員）の故意
（イ）保険契約者または記名被保険者（これらの者が法人である場合には，その役員）が法令に違反することを知りながら（知っていたと判断できる合理的な理由がある場合を含む）行った行為に起因する事故
（ウ）記名被保険者に対して行政機関からの指導または個人情報保護法34条（勧告および命令）の規定による勧告もしくは命令（以下「指導等」という）がなされた場合において，当該指導等がなされてから記名被保険者が必要または適切な措置を完了するまでの間に発生した，当該指導等の対象となった個人情報の取扱いに起因する事故
（エ）国または公共団体の公権力の行使（法令等による規制または要請を含む）による個人情報の差し押さえ，収用，没収，破壊，開示等。ただし，消防または避難に必要な処置となされた場合はこの限りではない。
（オ）戦争，外国の武力行使，革命，政権奪取，内乱，武装反乱その他これらに類似の事変または暴動
（カ）客観的に発生の事実が確認できない事故
（キ）偽りその他不正な手段により取得した個人情報に発生した事故
（ク）身体障害，財物損壊など

以上，保険金が支払われない主な場合の項目を挙げたが，これらの免責事項についてすべての保険会社が統一しているわけではなく，補償内容等は保険会

社により異なることがある。

（3）個人情報漏えい保険の限界と課題

　2005年4月の個人情報保護法の全面施行により，個人情報を取り扱う事業者の義務が強化されたことを受けて，事業者の個人情報の取扱い体制に対する消費者の視線も一層厳しいものになってきているが，依然として情報漏えいは止まらず，情報セキュリティ事故が繰り返されている。個人情報漏えい保険は，個人情報漏えい事故が発生した場合に，事業者が負担を余儀なくされる損害賠償金や各種費用を補償する保険である。具体的な補償内容等については前記4(2)①・②のとおりであるが，情報漏えいリスクのすべてが保険で補償されるわけではない。例えば，日本国外のサーバーに記録されている個人に関する情報や特定の個人を識別できないメールアドレス等は，通常本保険で対象とする個人情報には含まれない。したがって，日本国外に所在する個人情報（記録媒体の所在地で判断する）が漏えいしたことによって生じた損害等は補償されない。また，前記4(2)③で挙げたとおり，賠償責任部分・費用部分を含めて免責事項が少なくない。さらに，賠償責任に関する訴訟費用・弁護士費用などの争訟費用等については事前に保険会社の同意を得て支出したものに限られることや賠償責任部分および費用部分について各々填補限度額が設定されており，費用部分については，縮小填補割合が適用されることが多い。

　以上述べたとおり，個人情報漏えい保険は個人情報漏えいによる様々な賠償リスクと費用損害リスクを補償するが，一方，填補限度額や縮小填補割合の設定，免責事項も少なくないという補償の限界があることも留意すべきである。

　また，事業者のプライバシーマークやISMS，TRUSTe等の認証取得に応じた保険料割引制度の活用を踏まえて，事業者は一層情報管理体制を推進していくことが重要である。さらに，本保険では個人情報漏えいによる賠償リスクと費用損害リスクに加えて簡易リスク診断書作成等を含めた危機管理コンサルティングサービスを実施しているところもある。今後各保険会社は，個人情報漏えい損害の防止・軽減のために危機管理コンサルティング等の一層のリスクマネジメントサービスを行うことが求められる。

Ⅳ　個人情報保護法制の課題

1　個人情報保護の過剰反応への対処

　2005年4月に個人情報保護法が全面施行されて5年が経過する（2010年4月現在）。現在なお，個人情報の流出や悪用等の事件がしばしば見られるものの，シュレッダーの販売が好調であるとか，パソコンやコピー機等の電子機器の個人情報漏えい対策に関心が高まるなど，事業者等の個人情報の保護対策が急速に進んでいることがわかる。また，インターネットのホームページなどでのプライバシーポリシーや個人情報の利用目的の公表等は，主だった事業者では一般的に行われるようなってきた。

　一方，個人情報保護の必要性を意識するあまり，過剰反応ともいえる動きが現れ，国民生活センター相談窓口には個人情報保護法への事業者等の対応について消費者から戸惑いの声も目立つようになったということである。過剰反応の原因に，関係者自身が法律を理解していないことがあるといえる。

　また，法律違反となるリスクを負うよりも個人情報の提供を一切行わないという事業者等の対応や，十分な検討や工夫を講じないまま個人情報保護法を理由に従来の活動を止めてしまうという対応が一般化している傾向がある。この

---

49) このようないわゆる「過剰反応」については，法がプライバシーという各人の意識または感覚をある程度前提としていることから，やむをえず生じることもあり，また，このことは日本以外の諸外国についても共通する（宮下紘「諸外国等における個人情報の保護の動向」『法律のひろば』61巻9号44頁（2008年8月））。諸外国の例としては，内閣府の調査（聞き取り調査）によれば，イギリス，ドイツ，アメリカ等においても，いわゆる「過剰反応」が見られる結果になっている（内閣府「諸外国等における個人情報保護制度の運用実態に関する検討委員会・報告書」1，8，12頁（2007年1月））。
50) 例えば，2005年4月，107名の犠牲者を出したJR宝塚線（福知山線）の脱線事故では，家族からの安否確認に回答するかどうかで医療現場で混乱が生じ話題となった。事故に際しての安否情報を一刻も早く知りたいという家族の心情より個人情報保護法への対応を優先するという一般社会通念にはなじみがたい問題が露呈した。このような個人情報保護法へのいわゆる過剰反応といわれる問題に関する相談は窓口にも多く寄せられている（国民生活センター相談調査部「最近の個人情報相談事例にみる動向と問題点—法へのいわゆる「過剰反応」を含めて—」1頁（2005年11月30日））。

ような過剰反応に際し，明確な解釈基準や提供の必要性等についての理解が求められる。すなわち，今後，第三者提供の例外規定を含め個別の具体的な対応について，一つひとつ事例を積み上げるとともに，解釈基準の明確化を通して広く社会のコンセンサスを得ていく必要がある。[53]

2　オプトアウト[54]の周知・徹底

最近の傾向として，金融機関をはじめとする様々な分野で個人情報の利用に関する同意書に署名・捺印を求め，同意書の提出がなければ取引できないとい

---

51) 例えば，内閣府「個人情報保護に関する世論調査」（2006年9月調査）では，「名簿作成の中止で困るか」の問いに「強く感じる」と「ある程度感じる」とする者の割合が過半数（51.1%）であるのに対し，「学校や地域社会の緊急連絡網などの名簿は，本人から名簿の個人情報を削除してほしい旨の求めがあった場合には，その情報を削除することを明示した上で，作成・配布することもできることを知っているか」に対して，半数近い人（44.6%）が知らないと答えている。また，改善のためには，地方自治体からの周知活動が求められるが，総務省「地方自治情報管理概要―電子自治体の推進状況―」（2007年9月）によれば，都道府県では過半数（53.2%）が過剰反応に関する周知活動を実施しているが，市区町村では8.2%で10%にも満たない状況となっている。

　さらに，災害時要援護者の避難対策に関する検討会（関係省庁は，内閣府，総務省，厚生労働省，国土交通省で，事務局は内閣府）「災害時要援護者の避難支援ガイドライン」（2006年3月改訂）によると，「災害時に要援護者の避難支援等を行うためには，要援護者の名簿等を作成し，平常時から，支援を行う防災関係部局と福祉関係部局や，自主防災組織，民生委員等と要援護者名簿等を共有し，災害時に活用できるようにする必要がある」としているが，各地域における災害時要援護者の対策の取組みの現状を見ると，多くの市町村において，要援護者情報の共有化からの福祉関係者との連携等が徹底されていないことなど，様々な課題に直面している状況にあるということである（災害時要援護者の避難支援における福祉と防災との連携に関する検討会「災害時要援護者対策の進め方について―避難支援ガイドラインのポイントと先進的取組み事例―」（2007年3月））。

52) 日本新聞協会編集委員会（編集委員会委員社57社）が実施した「個人情報保護法の運用に関する実態調査」（2007年7月調査）によると，官公庁をはじめ，病院・消防・学校などの公共機関，一般企業などあらゆる分野で，過剰反応による混乱や情報隠しが依然として見られると指摘している。なお，日本新聞協会編集委員会は，内閣府が2008年1月18日に公表した「個人情報保護に関する基本方針」の一部改正案に対して，「本来，国民が知るべき情報や，地域社会で共有すべき情報が個人情報の保護を名目に隠される事態は一向に改善されていない」などを理由に，今回の改正案では不十分であり，実効ある措置を求める意見書を提出している（「個人情報の保護に関する基本方針の一部改正案」に関する意見（2008年2月15日））(http://www.pressnet.or.jp/info/seimei/iken2008215.PdF)。

われたとの苦情が国民生活センター相談窓口に寄せられているということである。これら利用目的に関する同意書の中には，販売促進活動などの利用を停止できるオプトアウト的な手法を取り入れたものもあるが，多くは消費者の理解を十分に得ないままに提出を強要するなど，消費者の不安を一層増幅させている。個人情報の利用は，本来の利用目的を踏まえた最小限のものに特定すべきであり，もしそうでなければ消費者の理解を得るのは困難である。

さらに，事業者が取得した個人情報を第三者に提供するに当たって事前の同意がとれていない場合はオプトアウトの規定がある[55]ことを明確にし，その事を積極的に知らせていく努力も必要である。

法律やガイドラインを形式的に遵守しているから良いと個人情報の保護に対

---

53) 国民生活審議会が今後の個人情報保護法制に関連してとりまとめた「個人情報保護に関するとりまとめ（意見）」（2007年6月29日）において，法の具体的な内容の広報・啓発等，いわゆる「過剰反応」対策に万全を期することを求めていたことを踏まえて，政府は，基本方針の一部変更（2008年4月25日閣議決定）では，いわゆる「過剰反応」という文言を基本方針に明記し，特に項目を立てて対応策を記した。すなわち，国は，事業者および国民に対する広報・啓発に積極的に取り組むことを宣言し，そして，各地方公共団体については，住民等への周知するための積極的な広報活動への取組みが求められるとした。さらに，いわゆる「過剰反応」が生じる背景には，個人情報によって識別される特定の個人が自らの個人情報の取扱いに不安を感じていることも一因としてあると考えられることから，個人情報保護法の適切な運用等により，個人情報の適切な取扱いを図っていく必要があるとしている。

なお，地方公共団体等における「過剰反応」の状況および対応等については，内閣府「個人情報保護に関するいわゆる『過剰反応』への対応に係る調査報告書」（2008年3月）に多くの試みが掲載されている。

54) 一般に，オプトアウト（opt-out）とは，本人が拒否権を行使しない限り，自己の個人情報の利用・提供行為を了解しているとみなす方式をいう。ユーザーの事前承諾なしに送られるダイレクトメールをオプトアウトメールという。例えば，ソフトウェアの登録ユーザー全員にダイレクトメールを送付し，メールの末尾に「以後このメールが必要でない方の連絡先は＊＊＊」と記載されている場合がオプトアウトに当たる。無条件にダイレクトメールが送付される場合だけでなく，ユーザー登録の受付画面において「ダイレクトメールを希望する」があらかじめチェックされている状態になっている場合も，ユーザーがダイレクトメールを受け取らないために能動的な行動を起こす必要があることからオプトアウトであるとされる場合が多い。なお，オプトアウトとは逆に，ユーザーが明示的に広告の受取りを許諾することをオプトイン（opt-in）という（http://www.optimasolutions.jp/terms/optout.html ほか）。

し機械的に対応するのではなく，「個人情報の有用性に配慮しつつ，個人の権利利益を保護する」との法の目的（法1条）を達成していくには，消費者の信頼を獲得するための事業者自らによる積極的な取組みが一層求められると考える。[56]

3 個人情報の取扱いに関する苦情処理体制の構築

法の全面施行により，個人情報取扱事業者である企業と個人情報の主体である個人との間で，これまで以上に個人情報の取扱いをめぐるトラブルが発生しやすくなると考えられる。このようなトラブルを早期に解決する手段として，苦情処理の制度が重要になってくる。これに関し，個人情報の保護に関する基本方針は，「個人情報の利用・提供あるいは開示・不開示に関する本人の不平や不満は，訴訟等によるのではなく，事案の性質により，迅速性・経済性等の観点から，むしろ苦情処理の制度によって解決することが適当なものが多いと考えられる。法は，苦情処理による国民の権利利益の保護の実効を期すため，個人情報取扱事業者自身の取組みにより苦情を解決することを基本としつつ，認定個人情報保護団体，地方公共団体等が苦情の処理に関わる複層的な仕組みをとっている。この仕組みが円滑に機能するためには，これらの関係機関がそれぞれの役割分担に応じて適切に取り組むとともに，緊密な連携を確保するこ

---

55) 個人情報取扱事業者は，第三者提供に関するオプトアウトを実施している場合には，本人の同意なしに個人データを提供することができるとされている（法23条2項）。個人情報保護法上の第三者提供の制限の例外としてのオプトアウトは，以下の要件を満たす必要がある。
　① 第三者に提供される個人データについて，本人の求めに応じて第三者への提供を停止すること
　② 次に掲げる事項について，あらかじめ，本人に通知し，または本人が容易に知りうる状態に置くこと
　　（ア）第三者への提供を利用目的とすること
　　（イ）第三者に提供される個人データの項目
　　（ウ）第三者への提供の手段又は方法
　　（エ）本人の求めに応じて当該本人が識別される個人データの第三者への提供を停止すること
56) 国民生活センター相談調査部・前掲注50) 9～10頁。

とが必要である」と規定している。

　また，法31条では，「個人情報取扱事業者は，個人情報の取扱いに関する苦情の適切かつ迅速な処理に努めなければならない」（同条1項）とともに，「個人情報取扱事業者は，前項の目的を達成するために必要な体制の整備に努めなければならない」（同条2項）と規定している。

　しかし，各企業が従来設置してきた苦情処理窓口では対応が困難であることが予想される。なりすましによる漏えいを避けるために比較的厳格な本人確認を講じることが必要であり，開示等の求めに対し拒否すべきか否かという法的判断も必要だからである。対応を間違えたり不当に遅滞すると，主務大臣から調査を受けたり，本人から訴訟を提起されるおそれもあることも否定できない。したがって，法的判断が困難なケースについて常に相談しうるように，専門知識を有する弁護士との連携関係を構築することも必要となる。また，専門窓口を設置して，対応マニュアルを作成した上，個人情報保護を確実にする社内教育・訓練を徹底し，体制の改善を図ることが重要である。

V　おわりに

　情報化社会の発展を背景に，多量の個人情報が漏えいする事件が頻発している。このような事態を踏まえ，2005年4月1日より個人情報保護法が完全施行され，個人情報が漏えいした際の罰則が強化されることとなった。

　家族構成から勤務先，資産，金融機関からの借入れなど，個人の重要な情報が蓄積されている個人情報取扱事業者において個人情報が漏えいした場合，個人情報保護法に基づく罰則の適用，監督当局の行政処分を受けるほか，被害者本人からの損害賠償請求，マスコミ等の報道による社会的失墜などを避けることができず，ひいては経営そのものを揺るがしかねない，といっても過言ではない。

　一方，法施行後，個人情報に関する顧客側の関心の高まりに対応して，個人情報取扱事業者は，顧客の個人情報・個人データの取扱いに細心の注意を払うことが課せられているが，他方で，事業者側に過剰な負担が生じているという

指摘もなされている。[57]

　また，業務の情報技術化が進み，コンピュータおよびネットワークの利用が増加の一途をたどっている民間企業では，大量漏えいなどのリスクは高まる一方である。[58]競争激化の中でコンプライアンスが強調される現在，今までとは異なり重大な法的責任を問われる事態へと直結する。それを回避するためには，企業の経営陣が先頭に立って，確実にコンプライアンス体制を構築することが不可欠である。

　なお，個人情報の流出を防ぐ方法としては，情報へのアクセスや社外持出しを必要最小限の範囲に限定するという物理的な側面と，従業員の個人情報の管理に対する意識を深めるという心理的な側面がある。物理的な側面としては，

---

[57] 国民生活審議会・前掲注53）16頁他。なお，金融財政事情研究会に設置されている融資問題研究会が全国186の金融機関を対象に実施した「個人情報保護法への対応状況についてのアンケート集計結果」（2007年9月実施）では，「法施行によって，金融機関の渉外業務に支障・負担が生じたか」の問いに「生じた」と回答した金融機関が，回答金融機関の61％であり，「生じていない」と回答した金融機関が，回答金融機関の37％であった（「その他」等の選択肢を選択している金融機関があるため，％表示の合計は100にはならない。本質問以外についても同様である）。また，支障・負担が生じる原因となっている法規制として回答数が多かった項目は，回答が多かった順に，①安全管理措置・漏えい等防止対策に関する規制，②個人情報の利用目的の明示・同意に関する規制，③センシティブ情報の取扱いに関する規制であった。このうち，①（安全管理措置等に関する規制）だけで，支障・負担が生じる原因となっている法規制として挙げられた項目の61％を占めている点が特徴的である。さらに，支障・負担の具体例としては，①金融機関の建物外に書類等を持ち出す際の手続の厳格化に関するものが最も多く，次いで，②顧客からの徴求書類が増えたことに関するものが多かったということである（金融財政事情研究会『旬刊　金融法務事情』1823号49～50頁（2008年1月5・15日合併号））。

[58] 近時，個人情報を取り扱う事業者がインターネット上にその管理する個人情報を漏えいしたとして，漏えいされた個人に対する損害賠償の支払を命じた判決が相次いで出されている。特に最近出されたものとしては，TBC事件（東京地判平成19年2月8日公刊物未登載，東京高判平成19年8月28日公刊物未登載），ヤフーBB事件（大阪地判平成18年5月19日判時1948号122頁，判タ1230号227頁，大阪高判平成19年6月21日公刊物未登載，最判平成19年12月14日公刊物未登載）等があるが，これらの概要等については，遠山光貴「個人情報をインターネット上に流出させた事業者の責任に関する近時の裁判例の動向」『金融・商事判例』No.1287，10～15頁（経済法令研究会，2008年3月15日号），田中宏「インターネット接続サービス加入者の個人情報の外部流出とサービス業者の責任」『私法判例リマークス』No.36，67～70頁（日本評論社，2008年2月20日号）参照。

個人情報へのアクセスを限定する方法と，社外への持出しを限定または禁止する方法が考えられる。故意に漏えいするような場合でなくても，従業員が漏えいできる情報は本人がアクセスできる情報に限られるであろうことから，この範囲を営業上必要な範囲に限定しておけば，過失により漏えいされるおそれのある情報はその範囲にとどまることになる。

さらに，過失により個人情報が漏えいした事例では，なんらかの理由で個人情報が社外に持ち出された後に紛失するのが一般的である。この社外に持ち出した理由については，情報処理の委託など業務上外部に持ち出さざるをえなかった場合もあるが，営業活動に利用するため持ち出した場合や，自宅で仕事をしようと持ち出した場合なども相当ある。したがって，営業活動上ある程度の情報の携行は避けられないかもしれないが，その日に訪問する先の情報に限定することや，持ち出しに当たって第三者のチェックを要することで，万一漏えい事故が発生しても被害を最小限にとどめることは可能と考える。また，自宅で仕事をすることの是非は別として，少なくともそのために個人情報を社外に持ち出すことは厳に慎むべきである。

以上のほか，企業としては，厳格に管理しなければならない情報として営業秘密がある。他者から委託を受けて管理している情報であれば，なおさら厳格管理が必須となる。個人情報保護と共通する部分も多いことから，併せて管理する必要がある[59]。

最近は個人情報漏えいに関して，第三者への損害賠償やブランド価値の毀損の防止・縮減を補償する個人情報漏えい保険が注目されている。保険は，リスク・ファイナンシングの観点から有効と考えられるが情報漏えいリスクのすべてが保険で補償されるわけではない。その意味でも，今後，個人情報を取り扱う企業は個人情報保護対策を積極的に実行し，広範な社会的責任を果たし社会

---

59) ただし，不正競争防止法によって営業秘密として保護を受けるためには，同法2条6項にいう秘密管理性の要件を満たさなければならない。判例法理によれば，そのためには営業秘密としての客観的認識可能性と，適正なアクセス制限を行っていることが必要となる。つまり，最低限度の情報セキュリティ対策を適正に実施してはじめて，保護を受けられるという構造になっている（岡村久道「実践！　企業における適正な情報セキュリティ対策」『ビジネス法務』9巻11号22頁（中央経済社，2009年））。

の期待に応えていくために，単に法律を遵守するだけではなく企業理念に根ざした地道な活動を行うことが重要である。

【参考文献】（注記で引用したものを除く）
赤堀勝彦『企業リスクマネジメントの理論と実際』（三光，2008年）
石井夏生利『個人情報保護法の理念と現代的課題―プライバシー権の歴史と国際的視点―』（勁草書房，2008年）
宇賀克也『アメリカの情報公開』（良書普及会，1998年）
宇賀克也『解説　個人情報保護に関する法律』（第一法規，2003年）
岡村久道「個人情報保護法と企業の対応―損害保険分野を例として―」日本損害保険協会編『予防時報』216号42～48頁（2004年1月1日）
亀井利明監修『基本リスクマネジメント用語辞典』（同文館，2004年）
木村達也監修『狙われる！　個人情報・プライバシー―被害救済の法律と実務―』（民事法研究会，2005年）
金融庁「金融分野における個人情報保護に関するガイドライン」（2004年12月6日）
金融庁「金融分野における個人情報保護に関するガイドラインの安全管理措置等についての実務指針」（2005年1月6日）
金融庁「金融機関における個人情報保護に関するQ&A」（2007年10月1日）
久保光太郎『個人情報保護法ハンドブック』（商事法務，2005年）
経済産業省「個人情報の保護に関する法律についての経済産業分野を対象とするガイドライン」（2004年10月22日）（2008年2月29日一部改正）
経済法令研究会編『金融機関のための個人情報保護コース』（第1分冊および第2分冊）（経済法令研究会，2008年）
厚生労働省「雇用管理に関する個人情報の適正な取扱いを確保するために事業者が講ずべき措置に関する指針」（2004年7月1日）
国勢調査の実施に関する有識者懇談会「国勢調査の実施に関する有識者懇談会　報告」（2006年7月）
消費者庁「平成20年度　個人情報の保護に関する法律施行状況の概要」（2009年11月）
菅原貴与志『詳解　個人情報保護法と企業法務』〔第4版〕（民事法研究会，2008年）
全国銀行個人情報保護協議会「個人情報保護指針」（2005年4月）（2008年3月一部改正）
竹内朗=鶴巻暁=田中克幸=大塚和成『個人情報流出対応にみる実践的リスクマネジメント』別冊NBL，No.107（商事法務，2006年）
田島正広『個人情報保護法と金融機関』（経済法令研究会，2004年）
中川明彦=別所直哉=堀部政男=長谷川俊明「個人情報保護法への対応―その現状と課題―〔座談会〕」日本損害保険協会編『予防時報』224号20～54頁（2006年1月1日）

日本システム監査人協会監修『個人情報保護マネジメントシステム実践マニュアル』（工業調査会，2006年）

日本プライバシーコンサルタント協会編『個人情報保護体制は万全か―プライバシーコンサルタントによる体制構築のための処方箋―』（ぎょうせい，2004年）

藤田康幸編著『個人情報保護法Q&A』〔第2版〕（中央経済社，2005年）

平松毅『個人情報保護―制度と役割―』（ぎょうせい，1999年）

レクシスネクシス・ジャパン『Business Law Journal』No.10（2009年1月号）

Alderman, E. and C. Kennedy, *The Right to Privacy*, Alfred A. Knopf, Inc., 1995.

Bennett, C., *Regulating Privacy: Data Protection and Public Policy in Europe and the United States*, Cornell University Press, 1992.

Elder, D. A., *The Law of Privacy*, Clark, Boardman, Callaghan, 1991.

O'Brien, D. M., *Privacy, Law, and Public Policy*, Praeger Publishers, 1979.

Sharma, S. K., *Privacy Law: A Comparative Study*, Atlantic Publishers & Distributers, 1994.

第3章

製造物責任法と企業のリスクマネジメント

I　はじめに

　1960年代半ば以降にアメリカで確立していった厳格責任の法理は，消費者保護を促進するものとして，ヨーロッパやアジアなど世界の各国に大きな影響を与えた。そして，1970年代半ば頃からEC（European Community：ヨーロッパ共同体）をはじめとする多くの国々で製造物責任法（Product Liability Law：PL法と略称されることもある）の制定問題が取り上げられるようになり，1980年代の半ば以降にヨーロッパで，そして1990年代半ばまでにブラジル，ロシア，フィリピン，オーストラリア，中国，ハンガリーなどで，製造物責任法が制定されていった。その背景には，現代の消費生活用品は，高度な科学技術を利用して大量生産された工業製品によって占められるようになったため，製品の欠陥が原因で消費者が被害を受けた場合に，既存の法制度では消費者が十分に被害の救済を受けられないという事情があったのである。

　日本でも事態は同様で，1950年代半ば以降，医薬品・食料品の欠陥による深刻な危害の発生等を背景として，1972年から製造物責任研究会がはじめて本格的な検討を始め，1975年に製造物責任法要綱試案を公表した。その後，様々な

---

1) 例えば，医薬品副作用事故としては，サリドマイド事件，スモン病事件等が挙げられ，食品事故としては，森永砒素事件，カネミ油症事件，卵豆腐事件等が挙げられる。各々の概要については，後掲注4），5），6），7），8）を参照。
2) 製造物責任研究会は，1972年に我妻栄東京大学教授（法制審議会民法部会部会長）を代表として設置され，製造物責任法の本格的な検討が始められ，その検討結果が1975年9月に製造物責任法要綱案として公表された（当時の代表は四宮和夫新潟大学教授）。
3) 製造物責任研究会「製造物責任法要綱試案」ジュリ597号16頁（1975年），私法38号71頁以下（1976年）参照。

検討がなされ，製造物責任法は1994年7月1日に公布され，翌1995年7月1日より施行されることとなった。

このように，必要性が論議され始めてから20年以上の歳月を経てようやく成立した製造物責任法であるが，法施行後，消費者の製品安全に対する関心や損害賠償請求意識の高まりを受け，製造物責任クレーム件数は増加傾向にあり，クレームの内容も複雑化している。

また最近，製品事故が発生したにもかかわらず，企業が公表等を行わなかったことで被害が拡大し，社会問題となった事例が後を絶たない。製品事故が発生する度に，企業はこれにどのような対応をすべきか，難しい判断を迫られている。

さらに，製造物責任をめぐる新たな動向として，2006年11月の消費生活用製品安全法の改正（2007年5月施行）や2009年9月の消費者庁の創設などが挙げられる。消費生活用製品安全法の改正・施行により，企業は製品事故が発生した場合，事故報告等を含めより迅速な対応が求められることとなった。また，消費者庁の創設により，企業はより消費者重視の施策が積極的になされることが求められる。

企業を取り巻くリスクは多様化，大型化する傾向にあるが，中でも経営に重大な影響を与えうる製造物責任リスクへの対策は，製品を製造・販売するすべての企業にとって不可欠のものである。

本章では，製造物責任法のもとにおける企業の製造物責任リスクとリスクマネジメントについて，製造物責任リスクを対象とする生産物賠償責任保険も含めて考察することとしたい。

II 製造物責任法の概要

1 日本の製造物責任法の経緯と背景

（1）製造物責任法制定までの経緯

製造物責任とは，製造または販売された製品がその消費者，使用者またはその他の第三者の身体や財産に与えた被害について製造者，販売者等が負担する

民事責任をいう。製造物責任法は，英米法の不法行為体系の一分野として発展してきたものであり，日本の製造物責任法が制定されるまでに，製造物責任研究会，日本私法学会および弁護士会等において製造物責任制度の様々な議論および検討が行われた。

まず，1972年に設けられた製造物責任研究会は，森永砒素ミルク事件[4]，サリドマイド事件[5]，スモン病事件[6]，カネミ油症事件[7]，卵豆腐事件[8]や，欠陥車が社会的に問題になった時代を背景として設置されたものであるが，日本における製

---

4) 1955年，森永乳業が製造した乳児用粉ミルクによって生じた人災的砒素中毒事件で，原因は，同社徳島工場が粉乳の安定剤として混入した添加物・工業用の第2リン酸ソーダ中に不純物として砒素が含まれていたため，これを飲んだ乳児が砒素中毒にかかり，12,000人以上の被害患者が発生した事件である。その後，各地で被害者組織が結成され，刑事・民事訴訟が争われたが，1963年の刑事裁判第1審（徳島地判昭和38年10月25日判時356号7頁）でも森永側は無罪となった。しかし，これを破棄差戻しとした第2審（高松高判昭和41年3月31日判時447号31頁）を最高裁（最判昭和44年2月27日判時547号92頁）が支持したため，再び徳島地裁で審理され，1973年11月，徳島地裁は工場長を無罪としたが，製造課長を業務上過失致死罪に当たるとする有罪判決を下した（徳島地判昭和48年11月28日判時7頁）。結局，森永砒素ミルク事件は，刑事事件の判決は下されたが，民事事件については，厚生省（現厚生労働省）が斡旋して被害者側と森永との間に和解が成立し，訴えが取り下げられた。なお，森永砒素ミルクの被害者は，森永との間に和解を締結するに当たって，個別の被害者ごとに賠償金を取得するという方法をとらず，「財団法人ひかり協会」を設立して，ここに森永から基本財産と毎年の運用費用を搬出させて，リハビリ・職業教育など恒久救済対策をとるという方法を選んだ（波多野二三彦「ADRによる被害児の生涯教育──森永砒素ミルク事件の教訓──」判タ1031号22頁，森島昭夫「わが国における製品欠陥と救済制度」竹内昭夫編著『わが国の製造物責任法──現状と立法論──』104〜105頁（有斐閣，1990年））。

5) 1958年にドイツで開発され，妊産婦にとって安全な睡眠薬とされたサリドマイド剤によって多数の障害児が出生したヨーロッパでは，ドイツ，イギリスなど各国において大きな社会問題となり，予期せざる災厄に対する製造販売業者の損害賠償責任が注目されるようになった。日本でも製造，販売されヨーロッパと同様の事件が発生した。これは，新規に開発された睡眠薬に催奇形性があり，これを飲んだ妊婦から，手足の欠損をはじめとする，医学的には「あざらし症」と呼ばれることもある先天性の被害が生じたのである。最初のサリドマイド訴訟は1963年に提起され，1965年には東京地裁に集団訴訟が提起されたが，1970年まで口頭弁論は開かれず，結局最初に訴訟提起されてから約10年後の1974年10月に和解成立が成立した。これまで経験したことのない新しいタイプの事件であったために，事実関係の整理や立証計画に手間取ったためである（PL判例研究会編（代表加藤雅信）『製造物責任判例集』104頁（新日本法規，1994年），森島・前掲注4) 11頁）。

造物責任の本格的な検討としてははじめてのものであった。この研究会が1975年9月に公表した製造物責任法要綱試案では,「製造者は,製造物の欠陥によ

6) スモン（SMON）は,下痢・腹痛等の腹部症状に始まり,下肢の知覚症状や歩行困難といった神経症状,失明などの視力障害を起こす疾患であり,整腸剤「キノホルム」,とりわけその大量投与を原因とするものであった（SMONは, Subacute Myelo-Optico-Neuropathy：亜急性脊髄視神経症の略称である）。スモンは,1955年頃から患者が散発し始め,1969年に年間発生数が最高に達したものであるが,当初その原因が不明であった。厚生省の調査班の調査によりその原因が解明された後,被害者は,キノホルムのメーカーである医薬品製造業者,国内輸入業者およびキノホルムの製造を承認した国を被告として損害賠償請求の訴えを各地法裁判所に提起した。まず,①金沢地裁の判決（金沢地判昭和53年3月1日判時879号26頁）を皮切りに,②東京地裁（東京地判昭和53年8月3日判時899号53頁）,③福岡地裁（福岡地判昭和53年11月14日判時910号36頁）,④広島地裁（広島地判昭和54年2月22日判時920号19頁）,⑤札幌地裁（札幌地判昭和54年5月10日判時950号47頁）,⑥京都地裁（京都地判昭和54年7月2日判時950号87頁）,⑦静岡地裁（静岡地判昭和54年7月19日判時950号199頁）,⑧大阪地裁（大阪地判昭和54年7月31日判時950号241頁）,⑨前橋地裁（前橋地判昭和54年8月21日判時950号305頁）の9地方裁判所で相次いで判決が下された。この中,最初の金沢地裁判決は,キノホルムとスモンとの因果関係を全面的には認めなかった点で特色があった。また,東京地裁判決は,国の責任を全面的には肯定しなかった。しかし,福岡地裁ほかの地裁は,被告の責任を全面的に認めた点で一致している。スモン訴訟は,当時としては日本の裁判史上前例のない巨大訴訟となったが,規模のみならず,内容的にも,キノホルムとスモンの因果関係,医薬品被害についての国と製薬会社の責任等新たな論点を含んでおり,その意味からも注目をひいた（川井健「判例の動向」竹内編・前掲注4) 24頁。なお,スモン訴訟9判決の判決理由要旨については,吉戒修一「スモン訴訟9判決理由要旨一覧表」判タ399号156頁参照）。

7) カネミ油症事件（ライスオイル事件）は,1968年北九州市小倉にあるカネミ倉庫（以下,カネミという）が製造販売した米ぬか油「カネミライスオイル」にPCB（ポリ塩化ビフェニール）が混入していたため,それを摂取した消費者に顔面などへの色素沈着や吹出物,手足のしびれ,頭痛などの症状が発生し,皮膚・神経・内臓等の障害を伴う全身性疾患が現れたという事件である。この事件は,食品公害事件として世間の注目を集めたが,カネミは中小企業で,被害者を全面的に救済する資力がなかったため,被害者は,カネミのほかに,合成化学物質カネクロールを製造・販売した鐘淵化学工業（以下,鐘化という）および国を相手として,損害賠償訴訟請求の訴えを提起した。福岡地裁（福岡地判昭和52年10月5日判時866号21頁）および福岡地裁小倉支部（福岡地小倉支判昭和53年3月10日判時881号17頁）がそうである。ほかに,刑事部判決があり,カネミの工場長の責任が認められた（福岡地小倉支判昭和53年3月24日判時885号17頁）。これら2つの民事判決は,PCBの腐蝕性により脱臭缶内部の食品に混入したという小さな孔（ピンホール）が空いて,そこからPCBが脱臭缶内部の食品に混入したという「ピンホール説」を前提としている。なお,以上の2判決のほか,これらの結論を同じくする3番目の判決が現れている（福岡地小倉支判昭和57年3月29日判時1037号14頁）。一連の裁判の進行中,米ぬか油へのPCB混入

り，生命，身体又は財産に損害を受けた自然人に対し，その損害を賠償する責に任ずる」（3条）として製造物責任を明記している。この要綱試案は，当時の

原因について種々議論があり，当初は「ピンホール説」が有力であったが，一連の裁判の最後の段階では，カネミの従業員が脱臭缶の修理をした際，誤ってカネクロール蛇管に孔を開け，そこからカネクロールが漏出したとする「工作ミス説」が有力となった。このことを背景に，一連の最初の6判決（前出2判決のほかは，福岡地小倉支判昭和57年3月29日判時1037号14頁，福岡高判昭和59年3月16日判時1109号27頁（慰藉料請求控訴事件），福岡高判昭和59年3月16日判時1109号44頁（損害賠償請求控訴事件），福岡地小倉支判昭和60年2月13日判時1144号18頁の4判決である）はいずれも鐘化の責任を認めたものの，最後の福岡高裁は，熱媒体用として閉鎖系内を循環させるだけの使用という条件下での食品製造会社に対するカネクロールの供給は，一応安全な用途への供給であり，熱媒体として使用するのに必要な最低限度の注意事項も記載されているから，警告義務の違背があったとはいえないとして，鐘化の責任を否定する判決を下した（福岡高判昭和61年5月15日判時1191号28頁）。その後，最高裁で和解が成立し，鐘化と原告との間で鐘化がすでに支払った金銭の返還はしないが鐘化には責任がないということになった。このような解決に，長い歳月を要したのは，鐘化および国が徹底的に過失を争ったため，被害者側で詳細な過失の証明をしなければならなかったからである。このような事態を避けるためには，製造者の無過失責任を認める製造物責任法を立法化する必要があることを示した事件であるといえる（PL判例研究会編・前掲注5）2791頁，川井・前掲注6）39〜46頁，長瀬二三男『製造物責任法の解説』〔三訂版〕10頁（一橋出版・2005年））。

8) 卵豆腐事件は，1970年に大垣市を中心に発生した卵豆腐による食中毒事件である。この事件は，サルモネラ菌に汚染された卵豆腐によって生じた食中毒につき，製造業者に対しては不法行為責任，小売業者に対しては契約上の付随的注意義務違反の責任を認め，中間の卸売業者に対しては小売業者に対する契約上の責任について被害者の代位行使を認めた事件で，製造物責任問題に正面から取り組み，判断を示した判決（岐阜地大垣支判昭和48年12月27日判時725号19頁）として注目された。判決は，小売業者は買主の生命・身体・財産上の法益を侵害しないよう配慮すべき注意義務を負い，それに違反していないことを立証できない限り債務不履行責任を負うが，本件の小売業者には資力がないので，小売業者が卸売業者に対して有している損害賠償請求権を原告が代位行使することを認め，小売業者は賠償金を負担しなくてよいとした。また，卸売業者は，小売業者との売買契約において付随的注意義務を怠っており，小売業者に対する債務不履行責任が認められるので，小売業者が卸売業者に対して有する損害賠償請求権を原告は代位行使することができるとした。さらに，衛生的に取り扱われない液卵がサルモネラ菌に汚染されることは十分予測されることであるとして，製造業者が殺菌措置を怠った過失を推定し，製造業者の不法行為も認めた。

本件判決は，小売業者に資力がないことから，被害者と直接契約関係のない卸売業者に対する債務不履行責任の代位行使を認めた点と，製造業者の不法行為責任の立証に関して，製造業者に無過失の立証責任を負わせた点で注目を集めた（PL判例研究会編・前掲注5）2622頁，長瀬・前掲注7）8頁）。

アメリカの判例法のほか，ヨーロッパにおける製造物責任の導入の動き等を参考にしながらとりまとめられたものであったが，その後の日本における各方面における製造物責任法の検討に大きな影響を与えることとなった。[10]

その後，EC諸国において1985年7月に製造物責任に関するEC指令（「欠陥製造物の責任に関する加盟国の法律，規則および行政上の規定の調整のための1985年7月25日付け閣僚理事会指令」）[11]が採択され，EC諸国を含むヨーロッパ諸国において製造物責任法が立法化されるに従って，日本においても製造物責任法の立法化に向けての関心が高まった。例えば，1989年5月には東京弁護士会消費者問題委員会が製造物責任法試案を公表し，1990年2月に公明党が製造物責任法案要綱を公表し，10月には日本私法学会民法部会において「製造物責任」についてのシンポジウム[12]が行われ，「製造物責任立法への提言」[13]がなされている。また，1991年に入ると，1月には東京弁護士会が製造物責任法試案[14]を公表し，3月には日本弁護士連合会が製造物責任法要綱[15]を公表し，10月には自由民主党の経済・物価問題調査会の製造物責任制度に関する小委員会が中間とりまとめを公表し[16]，さらに同月に，経済企画庁の第13次国民生活審議会（以下，国生審という）が中間報告[17]を公表し，日本社会党政策審議会が製造物責任法制定に関する大綱[18]を公表した。そして，1993年には製造物責任に関係する製品を所管する各省庁

---

9) 要綱試案3条は，無過失責任の原則に関する規定であるが，特徴的なことは，製造物責任によって保護される者を自然人に限定している点である。
10) この要綱試案は，公的な性格を持つものではなかったが，この分野の専門的な学者グループによる検討を重ねた結果できあがったものであり，その後の製造物責任立法の議論に大きな影響を与えることとなった。
11) 英文名は，以下のとおりである。"COUNCIL DIRECTIVE of 25 July 1985 on the approximation of the laws, regulations and administrative provisions of the Member States concerning liability for defective products."
12) 日本私法学会民法部会シンポジウム資料「製造物責任」NBL456号6頁以下・457号36頁以下・458号36頁以下（1990年）参照。
13) 好美清光「製造物責任立法への提案」NBL458号53頁以下（1990年）参照。
14) 東京弁護士会，製造物責任法試案を発表（NBL467号4頁以下（1991年）参照）。
15) 日弁連，「製造物責任法要綱」を発表（NBL470号4頁（1991年））。
16) 自由民主党経済・物価問題調査会「製造物責任制度に関する小委員会」中間とりまとめNBL483号34頁以下（1991年）参照。

が製造物責任制度に関する審議，検討を行い，11月には，産業構造審議会総合製品安全部会が製造物責任を導入すべきである旨の報告をしたほか，厚生省の中央薬事審議会[20]，農林水産省の食品の消費者被害防止・救済対策研究会等においても同様の報告が行われ，この報告を受けた第14次国生審消費者政策部会は，12月に製造物責任を導入すべきである旨の最終報告[21]を行った。

また，法制審議会でも1994年2月に，民法部会財産法小委員会報告「製造物責任制度について」(1993年12月)[22]の審議結果を了承している。

製造物責任に関係する各省庁が審議会等の報告等を公表したため，関係省庁の間で製造物責任法案の調整が行われるとともに，連立与党内に製造物責任法に関するプロジェクトが設置され，1994年4月10日にプロジェクトの報告が公

---

17) 国生審消費者政策部会中間報告「総合的な消費者被害防止・救済の在り方について」NBL484号28頁以下 (1991年) 参照。この中間報告は，最後の「むすび」の中で，日本での消費者被害の発生防止・被害救済のための諸努力を一応評価するが，さらに，実効を挙げているか検討して，各界の取組みを充実強化していくことが重要であるとしている。その上で，現行の過失責任主義は，今日の社会においては，製品の欠陥に起因する消費者被害に関わる紛争解決手段としては必ずしも適切ではない，とする製造物責任制度導入の肯定論を紹介する一方，同制度の必要性について共通認識がなお得られていないこと，代替手段が存在すること，濫用のおそれがあること等から，同制度導入を時期尚早とする見解も紹介している。結局，中間報告は，立法化の賛否両論を併記して結論を示さず，立法化を先送りする内容であった。
18) 日本社会党政策審議会製造物責任問題特別委員会「製造物責任法制定に関する大綱」・前掲注17) 43頁以下参照。
19) 産業構造審議会総合製品安全部会「事故防止および被害者救済のための総合的な製品安全対策の在り方について」NBL534号65頁以下 (1993年) 参照。
20) 中央薬事審議会「製造物責任制度等特別部会報告書」前掲注19) 76頁以下参照。
21) 第14次国生審消費者政策部会報告「製造物責任制度を中心とした総合的な消費者被害防止・救済の在り方について」NBL535号44頁以下 (1993年) 参照。
　この最終報告では，①製造物責任制度をめぐる状況，②製品の欠陥に起因する消費者被害に関わる民事責任ルールの在り方，③製造物責任制度導入の影響，④少額被害等に関わる裁判外紛争，⑤製品事故に関わる原因究明機関の在り方，⑥情報の収集・分析・提供等に関わる制度の在り方，⑦既存の関連する制度等の在り方，⑧安全で安心できる社会をめざして，につき検討されているが，製造物責任法は，この報告での②を基本として制定されたものである（伊藤進「法制定の経過と意義」金商960号7頁 (1995年)）。
22) 法制審議会民法部会財産法小委員会報告「製造物責任制度について」NBL535号40頁以下 (1993年) 参照。

表3-1 製造物責任に関わる

ポイント	アメリカ（判例）	欧州共同体（EC指令）（1985年7月）	製造物責任研究会（我妻栄ほか）（1975年8月）	公明党注1)（1992年5月）	1990年私法学会報告者グループ（好美清光ほか）（1990年10月）
1. 厳格責任を導入するか	厳格責任	厳格責任	厳格責任	厳格責任	厳格責任
2. 欠陥の判断基準をどうするか	不相当な危険（消費者期待基準，危険効用基準，標準逸脱基準）	人が正当に期待しうべき安全性を欠いていること（消費者期待基準）	不相当な危険（基準について規定なし）	消費者が合理的に期待する安全性を欠いていること（消費者期待基準）	人が正当に期待しうべき安全性を欠いていること（消費者期待基準）
3. 欠陥の存在の推定を認めるか	原則として認めない	認めない	認める	認める	認める
4. 因果関係の推定を認めるか	原則として認めない	認めない	認める	認める	認める
5. 開発危険の抗弁を認めるか	一般に技術水準の抗弁が認められている	原則として認める（認めないとするオプションあり）	認めない	認めない	認めない
6-1. 不動産は製造物に含まれるか	原則として含まれない	含まれない	含まれる	含まれない	含まれない
6-2. 未加工の第1次農産物は製造物に含まれるか	含まれる	原則として含まれない（含まれるとするオプションあり）	一応含まれるものとする	含まれる	含まれる
7. 販売者は製造者と同じ責任を負うか	負う	製造者が特定できない場合に限り，負う	負う（ただし特別の抗弁事由を認める）	製造者が特定できない場合に限り，負う	製造者が特定できない場合に限り，負う
8. 対人賠償責任額の上限を設定するか	設定しない	原則として設定しない（設定するというオプションあり）	設定しない	設定しない	設定しない
9. 附加金（懲罰的損害賠償金）を認めるか	原則として認める	認めない	認めない	認めない	認めない
10. 過失相殺を被害者の重過失に限定するか	原則として限定しない	限定しない	限定する	限定しない	限定する
11. 法定責任期間を設定するか	設定する州が22州ある（10年が多い）	設定する（10年）	設定しない	設定しない	設定する（原則として20年）
12. 開示制限を充実すべきか	開示制度あり	開示制度なし	規定なし	規定なし	規定なし

注1 国会に提出されたがいずれも廃案になった。
注2 欠陥の推定規定と因果関係の推定規定は，二重に適用されないものとする。
出所：三井俊紘=猪尾和久『PLの知識』76～77頁（日本経済新聞社，1995年）。

各種の提案・試案の比較

	社会党[注1] (1992年6月)	東京弁護士会 (1991年1月)	日本弁護士連合会 (1991年3月)	国民生活審議会 (1993年12月)	共産党 (1994年4月)	製造物責任法 (1994年7月)
	厳格責任	厳格責任	厳格責任	厳格責任	厳格責任	厳格責任
	消費者が正当に期待しうべき安全性を欠いていること(消費者期待基準)	通常有すべき安全性を欠いていること(基準について規定なし)	消費者が正当に期待しうべき安全性を欠いていること(消費者期待基準)	通常人が正当に期待できる安全性を欠いていること(但し判断の基準,要素は可能な限り明確化することが望ましい)	消費者が正当に期待しうべき安全性を欠いていること	通常有すべき安全性を欠いていること(但し製造物の特性,使用形態,引き渡した時期,その他の事情を考慮)
	認める[注2]	認める	認める	認めない	認める	認めない
	認める[注2]	認める	認める	認めない	認める	認めない
	認めない	認めない	認めない	認める	認めない	認める
	含まれない	含まれる(未加工不動産を除く)	含まれる(未加工不動産を除く)	含まれない	含まれる	含まれない
	含まれない	含まれる	含まれる	含まれない	含まれない	含まれない
	製造者が特定できない場合に限り,負う	負う(ただし特別の抗弁事由を認める)	負う(ただし特別の抗弁事由を認める)	製造者が特定できない場合に限り,負う	製造者が特定できない場合に限り,負う	負わない
	設定しない	設定しない	設定しない	設定しない	設定しない	設定しない
	認めない	認める(損害金の2倍限度)	認める(損害金の2倍限度)	認めない	認めない	認めない
	限定する	限定する	限定する	限定しない	限定する	限定しない
	設定する(原則として20年)	設定しない	設定しない	設定する(10年)	設定する(20年。但し蓄積損害を除く)	設定する(10年。但し蓄積損害は損害発生時から起算)
	規定なし	規定なし	規定あり	規定なし	規定あり	規定なし

表され,関係省庁の間の調整も調ったことから,同月12日の閣議において製造物責任法案を国会に提出することが決定され,衆参両院商工委員会で審議し,それぞれ付帯決議がなされた後,1994年6月22日に国会を通過して成立した。成立した製造物責任法は,同年7月1日に公布されたので,附則1項により,1995年7月1日より施行された。

なお,参考までに製造物責任法,国民生活審議会報告,製造物責任研究会,日本私法学会等の各種の試案や法案などについて,その主な内容を比較した表(表3-1)を掲載しておくこととする。

(2) EC指令との関係

EC指令は,EC(現EU)委員会が提案し閣僚理事会で議決・採決された後に加盟国に通知される命令で,これに従って加盟国は一定の期間内に国内法を制定または改正する義務を負うことになる。このEC指令は,1960年代のドイツとイギリスにおけるサリドマイド事件を契機に,EC指令前文に示されているような「最新技術による製造に内在する危険の公平な分配という,進歩しつつある技術化の現代に特有の問題は,製造者の無過失責任によってのみ適切に解決することができる」という理念に基づいて作成されたものであるが,各国間で製造物責任に差があると,製品コストに差が生じて競争条件が不公平になり,EC域内の市場統合の妨げになるため,加盟各国に立法化を義務づけたのである。

このEC指令は,前文と本文22条で構成されている。EC指令の主な項目を挙げれば,①無過失責任の導入(1条),②製造物の定義(2条),③責任主体の

---

23) PL法連立与党プロジェクト「製造物責任法に関する連立与党プロジェクトの検討結果について」NBL543号66頁以下(1994年)参照。
24) このECの「指令」(Directive)は,「規則」や「決定」と異なり,加盟国の国民に対して直接に強制力を持つものではない。しかし,そこで示された目標を達成すべく加盟国を拘束するものであり,本指令も,これを遵守するために必要な国内法の整備を,加盟国に義務づけている(19条)。そして,この国内法が施行されてはじめて,本指令の趣旨は実効性を持つことになる(好実清光「EC指令と製造物責任」判タ673号18頁(1988年))。
25) 好実・前掲注24) 20頁。

範囲（3条），③被害者の証明責任（4条），④連帯責任（5条），⑤欠陥の定義（6条），⑥製造者の免責事由（7条），⑦損害の定義（9条），⑧出訴期限および法定責任期限（10条・11条），⑨賠償責任限度額の設定（16条）である[27]。

また，EC指令の目的は単に消費者保護だけにとどまらず，加盟各国の法律を調和する（Harmonize）ことによって各国の競争条件を平準化させ，EC域内での製品の自由な流通を保証することにあった。したがって，その内容は消費者と企業の双方に配慮したバランスのとれたものとされている。このため，EC指令は，製品の国際的な流通が拡大し，消費者保護の考え方が普遍化した時代を反映して，EC加盟国以外のヨーロッパ諸国，オーストラリア，フィリピン等の諸国にも大きな影響を与え，日本でも製造物責任法の制定に当たってはEC指令を参考にしたのである[28]。

2 アメリカの製造物責任法理

製造物責任制度は，アメリカ，ヨーロッパ諸国のほか，ブラジル，フィリピン，オーストラリア，中国，台湾，韓国等[29]の各国においても採用されている。これらの諸国のうち，アメリカは最初に製造物責任を認めた国であり，判例法

---

26) 当初は製造者の過失責任について，損害賠償を請求する被害者側に証明責任を課す国とそれを不要とする国があるなどEC加盟各国の製造物責任の法規制にかなりの差異が見られたことから各国の法律を調和し，適切な消費者保護（Consumer Protection）を図ることが求められていた（Hulsenbek, R. and D. Campbell, *Product Liability: Prevention, Practice and Process in Europe and the United States*, Kluwer Law and Taxation Publishers, 1989, pp.17-18.）。すなわち，EC指令の成立の背景は，基本的には，製造物責任について，例えばフランスは，判例による契約法理の進展によって厳格責任に近い責任を課し，ドイツは，不法行為法の過失責任の法制のもとで証明責任を転換して被害者の負担を軽減し，他方，イタリアは，伝統的な過失責任によるなどというように，ECの共同体市場で各加盟国の法規制に差異があることは，各国の製造者の競争条件にひずみを生じさせ，自由な商品取引を阻害し，そして各国における被害者の保護の程度を異ならしめる，という不都合な認識に基づいていたということである（好実・前掲注24）17頁）。
27) なお，そのうち，製造物の定義（2条）における第1次農産物と狩猟物，製造者の免責事由（7条）における開発危険の抗弁および賠償責任限度額の設定（16条）は，EC指令で強制せず，その採用の可否は加盟国の裁量に任せる（いわゆるオプション条項とする）ということになっている。
28) 升田純『詳解 製造物責任法』84頁（商事法務研究会，1997年）。

によって製造物責任が認められているが，その他の諸国においては立法化が行われている。日本の製造物責任法を考察するに当たって，ヨーロッパや日本など世界の各国に影響を与えたアメリカの製造物責任法理の特徴等について以下に若干述べることとしたい。

(1) 厳格責任の採用

アメリカ私法の一般法は裁判所が下す判例の積み重ねである判例法 (Common Law) である。アメリカにおける制定法は判例法に対する特別法という位置づけとなり，制定法主義を採用している日本やヨーロッパ諸国とは大きくその制度が異なっている。したがって，アメリカの製造物責任制度も，判例法を基礎としながら，消費者運動の高まり等を背景に，判例を積み重ねる形で発展してきた。

アメリカにおける19世紀末頃までの法理は，不法行為責任を過失に限定する方向で進められていたが[30]，大量生産時代の到来とともに，消費者保護の観点に立ち，過失を前提としない保証責任や厳格責任の法理が認められるに至った。また，アメリカにおける製造物責任の訴訟原因は，この3種すなわち，過失責任 (Negligence)，保証責任 (Warranty) および不法行為上の厳格責任 (Strict Liability in Tort) に分類することができる。

厳格責任と過失責任の違いは，例えば，警告上の欠陥 (Failure to Warn) についての損害賠償の訴訟に見られる。厳格責任の場合は，製造者が製品の危険性を知っていたことを原告が証明する必要はなく，立証責任は被告にある[31]。一

---

29) アジア諸国の最近の動向として，タイにおいて製造物責任法（タイでは，「安全性欠如物品責任法」(Unsafe Goods Liability Act) と呼称）が2008年12月の議会で可決され，国王の承認により2009年2月20日に公布された。先進諸国と同様の厳格責任法理を採用し，条文全体（全16条）を通じ指示警告欠陥への言及が多く，強調されていることや懲罰的損害賠償を認めること（ただし，一定の制限を設けている）などの特徴を有している（岸本明人「タイの製品安全に関わる賠償責任―新製造物責任法が制定されて―」RMFOCUS28号15頁（三井住友海上火災保険株式会社＝インターリスク総研，2009年））。

30) Prosser, W. L., *Hanbook of the Law of Torts*, West Publishing Co., 1941, p.426.

31) Ross, K. and B. Wrubel, *Product Liability 1989: Warnings, Instructions, and Recalls*, Practising Law Institute, 1989, p.13.

方，過失責任の場合は，製造者が製品に伴う危険性を消費者に誤って警告しなかったことを立証するためには，原告は，製造者が製品の危険性を知っていたこと，または知っているべきことであったこと，さらに，その製品の消費者に対してそのような危険性を適切に警告しなかったことを立証しなければならない。[32]

また，厳格責任と保証責任は実際の裁判においてほとんど差異はない。厳格責任において，損害を被った原告が損害賠償を受けるためには，製品が製造場所を離れたときに欠陥が存在していたことと，その欠陥製品が原告の被害と相当因果関係（Proximate Cause）があることを立証する必要がある。一方，保証責任の訴訟について，原告は製品が製造場所を離れたときに商品性（Merchantable Quality）がなかったことと，そのことが原告の被害と相当因果原因があることを立証する必要があるとしている。[33] なお，保証責任は，契約責任であるが，売主（製造者）が目的物の品質に関し保証しているという考え方に基づく。1960年代に従来の判例を整理して統一商法典（Uniform Commercial Code）が採用され，この中に売主の補償義務として明示の保証（Express Warranty）[34] と黙示の保証（Implied Warranty）[35] が規定された。

こうした各法理論は，それぞれの判例の発展過程を経て形成されてきたもの

---

32) Reardon, R.L. and G.M. Newcombe, *Products Liability in the United States: A Practical Guide for Japanese Companies*, 1992（平野晋監修，今関辰夫＝飯泉恵美子訳『アメリカのPL法』23頁（商事法務研究会，1997年））．

33) Rheingold, P.D. and S. L. Birnbaum, *Product Liability: Law, Practice, Science*, 2nd ed., Practising Law Institute, 1975, p.2.

34) 明示の保証は，売主の明示的な約束や言明に基づくものであるが，現在では広告やラベルで明示的な言明がなされれば契約関係にない消費者もこの明示の保証に基づく責任追及が認められる。明示の保証の存在が立証できたら，原告は次に，その保証を信頼していたことと，保証で表示されていたとおりに製品が機能しなかったことを立証しなければならないとした判例としては，1965年カリフォルニア州の Seely v. White Motor Co.事件がある。これは，原告が購入したトラックは欠陥車で，修理したが直らず，その結果，原告に財産的損害を与えるに至った。原告が署名したトラックの注文書（Purchase Order）には，自動車メーカーの保証が記載されていた。原告は，この保証に従って何度もトラックを修理しようとしたことを示して，明示の保証に対する信頼を立証した。さらに，トラックが保証どおりに機能しなかったことを証明して，自動車メーカーによる明示の保証違反（Breach of Express Warranty）を立証したのである（Reardon and Newcombe，平野監修，今関＝飯泉訳・前掲注32）26頁）．

であるが,現実の訴訟においてはこれら各法理論が並立し,相互に競合して適用されるのが通常である。その中で,製造物責任法理の中核をなすものは,不法行為上の厳格責任の理論である。この理論は,前述のとおり,①製品に不合理に危険な欠陥があり,それが製造者の手元を離れた当時から存在していたこと(欠陥の存在),②その欠陥が原因で損害が発生したこと(因果関係の存在)の2点を被害者側が立証した場合,製品の製造者・販売者は過失の有無にかかわらず責任を負うというものである。この法理を採用する根拠は,以下の3点にまとめることができる。

① 製造者に厳しい責任を課すことによって,製造者がより安全な製品を作るように注意するようになり,結果として,欠陥製品の削減や製品の安全性向上に役立つこと(欠陥抑止効果)
② 賠償金等を負担したとしても製造者等は,製品価格にそれを転嫁することや保険を利用することによってその負担を薄く広く消費者全体に分散させることができること(損失分散効果)
③ 製造者等の責任追求を容易にすることで被害者が救済されるので,欠陥製品の危険から自らを守ることに無力な消費者の保護が促進されること

---

35) 黙示の保証は,商品売買では明示的な言明が売主によってなされなくても商品が通常ないし特定の目的に適合すること(Fitness)を売主が黙示的に保証しているという考え方に基づくものである。伝統的に要求されていた契約当事者関係の存在の要件を撤廃した代表的な判例は,1960年のニュージャージー州のHenningsen v. Bloomfield Motors, Inc.事件である。ニュージャージー州最高裁は,瑕疵ある自動車についてのケースで,黙示の保証の場合には一般的に契約関係を要しないとして製造物責任訴訟を認めただけでなく,不明瞭性を理由に契約上の免責文言を無効としている(Phillips, J.J., *Products Liability in a nutshell*, 3rd ed., 1988(内藤篤訳『アメリカ製造物責任法』40〜41, 115頁(木鐸社,1992年)))。
36) 厳格責任が消費者にとって最も有利なように思われるが,必ずしもそうではなく,過失責任が認められると陪審の損害賠償額の裁定が大きくなるし,保証責任の追及は出訴期間が長く経済損失も請求できる点では有利なため,実務的には3つの責任が併用されている(小林秀之『新版・PL訴訟』12頁(弘文堂,1995年))。
37) 厳格責任は,保証違反における消費者にとって不利な制約(免責約款,違反の通知義務,救済方法など)を逃れ,不法行為責任として純化させたものであり,1960年代中期におけるこの法理の確立とリステイトメントによる採用が現代アメリカ製造物責任法の出発点をなしている(松本恒雄「アメリカにおける製造物責任」判タ673号87頁(1988年))といえる。

（保護促進効果）

　厳格責任法理を採用する根拠は以上述べたとおりであるが，厳格責任で先例となったのは1963年のカリフォルニア州最高裁のグリーンマン事件（Greenman v. Yuba Power Products, Inc.（1963））[39]であり，この判決によって，過失の有無，契約関係の有無にかかわらず，製品の製造業者等が製品の欠陥による被害者に対して不法行為上の厳格責任を負うとする製造物責任の法理が判例上誕生したわけである[40]。その後，厳格責任の法理は，1965年にアメリカ法律協会（ALI：American Law Institute）により，第2次リステイトメント（Restatement 2nd. of Torts）402A条[41]として採用され，判例上確立された。

（2）製造物責任に関わる法的環境の特徴

　また裁判制度等を含めた法的環境については，アメリカは独自の内容になっ

---

38) 小林秀之責任編集，東京海上研究所編『新製造物責任法体系I』〔海外編〕8頁（弘文堂，1998年）（三井俊裕筆）。
39) グリーンマン事件とは，原告が妻からクリスマスプレゼントとして贈られた電動大工道具を使用中にはねた木片で頭に重傷を負った事例であり，原告は，過失責任と保証責任を訴因として小売業者と製造者を訴えたものである。保証責任を主張するためには合理的な期間内に通知がなされていなければならないが，通知はなされていなかった。通知がなされていない以上，それを根拠に訴えを退けたのでは，ほとんど法律を知らない一般消費者を保護することはできなくなると判断した裁判所は，欠陥商品を市場に出した製造者は，その結果生じた被害について，過失の有無にかかわらず責任を負うべきであるとして，製造者の責任を認めた（小売業者には責任がないとされた）。本判例は通知要件について「損害を受けた消費者が，自分が取引したことのない製造者を相手に起こす訴訟において，通知要件を要求することは適当ではない。販売の直接の当事者間では，通知要件は売手を不当に遅い損害賠償請求から保護する，という正当な商業上のルールである。しかし，これが身体上の損害に当てはめられ，遠く隔たった売手にも適用されることになると，不注意な者にとっての落し穴となる。損害を受けた消費者が，このルールを正当化するような商業上の慣習に親しんでいることは殆どないといってよい」と述べている（Phillips，内藤訳・前掲注35）131～132頁）。結局，カリフォルニア州最高裁は，欠陥ある製品を市場の流通に置いた結果被害が生じた場合には製造者は責任を負うべきであると判断した。なお，同判例では，詳細な分析や理由づけはなされておらず，欠陥の意義・種類やその実質的根拠については，それ以後の学説・判例の展開に委ねられた（小林・前掲注36）12頁）。
40) 1960年代のはじめまでは，過失責任と保証責任のみが製造物責任で認められた法理であったが，1963年のグリーマン事件の判決により厳格責任が追加された（Hulsenbek, R. and D. Campbell, op. cit., p.3）。

ている。現在，容易に訴訟という手段に訴えることができるアメリカの法的環境が，厳格責任の誕生に大きな役割を果たしたことは否めない。日本と比較したアメリカの法的環境の特徴を以下に挙げることとする。

① アメリカにおける弁護士数が日本と比較すると相当に多く，アメリカが

---

41) リステイトメントとは，アメリカ法律協会が法律の各分野における第一人者に依頼して，過去に出された判例を主要な法律の分野ごとに整理して，それを条文の形に記述し，それに注釈と例をつけて編纂したものである。この厳格責任の法理は，カリフォルニア大学のウイリアム・L・プロッサー（William L. Prosser）教授が起草した第2次不法行為法リステイトメントに，402A条という形で採用されたものである。このリステイトメント自体は法律ではないので法的拘束力はないが，裁判官等がこれを参考にして判決を下すことも多いので，高い権威が認められている（三井俊紘＝猪尾和久『PLの知識』30頁（日本経済新聞社，1995年）。

このリステイトメントは，日本の製造物責任法と比較した場合の特徴として，①製造物責任の責任主体を販売業者一般としており，製造業者・輸入業者を責任主体の中心とする製造物責任法とは責任主体の範囲が異なること，②製造物の欠陥を不相当な危険性を要素としており，通常有すべき安全性の欠如を欠陥とする製造物責任法と若干異なること，③製造物責任の対象となる製造物が製造物責任法の「製造又は加工された動産」のように限定されていないこと等を指摘することができる。開発危険の抗弁，部品・原材料の製造業者の設計指示の抗弁はアメリカにおいては見られない抗弁であるし，期間の制限等の点については，各州の判例法等によって異なった取扱いがされている（升田・前掲注28）77頁）。その後，第2次リステイトメント402A条に示された製造物責任法理（厳格責任）は，全米のほとんどの州において基本ルールとして採用されるに至ったが，編纂から30年を超える期間が経過する中で，各州裁判所の下す判例はさらに多様化してきたため，アメリカ法律協会は1992年に新たな改定（第3次リステイトメント）に着手した。改定作業は，コーネル大学法科大学院のジェームズ・A・ヘンダーソン，ジュニア（James A. Henderson Jr.）教授とブルックリン大学法科大学院のアーロン・D・トゥワースキー（Aaron D. Twerski）教授を中心に進められ，1993年4月に第1次草案が起草されて以来審議が重ねられた結果，1997年5月に開催されたアメリカ法律協会年次総会において第3次不法行為法リステイトメント（製造物責任）（RESTATEMENT OF THE LAW, Third, TORTS: PRODUCTS LIABILITY）の最終提案が承認された。第3次リステイトメントにおける最も特徴的な改訂点は，欠陥の3類型（製造上の欠陥，設計上の欠陥，取扱説明・警告上の欠陥）が定義され，製造上の欠陥については厳格責任が認められるものの，設計上の欠陥および取扱説明・警告上の欠陥を問うに当たっては，原告は過失責任に近い立証を行う必要がある旨が規定された（小林責任編他・前掲注38）276頁以下参照，平野晋『アメリカ製造物責任法の新展開—無過失責任の死—』297頁以下（成文堂，1995年）（Ross, K. and H. Bowbeer筆）参照）。

42) 升田・前掲注28) 79頁。

いわゆる訴訟社会を形成していると指摘されていること
② 製造物責任訴訟については陪審 (Jury) 裁判が選択されることが多く，陪審裁判においては容認される損害賠償の額が巨額になる可能性があること
③ 損害賠償として日本では認められていない懲罰的損害賠償 (Punitive Damages)[45] が認められ，この損害賠償が賠償額を巨額にしていること[46]
④ 弁護士の報酬制度がかなり徹底した成功報酬制度 (Contingent Fee

---

[43] アメリカにおける弁護士数は約106万人（小松亀一法律事務所「日米弁護士比較数において」http://www.trkm.co.jp/sonota/05082301.html（2005年8月23日）の調べによる）であるのに対し，日本の弁護士数は約3万人（2010年4月1日現在の弁護士数2万8,828人：日本弁護士連合会の調べによる）であることから，アメリカの弁護士数と日本の弁護士数を単純に比較してもアメリカの弁護士数が日本の約35倍に達している。

[44] アメリカでは，民事訴訟においても陪審裁判で行われるのが原則で，賠償額の決定も含めて事実問題は陪審員が決める。しかし，一般市民から構成されるこの陪審員は情に流されて判断を下しやすく，負傷した悲惨な原告の姿を法廷で見せつけられると，論理的には被告である製造業者が無責であるような場合にも被告に責任を負わせてしまうことや，妥当な賠償額を大幅に超えるような賠償金を認める評決を下すなど根拠のない訴訟が数多く提起されるという事態を招いている（平野・前掲注41）199頁）。

[45] 懲罰的損害賠償は，被告側に悪意などの懲罰に値するような不当な行為があった場合に陪審が裁量で現実の損害とは別に支払いを命じることができるものである。懲罰賠償の目的として一般に挙げられるのは，主に，加害者への制裁・処罰および将来の類似行為の再発抑止の2点であり，刑事法による処罰と目的を同じくしているが，あくまで私法上の損害賠償として扱われる（山口正久「米国の製造物責任訴訟と懲罰的損害賠償（上）」NBL281号13頁（1983年））。懲罰的損害賠償を課するか否か，課するとしたらその金額はどれだけかの決定は，すべて陪審員に委ねられているので，予測が困難な上，膨大な金額の支払いが命じられることがある。代表的な例としては，フォード社が被告であって同社のサブ・コンパクトカーのピントの製造物責任をめぐるフォード・ピント事件（Grimshaw v. Ford Motor Co. (1981)）では，1件の事件で現実に生じた損害の賠償金350万ドルのほかに懲罰的損害賠償1億2,500万ドルを命ずる評決が陪審によって下された（ただし，判事の手により大幅に減額され，最終的に懲罰的損害賠償350万ドルの判決が下された。控訴審も原判決を認容）(Tarnoff, S., "Punitive damages", *Business Insurance*, February 14, 1983, p.37.)。この懲罰的損害賠償が，製造物責任の高額な損害賠償を生み出し，製造物責任の行き過ぎともいえる現象の原因になったといえる。

[46] 例えば，A. H. Robins 社では，その生産に関わる避妊器具（Intrauterine Device）Dalkon Shieldに関する製造物責任訴訟1,600件以上をかかえ，同社の純資産（Net Worth）が2億8,000万ドルに対し，原告の懲罰賠償の合計請求額が実に23億ドル以上にもなっているということである（Tarnoff, op. cit., p.37）。

Arrangement)[47]を採用しており，製造物責任訴訟の増加を促進する要因になっていること

⑤ 訴訟を提起するための費用（Filing Fees）が訴額に関係なく低額であり[48]，訴訟を提起しやすくなっていること

⑥ 日本と比較して，労災補償給付制度（Workers' Compensation），自動車賠償責任制度や医療保険制度等が不十分である[49]ため，社会的補償の代替手段として製造物責任訴訟によって被害の救済を図らざるをえない事情があること

以上，アメリカの法的環境の特徴の主な点を挙げたが，上記以外にも，被害者代表が起こせるクラス・アクション（Class Action）[50]，正式事実審理（Trial）の前にその準備のため，訴訟当事者間の事件に関する情報や証拠の収集を広範

---

47) アメリカでは製造物責任事故等の被害者が，勝訴した場合に限って獲得した損害賠償金の一定割合（通常3分の1かそれ以上で，懲罰賠償についてはしばしば40％も弁護士に支払うこともある）を弁護士報酬として支払うという趣旨の契約を結んで，弁護士に賠償請求訴訟を依頼することができる。成功報酬制度のメリットは，敗訴しても賠償金を取れなかった場合には弁護士費用をまったく支払う必要がないので，資力に乏しい被害者でも気軽にリーガル・サービスを受けることができ，富裕な被告を訴えて賠償金を得ることができる点にある。したがって，この制度と，原告は敗訴しても被告側の弁護士費用を負担しなくてもよいというアメリカン・ルールにより，アメリカはいわば「訴え得」な訴訟社会になっている（平野・前掲注41）197頁）。

48) アメリカでの訴訟提起費用は，訴額にかかわらず低く，30ドルから100ドルくらいであり，弁護士費用も成功報酬制度が広く利用されているので，着手金などは払わなくてよい場合が多いということである（平野・前掲注41）193～194頁）。

49) 労災事故の場合，日本と同様，被害者たる被用者は雇用者の過失を要件とせず労災補償給付が受けられるが，アメリカにおいては給付額には慰謝料が含まれていないことから，通常の不法行為の賠償額に比べるとかなり低額であること，および雇用者に対しては労災補償を超える賠償請求はできないことにより，被用者は労災事故の原因となった産業機械等のメーカーや販売業者に製造物責任訴訟を起こすことが一般化している。また，多くの州では自動車保険としてノーフォルト（無過失）のファースト・パーティ保険（被害者が自己の契約をしている保険会社から給付を受ける）が義務づけられているが，付保強制額は低い。加害者が十分な額で任意の損害賠償責任保険に加入しなかった場合には，被害者としては加害者または自己の乗車していた自動車のメーカーを相手に製造物責任訴訟を追及することが多い。また，航空機事故の場合も，国際線ではモントリオール協定等により賠償額が制限されているので，航空機のメーカーの製造物責任が問題とされることが多い（松本・前掲注37）88～89頁）。

に認める証拠開示制度（Discovery）[51]，連帯責任法理（Joint and Several Liability）[52]や資力のある者に賠償させるべきであるというディープ・ポケット理論（Deep Pocket Theory）など多くの特徴を挙げることができる。

（3）製造物責任危機と改革

　以上述べたような事情があるため，1970年代に入ると，製造業者の製造物責任を追及する訴訟が急増した。その結果，1970年代半ばには，製造物責任をはじめとする賠償責任保険の成績悪化に追い込まれた保険会社が，製造物責任の保険引受拒絶や大幅な保険料の引上げを行ったため，製造物責任危機ないし保険危機と呼ばれる大きな社会的混乱が生じた。事態を重く見た連邦政府は1976年4月商務省（Department of Commerce）を中心とした「製造物責任問題に関

---

50) クラス・アクションは，多数の人々が関わる状況で法的な権利を主張するためにそのうちの1人または複数の者が他の人々を代表して訴訟を提起することを認めるものであり，一人ひとりの請求として見るときは訴訟が引き合わず有効に保護されえないような少額請求の実現を可能なものとし，また共通の利益が問題となる複数の事件を審理することにより裁判所および当事者にとって効率的で経済的な手続を提供するものである（小林秀之=原強=伊藤茂幸「アメリカにおける製造物責任訴訟の手続上の諸問題」判タ673号128頁（1988年））。なお，日本でも1998年1月より改正民事訴訟法が施行され，原告あるいは被告に多数の当事者が関係する場合に，集団を形成して一部の代表者に訴訟の進行を委ねる選定当事者制度が拡充されたが，クラス・アクションの場合には，その訴訟の利益を享受したい者は集団（クラス）の代表者（原告）に対して個別に授権する必要はない。この点で選定者が選定当事者に対して授権を必要とする日本の選定当事者制度とは異なっている（三井俊紘=相澤英生『PLの実際』110頁（日本経済新聞社，1998年））。

51) アメリカの民事訴訟には，ディスカバリーと呼ばれる証拠開示制度があり，訴訟の当事者の一方が相手方または第三者の手持ちの資料を立証のため利用することができる。ディスカバリーには，文書・物の提出，精神・身体の検査など多種多様な手段があるため，製造物責任訴訟においても，被害者は製造者側から入手した証拠によって製造物責任の要件のほとんどを立証することが可能となっている。しかし，非常識あるいは不必要と思われる質問や文書提出要求がなされたり，何人もの担当社員が次々と証人尋問を受けたりすることがあって，被告となった企業はその対応に膨大な時間と経費を費やさざるをえなくなり，裁判で争うことを断念して和解に持ち込むことも多いといわれる（長瀬・前掲注7) 82頁）。このような，ディスカバリーの濫用や肥大化を是正するために，1980年と83年に連邦民訴規則改正がなされ，1993年には濫用防止とともに自発的に手持ち証拠を呈示し合う当事者間の開示手続き（Disclosure）によりディスカバリー手続きをスリム化する改正がなされた（小林責任編集他・前掲注38）111頁（小林筆））。

する連邦省庁合同調査委員会（Federal Interagency Task Force on Product Liability）」を設置し，調査を開始した。そして，同委員会は1977年に調査報告書をまとめた。商務省は，この報告書をもとに1979年に「模範統一製造物責任法」（Model Uniform Product Liability Act）[53]を発表し，各州での採用を求めたが，内容の一部をコネティカット州，アイダホ州，ワシントン州およびカンザス州の4州が採用したにとどまり，試みは失敗に終わった。モデル法が失敗した原因は，法律の採用を各州の任意に任せた点にあった。さらに，1980年代半ばには，製造物責任の賠償金の高騰などから保険会社の収益が再び悪化して，保険会社は高額の保険料を要求することや保険の引受けを拒否したため，第2次製造物責任危機が発生した。企業は，保険料の高騰や保険の引受拒否により，リスクのある分野からの撤退を余儀なくされ，それがアメリカの企業の国際競争力を減退させる要因になったともいわれる。そのため，モデルとしてではなく

---

52) 同一の損害に対し，責任を負担する者が複数存在する場合には，その複数の責任者は，被害者に対して連帯責任を負うとされている。すなわち，被害者に対して共同（Joint）で責任を負うと同時に，個別（Several）にも責任を負うことになるのであり，被害者は全賠償額の支払いをすべての責任者に求めることも，一部の責任者に求めることも可能となる。このため特に高額な賠償額を求める場合には，たとえ責任割合が低くとも，連帯責任の理論を用いて賠償資力を十分有する責任者をねらって賠償請求する方が効率的であるという考え方が出てくる。この考え方は，大企業や十分な賠償責任保険をつけている企業等，資力の十分な者をねらうことになるから，ディープ・ポケット理論と呼ばれている。

　例えば，自動車事故で，運転手のミスと道路の瑕疵と自動車の欠陥が競合したような場合，たとえ道路を管理する公共団体や自動車メーカーの過失の程度が運転手の過失に比べてはるかに低い場合であっても，前二者のような資力の大きい（Deep Pocket）者を被告として訴えを提起する方が被害者には有利である（松本・前掲注37）95頁）。この理論により，大企業はわずかな責任割合であっても訴訟に巻き込まれるのみならず，賠償金を支払ったあと，責任割合の大きい者に求償しても，その者に資力がなければ支払った賠償金を回収できないという深刻な事態が考えられる。

53) 模範統一製造物責任法による製造物責任改革を商務省が提案したのは，アメリカでは不法行為は伝統的に州法の管轄領域であり，連邦法によって製造物責任を規制することは州際通商（Interstate Commerce）として可能とも考えられたが，州際の反発も十分予想されたためである。模範統一製造物責任法は，製造上の欠陥については標準逸脱基準による厳格責任を維持しつつも，製造上の欠陥や警告上の欠陥については製造時の技術水準による危険効用分析により判断されるとして過失にかなり接近した立場になっていた（同法104条・107条）（小林責任編集他・前掲注38）91頁（小林筆））。

法的拘束力を持つ連邦法として，製造物責任を改革する法案が繰り返し連邦議会に提案されたが，強力な反対運動等もあって不成立に終わった[54]。

このように連邦レベルでの不法行為法制度改革はその成果を挙げることができなかったため，改革の推進は州に移り，多くの州で立法による不法行為訴訟改革（Tort Reform）が行われてきた。現在も不法行為訴訟改革の動きは継続しており，今後さらに不法行為法リステイトメント改訂への動きが進む可能性がある[55]。

3　日本の製造物責任法の構成

前述したとおり，ヨーロッパ諸国の製造物責任制度は，EC加盟国以外の諸国においてもEC指令とほぼ同じ内容の製造物責任制度を導入しているし，ヨーロッパ諸国以外の諸国においてもEC指令の内容に沿った製造物責任制度を導入している。このように製造物責任制度は，製品の国際的な流通の実情を背景にして，製品事故の被害者の救済制度として国際的な潮流になっているが，日本の製造物責任法もこのような潮流に沿った内容になっている[56]。

以上述べたような背景を持って制定された製造物責任法は，対象となる製造物を特定しない包括的な法律である。本法の条文は，6条1附則のみの極めて簡潔な体裁になっているが，その理由は，民法を含む日本の法体系との調和に配慮したためであるといわれている。すなわち，日本の民法ではあまり細かい

---

54) 連邦法が制定できなかった大きな理由の1つは，消費者団体や弁護士団体などが連邦法の制定に反対したこともあるが，それ以外にも，アメリカでは伝統的に製造物責任などの民事事件は原則として州の裁判権に属しているため，州の独立を守り連邦の介入を極力排除するというアメリカの建国以来の国民感情がその背景にある（三井＝猪尾・前掲注41）53頁）ということである。その後，1995年3月共和党が下院に，弁護士責任法案，証券訴訟改革法案，製造物責任制度改正法案を提出し，下院本会議を通過した。さらに上院は下院法案を修正して5月の本会議で，製造物責任制度改革法案を可決した。この結果，両院協議を経て一本化された法案が1996年になってホワイトハウスに送付されたが，大統領選挙を控えたクリントン大統領（当時）は，消費者の不利益になるとの理由で拒否権を発動し，製造物責任制度改革案は成立には至らなかった。
55) 内閣府国民生活局「製造物責任法の運用状況等に関する実態調査報告書」110頁（2006年7月）。
56) 升田・前掲注28）67～68頁。

表3-2 製造物責任法（条文）

(目的)
第1条 この法律は，製造物の欠陥により人の生命，身体又は財産に係る被害が生じた場合における製造業者等の損害賠償の責任について定めることにより，被害者の保護を図り，もって国民生活の安定向上と国民経済の健全な発展に寄与することを目的とする。
(定義)
第2条 この法律において「製造物」とは，製造又は加工された動産をいう。
2 この法律において「欠陥」とは，当該製造物の特性，その通常予見される使用形態，その製造業者等が当該製造物を引き渡した時期その他の当該製造物に係る事情を考慮して，当該製造物が通常有すべき安全性を欠いていることをいう。
3 この法律において「製造業者等」とは，次のいずれかに該当する者をいう。
 一 当該製造物を業として製造，加工又は輸入した者（以下単に「製造業者」という。）
 二 自ら当該製造物の製造業者として当該製造物にその氏名，商号，商標その他の表示（以下「氏名等の表示」という。）をした者又は当該製造物にその製造業者と誤認させるような氏名等の表示をした者
 三 前号に掲げる者のほか，当該製造物の製造，加工，輸入又は販売に係る形態その他の事情からみて，当該製造物にその実質的な製造業者と認めることができる氏名等の表示をした者
(製造物責任)
第3条 製造業者等は，その製造，加工，輸入又は前条第3項第2号若しくは第3号の氏名等の表示をした製造物であって，その引き渡したものの欠陥により他人の生命，身体又は財産を侵害したときは，これによって生じた損害を賠償する責めに任ずる。ただし，その損害が当該製造物についてのみ生じたときは，この限りでない。
(免責事由)
第4条 前条の場合において，製造業者等は，次の各号に掲げる事項を証明したときは，同条に規定する賠償の責めに任じない。
 一 当該製造物をその製造業者等が引き渡した時における科学又は技術に関する知見によっては，当該製造物にその欠陥があることを認識することができなかったこと。
 二 当該製造物が他の製造物の部品又は原材料として使用された場合において，その欠陥が専ら当該他の製造物の製造業者が行った設計に関する指示に従ったことにより生じ，かつ，その欠陥が生じたことにつき過失がないこと。
(期間の制限)
第5条 第3条に規定する損害賠償の請求権は，被害者又はその法定代理人が損害及び賠償義務者を知った時から3年間行わないときは，時効によって消滅する。その製造業者等が当該製造物を引き渡した時から10年を経過したときも，同様とする。
2 前項後段の期間は，身体に蓄積した場合に人の健康を害することとなる物質による損害又は一定の潜伏期間が経過した後に症状が現れる損害については，その損害が生じた時から起算する。
(民法の適用)
第6条 製造物の欠陥による製造業者等の損害賠償の責任については，この法律の規定によるほか，民法（明治29年法律第89号）の規定による。
附 則
(施行期日等)
1 この法律は，公布の日から起算して1年を経過した日から施行し，この法律の施行後にその製造業者等が引き渡した製造物について適用する。
(原子力損害の賠償に関する法律の一部改正)
2 原子力損害の賠償に関する法律（昭和36年法律第147号）の一部を次のように改正する。
 第4条第3項中「及び船舶の所有者等の責任の制限に関する法律（昭和50年法律第94号）」を「，船舶の所有者等の責任の制限に関する法律（昭和50年法律第94号）及び製造物責任法（平成6年法律第85号）」に改める。

規定が条文に置かれていないため，具体的な法律の適用に当たっては，裁判官に条文の解釈を委ねている部分が大きくなっており，民法の特別法である製造物責任法も，極力この考えに沿って制定されたからである。

なお参考として，製造物責任法の条文を（表3-2）に掲載することとする。

4　製造物責任法の意義と課題

（1）被害者の保護と国民経済の健全な発展

製造物責任法1条は，製造物の欠陥によって損害が発生した場合に被害者の保護を図ることが，本法の目的であると規定している。製造物の欠陥によって損害を受ける被害者として，第1に考えられることは，当該製造物を自分自身のために直接使用・消費する消費者である。しかし，それに限定されているわけではないので，欠陥車の暴走事故に巻き込まれて損害を受けた歩行者のように，製造物を直接に使用・消費していない第三者も，ここでいう被害者に含まれる。また，自然人に限定されているわけでもないので，法人も被害者に含まれることになる。すなわち，日本の製造物責任法が，消費者保護という目的を超えて，欠陥製品事故一般に関する民事責任特別法としての性格を持っていることに特徴があるといえるが，厳しい批判もある[57]。

また，1条は被害者の保護を図ることによって「国民生活の安定向上と国民経済の健全な発展に寄与すること」も目的としている。具体的には，「製造物責任の導入によってもたらされる裁判の争点の明確化，判例の水準の平準化といった裁判に与える影響はもとより，企業，消費者双方の製品の安全性に対する意識の変化，裁判外におけるクレーム処理の円滑化，さらには国際的に調和のとれた制度の確立といったことを指している[58]」とされる。しかし「民法の不法行為特別法としての性格をもつ法律に，国民生活の安定向上とか国民経済の

---

57) 加藤雅信「『製造物責任法案』とその問題—よりよき法のための修正を求めて—」判タ842号33頁以下（1994年），浦川道太郎「PLとはどんな法律か」法学セミナー478号16頁以下（1994年）。
58) 川口康裕「製造物責任法の成立について」ジュリ1051号46頁（1994年）。
59) 淡路剛久「製品の安全性と消費者被害の救済・中3」法時66巻8号7頁（1994年）。

い」という意見もある。本法の直接の目的は被害者の保護であり，それが達成された結果，副次的に期待される目的が国民生活の安定向上と国民経済の健全な発展であり，主眼はあくまでも被害者の保護にあるということは理解できるが，無過失責任を規定した大気汚染防止法や水質汚濁防止法が「事業者の損害賠償の責任について定めることにより，被害者の保護を図ることを目的とする」（1条）と規定し，消費者基本法が「国民の消費生活の安定および向上を確保することを目的とする」（1条）と規定するように，本法でも端的に「被害の救済」として，目的を鮮明にすべきであったと考える。

(2) 無過失責任の採用と損害賠償の範囲

本法3条は「製造物責任」という小見出しのもとに，製造物の欠陥によって生じた損害の責任をとる範囲を規定している。すなわち，本条の意義は，製造

60) 大気汚染防止法1条では「この法律は，工場及び事業場における事業活動並びに建築物等の解体等に伴うばい煙，揮発性有機化合物及び粉じんの排出等を規制し，有害大気汚染物質対策の実施を推進し，並びに自動車排出ガスに関わる許容限度を定めること等により，大気の汚染に関し，国民の健康を保護するとともに生活環境を保全し，並びに大気の汚染に関して人の健康に関わる被害が生じた場合における事業者の損害賠償の責任について定めることにより，被害者の保護を図ることを目的とする」と規定している。また，水質汚濁防止法1条では「この法律は，工場及び事業場から公共用水域に排出される水の排出及び地下に浸透する水の浸透を規制するとともに，生活排水対策の実施を推進すること等によって，公共用水域及び地下水の水質の汚濁（水質以外の水の状態が悪化することを含む。以下同じ）の防止を図り，もって国民の健康を保護するとともに生活環境を保全し，並びに工場及び事業場から排出される汚水及び廃液に関して人の健康に関わる被害が生じた場合における事業者の損害賠償の責任について定めることにより，被害者の保護を図ることを目的とする」と規定している。

61) 消費者基本法1条では，「この法律は，消費者と事業者との間の情報の質及び量並びに交渉力等の格差にかんがみ，消費者の利益の擁護及び増進に関し，消費者の権利の尊重及びその自立の支援その他の基本理念を定め，国，地方公共団体及び事業者の責務等を明らかにするとともに，その施策の基本となる事項を定めることにより，消費者の利益の擁護及び増進に関する総合的な施策の推進を図り，もって国民の消費生活の安定及び向上を確保することを目的とする」と規定している。

62) 日本弁護士連合会消費者問題対策委員会編『実践PL法』14頁（有斐閣，1995年）（児玉憲夫筆）。

物の欠陥により他人の生命，身体または財産に関わる被害が生じた場合における製造業者等の損害賠償の責任要件について，従来民法709条が採用していた加害者の「過失」を要件とする過失責任の原則を，製造物の「欠陥」を要件とする無過失責任（厳格責任）に転換したことである。製造業者等の行為を争点とするのではなく，製品の性状に焦点を当てる欠陥責任では欠陥という製品の客観的性状と損害との因果関係を証明することにより製造物責任を問うことができるのである。このように無過失責任の採用によって，被害者の証明責任は大幅に緩和されることになったが，民事訴訟の通常の原則に従えば，被害者は依然として，①製品に欠陥があったこと，②損害が発生したこと，③欠陥と損

---

63) 現代の工業製品は，複雑で高度な技術を用いて製造されており，製造過程に関する情報等が不十分な被害者が，製品の欠陥や因果関係を立証することは極めて困難となっている。この立証の困難を解決する方策として考えられるのが，要件事実を法律上推定する，いわゆる推定規定の採用である。そこで，例えば法律に「製品を適正に使用していたにもかかわらず，通常は生じないような損害が発生した場合には，当該製品には欠陥があったものと推定する」といった欠陥の推定規定を設けて，被害者の証明責任を軽減すべきであるという提案が学者や弁護士グループ等から出されていた。しかし，諸外国の製造物責任法では，このような規定を明文で置いている国は存在しないし，推定規定を採用することには問題が多いと考えられるということで採用されなかった。この問題につき，国生審報告は，「①一般の不法行為や過失を要件としない賠償責任を課している様々な特別立法においては，権利根拠規定に関わる要件事実について法律上の推定は行われていない（過失を要件とするものでは，自動車損害賠償保障法3条が証明を転換している），②製品の欠陥に基づく被害の発生には，製品特性等を反映して様々な態様があるが，被害の性質や被害発生の態様いかんにかかわらず，制度上同じ用件の下で製造者に証明責任を転換して，欠陥や因果関係の存否が不明であった場合の不利益を製造者に被らせることは妥当でない，③これまで提案されている欠陥についての推定規定では，極めて抽象的・主観的な前提事実となっており，このような抽象的な事実を前提事実として法律上の推定を行うことは既存の法律には例が見られない，④因果関係の推定については個別被害の場合にはそのような立法例がなく，因果関係の可能性がまったくない場合にまで製造業者等が責任を課される可能性があること，とりわけ生化学的な人身被害については症状発症の原因因子が多元的であることから，製造者等の反証が極めて難しくなる」等の理由を挙げて，「欠陥の存在や欠陥と損害との因果関係の証明については，法律上の推定を行うことによって被害者の立証責任を軽減するという機能を超えて，本来責任がないところに責任を創り出すおそれがあることから，法律上の問題としては被害者がこれを証明するこれまでの原則を維持しつつ，裁判上事案に応じて事実上の推定を活用するとともに国や都道府県の検査機関および試験研究機関，民間の検査研究施設等を利用し，又は大学の協力を得るなどして，被害者ができるだけ容易に欠陥の存在や因果関係を証明できるような体制づくりをすることによって被害者の負担を軽減する方策をとる」ことがより妥当であるとした（国生審報告・前掲注21）52頁）。

害の間に因果関係があることを証明しなければならないし、また、推定規定も採用されていないなど課題も残されている。[63]

さらに、本法には特に損害賠償の範囲に関する規定は存在しないから、民法の規定に従うことになる。一般に損害は人損・物損・純粋経済損害の3つに分類される。人損は、生命・身体に対する侵害によって生じる損害であり、物損は、有体物の物理的な損壊という形態による損害である。また、純粋経済損害[64]は、生命・身体の損傷や有体物の物理的な損壊という形態が現れないで財産状態に生じた損害である。これらの損害について、製造物責任がどこまで賠償しなければならないかは、慎重に検討されなければならない。[65]

ところで事業者に生じた物損について、国生審報告は「①事業者は製造業者

製造物責任法は、前記報告を受けて推定規定を導入しなかったのであるが、これに対しては「①製造物責任は、普通の不法行為と異なり、製品についての信頼性を創り出しそれによって利益を得ている製造者に責任を負わせようとするもので、他の契約責任などの領域に性質上近い、②製品特性は前提事実を絞り込んだり類型的に考えれば足り、消費者と製造者との間には一般的に情報・知識量のアンバランスが存在するから、証明責任の転換を否定する理由にはならない、③法律上の推定は、単に真偽不明という例外的な場合の不利益を製造業者側に転換するテクニックにすぎず、責任のないところに責任を創り出すものではない」などといった反論（小林秀之「訴訟手続上の問題点とは」法学セミナー478号29頁（1994年））も可能と考える。

いずれにせよ、推定規定が設けられなかった製造物責任法のもとでは、被害者の立証責任を軽減するため、事実上の推定を活用することとともに、附帯決議も指摘しているように、国や地方自治体等の検査機関および試験研究機関等の体制を整備して原因究明機能を充実強化すること、事故情報の提供の一層の拡充・強化を図ることが望まれる（長瀬・前掲注7）56頁）。

64) 純粋経済損害について、国生審報告は、「人の生命、身体への損傷や有体物の物理的な損壊の形態が現れないで被害者の財産状態に生じた純粋経済損害（例：製品の欠陥に起因する店舗の閉鎖による休業損害）については、そもそも製造物責任が対象とする損害には馴染まないこと、この損害は消費者個人よりも企業にとって大きな意味をもっていること、これを認めると損害の範囲が無限定に拡大するおそれがあることから、賠償すべき損害の範囲に含めることは適当でないと考えられる」（前掲注21) 55～56頁）としていた。しかし、製造物責任法は、事業者に生じた物損と同様、純粋経済損害についても、これを製造物責任の損害賠償の範囲から除外する規定を設けなかったので、本法6条によって民法の規定によることになり、一般の不法行為責任と同じく、相当因果関係が認められる限り純粋経済損害も損害賠償の範囲に含まれることになる（長瀬・前掲注7) 38頁）。

65) 長瀬・前掲注7) 36頁。

等と対等の立場で損害賠償について事前に契約で取り決めることが可能な場合が多いこと，②製造物責任は一般消費者の保護を目的とするものであることなどから，製造物責任において賠償すべき損害の範囲に含めなくともよいと考えられる」としていた。

しかし，制定された製造物責任法は，損害賠償の対象となる物損を個人的な物損に限らなかったので，事業者に生じた損害または事業用財産に生じた損害も，製造物責任の損害賠償の対象とされることとなった。これについて，法案提出者である政府側は，国会審議の中で，賠償範囲を厳密に個人の物損に限るときには，個人事業者のような事例で賠償の線引きが難しくなるという理由や，相当因果関係の考え方の適用により賠償範囲が異常に拡大することは防げるという理由を挙げて，財産損害の範囲を特に限定しなかった選択を適切なものと説明している。

このようにして，日本の製造物責任法が，事業者被害についても無過失責任による保護を認めたことに対しては，「製品の安全性についての識別能力をもつ大企業の営業損害の賠償まで無過失化の原点として考えられていたことから大きく離れ，製造物責任法の性格を変じてしまう」などといった批判もある。確かに，本法によれば，大企業が使用している製造機器に欠陥があって操業停止の損害が発生した場合，相当因果関係による限定を考慮しても，製造機器メーカーは大企業の操業停止による被害まで賠償する責任を負うことになるから，製造物責任法が本来予定していた被害者救済を超えて，不相当な範囲にまで責任が及ぶ可能性が生じるとの批判は否定できないものと思われる。しかし，日本の場合，企業のうちの9割以上が中小企業で，しかもその大半が零細企業であって，事業上の損害であっても個人の生活にとって不可欠のものが多く，救済の必要性が高いこと等も考慮しなければならないし，また，損害賠償の範囲が拡大して製造業者が過大な責任を負わないようにするためには，企業間で財産損害に関する免責約款等を使用することも十分考える必要がある。

---

66) 国生審報告，前掲注21) 55頁。
67) 加藤・前掲注57) 34頁。
68) 浦川・前掲注57) 20頁。

（3）開発危険の抗弁と設計指示の抗弁

まず，本法4条1号は，「当該製造物をその製造業者等が引き渡した時における科学又は技術に関する知見によっては，当該製造物にその欠陥があることを認識することができなかったこと」を製造業者等が証明した場合は，製造業者等が責任を免れる，として開発危険の抗弁を規定している。すなわち，開発危険の抗弁とは，科学・技術が未発達なために，市場に流通させる時点で製造物の欠陥を客観的に認識できない場合には，たとえ後に製造物の欠陥が判明したとしても，製造物責任を免除するというものである。

開発危険の抗弁を採用することについて，日本弁護士連合会や消費者団体から反対意見が出される[69]など製造物責任法の検討過程において議論が白熱した経緯がある[70]。

消費者の側からすると，開発危険の抗弁は，欠陥製品であるにもかかわらず，製造業者の責任を問えない例外となるものであって，諸費者保護を無視したものとして批判されるべき存在である。しかしながら，開発危険の抗弁を認めない場合は，技術革新の停滞等による不利益が消費者にも及ぶ可能性があるとともに，場合によっては製造者等にその負担能力以上の賠償義務を課すことによって，かえって被害者が確実な救済を受けられなくなる可能性もある[71]。それゆえ，日本では，EC指令に倣って，開発危険の抗弁を採用したのである。EC指令においては，製造者が製造物を流通過程に置いた時点の科学知識および技術知識の水準によっては，欠陥の存在を明らかにすることが不可能であったことが免責事由とされている[72]。

---

69) 反対意見の理由としては，「消費者を新製品開発の実験台にすることになりかねないこと，現代の技術の限界がもたらした危害であっても，消費者個人がリスクを引き受けるのではなく，救済されるべきであること，さらにその時々の科学・技術の水準論争に裁判所が巻き込まれ，紛争の長期化を招くことになりかねない」ことなどである（日本弁護士連合会消費者問題対策委員会編・前掲注62）59〜60頁（中村周而筆））。
70) 「開発危険の抗弁の採否は，製品の欠陥の定義・考慮事情，欠陥・因果関係に関する推定規定の採否，除斥期間等の問題とともに，製造物責任法の検討の過程でもっとも議論が白熱した問題の一つである」（升田・前掲注28）880頁）。
71) 国生審報告・前掲注21）50頁。

開発危険の抗弁を認める場合に注意すべきことは，開発危険の抗弁は，特定の製造業者の科学・技術の水準を問題にするのでないということである。もし，特定の製造業者の科学・技術の水準を問題にするなら，開発危険の抗弁は比較的容易に認められることになるが，それでは過失責任に代えて欠陥責任を導入したことの意味が減殺されてしまうことになるからである。したがって，開発危険の抗弁とされる科学・技術の水準は，特定の製造業者の水準や業界の平均的な水準ではなく，製品が流通に置かれた時点での世界最高の科学・技術の水準としなければならない[73]。その結果，欠陥を知りえたかどうかという予見可能性の有無を判断する基準は，過失責任におけるそれよりも高い水準に置かれることになる。また，過失責任では，世界最高の科学・技術の水準において予見可能性があったことを，消費者が証明しなければならないのに対し，開発危険の抗弁では，世界最高の科学・技術の水準においても予見可能性がなかったことを，製造業者が証明しなければならないという違いがある。予見可能性の有無の証明は大変困難なものであることを考えると，この違いは大きいといえる[74]。

さらに，開発危険の抗弁を認めたとしても製品を流通に置いた後に製品の欠陥が明らかになった場合には，その時点から製造業者は当該製品の危険性の公表，指示・警告，場合によっては一時的販売停止または回収が求められることから，これらのことを行わなかったために事故が発生したときには，過失責任により責任を負う可能性があることにも留意する必要がある[75]ということである。

---

72) EC指令7条e号（that the state of scientific and technical knowledge at the time when he put the product into circulation was not such as to enable the existence of the defect to be discovered）。もっともEC指令15条1項b号では，各加盟国に開発危険の抗弁を否定する裁量権を認めているが，立法を終えたEU諸国の中ではルクセンブルクを除く他の諸国が開発危険の抗弁を採用している（升田・前掲注28）889頁）。
73) 世界最高の科学・技術の知識の水準ないし知見とは，ある科学者が研究して発見し，ひそかに頭の中にとどまっていることでは足りず，一般に公表され，その科学・技術の分野で一般に承認されており，一般に利用可能となっている知識ないし認識の総体と理解されるべきである。したがって，このレベルで判断しても予見できなかった欠陥が開発危険である（好美清光「製造物責任法の構造と特質—主としてEU法との対比において—」判タ862号15頁（1995年））ということである。
74) 長瀬・前掲注7) 41頁。

次に，本法4条2号は，製造業者の免責事由として，当該部品や原材料に生じた欠陥が，「専ら当該地の製造物の製造業者が行った設計に関する指示に従ったことにより生じ」たものであることを要件としている。すなわち，4条2号の免責事由は，設計指示の抗弁である。EC指令においては，構成部品の製造者に関し，欠陥が，その構成部品の組み込まれた製造物の設計または製造物の製造者によって与えられた指示に起因することを証明した場合には，免責される規定が設けられている。[76]

「設計に関する指示」とは，当該部品や原材料の設計に具体的な変更をもたらすもの，または設計自体を指定する内容のものが必要である。部品・原材料の製造業者は，それが使用される製造物の製造業者から設計に関する指示を受けて製造することが多い。その指示に従ったために部品・原材料の製造業者に製造物責任を負わせるのは行き過ぎであろう。そのため，4条2号は，部品・原材料を使用する製造物の製造業者の設計に関する指示に従ったために欠陥が生じ，かつ，その欠陥が生じたことについて過失がないことを部品・原材料の製造業者が証明した場合には，製造物責任を免除するものとしたのである。

III 企業の製造物責任リスクとリスクマネジメント

1 企業の製造物責任リスク

(1) 製造物責任リスクの特性

製造物責任法が1995年7月に施行されてからすでに15年が経過している。日本の欠陥製品に関する訴訟事例は，独立行政法人国民生活センターの調べによると製造物責任法が施行された1995年以降2009年9月末現在までの間に119件（訴訟一覧は，本章末〔別表2〕参照）[77]であり，前述したアメリカと比べると大変少ない。しかし，企業の作り出すハイテク製品がますます高度化・複雑化する

---

75) 国生審報告・前掲注21) 51頁。
76) EC指令7条f号 (in the case of a manufacturer of a component, that the defect is attributable to the design of the product in which the component has been fitted or to the instructions given by the manufacturer of the product.)。

なか，専門知識を持たない消費者による思わぬ製品被害の発生も考えられ，現代の高度消費社会において製造物責任事故は不可避的・構造的に発生するとの指摘がなされるようになった。[78] すなわち，現代の産業社会では大量生産方式が採用され，技術水準の高い同一規格の商品が大量に生産されることから同一の原因により，多数の事故が広い地域で発生する可能性がある。このため，大量の被害者が広い地域にわたって発生し，巨額の損害賠償請求がもたらされる可能性がある。また，複雑な流通経路を経て消費者に届くため，事故は製造者の手を離れたところで発生し，製造者は完全にはコントロールできない。さらに，多数の被害者がマスコミ等で報道されると，製造者のイメージ低下など，経営にとって深刻な影響が長期間存続する可能性がある。[79]

（2）製造物責任クレームの動向

製品関連事故クレームに関する情報としては，国民生活センターの「製品関連事故に係る相談件数」や製品評価技術基盤機構（NITE：National Institute of Technology and Evaluation. 以下，NITEという）の事故情報収集制度において収集する事故情報がある。これらの情報は消費者の製造物責任事故に対する意識を探るのに有用なものである。

① 国民生活センターの「製品関連事故に係る相談件数」

国民生活センターおよび全国の消費生活センター等が受け付け，2009年8月末日までに全国消費生活情報ネットワーク・システム（PIO-NET：Practical Living Information Online Network System）に収集された製品関連事故に関わる消費生活相談の件数の推移は表3-3のとおりである。

製品関連事故に係る消費生活相談の件数は，製造物責任法施行以降増加した

---

77) ただし，このような訴訟案件は，原告・被告のいずれかからメディアに公表されたものや，判決後，法律雑誌など出版物に掲載されたものに限られると思われるため，すべてのものが把握されているわけではない。
78) インターリスク総研編『実践リスクマネジメント―事例に学ぶ企業リスクのすべて―』〔第二版〕182頁（経済法令研究会，2005年）（受川忠広筆）。
79) 後藤和廣『リスクマネジメントと保険』134頁（損害保険事業総合研究所，2008年）。

表3-3 製品関連事故に係る相談件数の推移

年度	消費生活相談の総件数	うち製品関連事故に係る相談[注1]件数	うち拡大損害[注2]が生じた相談件数
1994（施行前）	234,022	4,261 (1.8%)[注3]	419 (0.2%)
1995（施行）	274,076	6,833 (2.5%)[注3]	1,719 (0.6%)
1996	351,139	8,346 (2.4%)[注3]	2,503 (0.7%)
1997	400,511	7,922 (2.0%)	5,226 (1.3%)
1998	415,347	6,890 (1.7%)	4,701 (1.1%)
1999	467,110	7,053 (1.5%)	4,716 (1.0%)
2000	547,138	9,464 (1.7%)	5,729 (1.0%)
2001	655,899	8,387 (1.3%)	5,142 (0.8%)
2002	873,663	10,207 (1.2%)	6,473 (0.7%)
2003	1,509,884	8,661 (0.6%)	5,409 (0.4%)
2004	1,919,672	8,064 (0.4%)	4,697 (0.2%)
2005	1,302,182	9,134 (0.7%)	5,080 (0.4%)
2006	1,111,775	10,319 (0.9%)	5,365 (0.5%)
2007	1,049,859	12,711 (1.2%)	6,709 (0.6%)
2008	947,358	12,109 (1.3%)	6,599 (0.7%)

注1：「製品関連事故に係る相談」とは，製品等によって生命や身体に危害を受けた相談，危害を受けるおそれがあったという相談，危害・危険情報に限らず製品等の不具合などにより当該製品以外に拡大損害が生じた相談を集計対象としたものである。

注2：「拡大損害」とは，製品等の安全上の不具合，品質・機能上の不具合などが原因で，生命・身体あるいはその当該製品以外の財産（ソフトウェア等の無形の財産を含む）に拡大して損害が生じたものである。

注3：1994年度から1996年度までの「製品関連事故に係る相談」は，データ収集項目の変更前のため現行方式とは収集方法が異なる。

出所：国民生活センター「製品関連事故に係る消費生活相談と製造物責任法に基づく訴訟の動向」（2009年10月21日）。

ものの，1996年以降2005年度までは8,000件前後で推移している。ただし，2006年度から増加傾向にあり，2007年度は1万2,711件で過去最多の相談件数となっているのが目立つ。2008年度は若干減少し，1万2,109件（総件数の約1.3%），うち拡大損害が生じた事案は6,599件（同約0.7%）である。

② NITEの事故情報収集制度において収集する事故情報

NITEは，消費生活用製品等に関する事故情報の収集を行い，その事故原因を調査・研究し，さらにその結果を公表することによって，事故の未然・再発防止を図ることを目的としている。[80]事故情報収集制度では，消費生活用製品等（家庭用電気製品，燃焼器具，乗物・乗物用品，レジャー用品，乳幼児用品等）

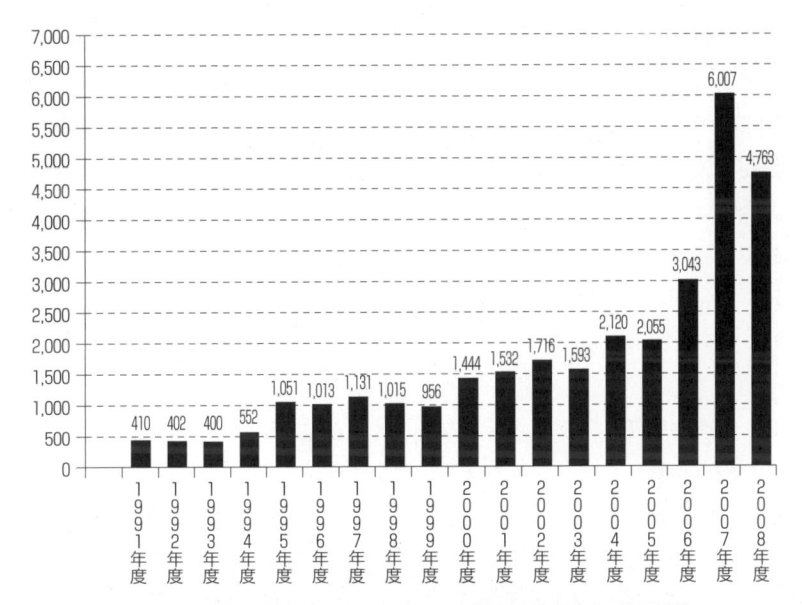

図3-1　事故情報収集制度における製品事故件数の年度別推移

1991年度	410
1992年度	402
1993年度	400
1994年度	552
1995年度	1,051
1996年度	1,013
1997年度	1,131
1998年度	1,015
1999年度	956
2000年度	1,444
2001年度	1,532
2002年度	1,716
2003年度	1,593
2004年度	2,120
2005年度	2,055
2006年度	3,043
2007年度	6,007
2008年度	4,763

注：製品事故件数は、2009年11月1日現在の暫定であり、今後、数値が変わる可能性がある。
出所：NITEのデータをもとに著者作成。

が関係して発生した事故で，（i）人的被害が生じた事故，（ii）人的被害が発生する可能性の高い物損事故，（iii）人的被害が発生する可能性の高い製品の不具合に関する情報，（iv）経済産業省に報告があり，公表された重大製品事故に関する事故情報を収集している。

事故情報収集制度における製品事故件数の年度別推移は図3-1のとおりである。これを見ると一目瞭然であるが，製造物責任法施行前の1994年度の552件から同法が施行された1995年度は1,051件に大きく増加し，その後は増減を繰

80）　NITEは，製品事故情報報告・公表制度により報告された重大事故の技術的な調査を経済産業大臣の指示に基づき実施するとともに，重大製品事故以外の事故すべてについて，通知者，製造・輸入事業者等から事実関係等を聴取するほか，事故発生現場の確認や事故品の確認・入手等に努め，必要に応じて事故の再現テスト等を実施して技術的な調査および評価を行い，事故原因の究明と事業者の再発防止措置の評価を行っているということである（http://www.nite.go.jp/）。

り返している。ただし，2004年度から増加傾向にあり，2007年度は6,007件で過去最多の相談件数となっているのが目立つ[82]。このように，国民生活センターとNITEの統計が同じような傾向を示しているということは，情報収集体制の整備が進んだことと製造物責任法が消費者へ一通り浸透したことが考えられる。今後は，2007年5月の改正消費生活用製品安全法の施行により，重大製品事故情報報告・公表制度がスタートしたことに伴い，消費者の製品の安全・安心に対する関心が一層高まり，製品事故情報をNITEに通知することが定着していくものと思われる。

2　製造物責任リスクマネジメント

(1) 製造物責任リスクマネジメントの全体像

　企業の製造物責任対策は，製造物責任事故発生の防止対策である製造物責任予防（PLP：Product Liability Prevention. 以下，PLPという）対策と，製造物責任事故発生後に企業の損失を最小限に止めるための対策である製造物責任防御（PLD：Product Liability Defense. 以下，PLDという）対策の2つに大別される。特にPLP対策は，企業の損失を未然に防止する観点からも重要である。

　PLP対策とは，安全面で欠陥のない製品を社会に提供していくための方策，すなわち製品安全対策のことであり，製品の設計上の欠陥，製造上の欠陥，指示・警告上の欠陥をなくしていくための製品安全活動がPLPの中心となる。また，PLD対策においては，文書作成・保管の適正化が万一の訴訟の際の有力な防衛策となるほか，複雑化する生産分担形態に合わせた関連業者との責任関係

81）重大製品事故とは，製品事故（消費生活用品安全法2条4項）のうち，発生し，または発生するおそれがある危害が重大で，危害の内容または事故の態様が一定の要件を満たすものをいう（同条5項）。具体的には，死亡事故，30日以上の治療を要する重傷病事故または後遺障害事故，一酸化炭素中毒事故，および火災事故が挙げられる（同法施行令4条）。

82）NITEの調べによれば，2007年度に大幅に増加した理由は，事業者が社告・リコールを行ったことにより事故報告が増加したデスクマットが約1,000件含まれていることに加え，重大製品事故情報報告・公表制度の施行により，事業者の安全意識が向上したことが考えられるということである。なお，2008年度は制度が定着したことと同一製品多発案件が減少したことにより，件数が安定したということである。

```
                                        ┌─ 設計上の欠陥対策
                          ┌─ 製品自体 ──┤
PLP（製造物責任予防）     │              └─ 製造上の欠陥対策
対策          ─── 製品安全対策 ──┤
                          └─ 指示・警告上の欠陥対策

                          ┌─ 文書作成・保管の適正化
PLD（製造物責任防御）     ├─ 関連業者との責任関係の明確化
対策                      └─ 生産物賠償責任保険の手配
```

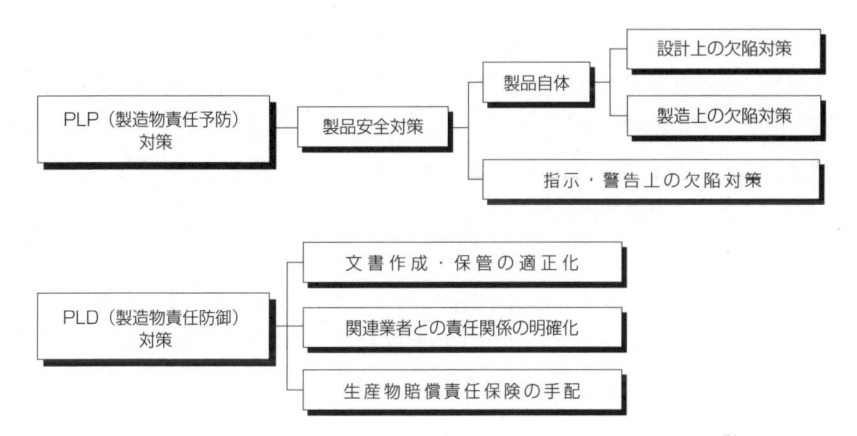

図 3-2　製造物責任リスクマネジメントの全体像（事故発生前の対策）[注]

注：事故発生後に行うPLD対策については表3-4参照。
出所：インターリスク総研編『実践リスクマネジメント―事例に学ぶ企業リスクのすべて―』〔第二版〕182頁（経済法令研究会, 2005年）（受川忠広筆）をもとに作成（著者一部修正）。

の明確化および生産物賠償責任保険の手配に代表される賠償資力確保が必要となる。なお，PLP，PLD対策の共通として，効果的かつ全社的な製造物責任対策を遂行するためには，社内体制の構築が重要である。社内体制を構築していくためには，①製品安全に関する企業理念の確立，②全社的体制の構築，③経営最高責任者への報告体制の確立，④社員教育の充実，⑤情報管理の徹底，などを推進していくことが重要である。

製造物責任リスクマネジメントの全体像を図示すると図3-2のとおりである。

（2）PLP対策

企業がPLP対策を立てる際に，まず留意しなければならないのは製品安全（PS：Product Safety）対策である。なぜなら，製造物責任は製品の欠陥について企業の責任を問うものであり，欠陥のない安全な製品をつくることによる被害の抑止が最大の防御策になるからである。製品の安全性は，製品の使用時，使用・保全方法，使用者，使用環境，使用期間などにより影響される。したが

って，製品安全は，製品が出荷後，使用され，最後に廃棄されるまでのいわゆる製品のライフサイクルを通じて確保される必要がある。製品安全対策は，企画・開発・設計部門，製造・検査・品質管理部門，営業・販売・流通部門等，製品に関わるすべての部門がそれぞれの立場において実行していくことが必要である。中でも設計部門の役割は重要である。なぜなら，品質管理の徹底によって製造上の欠陥の除去に一定の成果を上げた日本企業にとって，設計または警告上の欠陥を除去することが課題になっているからである。こうした観点から，以下，PLP対策として，設計上の欠陥対策，製造上の欠陥対策および指示・警告上の欠陥対策について若干述べることとする。

① 設計上の欠陥対策

設計上の欠陥とは，製品の設計段階で安全性に関する配慮を欠いていたために，結果として製造された製品に欠陥が存在していた場合の欠陥のことである[83]。例えば，(i)安全基準，規則，規格に合致していないこと，(ii)安全装置がない，あるいは不適切であること，(iii)予見可能な誤使用や事故への配慮が不十分であること，(iv)注文仕様書で誤った原材料や添加物が指定されていること，(v)他社製品よりも安全性が劣っていること，(vi)検査方法，検査基準の設定に欠陥があること，などのケースが主なものである[84]。

設計では，その製品に関わる機構・機能・品質・デザインなどの基本的な仕様ばかりでなく，その使用・操作性や保全・保守性，さらに安全性などを具体的な形として決めていく。その際には，機械・電気分野などの各種固有技術の駆使に加え，安全工学や人間工学などにも配慮する。また，新規に企画・開発された製品の設計では，設計・生産技術および製造部門の三者によって，その製品の製造工程に関する検討を行い，将来その製品に製造工程上の欠陥が生じないようにしておくことも必要である[85]。具体的に製品の安全性を検討する際の方法については，一般的に図3-3のような手順で行われる。

② 製造上の欠陥対策

---

83) 小林秀之責任編集・東京海上研究所編『新製造物責任法体系Ⅱ』〔日本編〕346頁（弘文堂，1998年）（二ノ宮晃筆）。
84) インターリスク総研編・前掲注78) 184頁（受川筆）。

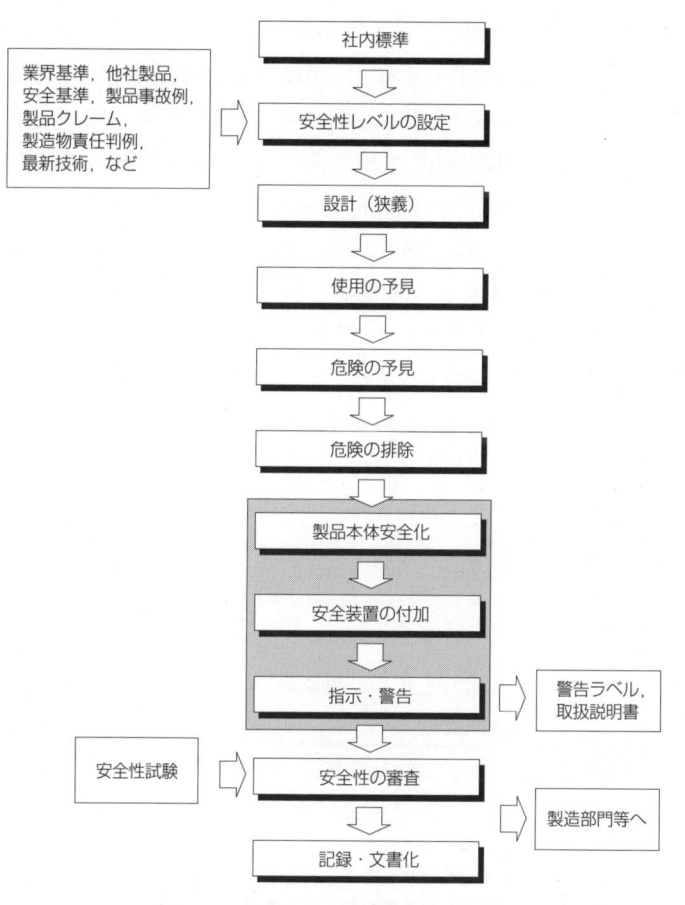

第 3 章　製造物責任法と企業のリスクマネジメント　133

```
                          ┌─────────────┐
                          │   社内標準   │
                          └──────┬──────┘
                                 ▽
┌──────────────┐          ┌─────────────┐
│業界基準，他社製品，│          │安全性レベルの設定│
│安全基準，製品事故例，│  ⇨      │             │
│製品クレーム，    │          └──────┬──────┘
│製造物責任判例，  │                 ▽
│最新技術，など   │          ┌─────────────┐
└──────────────┘          │  設計（狭義） │
                          └──────┬──────┘
                                 ▽
                          ┌─────────────┐
                          │  使用の予見  │
                          └──────┬──────┘
                                 ▽
                          ┌─────────────┐
                          │  危険の予見  │
                          └──────┬──────┘
                                 ▽
                          ┌─────────────┐
                          │  危険の排除  │
                          └──────┬──────┘
                                 ▽
                          ┌─────────────┐
                          │ 製品本体安全化│
                          └──────┬──────┘
                                 ▽
                          ┌─────────────┐
                          │ 安全装置の付加│
                          └──────┬──────┘
                                 ▽                  ┌──────────┐
                          ┌─────────────┐  ⇨       │警告ラベル，│
                          │  指示・警告  │          │取扱説明書 │
                          └──────┬──────┘          └──────────┘
                                 ▽
┌──────────┐            ┌─────────────┐
│ 安全性試験 │    ⇨       │ 安全性の審査 │
└──────────┘            └──────┬──────┘          ┌──────────┐
                                 ▽          ⇨    │製造部門等へ│
                          ┌─────────────┐          └──────────┘
                          │  記録・文書化│
                          └─────────────┘
```

図 3-3　製品安全設計の実施フロー図

出所：インターリスク総研編・前掲書（図 3-2）185 頁をもとに作成（著者一部修正）。

製造上の欠陥とは，設計の段階では安全性について配慮がなされており，設計自体に問題はないが，製造過程でなんらかのミスがあったために本来の設計仕様や性能基準から逸脱して安全性が欠如した製品が製造された場合の欠陥の

---

85)　安田総合研究所（現損保ジャパン総合研究所）編『製造物責任対策』58 頁（有斐閣，1990 年）。

ことである。具体的な原因としては，外部から購入した部品・原材料の不良，製造部門の従業員の能力や作業環境上の問題，機械設備の劣化・老朽化などが考えられるが，これらの発生を防ぐためには，外注先企業への指導や納入時の検査，品質管理部門の体制強化，生産技術に関する最新情報の収集などが必要である。したがって，現行の品質管理（Quality Control）活動をさらに向上させ，製品の安全性に関する管理を見直し，充実，徹底することが重要であり，また，工程異常，工程変更，原材料・部品に関する異常・変更などは，必ず品質管理・設計技術部門の承認を得るように徹底することや作業標準書を見直すことも必要になる。さらに，製造過程を経て完成された製品については，出荷前検査を行う必要がある。検査は欠陥ある製品を市場に出さないための最後の防波堤といえる。原則として全数検査を行うべきであるが，破壊検査など複雑でコストを要する検査を必要とする場合などは，抜き取り検査にて対応することになる。また，検査におけるミスを防ぐためにフール・プルーフ（Fool Proof）を応用することも有効である。さらに，検査上のエラーが入り込む余地をできるだけなくすとの観点から，検査基準の適正化と検査技術の向上および検査作業の自動化などについても検討することが必要である。

　③　指示・警告上の欠陥対策

　指示・警告上の欠陥とは，設計上の欠陥，製造上の欠陥が製品の構造自体に

---

86) 小林責任編集他・前掲注83) 347頁（二ノ宮筆）。
87) 例えば，製造過程で作業員がねじを締め忘れることや配線を間違ってつないだ場合，あるいは食品や医薬品の製造過程で異物が混入した場合等がこれに該当する（小林責任編集他・前掲注83) 347頁）（二ノ宮筆）。
88) 特に人為的な誤りをなくすために，ダブルチェック・システムの採用，品質変化の防止，製造設備・環境・条件・システムの向上，品質管理部門の独立性確保，品質情報の有効活用と専門技術の導入，向上等を推進していくことが重要である（安田総合研究所（現損保ジャパン総合研究所）・前掲注85) 126頁）。
89) フール・プルーフとは，誤操作があった場合でも装置が安全の側に作動するか，あるいはそのような誤操作自体ができない設計やシステムで，例えばカメラ，パソコン，電気炊飯器やビデオデッキなどに見られる。
90) 具体的には検査項目が使用実態（用途，環境，使用者階層）を勘案して設定されたものであるかなどについて検討することである。
91) インターリスク総研編集・前掲注78) 186～187頁（受川筆）。

ついての欠陥であるのに対し，その製品の使い方や危険性についての指示・警告が不適切であったことの欠陥である[92]。例えば，(i) 警告すべき危険や説明すべき指示が表示されていないこと，(ii) 表示された警告ないし指示の内容が不十分であること，(iii) 警告の表示・取付方法や指示の記載方法等が不適切であること，(iv) 販売用パンフレット，宣伝広告，販売員の説明に不備・誇張があること，などのケースが主なものである[93]。

製品の製造者には，消費者に対して，製品の使用に当たっての危険を適切に警告する義務があり，また，製品の安全かつ適切な使用のためのわかりやすい指示をする義務がある。指示・警告の詳細さの程度は，製品の販売対象となっている市場によって定まり，一般向けであれば詳しくなければならず，専門家向けであれば簡単でもよいということである[94]。また，製品の危険について適切な警告をしないで販売された製品は，不合理に危険であり，欠陥があるものとされ，製造者は責任を負担する。警告表示は，合理的に予見可能な製品のあらゆる使用および誤使用によって発生する危険についてなされるべきであり，その危険が認識されにくい場合およびその危険が明白でない場合に特に必要となる。被害者にとって，指示・警告上の欠陥を証明することは，他の欠陥の証明よりも比較的簡単なことが多いと考えられることから，今後，この種のクレームの増加が見込まれる。また，警告・取扱説明書の見やすさ・わかりやすさという問題は，従来，日本の企業があまり力を入れてこなかった分野であるとの見方もあることなどから，今後この対策を積極的に進めていくことが重要である[95]。

---

92) 小林責任編集他・前掲注83) 347頁（二ノ宮筆）。なお，指示（Instruction）と警告（Warning）は，一応次のように区別されている。指示は，製品の効率的な使用のためになされるのに対して，警告は，製品の安全な使用のためになされる（小林・前掲注36) 108頁）。
93) インターリスク総研編・前掲注78) 187頁（受川筆）。
94) 小林・前掲注36) 109頁。
95) インターリスク総研編・前掲注78) 187頁（受川筆）。

(3) PLD対策

事故発生前に行う対策と事故発生後に行う対策の2つがある。

① 事故発生前に行う対策

事故発生前に行う対策としては，（i）社内文書の管理体制の整備，（ii）関連企業との責任関係の明確化，（iii）生産物賠償責任保険の手配などが挙げられる。

まず，（i）社内文書の管理体制の整備については，消費者からの製品の欠陥クレームなどに対して，企業が有効に反論していくためには，社内における適切な文書管理体制の確立が不可欠である。また，製品事故や苦情の処理実績，製品開発上の問題点などの様々なデータは製品安全のノウハウであり，将来の新製品開発や既存商品の改良などを行う際の安全設計に役立つものといえる。保管すべき文書については，一部法律で要求されているものを除いて，特に絶対的な基準というものは存在しないが，製造物責任クレームを念頭に置いた場合に保管すべき文書は，（ア）製品の設計・開発に関する文書（警告ラベルや取扱説明書を含む），（イ）外注および納品に関する文書，（ウ）実験，製造および品質管理に関する文書，（エ）購入および販売に関する文書，（オ）修理およびアフターサービスの記録，（カ）リコール実施の検討記録などが挙げられる。なお，製造物責任訴訟において社内文書は製品の安全性立証のための証拠となり，原告側の請求に対する反証や抗弁の材料になることも無視できないため，社内文書の作成に当たっては，安全性の検討が十分に行われたことを常に記載するように努め，あわせて誤解を招きやすいような表現は避けるように日頃から社内に指示・徹底することも重要である。また，これら文書の保管期間については，製造物責任法5条1項に「その製造業者等が当該製造物を引き渡した時から10年を経過したとき……」と定められていることも考慮した上で，製品の特性も勘案しつつ決定する必要がある。特に，永久保存が望ましいもの

---

96) 小林責任編集他・前掲注83) 504頁（三井筆）。
97) インターリスク総研編・前掲注78) 189頁（受川筆）。
98) 保管については，効率的な保管システムの整備という観点からはマイクロフィルムや光デスクなどの利用も有効な手段となる。

としては，設計承認図，法定確認テスト，品質検査基準および完成品の検査表が挙げられる。[99]

次に，(ii) 関連企業との責任関係の明確化については，原料購入先，下請け，流通業者，販売業者等との責任の明確化を行うことにより，複数の企業が関与して事故が発生した場合に各企業に応分の費用負担を要求し，自社が必要以上の責任負担を余儀なくされるような事態を回避することが必要となる。具体的には，契約相手方の損害賠償義務，防御義務，協力義務，情報開示義務などとともに，自社が損害賠償金，争訟費用等を支出した場合の相手方に対する求償権や相手方の生産物賠償責任保険手配義務についても契約上，あらかじめ定めておくことが効果的である。[100]

さらに，(iii) 生産物賠償責任保険の手配については，企業を取り巻く製造物責任に対する備えとして最も簡便かつ一般的な手段となっている。企業の損害賠償の履行を確保するための措置としては，生産物賠償責任保険のほかに共済制度，相互会社の設立，自家保険[101]，マーク付賠償制度[102]などが考えられるが，運営の確実性・安全性，コストの低廉性などの点から，保険の手配が最も有効

---

[99] 安田総合研究所（現損保ジャパン総合研究所）編・前掲注85）312頁。
[100] ただし，法律上の責任の範囲を超えて一方的に責任を転嫁することや，相手側の事情を考慮することなく画一的な内容の保険手配を義務づける行為は，下請代金支払遅延防止法あるいは独占禁止法に抵触する可能性がある点に留意する必要がある（インターリスク総研編・前掲注78）189頁（受川筆））。
[101] 自家保険とは，企業が自社製品による事故の発生に備えて，社内で準備金を積み立て，それによって損害賠償責任を履行する方法である。各種の保険技法を用いて，あたかも1つの保険会社を経営するように運営されるものであり，企業の中で大数の法則が成立するほどリスクが多い企業，具体的には多数の店舗，自動車，船舶または従業員を有する企業が企業内に一定の災害準備金などを積み立て，損失発生に備える仕組みである。企業によっては，責任保険に加入するよりも自社の製品による事故発生のために準備金を社内に積み立てる等の方法により，損害を自社だけで負担する自家保険の方が効率的な場合があり，保険料として支出されるべき資金を自社で利用できるという長所がある。しかし，被害の救済に十分な資金を準備できる企業は限られており，多くの企業にとっては容易ではないと考えられる。
[102] マーク付賠償制度とは，各種製品に係る被害救済制度として設けられたもので，マーク付賠償制度の代表例としては，SGマーク制度，BLマーク制度，STマーク制度，SFマーク制度等がある。

と考える。なお，製造物責任法が施行されたことに伴い，中小企業の賠償資力を確保するために中小企業専用の団体の生産物賠償責任保険（中小企業PL保険制度）も開発されている。

② 事故発生後に行う対策

事故発生後に行う対策としては，(i) 初期対応，(ii) 責任検討，(iii) 損害

> まず，SGマーク制度とは，消費生活用製品安全法に基づき，財団法人製品安全協会の製品にSGマークを貼付するものであり，SGマークが貼付された製品の欠陥が原因で消費者が生命や身体に被害を受けた場合には，制度実施主体である製品安全協会が被害者の請求に基づいて，欠陥の有無，因果関係，被害者の被った損害と過失の程度を，科学的・客観的に調査・検討した上で賠償がなされる。SGマーク制度による賠償は，被害の届出から比較的短期間で決定されること，有効期限経過後であっても，製品の構造上の欠陥または取扱説明書の不備により発生した事故については，賠償が受けられることに特色がある。SGは，Safety Goods（安全な製品）の略語である。次に，BLマーク制度とは，財団法人ベターリビングが，認定の対象とする住宅部品の品目等を定め，形状，安全性，価格等に関する所定の認定基準により審査して，認定した住宅部品にBLマークを貼付し，優良住宅部品であることを表示する制度である。BLマークつき住宅部品の瑕疵・欠陥によりBL住宅部品賠償責任保険の対象となる人身事故または物損事故が生じた場合には所定の保険金が支払われる。BLは，Better Living（より良い住まい）の頭文字をとったものである。また，STマーク制度とは，社団法人日本玩具協会が安全基準に合格した玩具にSTマークを貼付するもので，STマークの付けられた製品の欠陥により人身事故が発生した場合には，玩具賠償責任補償共済により所定の共済金や事故見舞金が支払われる。STは，Safety Toy（安全玩具）の略語である。さらに，SFマーク制度とは社団法人日本煙火協会が，火薬類取締法に基づく基準検査と協会の安全検査に合格したおもちゃ花火にSFマークを貼付するもので，SFマークのついたおもちゃ花火の欠陥により人身事故または物損事故が生じた場合には所定の保険金が支払われる。国内を流通する国産・輸入品のおもちゃ花火のすべてにSFマークが表示されている。SFとは，Safety Fireworks（安全花火）の略語である。
>
> 以上挙げたマーク付賠償制度は，製品の安全性の向上，損害賠償の確保，商品選択の目安として貢献しているが，一方で，安全基準の客観性の確保，マーク付賠償制度についての情報提供の不足，各制度間における保険金の水準の格差といった問題点がある。
>
> 今後，これらの問題点を改善するとともに，賠償（査定）基準を明確化し，公開していくなどの適正な整備を行うことによって，制度の機能をさらに高め，有用性を増して，充実した制度にしていくことが望まれる。マーク付賠償制度の実施団体のHPは以下のとおりである。
>
> SGマーク制度：財団法人製品安全協会　http://www.sg-mark.org/
> BLマーク制度：財団法人ベターリビング　http://www.cbl.or.jp/
> STマーク制度：社団法人日本玩具協会　http://www.toys.or.jp/
> SFマーク制度：社団法人日本煙火協会　http://www.hanabi-jpa.jp/

表3-4 事故発生後に行うPLD対策

時　期	概　要	消費者の行動（例）	製造業者の行動（例）
1. 初期対応 事故発生を製造業者等が知ってから1週間程度	製造物責任事故発生の報告の受理と社内関連部署への連絡	製造物責任事故発生の事実・苦情・要望の主張	①製造物責任事故発生の報告の受理 ②お見舞いと製造物責任事故の状況を確認 　（i）被害現場の確認 　（ii）自社製品であることの確認（例：現物回収） 　（iii）流通開始日の確認 ③マスコミ対応（顧問弁護士，保険会社に相談） ④保険会社へ事故の報告
2. 責任検討 （原因究明） 事故発生を製造業者等が知ってから1ヶ月程度	欠陥の主張と確認 責任追求の主張と判断	①欠陥の所在（使用上の問題がなかったこと等）の主張 ②被害状況の訴え ③消費者相談機関，第三者との相談	①社内体制（部門間横断の製造物責任対策委員会）の確認，必要に応じ経営トップに報告 ②事故状況詳細の調査，確認 ③欠陥の所在と事故原因の検査報告作成 ④部品メーカー，下請け等との責任分担 ⑤被害者の過失の有無および程度の検討 ⑥保険会社や弁護士，社外機関に相談 ⑦原因究明機関の活用
3. 損害確定 事故発生を製造業者等が知ってから損害確定までの時期	被害者の治癒や症状固定および被害品の修理や再調達	①物的損害は修理または代替品を受領。人的損害は治療を実施 ②各種費用等の発生 ③当該費用をとりあえず製造業者等に要求（人的損害に多い）	①物的損害については修理着工の承認と完了の確認 ②人的損害は治療に専念してもらう（治癒または症状の固定の確認） ③被害者に生じた費用の支払 ④人的損害の場合は特に連絡を絶やさず，お見舞いをする
4. 賠償額検討 損害確定後，賠償額を決めるまでの時期	賠償金請求額の提示と賠償金支払額の検討および決定	①修理完了，治癒または症状固定により確定した損害について要求額を検討 ②賠償金の請求	①修理見積書や治療費の領収書等，確定した損害についての立証書類の取付 ②保険会社や弁護士と相談し，賠償額を算出 ③責任者による総合判断
5. 解決 製造物責任クレームの終結を目指す時期	①示談，調停，裁判 ②裁判外紛争処理機関の活用	①示談交渉で要求を主張（弁護士委任を含む） ②①で解決できない場合，調停申立 ③①や②で解決できない場合訴訟提起 ④裁判外紛争処理機関へ相談	①被害者の意見によく耳を傾けながら，粘り強い示談交渉 ②被害者が弁護士に委任をしたり調停申立，訴訟提起した場合は，弁護士に委任する（マスコミ対応もあり得る） ③裁判外紛争処理機関のあっせん・仲介等による交渉 ④保険会社，弁護士等との相談・報告 ⑤関係部門への情報のフィードバックと蓄積

出所：後藤和廣『リスクマネジメントと保険』141〜142頁（損害保険事業総合研究所，2008年）をもとに作成（著者一部修正）。

確定，(iv) 賠償額検討，(v) 解決，などが挙げられる。

　すなわち，事故が発生した場合には初期の被害者対応が重要である。適切な初期対応がなされなかったばかりに先方との間の関係が悪化し，その後の関係修復に多大な労力を要するケースも珍しくない。したがって，クレーム報告を受けた場合には，まず，正確な事故状況の把握および関連情報の入手に努めるとともに何よりも誠実な対応を心がけることが重要である。また，当該製品が数多くの企業の参加のもとに製造されているような場合には，必要に応じ，関連業者への通知を行い，それらの業者の協力を得ながら対応していく必要がある。次に，事故の原因究明を行い，部品メーカーや下請け業者等との責任分担を含めた責任検討を行う。また，事故の再発防止に役立つ情報を把握し社内にフィードバックすることも重要である。その後，物的損害[103]や人的損害[104]などの損害確定を行い，さらに被害者と賠償条件等につき個別に交渉を行う。事故発生後に行う一般的なPLD対策として，事故の発生から解決までを表にまとめれば表3-4のようになる。

3　生産物賠償責任保険の役割
(1) 生産物賠償責任保険の概要

　生産物賠償責任保険（一般に「国内ＰＬ保険」と略称されている）は，被保険者が，製造または販売した生産物が他人に引き渡された後に，その品質や取扱いなどにより生じた偶然な事故（原因事故）により，他人の身体の障害または財物の損壊（損害事故）について被保険者が法律上の損害賠償責任[105]を負担するこ

---

[103] 企業が支払うべき損害賠償の範囲は，民法の規定に基づき相当因果関係の認められる損害となり，物的損害の場合は，修理費（時価額限度）および相当因果関係のある範囲内の間接費用等が含まれる。
[104] 前掲注103)で注記したものと同様に，人的損害の場合は，治療費，慰謝料，休業損害，後遺損害の場合の通院交通費・後遺障害慰謝料，死亡の場合の逸失利益・葬儀費用等が含まれる。
[105] 生産物賠償責任保険の「法律上の損害賠償責任」とは，製造物責任法に基づくものだけに限らない。法律がその発生件数および効果を定めている損害賠償責任すべてを含むため，民法上の不法行為責任や債務不履行のほか，商法その他の特別法に基づく損害賠償責任もその対象になる。

とによって被る損害を填補する保険である。[106]

　具体的に，自動車のタイヤの欠陥による衝突事故を例にとると，タイヤの欠陥により自動車がスピンを起こしたことが原因事故であり，それにより他の自動車と衝突して運転者が負傷したことが損害事故であり，その結果としてタイヤ・メーカーが負担する損害賠償責任に対し保険金が支払われることとなる。[107]

　生産物賠償責任保険は，約款の構成，担保範囲，保険料率等についてアメリカのProduct Liability Insuranceを参考にしつつ，1957年に事業認可を受けたものである。[108]生産物賠償責任保険の約款構成は，賠償責任保険普通保険約款と生産物特別約款および追加特約条項による。

　生産物賠償責任保険で引受けの対象となる「生産物」は，製造物責任法で定義された「製造物」の範囲より広く，農林水産物，不動産，生物，非加工品，中古品，注文生産品など，様々な物が含まれる。また，生産物自体の物理的・化学的性状を原因とする事故に限らず，取扱説明書・パンフレットや警告ラベルの表示上の欠陥による事故も保険の対象となる。

　なお，製造物責任法や民法等の法律によってその責任要件が定められている損害賠償責任であれば，裁判で判決が確定したことを必要とせず，裁判上の和解のほか，広く裁判外の和解契約，調停等による解決も含まれる。また，賠償金や遅延損害金だけでなく，訴訟費用や弁護士報酬も保険により填補される。さらに，紛争解決に要した費用については，最終的には被保険者に損害賠償責任がないことが確定した場合でも，保険により填補される。

　また，生産物賠償責任保険の保険事故発生の時期は，通常，生産物により他人に被害が発生した時点と一致する。すなわち，一般には，被害発生の原因となった生産物がいつ製造され，引き渡されたか，いつ損害賠償請求がなされたかなどとは無関係に，他人に被害が発生した時点において有効に存続していた

---

106) 賠償責任保険普通保険約款1条および生産物特別約款1条1号による（三井住友海上火災保険株式会社編『新種保険論（賠償責任）2007年度版』73，86頁（損害保険事業総合研究所，2007年）。なお，賠償責任保険の約款文言は保険会社間で必ずしも統一されておらず，担保内容も若干の相違があり（保険毎日新聞社編『賠償責任保険の解説〔新版〕』8頁（保険毎日新聞社，2004年)），また，保険会社により引受基準が異なることがある。

生産物賠償責任保険契約から損害が填補される[109]。これに対し，被保険者が被害者から損害賠償請求を受けた時点において有効に存続している生産物賠償責任保険契約から損害が填補されるという条件で保険契約の引受けが行われる場合[110]もある[111]。

生産物賠償責任保険の主な免責事由としては，（ア）保険契約者または被保険者の故意によって生じた損害賠償責任，（イ）戦争，変乱，暴動，そうじょう，労働争議に起因する損害賠償責任，（ウ）地震，噴火，洪水，津波などの天災に起因する損害賠償責任，（エ）被保険者と第三者との間に損害賠償に関し特別の約定がある場合において，その約定によって加重された損害賠償責任[112]，（オ）被保険者が故意または重大な過失により法令に違反して製造，または販売した生産物に起因して生じた損害賠償責任，（カ）生産物自体に生じた損害に対する損害賠償責任[113]および生産物の回収，修理等に要する費用[114]，（キ）効能[115]

---

107) 大羽宏一「製造物責任リスクを対象とする保険」金商960号67頁（1995年）。
108) 小林責任編集他・前掲注83）514頁（山内稔彦筆）。
109) このように保険事故で他人の身体障害事故や財物損壊事故の発生することを「オカーレンス（Occurrence：事故発生主義）方式」という。
110) 「オカーレンス方式」に対して，保険事故を他人の身体障害事故や財物損壊事故について被害者から損害賠償請求を受けたこととする方式を「クレイムズ・メイド（Claims-Made：損害賠償請求主義）方式」という。
111) 金光良美「PL保険」ジュリ1051号8頁（1994年）。
112) 一般に，被保険者が契約上いかなる責任を負担しているかを保険会社が関知することは困難なことであり，保険料率も通常の法律上の賠償責任を前提に算出されている。したがって，被保険者が他人との間に締結した損害賠償に関する契約に基づき保険会社の予定していない加重された損害賠償責任を負担することによって保険会社が不測の損害を被ることを防止するため，損害賠償責任に関する特別の約定に基づく賠償責任は担保しないこととしている（小林責任編集他・前掲注83）518頁（山内筆））。
113) 食品衛生法により使用を禁止されている添加剤を故意に使用した食品に起因して生じた他人の身体の障害や，重大な過失により消防法の規制の調査を怠ったため，基準に合致していない消防機器を製造・販売した結果生じた他人の身体の障害や財物の損壊について，被保険者が負担する賠償責任は免責である。これに対し，取締法規の変更を通常の過失（軽過失）により知らずに，結果として法令に違反して製造・販売した生産物による被害は免責とはならない。本免責は，被保険者の反社会的な行為に起因する事故について保険で担保することは，事故防止のインセンティブを損なうおそれがあるという趣旨から設けられたものである（小林責任編集他・前掲注83）519頁（山内筆））。

不発揮に関わる損害賠償責任,(ク)日本国外での事故などが挙げられる。

(2)生産物賠償責任保険の限界と課題
① 生産物賠償責任保険の限界

　生産物賠償責任保険は,特に高額な損害賠償金という企業の経済的な損失を抑えるためには,リスクマネジメントの観点からも不可欠である。しかし,欠陥製品を製造・販売したという企業のイメージ低下といった致命的な損失や多額の製品回収費用(リコール費用)などが生産物賠償責任保険の対象にならないなど,保険にも限界がある。また,製造物責任訴訟を遂行するに当たり,弁護士費用などの訴訟費用は生産物賠償責任保険によって填補されるものの,被告の企業にとって重要な設計・品質管理部門の責任者やエンジニアが数ヶ月にわたって1つの製造物責任訴訟に釘づけにされるといった評価困難な損失もあることや企業の被る損失は多様にわたるおそれがあるなど,生産物賠償責任保険にも企業防衛手段としての十分な機能が期待できない側面もある。さらに,

---

114) 生産物自体の損壊に対する損害賠償責任は,瑕疵担保責任と呼ばれ,生産物賠償責任保険の対象外となっている。ただし,瑕疵保証責任保険の対象になる。
115) 生産物賠償責任保険では,生産物特別約款追加特約条項2条1項においてこの種の原因から生じる事故の継続発生を防止するために,被保険者に遅滞なく生産物の回収,検査,修理,交換その他適切な措置を講じるよう義務を定めているが,他方,同条2項においてこの措置を講じる費用を免責としている。
116) 効能不発揮による損害発生が主となる生産物(医薬品,農薬,防錆剤,防虫剤,防水布,消火剤,各種添加剤等)を引受けの対象とする保険契約については,生産物が被保険者の意図した所期の効能を発揮できないことによって発生した損害に対する賠償責任を免責とする。例えば,防錆剤がその効果を発揮しないために,自転車が錆びてしまった場合や,農薬が防虫効果を発揮しないために農作物が害虫に食い荒らされた場合である。ただし,例えば,農薬中の不純物により農作物が枯れた場合など生産物の副作用またはこれに類する本来意図しなかった悪影響によって他人の身体の障害または財物の損壊を発生させたときは,保険の対象となる(小林責任編集他・前掲注83)519頁(山内筆))。
117) 生産物賠償責任保険は,日本国内で発生した場合に限り適用され,国外で発生した事故は対象としていない。日本国外での損害事故を対象とする保険としては,輸出生産物賠償責任保険(輸出PL保険)がある。輸出PL保険では,アメリカの保険会社が一般的に採用し,世界各国に通用している英文賠償責任保険約款を,日本の各保険会社も採用している。
118) ただし,生産物回収費用保険(通称リコール保険)の対象になる。
119) 安田総合研究所(現損保ジャパン総合研究所)編・前掲注85)31頁。

保険約款上の免責事由に該当する場合には，保険金が支払われないことや填補限度額の範囲内でしか保険金が支払われないこと，また，強制保険ではなく，任意加入制であるため，未加入の製造者等の賠償資力担保の役割は果たせないなどの限界を有している。[120]

② 生産物賠償責任保険の課題

生産物賠償責任保険は，生産物事故によって被保険者に生じた損害を填補することを目的としているので，被害者の直接請求権は認められていない。しかし，保険金が確実に被害者の救済に向けられるようにするためには，被害者の直接請求権を認めることも検討される必要があると考える。さらに，生産物賠償責任保険では，故意または重大な過失により法令に違反して製造した生産物による事故については免責されるが，被害者の救済という観点からは，この免責条項は削除の方向で検討すべきと考える。[121]

また，この保険においては，一事故および保険期間中の通算填補限度額が設定されるが，これをあまりに低い金額で設定すると，損害賠償の履行確保に大きく欠けることなる。困難なことではあるが，予想される被害の大きさから見て十分な金額が配慮される必要がある。さらに，賠償履行確保措置を強制しない以上，生産物賠償責任保険の加入率を向上させることが，製造物責任を実効的なものにするためには不可欠である。そして，加入率・利便性の向上のため[122]

---

120) 金光良美「製造物責任訴訟と生産物賠償責任保険の役割」判タ666号90頁（1988年）。なお，生産物賠償責任保険の原則的な強制化については，メリットとして，製造物の欠陥による被害者救済の充実とリスクの高い企業のみが保険に加入するといった逆選択が防止され，製造物責任リスクを広く分散することが可能になること，さらに，保険の加入者数の飛躍的増加による保険ファンドの充実の結果，保険をより安定的に運営できることが考えられる。しかし，その反面，製品の種類をはじめとして多様なリスクに対して保険技術上画一的な加入強制が困難であることや資力も十分あり，健全な企業には，自家保険等の方が合理的な場合もあるから，すべての製造業者等に保険加入を強制するのは必ずしも適当とはいえないこと，さらに，保険会社の引受拒絶の自由を制限する以上，引受強制によって生じる保険会社の損失を公的に補償する必要の是非が問題となりうることである（落合誠一「PL保険の現状と課題」『保険学雑誌』540号73～74頁（1993年），第13次国民生活審議会消費者政策部会報告参照）。

121) 金光・前掲注111) 9頁。

122) 長瀬・前掲注7) 75頁。

には生産物賠償責任保険の商品内容の適宜見直しも必要と考える。

4 製造物責任をめぐる新たな動向

(1) 消費生活用製品安全法の改正・施行

　消費生活用製品安全法(以下,消安法という)は,消費生活用製品による一般消費者の生命または身体に対する危害の防止を図るため,特定製品の製造および販売を規制するとともに,製品事故に関する情報の収集および提供等の措置を講じ,もって一般消費者の利益を保護することを目的とする(法1条)としているが,同法を改正する法律が2006年12月に公布され,2007年5月14日に施行された。

　消安法の対象となる「消費生活用製品」とは,主として一般消費者の生活のように供される製品のうち,消安法別表に掲げられている製品(食品,医薬品,自動車等)を除いたものをいう(法2条1項)。また,「特定製品」とは,消費生活用製品のうち,構造,材質,使用状況等から見て一般消費者の生命または身体に対して特に危害を及ぼすおそれが多いと認められる製品で政令で定めるものをいう(法2条2項)。したがって,消安法は,その適用範囲が広く,自己の取り扱う製品が規制対象外であると考えてきた多くの事業者に大きな影響を与えるものである。

　① 改正消安法の趣旨

　ここ数年,企業が製品事故に関する情報を把握しながら,行政機関にその情報を通知しないという事態が発覚したため,消安法は,行政機関が幅広く情報を把握できるよう,消費者が用いる製品全般を対象に義務づけ,また,事故が発生した場合に製品回収やその他の必要な措置を命じることができる仕組みを有するものへと改正することにあった。

　② 改正消安法の主な内容

　次に,改正消安法の主な内容は以下のとおりである。

---

123) 金光・前掲注111) 9頁。
124) 経済産業省「新しい消費生活製品安全法について―製品事故情報の報告・公表制度が始まります―」1頁(2007年2月版)。

(i) 事故情報の収集と公表

(ア) 消費生活用製品の製造事業者又は輸入事業者は，重大製品事故が生じたことを知ったときは，当該消費生活用製品の名称，事故の内容等を主務大臣に報告しなければならない（法35条1項）。[125]

(イ) 主務大臣は，重大製品事故の報告を受けた場合等において，当該重大製品事故に係る消費生活用製品の名称，事故の内容等を公表する（法36条1項）。

(ウ) 消費生活用製品の小売販売事業者，修理事業者又は設置工事事業者は，重大製品事故を知ったときは，当該消費生活用製品の製造事業者又は輸入事業者に通知するよう努めなければならない（法34条2項）。

(エ) 消費生活用製品の製造事業者，輸入事業者又は小売販売事業者は，製品事故に関する情報を収集し，その情報を一般消費者に適切に提供するよう努めなければならない（法34条1項）。

(ii) 事故の再発防止対策

(ア) 消費生活用製品の製造事業者又は輸入事業者は，事故原因を調査し，必要があると認めるときは，当該消費生活用製品の回収等の措置をとるよう努めなければならない（法38条1項）。

(イ) 消費生活用製品の販売事業者は，消費生活用製品の製造事業者又

---

125) 主務大臣とは，特段の断りがある場合を除き，基本的に経済産業大臣を指す。なお，重大製品事故の報告先（法35条1項）および公表（法36条1項）は，2009年9月の消費者庁の創設に伴い，消安法がさらに改正され（2009年9月1日施行），主務大臣から内閣総理大臣に名称変更された。

126) 2007年改正による消安法2条4項（新設）により，「特定保守製品とは，消費生活用製品のうち，長期間の使用に伴い生ずる劣化により安全上支障が生じ，一般消費者の生命又は身体に対して特に重大な危害を及ぼすおそれが多いと認められる製品であつて，使用状況等からみてその適切な保守を促進することが適当なものとして政令で定めるものをいう」と定義されている。具体的には，屋内式ガス瞬間湯沸器（都市ガス用，LPガス用），屋内式ガスふろがま（都市ガス用，LPガス用），石油給湯器，石油ふろがま，密閉燃焼式石油温風暖房機，ビルトイン式電気食器洗機，浴室用電気乾燥機の9品目と定められている。この特定保守製品の選定に当たっては，近年相次いで発生した古いタイプのガス機器の経年劣化による事故が多発したことを勘案したものといえる。

は輸入事業者が行う消費生活用製品の回収等の措置をとるよう努めなければならない（法38条2項）。

なお，消安法については，2007年11月にも新たな改正法が公布され，2009年4月1日付で施行されている。その主な内容は，経年劣化により安全上支障が生じ，特に重大な危害を及ぼすおそれの多い製品（特定保守製品）[126]について「長期使用製品安全点検制度」[127]等を創設したことである。この改正は特定の製品のみを対象とするものであるが，対象とされていない製品についても，同様の対策をしなかったことで訴訟等において過失が認定される場合もありうる。[128]

③　改正消安法が企業リスクに与える影響

消安法の改正は，製品事故が発生した場合の企業のリスクについて，次のような影響を与える。[129]

（i）損害賠償請求リスクへの影響

前述のとおり，各種事業者について，報告義務，通知義務，情報収集提供義務，調査・回収義務，回収等への協力義務等が定められたことにより，それぞれの事業者が上記義務を怠った場合には，被害者からの損害賠償請求訴訟において過失が認定される可能性が著しく高まったといえる。

（ii）行政処分リスクへの影響

製造事業者および輸入事業者は，広範な製品について主務大臣への事故報告義務を負う（法35条1項）ことになり，それに違反した場合には事故情報を収

---

127) 長期使用製品安全点検制度は，前掲注126）で注記した9品目の製造または輸入業者に加えて，小売販売事業者，不動産販売事業者，建築事業者，ガス・電気・石油供給事業者などの事業者，さらには消費者等，それぞれが適切に役割を果たして経年劣化による事故を防止するための制度である。

また，電気用品安全法の技術基準省令の改正（2009年4月1日施行）により，経年劣化による注意喚起表示の対象となる5品目（扇風機，エアコン，換気扇，洗濯機，ブラウン管テレビ）について，経年劣化による重大事故発生率は高くないものの，事故件数が多い製品について，消費者等に長期使用時の注意喚起を促すため「長期使用製品安全表示制度」が設けられた（経済産業省「消費生活用製品安全法改正について」）(http://www.meti.go.jp/product_safety/producer/shouan/07kaisei.html)。

128) 日下部真治=生島隆男「評判だけではない！　司法の動きにも注目した製品事故対応」『ビジネス法務』8巻11号86～87頁（2008年）。

129) 日下部=生島・前掲注128）86頁。

集，管理および提供するために必要な体制整備命令を受ける可能性がある（法37条）。事故報告が法律上の義務になったことにより，その懈怠を理由とする行政処分リスクは明らかになったのである。なお，この体制整備命令に違反した場合には，1年以下の懲役もしくは100万円以下の罰金が科せられ，またはこれらが併科される（法58条5号）。

(ⅲ) 風評（レビュテーション）リスクへの影響

製造事業者または輸入事業者から主務大臣に報告された重大製品事故は，主務大臣の判断により公表される（法36条1項）が，同一の製品に関わる事故が続くと，製品自体に原因があると評価される可能性が高まる。その結果，製品事故の発生とその原因が製品自体にあることが社会に認知されやすくなり，企業の評判に悪影響が出やすい環境になる。つまり，風評リスクにさらされることになる。

しかし，悪影響はこれにとどまるものではない。他の企業であっても，同種の製品を提供し，同種の取引を行っていると，これらにも悪影響がおよび，さらに他の企業の事業にも悪影響が及ぶことがある。すなわち，ある企業の製品，取引等に事故の発生等の問題がマスコミ等で指摘されると，他の企業においても，自己の提供する同種の製品，取引等の点検を迫られることが多いだけでなく，仮に点検の結果，問題がないことが明確になり，そのような状況を開示したとしても，自己の同種の製品等につき信用が低下し，価格が低迷し，売上げが減少するおそれがある。[130] 風評損害に関わる最近の代表的な裁判例としては，1996年に大阪府堺市で発生した腸管出血性大腸菌O-157に関する調査公表事件[131]，ダイオキシンに関する誤報道事件[132]，原子力関連施設臨界事故事件[133]等が挙げられる。

したがって，風評リスクを回避し，事故情報の収集・公表を迅速かつ正確に行うなどの改正消安法の内容を履践するためには，企業内において，製品事故が発生した場合に，その事故に関する情報を直ちに経営陣が把握し，現場の関係部門にも連絡した上で必要な措置を行わせ，さらに監督官庁や取引先等にも遅滞なく通知・報告等を行うことができる体制が整備されていなければならな

---

130) 升田純「風評損害の法理(1)」NBL883号19頁（2008年）。

い。そのためには，企業内におけるコンプライアンス体制の整備・強化が必要となる[134]。

(2) 消費者庁の創設

2009年9月1日，各省庁間で縦割りとなっていた消費者行政を統一的・一元的に推進するための強い権限を持つ新組織として，消費者庁が創設された[135]。また，消費者庁創設と同時に消費者委員会が創設された[136]。

消費者庁創設の意義は，これまで各省庁縦割りの下で，産業振興に付随する形で推進されてきた消費者行政の仕組みを転換し，消費者の利益を第1に考え

---

131) O-157に関する調査公表事件は，厚生大臣（当時）が，一般消費者および食品関係者に対し，何について注意を喚起し，どのような行動を期待し，食中毒の拡大，再発の防止を図る目的を達しようとしたのかについて，所管行政庁としての判断および意見を明示することなく，貝割れ大根が集団下痢症の原因と判断するに至らないにもかかわらず，記者会見を通じ，中間報告の曖昧な内容をそのまま公表し，かえって貝割れ大根が原因食材と疑われているとの誤解を広く生じさせ，これにより，貝割れ大根のO-157による汚染という食品にとって致命的な市場における評価の毀損を招いたもので，違憲な公権力の行使に当たるとされた事例である（東京高判平成15年5月21日判時1835号77頁）。本判決は，第1審判決（東京地判平成13年5月30日判時1762号6頁）が国の責任を否定したのに対し，国の責任を認め，事業者等の損害を認めたものである。製品の安全性を問題視するマスメディアの情報が公開されると，その危険性が証明されなくても，あるいは危険性を示す合理的な証拠がなくても，その製品の取引が停止される等の事態が容易に生じる時代が到来しているといえる（升田純「消費者庁設置後の実務対応」齋藤憲道編著『消費者庁―消費者目線で新時代の経営を創る』161～162頁（商事法務，2009年））。
132) ダイオキシンに関する誤報道事件は，会社の工場排水にダイオキシン等が含まれているとのテレビ等の報道により，観光地引網，しらす漁を営む業者が，会社に対し予約のキャンセル，しらす販売の減少により損害を被ったとして求めた工作物責任に基づく損害賠償請求が認められた事例である（横浜地判平成18年7月27日判時1976号85頁）。すなわち，本件は，廃棄物焼却炉の排ガス洗浄施設の配水管からのダイオキシン類の排出による魚介類等の汚染の風評損害の事例である。
133) 原子力関連施設臨界事故事件は，原子力関連施設の臨界事故による納豆製品の製造販売業者の風評損害としての営業損害が認められた事例である（東京地判平成18年4月19日判時1960号64頁）。本判決は，茨城県産の納豆の売上げ減少と臨界事故との因果関係を一部肯定したものであり，風評損害を肯定した先例ということができる。なお，類似の事例については，東京地判平成18年2月27日判タ1207号116頁参照。
134) 日下部=生島・前掲注128) 86頁。

て行動するまったく新しい原理に基づく組織を作ることである。[137]

　消費者庁の任務は，消費者庁および消費者委員会設置法（以下，「設置法」という）3条によると，「消費者基本法2条の消費者の権利の尊重およびその自立の支援その他の基本理念にのっとり，消費者が安心して安全で豊かな消費生活を営むことができる社会の実現に向けて，消費者の利益の擁護および増進，商品および役務の消費者による自主的かつ合理的な選択の確保並びに消費生活に密接に関連する物資の品質に関する表示に関する事務を行う」ことしている。具体的には，①消費者に関わる情報を一元的に集約し，調査分析を行うこと，②消費者行政の司令塔として，各省庁に対し，勧告を行うこと，③縦割りを超えて新法を企画立案すること，④消費者に身近な問題を取り扱う法律を所管し，自ら執行すること，④消費者安全法に基づき，各省への措置要求やすき間事案へ対応すること，などに取り組んでいくこととなる。

　したがって，消費者庁は，既存の府省庁が生産者側の目線で行政を行ってきたのに対して消費者目線で取り組む点で画期的といえる。内閣府や公正取引委員会など消費者行政に関する業務を一元化し，各省庁が所管する関連法を移管あるいは共管することとなっている。消費者庁の創設に伴い，製造物責任法の所管は経済産業省から消費者庁に移管され，消安法に関しては，重大事故情報

---

135) 消費者行政を一元化する新組織の創設は，消費者の視点で政策全般を監視し，「消費者を主役とする政府の舵取り役」として，消費者の不安と不信を招いた個々の事件への政府全体の対応力の向上を目指すのみならず，明治以来の日本の政府機能の見直しを目指すものとしている（「消費者行政推進基本計画―消費者・生活者の視点に立つ行政への転換―」1頁（2008年6月27日閣議決定），「経済財政改革の基本方針2008―開かれた国，全員参加の成長，環境との共生―」19頁（2008年6月27日閣議決定））。

136) 消費者委員会は，消費者の意見が直接届く透明性の高い仕組みであり，かつ，消費者庁を含めた関係省庁の消費者行政全般に対して監視機能を有する，独立した第三者機関として，消費者庁および消費者委員会設置法に基づき置かれる機関である。

　なお，消費者庁および消費者委員会設置法は，2008年9月に内閣から国会に提出した際には，「消費者庁設置法」案とされていたが，衆議院における審議において，消費者政策委員会の位置づけや権限についての議論がなされたことを踏まえ，所要の修正が行われ，合わせて法律の名称も修正されたものである。

137) 内閣官房消費者行政一元化準備室「消費者庁関連3法の概要」齋藤編著・前掲注131）38頁。

報告・公表制度が消費者庁に移管されることとなった。消費者目線による消費者行政の看板を掲げる以上,消費者庁をはじめとする関係省庁からの企業への要求が厳しくなることは必至であると考える。

また,消費者庁は,全国の消費生活センターの通報をもとに,被害拡大が予想されるとホームページ上で直ちに事故情報を公表することとしている。さらに,問題があった商品などの成分分析や表示方法,流通状況を詳しく調べ,生産者に指導,勧告,命令,立入り調査などを行うことや関係府省庁には問題があった生産者への処分や指導をするように勧告することもできるため,今後は,より消費者重視の施策が積極的になされると考える。したがって,企業は,消費者基本法に掲げられた「消費者に対し必要な情報を明確かつ平易に提供すること」(法5条1項2号)および「消費者の信頼を確保するための自主的な活動に努める」(法6条)という責務を改めて意識し,より良い社会・市場の形成に向けて積極的に提言し,その実現に貢献することが求められる。

(3) 消費者重視・安全対策重視の最近の裁判例

消費者重視・安全対策重視の傾向は最近の裁判例にも見られる。ここでは,代表的なものとして,2つの裁判例を挙げることとする。

① ダスキン株主代表訴訟事件[140]

本件は,フランチャイズ方式の食品販売会社において,食品衛生法上使用が認められていない添加物を使用した食品(肉まん)が販売されていたことを後

---

138) 消費者庁が重大事故の報告の受付を行い,報告を受けると,直ちに関係府省に内容を通知するものとしている。消費者庁および関係府省は,共同して,重大事故の原因究明のための調査を行い,消費者庁は,関係府省の意見を聴いて,重大事故の内容等を公表するとしている(「消費者行政推進基本計画」前掲注135) 37頁)。
139) なお,民間の有識者で組織する消費者委員会は,消費者庁と同格の機関として行政の監視に当たることになったため,ねらい通りに機能すれば行政の意識改革を促せるが,司令塔が2つとなって迅速な対応が遅れるようなことがあってはならない。また,公正で自由な競争は消費者のためにもなるし,ルールを守らない悪質業者を厳しく罰することは当然のことであるが,安易な規制で正常な経済活動まで阻害してはならない(日本経済新聞(朝刊)「社説」2009年4月18日)。
140) 大阪高判平成18年6月9日判時1979号115頁,判タ1214号115頁。

から認識した取締役らに，その事実を公表すべき義務があると認められた株主代表訴訟の事例である。本訴訟において，大阪高裁は，取締役らが未認可添加物を使用した食品の販売を認識しながら公表しなかったことは，「消費者およびマスコミへの危機対応として，到底合理的なものとはいえない」と判示して，取締役らの善管注意義務違反を認定し，フランチャイズを運営していた会社の株主の請求を一部認容したのである。

② 電気ストーブ化学物質過敏症事件（損害賠償反訴請求控訴事件）[141]

本件は，スーパーマーケットで販売された電気ストーブを使用したところ，化学物質に対する過敏症状を発症した被害者に対し，当該スーパーマーケットを経営する販売者に不法行為責任を認めた事例である。本訴訟において，東京高裁は，当該電気ストーブの販売者は，その販売に際して販売者として負うべき商品の安全確認のための注意義務を尽くして有害な化学物質の発生を予見できたにもかかわらずこれを怠ったものであるから，注意義務違反による過失が認められるため不法行為が成立し，販売者は不法行為に基づく損害賠償責任を負うべきであるとして，損害賠償請求を認容したのである。

上に挙げた2つの裁判例は，製品の製造・輸入に携わらない事業者についても，製品の安全対策に向けての取組みを一層強化し，製品事故を認識した場合には迅速に公表等の適切な対応をとるべきことを示唆するものといえる。こうした裁判例における消費者重視・安全対策重視の傾向は，消安法の改正・施行や消費者庁の創設といった日本社会の動向と相まって，今後さらに強まるものと考える。[142]

Ⅳ　おわりに

製造物責任法の施行は，被害者が製造者の過失を証明することなく，欠陥の

---

141) 東京高判平成18年8月31日判時1959号3頁。本章末〔別表2〕製造物責任法（PL法）に基づく訴訟一覧（No.61）参照。
142) 日下部=生島・前掲注128) 87頁。

証明のみで製造者の責任を追及することができるようになり，製造物責任に係る紛争の解決に貢献してきたといえる。同時に，本法の施行は，製造者等の事業者に対して，品質管理体制の構築や取扱説明書の充実を図るなどの製品安全対策を促す間接的な圧力となり，また，消費者においては，製品安全性への意識を高める一助となったと考えられる[143]。しかし，製造物責任法は，1条（目的），2条（定義），3条（製造物責任），4条（免責事由），5条（期間の制限），6条（民法の適用）というように全体で6ヶ条および附則（施行期日等）から構成されているにすぎない。したがって，製造物責任法は被害者の立場から見ても，産業界の立場から見ても必ずしも十分なものとはいえない。つまり，製造物責任法の制定で被害者救済が十分なものになるわけではなく，欠陥認定機関の設定や少額被害の裁判外での処理機関の充実などに支えられて，被害者救済と企業の製品の安全性確保のための諸施策が推進されるものと考える[144]。

また，消安法が改正・施行され，さらに消費者庁が創設がされるなど最近の消費者重視・安全対策重視の傾向を考慮すると，企業は目先の収益性を重視して安全対策を軽視するという態度は，もはや今後は受け入れられない。したがって，今後製品の製造・輸入・販売等に従事する企業は，常に消費者の視点を意識しながら，安全対策を自社の経営方針の中核に備える必要がある。さらに，マスコミを通じた製品事故公表・リコール広告等や製品のリコール措置等に多大な費用がかかる一方[145]，リコールリスクを担保する生産物回収費用保険における回収等の実施については損害保険会社の厳密なリスク判断と引受条件の決定に基づくことになる[146]。しかし，リコールについて企業が消費者に向けた積極的

---

143) 東京海上日動火災保険株式会社編「PL情報Update」2頁（2006年）。
144) 北側俊光『企業のPL対策―米国のPL判例に学ぶ―』7頁（日科技連，1995年）。
145) リコール費用の高額な例として，アメリカのジョンソン・エンド・ジョンソン社（Johnson & Johnson）がタイレノール（Tylenol）毒物混入事件で7人が死亡するという事件が起きたときに，同社がタイレノールを回収した費用は1億ドル以上要したことが挙げられる（Flitner, A. L. and J. Trupin, "Commercial General Liability Insurance", *Commercial Insurance*, AICPCU/IIA, 1st ed., 2004, pp.8.23-8.24.）。なお，ジョンソン・エンド・ジョンソン社は，アメリカに本社を置く製薬，医療機器その他のヘルスケア関連製品を取り扱う多国籍企業である。

な姿勢を示すことで，逆に信頼できる企業というイメージが消費者の間に広がると考えられる。[147]

---

146) 生産物回収費用保険は，被保険者が，製造・販売等を行った生産物の瑕疵(かし)に起因して日本国内に存在する当該生産物の回収等を実施することにより生じた費用を負担することによって被る損害に対して保険金が支払われる保険である。ただし，回収等の実施は，他人の身体の障害もしくは財物の損壊を発生させまたは発生させるおそれがある生産物に対してなされるものに限り，かつ，回収等の実施および事故の発生またはそのおそれが，次の3つの事由のいずれかにより客観的に明らかになった場合に限るとしている（損害保険事業総合研究所『新種保険約款集　1996年版』1161～1171頁（1996年））。
　① 被保険者の行政庁に対する届出または報告等
　② 被保険者が行う新聞，雑誌，テレビ，ラジオまたはこれらに準じる媒体による社告
　③ 回収等の実施についての行政庁の命令
　以上のように，損害保険会社が回収等の実施について厳しく定義しているのは，事業者の恣意的なリコールを排除しようとするものである（大羽宏一「訴訟からみた製造物責任の課題と損害保険の役割」石田重森編著『保険学のフロンティア』261頁（慶應義塾大学出版会，2008年））。
　なお，リコールリスクの保険担保については，EU諸国やアメリカでは入手が極めて困難とされている。EU諸国では，2004年に「一般製品安全指令」(General Product Safety Directive) が発令され，2005年10月よりこれが英国で施行されており，この影響でリコール件数が増加し，リコール保険（Recall Insurance）の入手が求められているが，高額な保険料等のため自家保険（Self-insurance）で対応しているところもある (Barrett, S., "Product Recall", *Post Magazine*, 14 September 2006, pp.43-44.)。さらに，医薬品のようなリスクの高い製品については，高額な保険料と必要な保険担保の制限等も含めてリコール保険に加入することは非常に困難であるとしている (Bradford, M., "Product recall insurance scarce for pharmaceutical companies", *Business Insurance*, December 18, 2006, pp.11-12.)。

147) 日下部＝生島・前掲注128) 88頁。

　結局，手際よく扱われたリコール（Well-handled Recall）は，消費者の信頼（Consumer Confidence）を高めることになる（Barrett, ibid., p.44）。
　なお，2009年7月30日には，国生審意見として「消費者の安全・安心の確保に向けた総合的な取組みの推進について」が報告され，この中では，リコール促進の共通指針が示され，「技術の複雑化・高度化や，人口高齢化，市場のグローバル化といった環境変化を背景として，潜在的なリコールの対象品のリスクを消費者が把握することは一層難しくなってきており，対象品に関する情報を豊富に保有し得る事業者等による適切なリコールの重要性が増している」として，消費者の視点から望まれる迅速，的確なリコールのあり方に関する様々な項目が列挙されている。また，リコールの定義については，「リコールとは，消費者による消費，使用又は利用される対象品が安全性を欠く場合において，その対象品が流通後ないしは消費者に提供された後に，消費者に生ずる影響を最小限とするために必要となる是正措置をいう」としている。

消費者重視・安全対策重視については，各企業の業務内容や製品の特性等に応じて個別的に検討・実施する必要があるが，一般論としては，経済産業省が2007年3月に公表した「製品安全自主行動計画策定のためのガイドライン」に挙げられている，①企業トップの意識の明確化，②リスク管理体制の整備，③製品事故等の情報の収集・伝達・開示等の取組み，④製品回収等の取組み等が速やかに実施されることが重要である。

　なお，製品により被害を受けた被害者に対して，製造者等が負担する損害賠償責任の履行を確保する措置として，生産物賠償責任保険は，現在考えられる最も有用な手段といえるが，製造物責任リスクのすべてが保険で担保されるわけではない[148]。製造物責任もそれを担保する生産物賠償責任保険も，ともに被害発生後の救済手段であるが，最も重要なことは被害を未然に防止することであることは論をまたない。今後企業は，製品事故を未然に防ぎ，万が一事故が発生した場合にその被害を最小限に抑えるための徹底した安全管理および十分なコンプライアンス体制を構築することが肝要である。

【参考文献】(注記で引用したものを除く)

秋山直『製造物責任論』(東銀座出版社，2000年)
インタリスク編著『企業のためのPL事故対応ハンドブックQ&A』(保険毎日新聞社，1998年)
大羽宏一＝林田学『PLと改正民事訴訟法』(日本経済新聞社，1997年)
大羽宏一編著『消費者庁誕生で企業対応はこう変わる』(日本経済新聞社，2009年)
経営法友会　法務ガイドブック等作成委員会編『事例から学ぶ企業の法的リスク55』(商事法務，2008年)
経済企画庁国民生活局消費者行政第一課編『逐条解説　製造物責任法』(商事法務研究会，1994年)
小林秀之『製造物責任法―立法化と対策―』〔改訂版〕(中央経済社，1994年)
櫻井道治『レピュテーション・マネジメント―内部統制・管理会計・監査による評判の管理―』(中央経済社，2008年)
通商産業省産業政策局消費経済課編『PL対策ハンドブック―企業対応の実際―』(通産

---

[148] これと同じことがリコールリスクについてもいえよう。すなわち，製造物責任リスクと同様に，風評損害 (Loss of Reputation) その他すべてのリスクがリコール保険で担保されるわけではない (Bradford., op. cit., pp.11-12.) ということである。

資料調査会，1994年）
土井輝生『プロダクト・ライアビリティ―アメリカ欠陥製品裁判事例の解説―』（同文館出版，1978年）
内閣府国民生活局「食品・製品等のリコールに関する分野横断的指針についての調査研究　報告書」（2008年6月）
林田学『PL法新時代』（中央公論社，1995年）
升田純『最新PL関係判例と実務』（民事法研究会，2004年）
升田純『風評損害・経済的損害の法理と実務』（民事法研究会，2009年）
三井俊紘『海外　PL訴訟―勝利の方程式―』（保険教育システム研究所，2009年）
寺澤有=山下雄璽郎『PL法事始』（三一書房，1995年）
Brown, S., *The Product Liability Handbook*, 1991 （矢部五郎訳『製造物責任ハンドブック』フジ・テクノシステム，1993年）
OECD, *Product Safety: Risk Management and Cost-Benefit Analysis*, OECD Publications and Information Centre, 1983.
Nelson-Jones, R. and P. Stewart, *Product Liability: The new law under the Consumer Protection Act 1987*, Fourmat Publishing, London, 1987.
Kelly, P. and R. Attree, *European Product Liability*, Butterworths, London, 1992.
Shapo, M. S., *The Law of Products Liability,* 2nd ed., Butterworth Legal Publishers, 1990.

〔別表2〕製造物責任法（PL法）に基づく訴訟一覧

No.	事件名	提訴	判決・和解	原告	被告	訴訟額	事件概要（原告主張）
1	紙パック容器負傷事件	平 7.12.24 新潟地裁長岡支部 平11. 9.22 東京高裁	平11. 9. 8 判決 請求棄却 平12. 2.29 判決 控訴棄却 確定	レストラン経営者	ストレートティー製造会社，パック製造会社	91万円	原告が業務用ストレートティーを開ける際に，その抽出口で左手親指にカミソリで切ったような長さ15ミリ，深さ1〜2ミリの傷を負った。
2	融雪装置事件	平 8. 8. 8 札幌地裁 平 8.11.20 PL追加主張	平11.11.19 和解	電気工事会社	パイプ加工会社	5,124万円	被告製造のヒートパイプ方式の融雪装置を販売したところ，パイプの先端部分の雪が溶けず，クレームが相次ぎ，販売における損害を被った。
3	カットベーコン食中毒事件	平 8.11.18 前橋地裁	平10. 6.15 和解	整体療術士	食品製造会社	95万円	パチンコ店の景品で取得したカットベーコンを食したところ，青カビが原因で発疹や下痢症状をきたした。
4	学校給食O-157食中毒死亡事件	平 9. 1.16 大阪地裁堺支部	平11. 9.10 判決 確定 （判タ1025号85頁）	死亡した女児の両親	地方自治体	7,770万円 認容額 4,357万円	病原性大腸菌O-157に汚染された学校給食を食べた女児が死亡した。
5	生ウニ食中毒事件	平 9. 1.22 平 9. 4.10 仙台地裁 平 9. 6. 5 併合	平11. 2.25 判決 請求棄却 確定	飲食店経営会社，食材納入同族会社	食品輸入会社，水産物卸会社	3,495万円	原告の飲食店で生ウニを出したところ，客25人が腸炎ビブリオ菌による食中毒に罹患した。
6	プロパンガス漏れ火災事件	平 9. 1.22 和歌山地裁 平12.11. 1 大阪高裁 平13. 3. 1 附帯控訴 上告受理申立（申立日不明）	平12.10.17 判決 平13.12.20 判決 原判決取消・請求棄却 平15.10.10 不受理決定	全焼した自宅所有者	プロパンガス装置設置供給者	2,500万円 認容額 1,700万円（製造物責任は否定）	ガスコンロに点火したところ，元栓口付近から火が広がり，戸外ガスボンベが爆発したため，自宅が全焼した。

No.	事件名	提訴	判決・和解	原告	被告	訴訟額	事件概要（原告主張）
7	合成洗剤手荒れ事件	平9.2.5 東京簡裁 平9.3 東京地裁へ移送	平10.8.26 和解	化粧品販売員	台所用洗剤製造販売会社	70万円	台所用合成洗剤を使用したところ，手指にブツブツができ，痛みやかゆみが生じ，化粧品販売に支障をきたした。
8	駐車場リフト下敷き死亡事件	平9.5.13 京都地裁	平10.6.18 和解	死亡した女性の遺族	駐車場経営会社，カーリフト製造会社，販売会社	1,815万円	1階のリフト昇降場で車に乗ろうと待機していた77歳の女性が，降りてきたリフトの下敷きになり，全身を打って死亡した。
9	食品容器裁断機リフト頭蓋底骨折死亡事件	平9.8.8 浦和地裁熊谷支部 平12.7.19 平12.7.26 東京高裁各控訴 平13.4.24 上告受理申立	平12.6.29 判決 平13.4.12 判決（判時1773号45頁） 平14.6.28 不受理決定	死亡した女性の内縁の夫，子供	油圧裁断機製造会社，合成樹脂成型加工販売会社	5,700万円 認容額 1,490万円（製造物責任は否定） 認容額 2,408万円（製造物責任を肯定）	プラスチック製食品容器を裁断して自動搬送する油圧裁断器の操作中に，食品容器を積み重ね搬送するリフト上のコンベアと天井部分との間に頭部を挟まれ死亡した。
10	ライター炎上火傷事件	平9.12.1 名古屋簡裁 名古屋地裁へ移送（移送日不明）	平11.3.12 和解	飲食店経営者，アルバイト従業員	ライター製造販売会社	43万円	アルバイト勤務中に，他従業員がタバコ屋でもらったライターを点火しようとしたところ爆発炎上したため，顔面に火傷を負い，店内は大混乱に陥った。
11	耳ケア製品炎症事件	平10.1.22 仙台簡裁	平10.5.7 和解	飲食店経営者	耳ケア製品輸入業者	60万円	テレビに被告の代表取締役が出演して，大量の耳垢が取れたとして宣伝するのを見て，同製品を購入し使用したところ，両耳にかゆみと難聴が発生した。
12	エアコン露飛び事件	平10.3.2 東京地裁	平10.9.7 訴訟取下げ，裁判外和解	情報通信事業自営業者	エアコン製造会社，設置業者	420万円	賃貸住宅に設置されていたエアコンをつけていたら，飛び跳ねた水がコンピュータープラグに付着し漏電を起こして，大量のデータが喪失し，事業を1年間延期せざるを得なかった。

[別表2] 製造物責任法(PL法)に基づく訴訟一覧

No.	事件名	提訴	判決・和解	原告	被告	訴訟額	事件概要(原告主張)
13	異物混入ジュース喉頭部負傷事件	平10.5.15 名古屋簡裁 平10.6.26 名古屋地裁へ移送 平11.7.13 名古屋高裁	平11.6.30 判決 (判時1682号106頁) 平12.5.10 和解	傷を負った女性	飲食物製造販売会社	40万円 認容額 10万円	昼食用にハンバーガーとオレンジジュースを会社に持ち帰り、友人とともに食した。ジュースをストローで飲み始めたところ、異物で喉を傷つけ嘔吐した。
14	コンピュータープログラムミス税金過払い事件	平10.6.23 青森地裁 平10.9.28 PL追加主張 平13.2.23 仙台高裁	平13.2.13 判決 請求棄却 平14.3.8 判決 控訴棄却 確定	食品製造会社	コンピュータープログラム開発会社、事務機器賃貸会社	1,170万円	売上げ金などの管理のためにコンピューターリース契約をしたが、不適正なプログラムのため、法人税など多く払い過ぎていることが判明した。
15	化粧品指示・警告上欠陥事件	平10.7.21 前橋地裁高崎支部 平10.10.9 東京地裁移送	平12.5.22 判決 請求棄却 確定 (判時1718号3頁)	皮膚障害を起こした女性	化粧品製造販売会社、化粧品販売百貨店	660万円	ギャラリーに勤務する女性企画室長が百貨店にて化粧品を購入し、使用したところ、顔面に赤斑等の症状が発生し医師から接触性皮膚炎の疑いがあると診断された。
16	縫合糸断裂死亡事件	平10.7.22 神戸地裁	別訴(市民病院)で和解(平11.1.27)したため 平11.2.10 請求放棄	死亡した男性の妻	手術用縫合糸輸入販売会社	4,962万円	市民病院にて左頸動脈内膜剥離手術を受けたが、手術に使用した縫合糸が手術後断裂し出血ショックおよび呼吸不全により死亡した。
17	輸入漢方薬腎不全事件①	平10.10.8 名古屋地裁 平14.5.1 名古屋高裁原告控訴 平14.5.7 被告控訴	平14.4.22 判決 (判時1866号108頁) 平15.6.20 和解	主婦2人	漢方薬輸入販売会社	8,160万円 認容額 3,353万円 (製造物責任は否定)	冷え性患者に効能があるという漢方薬を内科医の処方により服用したところ慢性腎不全に罹患した。
18	こんにゃく入りゼリー死亡事件①	平10.10.30 水戸地裁	平13.2.23 和解	死亡した男児の両親	食品製造販売会社	5,945万円	こんにゃく入りゼリーを母親が与えたところ咽喉頭に詰まらせ窒息死した。

No.	事件名	提訴	判決・和解	原告	被告	訴訟額	事件概要（原告主張）
19	エアバッグ破裂手指骨折事件	平10.11.9 長崎地裁	平12.2.29 和解	脳外科医	自動車輸入業者、販売業者	2億1,096万円	停車して点検中、エアバッグが噴出、破裂して左親指を骨折するなどの傷害を負い、脳神経外科医として、手術に臨む際に多大な損害、苦痛を被った。
20	電気ジャーポット熱傷事件	平10.12.14 鹿児島地裁	平11.9.27 裁判外和解 平11.9.3 訴訟取下げ	やけどした女児	電気ポット製造会社、販売会社	2,521万円	自宅台所においてつかまり立ちをしようと電気ポットの蓋の開閉レバーに手をかけたところ、ポットが倒れたため胸、腹、足などに大やけどを負った。
21	輸入瓶詰オリーブ食中毒事件	平11.2.15（第1事件） 平12.2.1（第2事件） 平12.11.28（第3事件） 東京地裁 3事件を併合（併合日不明）	平13.2.28 判決 確定 （判タ1068号181頁）	レストラン客（第1・2事件）、従業員・経営者（第2事件）、レストラン（法人・第3事件）	オリーブ輸入会社（第1～3事件）、レストラン経営者（第1事件）	1,470万円（第1事件） 1,321万円（第2事件） 1,719万円（第3事件） 認容額 820万円（第1・2事件） 350万円（第3事件）	イタリアンレストランにてその客、従業員、経営者が、被告がイタリアから輸入した瓶詰オリーブを食したところB型ボツリヌス菌による食中毒に罹患した。
22	土壁内竹組害虫発生事件	平11.3.12 長崎地裁 平14.7.11 福岡高裁	平14.5.29 判決 （消費者法ニュース53号101頁） 平17.1.14 判決 控訴棄却確定（判タ1197号289頁）	自宅を新築した男性	竹材販売会社	1,913万円 認容額 1,913万円	新築時に購入した建築材料（土壁の中の竹組）から害虫が発生し、修復のため多額の費用を要した。
23	子供靴前歯折損事件	平11.5.25 金沢地裁	平13.7.17 判決 請求棄却 確定	けがをした女児	子供靴製造販売会社	104万円	母親と共に帰宅したところ、玄関先で履いていた靴が不意に脱げ、転倒したため顎を打ちつけ、前歯1本を折った。
24	資源ゴミ分別機械上腕部切断事件	平11.7.29 東京地裁 平14.3.15 東京高裁	平14.2.26 判決 請求棄却 平14.10.31 判決	廃棄物処理業者役員	廃棄物処理機械製造会社	1億2,140万円 認容額 3,712万円	資源ゴミ分別中の飲料缶選別機ローラに付着した異物を手で除去しようとしたところローラに巻き込まれ右上腕部を切断する傷害を負った。

〔別表2〕 製造物責任法(PL法)に基づく訴訟一覧

No.	事件名	提訴	判決・和解	原告	被告	訴訟額	事件概要（原告主張）
25	米国製キャンピングカー雨漏り事件	平11.7.30 大阪地裁	平13.4.17 判決 請求棄却 確定	自動車を購入した夫婦	自動車製造会社, 自動車改造会社	249万円	キャンピングカーでの外出時に幾度か雨漏りがしたため,修理に出したが,終了検査の際も内部に水漏れが生じた。（別訴において原告が信販会社に自動車購入代金の一部を支払い,所有権を得ることで和解成立）
26	車両火災一酸化炭素中毒死事件	平11.11.18 神戸地裁豊岡支部	平15.7.15 判決 請求棄却 確定	死亡した男性の両親	自動車製造会社	1億1,588万円	当時25歳の男性が乗っていた自動車が火災を起こし,一酸化炭素（CO）による急性循環不全により死亡。被告は責任を否定するとともに,本件自動車が引き渡されたのは平7.7.1以前としている。
27	フロントガラスカバー金属フック左眼突刺重傷事件	平11.12.17 仙台地裁 平13.5.10 仙台高裁	平13.4.26 判決（判時1754号138頁） 平15.7.14 和解	菓子製造販売店経営者	フロントガラスカバー製造会社	4,084万円 認容額 2,855万円	車のフロントガラスをカバーする製品で,金属製フックをドア下のエッジにかけ固定しようとしたところ,フックが外れゴム紐の張力で,金属フック先端部が左眼に突き刺さり,後遺障害7級の被害を被った。
28	エステ施術重度アトピー罹患事件	平11.12.21 東京地裁 平13.5.25 平13.6.1 東京高裁 各控訴	平13.5.22 判決（判時1765号67頁） 平13.9.13 和解	皮膚障害をおこした女性	エステティックサロン経営会社	2,500万円 認容額 440万円（不法行為責任を肯定。製造物責任については判断せず）	アトピー体質が改善するという従業員の説明により,被告が製造した美容器具を使用したエステ施術を受けたために重度のアトピー性皮膚炎に罹患した。

No.	事件名	提訴	判決・和解	原告	被告	訴訟額	事件概要（原告主張）
29	自販機出火展示物焼失事件	平11.12.27 広島地裁 平14. 6.10 広島高裁	平14. 5.29 判決 請求棄却 平15. 3.20 判決 控訴却下・棄却確定	玩具資料館経営者	自販機所有会社，同社より自販機の貸与を受け原告に無償貸与・設置させていた会社，自販機販売会社（一審補助参加，二審被控訴人）	1,472万円	玩具資料館に隣接して設置されていた自動販売機から出火した火災により展示物等が焼失した。
30	給食食器破片視力低下事件①	平11.12.27 東京地裁	平13.10.26 特別区と和解 平13.11.29 米国の製造会社2社と和解 輸入加工会社2社に対して訴訟取下げ	眼を負傷した女児（8歳）	輸入加工会社2社，米国の製造会社2社，特別区（国賠法）	1,533万円	当時，小学2年生の女児が，給食の配膳中，廊下に落とした硬質ガラス製の皿の破片を右眼に受け，角膜切創などの傷を被り，0.7だった視力が0.01まで低下した（矯正視力0.1）。
31	カテーテル破裂脳梗塞障害事件	平12. 1.13 東京地裁 平15. 9.29 東京高裁	平15. 9.19 判決 （判時1843号118頁，判タ1159号262頁） 平15.10.14 訴訟取下げ	障害を負った男性	医薬品製造販売輸入会社，大学病院	1億5,834万円 認容額 1億1,692万円 （大学病院の責任は否定）	脳内の血管の奇形部分を塞ぐため，脳にカテーテルを挿入して塞栓物質を注入する手術中に，カテーテルが破裂し脳梗塞により障害を負った。
32	車両制御不能崖下転落事件	平12. 1.24 広島地裁	平13.12.19 判決 請求棄却 確定	自動車に同乗していた3名	自動車製造販売会社	553万円	被告製造の自動車にて走行中，ハンドル制御がきかなくなり，崖下に転落した。
33	磁気活水器養殖ヒラメ全滅事件	平12. 2.10 徳島地裁 平14.11.10 高松高裁	平14.10.29 判決 平15. 8. 1 和解	ヒラメ養殖業者	磁気活水器製造会社	825万円 認容額 670万円	磁気活水器をヒラメ養殖池の給水管に設置したところ，養殖魚が全滅した。

〔別表２〕 製造物責任法（PL法）に基づく訴訟一覧　163

No.	事件名	提訴	判決・和解	原告	被告	訴訟額	事件概要（原告主張）
34	海難審判受審人慰謝料請求事件	平12.2.21 鹿児島地裁	平14.10.1 和解	海難審判で受審人となった機関長	貨物船製造会社	330万円	メーカーが発注したエンジンに欠陥が存在していたのに，機関長であった原告が，海難審判において受審人となったことで精神的苦痛を被った。
35	電動車いす暴走ブロック激突死事件	平12.3.21 福岡地裁	平14.4.12 和解	死亡した男性の相続人5人	輸入販売会社	2,860万円	本件車いす（韓国製）を運転して自宅前を走行中，何らかの異常が発生して加速し暴走してブロック塀に激突，脳挫傷，急性硬膜下血腫，外傷性クモ膜下出血，頭蓋骨骨折により死亡した。
36	カップめん異物混入腹痛下痢等事件	平12.6.6 和歌山地裁御坊支部	平12.12.25 和解	カップめんを食べた男性	カップめん製造会社	99万円	カップめんに混入した異物によって体調をくずし，製造会社が調査したところゴキブリの卵と判明。病院にて精密検査の過程でインフルエンザにかかるなどの被害を受けた。
37	カラオケ店立体駐車場脳挫傷死亡事件	平12.6.16 福岡地裁小倉支部	平14.10.29 判決確定（判時1808号90頁）	カラオケボックス経営会社	立体駐車装置製造販売会社	4,100万円認容額1,392万円（債務不履行責任を肯定。製造物責任については判断せず）	カラオケ店の客が，エレベーター方式立体駐車装置のパレット上に車を停止させ構内から出る前に，カラオケ店従業員が装置を作動させたため，転倒し脳挫傷により死亡した。
38	給食食器破片視力低下事件	平12.8.10 奈良地裁	平15.10.8 判決確定（判時1840号49頁）	眼を負傷した女児（8歳）	食器製造会社2社，国（国賠法）	1,440万円認容額1,037万円	当時，小学3年生の女児が，給食食器を片づける際，教室の床に落とした硬質ガラス製ボウルの破片を右眼に受け角膜裂傷，外傷性白内障などの傷を被り，視力が0.1まで低下した。
39	中古車出火焼損事件	平12.9.20 大阪地裁	平14.9.24 判決請求棄却確定（判タ1129号174頁）	中古車を運転していた男性，同乗者	自動車製造販売会社	912万円	社用に使用していた中古車を運転中，突然車高が下がったため路肩に停止させたところ出火し焼損した。

No.	事件名	提訴	判決・和解	原告	被告	訴訟額	事件概要（原告主張）
40	ピアノ防虫防錆剤液状化事件	平12.12.13 東京地裁 平16. 4. 5 東京高裁	平16. 3.23 判決 平16. 7. 2 和解	化成品加工販売会社	医薬品化成品製造会社	498万円 認容額 241万円	アップライトピアノ内部に吊り下げて使用する防虫・防錆剤が液状化しピアノ内部を損傷し，クレーム処理のために多額の費用を要した。
41	缶入り野菜ジュース下痢症状事件	平13. 1.26 神戸地裁 平14.11.28 大阪高裁	平14.11.20 判決 請求棄却 平15. 5.16 控訴棄却 確定	缶入り野菜ジュースを飲んだ家族3人	缶入り野菜飲料製造会社	660万円	夕食後，家族3人が缶入り野菜ジュースを飲んだところ，カビらしい異物があったため気分が悪くなり，下痢症状が数日続いた。
42	食肉自動解凍装置バリ付着事件	平13. 4.11 さいたま地裁 平15.11. 2 東京高裁 上告受理申立（申立日不明）	平15.10.31 判決 請求棄却 平16.10.12 判決 （判時1912号20頁） 平17. 5.16 不受理決定	食品機械設計製作会社	ポンプ製作会社，バルブ製作会社	3億4,661万円 認容額 1,916万円	食肉自動解凍装置を製作し食品会社に納入したところ，解凍食肉に装置の金属異物が付着したため食品会社から損害金の請求を受けたが，被告らが製作した汎用品であるポンプ，バルブのバリが原因である。
43	ガラスコーティング剤白濁事件	平13. 5.16 東京地裁 平15. 9.22 東京高裁	平15. 9. 4 判決 請求棄却 平16. 1.21 判決 控訴棄却 確定	自動車用品販売会社	工業薬品輸出入会社	1億6,550万円	遮熱・断熱効果のあるガラスコーティング剤を塗布するとガラスが白濁する現象が発生した。
44	骨接合プレート折損事件	平13. 6. 8 神戸地裁 平15.12.16 大阪高裁	平15.11.27 判決 請求棄却 平16. 8.27 判決 控訴棄却 確定	手術を受けた男性	医療関連商品製造販売会社	378万円	骨折した左上上腕骨に上肢用プレートを装着する骨接合手術を受けたが，プレートに金属疲労が発生し折損したため再度の手術を余儀なくされた。＊（参加人である病院は原告との間および被告との間において損害賠償の債務がないことの確認を求めた。原告は参加人に対して診療契約の債務不履行に基づく損害賠償を請求した。）

〔別表2〕 製造物責任法（PL法）に基づく訴訟一覧

No.	事件名	提訴	判決・和解	原告	被告	訴訟額	事件概要（原告主張）
45	パチスロ機電源火災事件	平13.6.8 東京地裁 平17.2.16 東京高裁	平17.2.8 判決 請求棄却 平18.1.18 判決 控訴棄却 確定	遊技機器製造販売会社	電源製造会社，電源製造供給会社，電源納入会社	61億4,774万円	パチスロ機の改良に伴い電流容量の大きな特注電源に変更したところパチスロ機が焼損する火災事故が発生したのは製造仕様に欠陥があった。
46	自動車用燃料添加剤エンジン不調事件	平13.6.13 甲府地裁 平14.9.30 東京高裁	平14.9.17 判決 平15.2.18 和解	軽自動車所有者	電子材料セラミックス製造販売会社	20万円 認容額 20万円	自動車用燃料添加剤を使用したところエンジン不調などの故障が生じエンジン，燃料タンクの交換が必要になった。
47	イシガキダイ料理食中毒事件	平13.6.19 東京地裁 平14.12.24 東京高裁	平14.12.13 判決 （判時1805号14頁，判タ1109号285頁） 平17.1.26 判決 確定	食中毒を発症した8人	割烹料亭経営者	3,815万円 認容額 1,216万円 認容額 1,317万円	料亭で料理されたイシガキダイに含まれていたシガテラ毒素が原因で食中毒に罹患し，手足の感覚異常等の症状が生じた。
48	カーオーディオスイッチ設計欠陥事件	平13.6.26 東京地裁 平15.8.11 東京高裁	平15.7.31 判決 （判時1842号84頁，判タ1153号106頁） 平16.4.13 和解	音響機器製造販売会社	電化製品機械部品製造販売会社	5,729万円 認容額 5,705万円	カーオーディオスイッチの不良で自動車のバッテリーが上がるなどの事故が多発し，その対応のため損害を被った。
49	低脂肪乳等食中毒事件	平13.7.12 大阪地裁	平15.8.22 和解 （4家族8名の和解） 平18.9.26 和解	食中毒を発症した5家族9人	乳製品製造会社	約6,800万円	低脂肪乳等を飲むなどして下痢などの食中毒症状を発症し，中には心的外傷後ストレス障害（PTSD）に陥るなど精神的苦痛を被った。
50	車両噴射ポンプ欠陥衝突事件	平13.9.27 札幌地裁 平14.12.6 札幌高裁	平14.11.22 判決 （判時1824号90頁） 平15.3.17 和解	乗車していた夫婦	自動車製造会社，販売会社	1,554万円 認容額 228万円	当該車運転中，先行車の追い越しを行ったところ，アクセルレバーが全開となったため安定性を失い対向車と衝突した。

No.	事件名	提訴	判決・和解	原告	被告	訴訟額	事件概要（原告主張）
51	外国製高級車発火炎上事件	平13.11.14 東京地裁　　平15. 6.11 東京高裁	平15. 5.28 判決 （判時1835号94頁） 平15.10.30 控訴棄却確定	乗車していた男性，自動車を所有する医療法人	自動車輸入会社，自動車販売会社	1億2,332万円 認容額 1,327万円 認容額 第一審と同額	リコール2回を含む8回の修理を受けた外国製最高級車で首都高速道路を走行中，オイル漏れのためエンジンルームから発火し炎上したため，心的外傷後ストレス障害を負った。
52	人工呼吸器換気不全死亡事件①	平13.12.26 東京地裁 平15. 3.24 東京高裁 地方自治体控訴 平15. 3.26 輸入販売会社控訴 平15. 4. 2 医療器具製造会社控訴	平15. 3.20 判決 （判時1846号62頁，判タ1133号97頁） 平16. 2. 2 和解	死亡した男児の両親	医療器具製造会社，輸入販売会社，地方自治体	8,203万円 認容額 5,062万円	都立病院で気管チューブと人工呼吸器接続チューブとのコネクター部分の整合性がとられておらず，生後3ヶ月の乳児が換気不能により死亡した。
53	骨折固定髄内釘折損事件	平14. 2.20 津地裁	平14. 4. 4 和解	手術を受けた男性	医療用具製造輸入販売会社	273万円	左上腕骨骨幹部骨折部の骨折固定手術を行った際，使用した髄内釘が就寝中に体内で破損したため再入院手術を余儀なくされた。
54	トラック火災積荷焼失事件	平14. 2.21 静岡地裁沼津支部	平18.12.20 判決 請求棄却確定	塗装工事会社	自動車製造会社	386万円	高速道路を走行中，トラックが炎上し積荷が焼失した。
55	人工呼吸器換気不全死亡事件2	平14. 2.22 東京地裁	平16. 2.23 和解	死亡した男児の両親	医療器具製造輸入販売会社，地方自治体	8,203万円	都立病院で気管チューブと人工呼吸器接続チューブとのコネクター部分が整合性がとられておらず，生後10ヶ月の乳児が換気不能により死亡した。
56	レンジつまみ過熱事件	平14. 3. 1 大阪地裁	平15. 4.16 判決確定	主婦	住宅設備会社	880万円 認容額 110万円	外国製電子レンジの金属性つまみが過熱するため，やけどの危険性があり，また，取扱説明書にも警告が表示されていなかった。

〔別表２〕 製造物責任法（PL法）に基づく訴訟一覧　167

No.	事件名	提訴	判決・和解	原告	被告	訴訟額	事件概要（原告主張）
57	自動車ギア発火炎上事件	平14. 4.22 鹿児島地裁 平17.11. 8 福岡高裁宮崎支部	平17.10.26 判決 平18. 5.24 和解	乗車していた男性	自動車製造会社，自動車販売修理会社，自動車整備会社	299万円 認容額 209万円（製造物責任は否定）	自動車販売会社がタイヤ交換の注意義務を怠ったため高速道路運転中に後部ギア付近から出火，炎上した。
58	幼児用自転車バリ裂挫傷事件	平14. 6. 6 広島地裁	平16. 7. 6 判決確定（判時1868号101頁）	けがをした女児	自転車製造会社	315万円 認容額 122万円	幼児用自転車に乗っていた女児がペダル軸の根元から飛び出ていた針状の金属片により膝窩部裂挫傷の障害を負い傷跡が残った。
59	フラワースタンド先端飾部分失明事件	平14. 6.17 盛岡地裁	平14.12. 2 和解	失明した主婦	家具製造販売会社	2,195万円	義妹から贈られたフラワースタンドを移動させた際，先端の飾り部分が抜け，左眼に刺さり失明した。
60	輸入漢方薬腎不全事件2	平14. 7. 8 名古屋地裁 平16. 4.21 名古屋高裁	平16. 4. 9 判決（判時1869号61頁，判タ1168号280頁） 平16.12. 1 和解	主婦	漢方薬輸入販売会社（No.17に同じ）	6,024万円 認容額 3,336万円	冷え性の治療のため，婦人科医の処方により漢方薬を2年間服用したところ，腎機能障害により人工透析が必要になった。
61	電気ストーブ化学物質過敏症事件1	平14. 7.18 東京地裁 東京高裁（控訴日不明）上告受理申立（申立日不明）	平17. 3.24 判決請求棄却（判時1921号96頁）平18. 8.31 判決 平19. 3. 1 不受理決定	過敏症になった男性，両親	大手スーパー	5億円 認容額 554万円（製造物責任は否定）	電気ストーブから有害化学物質が発生したため中枢神経機能障害，自律神経機能障害を発症し化学物質過敏症になった。
62	クレーン船冷蔵庫炎上事件	平14. 7.23 佐賀地裁武雄支部	平17. 5.11 和解	クレーン船所有会社	ガス冷蔵庫製造会社	2,444万円	クレーン船搭載のガス冷蔵庫から火災が発生し，当該船の住居区画が焼損した。

No.	事件名	提訴	判決・和解	原告	被告	訴訟額	事件概要（原告主張）
63	トレーラータイヤ直撃死亡事件	平15. 3. 5 横浜地裁　　　　　　　　平18. 4.18 東京高裁上告受理申立（申立日不明）	平18. 4.18 判決（トレーラー所有会社とは平17. 2.22 裁判上和解）（判時1937号123頁, 判タ1243号164頁）H19. 2.27 判決 控訴棄却 平19. 9.20 不受理決定	死亡した主婦の母親	トレーラー所有会社，製造会社，国	1億6,550万円 認容額 550万円　　　　　　　認容額 第一審と同額	走行中の大型トレーラーから外れたタイヤが歩行中の主婦にあたり死亡した。
64	レース用自転車支柱折損四肢不全麻痺事件	平15. 3.26 新潟地裁	平21. 3.21 訴訟取下げ，裁判外和解	けがをした男性	自転車製造会社	2億1,388万円	オーダーメイドで購入したロードレース用自転車のフロントフォークが突然折れ，転倒したため四肢に麻痺等が残った。
65	無許可添加物混入健康食品慰謝料請求事件	①平15. 4. 2 ②平15. 4.14 大阪地裁 平15. 4.30 ①②併合 平17. 1.20 大阪高裁 原告控訴 平17. 1.25 被告控訴	平17. 1.12 判決（判タ1273号249頁）平17.10.14 判決 控訴棄却確定	健康食品購入者	健康食品販売会社（表示上の製造業者），同通信販売会社	①41万円 ②42万円 認容額 ①1万円 ②2万円 認容額 第一審と同額	国内では認可されていない食品添加物が混入した健康食品を摂取して精神的苦痛を受けた。
66	節電器出火製材工場焼失事件	平15. 4. 7 盛岡地裁二戸支部 平15. 7.24 東京地裁移送	平18. 3.30 和解	節電器購入会社	節電器販売会社，設置工事会社，製造会社	2,750万円	製材工場の変電所に設置した節電器付近より出火し工場の大半を焼失した。
67	輸入馬肉O-157事件	平15. 4.10 東京地裁	平16. 8.31 判決 請求棄却確定（判時1891号96頁）	畜産物販売会社，食肉加工販売会社	畜産物輸出入会社	5億4,235万円	カナダ産馬肉を加工し製造した馬刺の一部にO-157（腸管出血性大腸菌）が感染していたため，回収，廃棄，謝罪広告の掲載等の損害を受けた。

〔別表２〕 製造物責任法（PL法）に基づく訴訟一覧

No.	事件名	提訴	判決・和解	原告	被告	訴訟額	事件概要（原告主張）
68	接着剤化学物質回収事件	平15. 5.29 東京地裁 平17. 8. 2 東京高裁	平17. 7.19 判決 請求棄却（判時1976号76頁） 平18. 1.19 判決 控訴棄却 確定	工業用製品製造販売会社	化学製品製造販売会社	1億389万円	日本国内にて流通後、海外に輸出後、再び輸入された接着剤原液に行政取締法規によって使用が制限されている化学物質が含有されていたため、製造した接着剤の販売中止、回収を余儀なくされた。
69	24時間風呂死亡事件	平15. 8. 5 東京地裁	平17.12.20 和解	死亡した女児の遺族	24時間風呂製造会社	1億99万円	祖父の家の浴室に設置されていた24時間風呂の吸水口（吸込口）に、入浴中の女児の髪が吸い込まれ溺死した。
70	轟音玉爆発手指欠損事件	平15. 9. 8 東京地裁 平16. 3.25 東京高裁	平16. 3.25 判決 平17. 1.13 判決 確定	障害を負った男性	火薬製造販売会社	6,912万円 認容額 376万円 （過失相殺9割） 認容額 405万円	動物駆逐用花火に点火し投げようとしたところ掌中で爆発したため右手指3本がその用を廃し聴力障害に陥った。
71	折りたたみ自転車転倒傷害事件	①平15.10.14 ②平15.12. 8 千葉地裁松戸支部 ①②併合 併合日不明	平17. 1.31 判決 請求棄却 確定	傷害を負った妻、その夫	折りたたみ自転車製造会社	211万円	折りたたみ自転車に乗車中、前輪がずれハンドルがとられたため転倒し傷害を負った。
72	チャイルドシート着用乳児死亡事件	平15.11.20 広島地裁三次支部	平19. 2.19 判決 確定	死亡した乳児の両親	チャイルドシート製造販売会社、加害者の相続人5人	1億4,741万円 認容額 5,724万円 （製造物責任については棄却。相続人の賠償責任を認容）	反対車線を走行してきた車両に衝突され、後部座席に乗車中の幼児に着用させていたシートベルトの肩ベルトが外れたため投げ出され死亡した。
73	デジタルカメラ欠陥事件	平16. 1.28 横浜地裁	平17. 6.27 和解	カメラを購入した男性	カメラ製造会社	489万円	デジタルカメラの欠陥により、海外旅行中に撮影した489枚の写真すべてが不良となり、修正には1枚に付き1万円の費用を要する。

No.	事件名	提訴	判決・和解	原告	被告	訴訟額	事件概要（原告主張）
74	新築分譲マンションシックハウス症発症事件	平16.1.29 大阪地裁	平18.9.11 和解	マンション入居20世帯（46人）	マンション設計施工会社,販売会社,部材製造納品会社	3億607万円	マンションに納入された内装床ユニットがホルムアルデヒド等化学物質を放散したため入居者がシックハウス症に罹患した。
75	ポンプ欠陥係留船沈没事件	平16.2.6 東京地裁	平17.8.26 判決確定	回漕会社代表者	ポンプ製造会社	499万円 認容額 399万円	係留船にたまった雨水等の排水目的で設置したポンプが作動しなかったために沈没し引き揚げ費用等が発生した。
76	腹部エステ施術色素沈着事件	平16.3.8 岡山地裁	平17.10.26 判決確定	エステ施術を受けた主婦	美容器具製造販売会社	230万円 認容額 30万円	美容器具を使用した腹部エステ施術を受けたところ,水ぶくれの状態となり,その後リング状の色素沈着が残った。
77	家具転倒頭蓋骨骨折事件	平16.5.28 東京地裁	平17.8.22 和解	傷害を負った女児,両親	家具製造販売会社	147万円	サイドボードの下から3段目の引出しを開け,衣服を取ろうとしたところサイドボードが倒れたため下敷きとなり頭蓋内骨折,脳内出血等の傷害を負った。
78	介護ベッド胸腹部圧迫死亡事件	平16.6.30 京都地裁 平19.9.23 大阪高裁	平19.2.13 判決請求棄却 平19.9.21 和解	死亡した女性の遺族	ベッド製造会社,介護保険居宅介護支援事業者,介護保険福祉用具貸与事業者	8,637万円	使用していた介護ベッドの背もたれを上げると胸腹部を圧迫するため,呼吸障害をおこし要介護状態の女性の死期を早めた。
79	肺がん治療薬死亡事件①	平16.7.15 大阪地裁		死亡した男性（69歳）の遺族	国,薬製造輸入販売会社	3,300万円	副作用が少ないという新しいタイプの抗がん剤による副作用（間質性肺炎）により死亡した。

〔別表2〕 製造物責任法(PL法)に基づく訴訟一覧

No.	事件名	提訴	判決・和解	原告	被告	訴訟額	事件概要（原告主張）
80	健康食品呼吸器機能障害事件①	平16. 7.21 鹿児島地裁川内支部 平16. 9.13 鹿児島地裁へ移送		手術を受けた女性	健康食品製造会社，健康食品販売会社，原材料生産者	7,488万円	アマメシバを原料とする健康食品を摂取したところ，閉塞性細気管支炎を発症し病院にて治療したが生体肺移植を受けた。
81	健康食品呼吸器機能障害事件②	平16. 8.23 名古屋地裁 平19.12.10 名古屋高裁 平21. 3.13 上告受理申立	平17.12.16 名称使用承諾者に対して分離後の判決（訴えを却下） 平19.11. 3 判決（判時2001号69頁） 平20. 8.29 雑誌発行会社，名称使用承諾者のみ和解 平21. 2.26 判決 控訴棄却	身体障害者となった女性2人	健康食品製造販売輸出入会社，健康食品販売会社，雑誌発行会社，名称使用承諾者（外国在住）No.80被告とは異なる。	1億886万円 認容額 7,621万円 認容額 6,233万円（和解金は遅延損害金に充当。遅延損害金は年5分であり一審認容額と殆ど差はない。）	雑誌において特集，宣伝されたアマメシバを摂取したことにより閉塞性細気管支炎，慢性呼吸不全による呼吸器機能障害として内部障害3級と認定された。
82	自動車制御不能衝突事件	平16. 8.31 東京地裁 平18.11.10 東京高裁	平18.10.27 判決 請求棄却 平19. 7.18 判決 控訴棄却 確定	乗車していた夫婦	自動車輸入販売会社，自動車販売整備会社	693万円	パワーステアリング・ポンプ交換の改善対策がされていなかったため，高速道路運転中通常の運転操作を行っていたにもかかわらず制御不能となりガードレールに衝突した。

No.	事件名	提訴	判決・和解	原告	被告	訴訟額	事件概要（原告主張）
83	焼却炉燃焼爆発工場全焼事件	平16. 9. 9 富山地裁 平18. 1. 5 名古屋高裁金沢支部	平17.12.20 判決 平19. 7.18 判決 控訴棄却確定 （判タ1251号333頁）	木製サッシ製造販売会社，作業員	焼却炉製造販売会社	2,000万円 認容額 2,000万円	焼却作業中に焼却炉の灰出し口の扉を開いたところ，燃焼爆発により火の粉が飛散したため工場が全焼し，作業員が火傷を負った。
84	軽乗用車出火焼損事件	平16. 9.11 名古屋地裁	平18. 2.24 判決 請求棄却確定	軽乗用車所有者である女性の夫，子供	自動車製造会社	106万円	タオル様の異物が，車体下部から軽乗用車のエンジンルーム内に入り込んだため，走行中に出火，焼損した。（軽乗用車の所有者であり原告であった女性は訴訟係属中に死亡したため，その夫が承継した。）
85	システムバス発火建物焼損事件	平16.10. 8 長野地裁松本支部 平19. 4.11 東京高裁	平19. 3.28 判決 請求棄却 平19. 9.26 判決 控訴棄却確定	システムバスを購入した男性	住宅設備機器製造販売会社	2,721万円	自宅に設置したシステムバスから発火し建物や家財道具が焼損した。
86	肺がん治療薬死亡事件②	平16.11.25 東京地裁		死亡した女性（31歳）の遺族	国，薬製造輸入販売会社	3,850万円	副作用が少ないという新しいタイプの抗がん剤による副作用（間質性肺炎）により死亡した。
87	焼肉店ダクト低温発火事件	平16.12. 8 大阪地裁	平18.10.20 判決 請求棄却確定 （判時1982号125頁）	損害保険会社	厨房機器類製造販売会社	6,740万円	損害保険会社が保険契約をしていた焼肉店の火災は無煙ロースターの廃棄ダクトに断熱材がまかれていなかったためによるダクトに接する根太の低温発火であるとして，焼肉店に代位して提訴した。

[別表2] 製造物責任法(PL法)に基づく訴訟一覧

No.	事件名	提訴	判決・和解	原告	被告	訴訟額	事件概要(原告主張)
88	光モジュール出力劣化事件	平16.12.24 東京地裁	平18.4.4 判決(日本国裁判所の管轄であることを認容した中間判決)(判時1940号130頁)	電子通信装置製造販売会社	アメリカ合衆国デラウェア州法人,台湾法人	5億4,911万円	光モジュールに搭載されているレーザーダイオードの活性層に欠陥があり,光出力劣化を生じ,保証された品質が備えられていなかったため,製品の交換を余儀なくされ損害を被った。
89	消防車昇降機落下死亡傷害事件①	平16.12.27 福島地裁郡山支部	平19.7.3 和解	地方広域消防組合	消防ポンプ製造会社	4,057万円	消防車昇降機の清掃点検をしていたところ滑車の止め輪が突然外れ脱落したためワイヤーが切断し昇降機が落下,搭乗していた消防士の1人が死亡,1人が重症を負った。
90	折りたたみ足場台脚部座屈傷害事件	平17.1.26 京都地裁 平18.12.15 大阪高裁 平19.9.12 上告受理申立	平18.11.30 判決(判時1971号146頁) 平19.8.30 判決 平20.1.31 不受理決定	傷害を負った男性	折りたたみ足場台製造会社,販売会社	149万円 認容額 149万円 認容額 189万円	折りたたみ足場台の上に立って修理作業をしていたところ,突然足場台脚部最下段の桟が座屈したため転落し,外傷性気胸および肋骨骨折の傷害を負った。
91	死亡事故後リコール判明事件	平17.1.31 東京地裁 平21.1.6 東京高裁	平20.12.24 判決請求棄却	死亡した夫婦の遺族	自動車製造会社,自動車輸入会社,自動車販売会社	3億6,086万円	自動車で走行中,制御不能状態になり対向してきた車両と正面衝突し,乗車していた夫婦が死亡し2歳の男児が傷害を負った。
92	工作機械出火焼損事件	平17.2.23 東京地裁	平19.2.5 判決請求棄却確定(判時1970号60頁)	金型製造販売会社	工作機械製造販売会社	4,944万円	無人工場内で,コンピュータープログラムによる自動運転中の工作機械から出火,工場の天井,内壁,工作機械,備品機械等を焼損した。
93	肺がん治療薬死亡事件③	平17.3.7 大阪地裁		死亡した男性(77歳)の遺族	国,薬製造輸入販売会社	3,300万円	副作用が少ないという新しいタイプの抗がん剤による副作用(間質性肺炎)により死亡した。

No.	事件名	提訴	判決・和解	原告	被告	訴訟額	事件概要(原告主張)
94	肺がん治療薬死亡事件④	平17. 4.25 大阪地裁		死亡した男性(48歳)の遺族	国,薬製造輸入販売会社	3,300万円	副作用が少ないという新しいタイプの抗がん剤による副作用(間質性肺炎)により死亡した。
95	携帯電話低温やけど事件	平17. 6. 2 仙台地裁 平19. 7.18 仙台高裁	平19. 7.10 判決 請求棄却	やけどを負った男性	携帯電話製造会社	224万円	携帯電話をズボン前面ポケット内に入れて,使用していたところ,大腿部にやけどを負った。
96	ロースかつ食中毒事件	平17. 6.29 名古屋簡裁	平17.11.29 判決 請求棄却 確定	かつを食べた男性	惣菜製造販売店	30万円	食品惣菜店で購入したロースかつを食べたところ,腹痛,発熱に見舞われ,通院治療が必要になった。
97	廃食用油軽油代替燃料精製装置残留メタノール事件	平17. 7.21 東京地裁 平20. 5.21 東京高裁	平20. 4.24 判決 請求棄却 (判時2023号77頁) 平21. 2.11 判決 控訴棄却 確定	軽油代替燃料販売会社	精製装置開発会社,国立大学法人,販売代理店,設備貸与財団法人	2億4,487万円	軽油代替燃料を使用する車両にエンジン始動不良等のトラブルが発生したため,精製した代替燃料の販売を中止したのは,購入した廃食用油軽油代替燃料装置で精製する代替燃料にメタノール量が多く残留する欠陥があったからであった。
98	原材料金属片混入商品回収事件	平17. 7.27 甲府地裁 平17. 9.12 東京地裁 移送	平20. 9.24 和解	和洋菓子等製造販売会社	乳製品製造販売会社	6億241万円	製造工程で使用されていたフィルターの金属片が混入していたバターが納入されたため,それを原材料にして製造販売した菓子の回収,廃棄を行った。
99	肺がん治療薬副作用事件⑤	平17. 7.29 大阪地裁		抗がん剤を服用した男性	国,薬製造輸入販売会社	550万円	副作用が少ないという新しいタイプの抗がん剤による副作用(間質性肺炎)により咳と高熱が続き,一時的に呼吸ができない状態に陥った。

〔別表2〕 製造物責任法(PL法)に基づく訴訟一覧　175

No.	事件名	提訴	判決・和解	原告	被告	訴訟額	事件概要（原告主張）
100	消防車昇降機落下死亡事件②	平17.7.29 福島地裁郡山支部	平19.7.3 和解	死亡した消防士の子供4人	消防ポンプ製造会社（No.89に同じ）	9,868万円	消防車昇降機の清掃点検をしていたところ，滑車の止め輪が突然外れ脱落したため，ワイヤーが切断し昇降機が落下，搭乗していた消防士の1人が死亡した。
101	電気ストーブ化学物質過敏症別訴事件②	平17.8.5 東京地裁	平20.8.29 判決確定	過敏症になった男性，両親（No.61と同じ原告）	電気ストーブ輸入販売会社	1億円 認容額 27万円 製造物責任は認められた（770万円余）がNo.61の被告よりすでに賠償されており（不真正連帯債務の関係）認容額27万円は未払分，遅延損害金，弁護士費用）	電気ストーブから有害化学物質が発生したため中枢神経機能障害，自律神経機能障害を発症し化学物質過敏症になった。
102	軽貨物車燃料ホースクラック出火事件	平17.11.30 東京地裁 平19.5.7 東京高裁	平19.4.24 判決 平20.2.26 和解	運送会社	自動車製造会社	300万円 認容額 30万円	軽貨物自動車を運転中，高圧側燃料ホース内に大規模なクラックが生じ，噴出した燃料に引火したためエンジンルーム付近から出火，車両が滅失した。
103	カプセル玩具誤飲高度後遺障害事件	平18.1.17 鹿児島地裁 平20.6.3 福岡高裁宮崎支部	平20.5.20 判決（判時2015号116頁） 平21.7.3 和解	低酸素脳症を負った男児，両親	玩具等製造販売会社	1億798万円 認容額 2,626万円	内部に人形等が入っているプラスチック製球状カプセルを2歳10ヶ月の男児が飲み込み，低酸素状態となり脳に重度の後遺症が残った。

No.	事件名	提訴	判決・和解	原告	被告	訴訟額	事件概要（原告主張）
104	ヘアマニュキア脱毛事件	平18.3.2 奈良地裁	平20.2.14 判決 請求棄却 確定	脱毛した男性	ヘアマニュキア製造会社	441万円	ヘアマニュキア（酸性染毛剤）を2度目に使用したところ、顔の腫れ、頭皮のかぶれ、身体の湿疹等が生じ、頭髪、眉毛が脱毛した。
105	おしゃぶり歯列等異常事件	平18.5.31 東京地裁	平20.3.21 和解	反対咬合になった女児、母親	ベビー用品販売会社	1,001万円	生後2ヶ月から4歳頃までおしゃぶりを使用したところ、舌突出癖、口呼吸、顎顔面変形がみられ、発音の発達が遅れた。
106	ヘリコプターエンジン出力停止墜落事件	平18.6.9 東京地裁		国	航空機等製造会社	2億8,073万円	対戦車ヘリコプターがホバリング状態から突然エンジン出力を失ったため、7.5メートルの高さから墜落し、機体下部等を損壊、乗員2人が重傷を負った。
107	鍬（農具）失明事件	平19.2.15 名古屋地裁	平20.12.11 和解	失明した女性	農具製造会社	5,736万円	小石の混じる土地も掘り起こすことができるとされた鍬を使用したところ、鍬の鉄片が剥離し左眼に飛び込み失明した。
108	自動車ブレーキ不能暴走事件	平19.3.9 大阪地裁	平21.2.9 和解	長男所有の車を運転していた男性	自動車製造会社、修理会社	162万円	道路下り坂を運転中にブレーキが効かず暴走したのはIGスイッチの欠陥によるものである。（人損、物損なし）
109	こんにゃく入りゼリー7歳児死亡事件	平19.6.15 名古屋地裁	平20.9.5 和解	死亡した男児の両親	和洋菓子製造販売会社、地方自治体（国賠法）	7,482万円	学童保育所でおやつに出されたこんにゃく入りゼリーを食べたところ気道に詰まらせ死亡した。
110	パソコンバッテリー発火火傷事件	平19.7.14 大阪地裁	平20.4.2 和解	パソコンを購入した夫婦	パソコン輸入販売会社、電池製造会社	202万円	パソコンバッテリーから白煙、炎が噴出したため、マットにくるみ屋外に運び出したが、指に火傷を負い、精神的不安定になった。

〔別表2〕 製造物責任法(PL法)に基づく訴訟一覧　177

No.	事件名	提訴	判決・和解	原告	被告	訴訟額	事件概要（原告主張）
111	携帯電話カッターナイフ折れ刃付着受傷事件	平19.10.14 神戸地裁姫路支部 平20.10.17 大阪高裁	平20.10.2 判決 請求棄却 平21.2.20 判決 控訴棄却 確定	機械部品設計を業務とする男性	携帯電話製造販売会社	34万円	携帯電話の3Dサラウンドステオスピーカー部分に使用されている磁石に、業務中にカッターナイフの折れ刃が付着したため左人指し指に刺さり受傷した。
112	赤外線ドーム両下肢網状皮斑事件	平19.12.28 大阪地裁		モデルに復帰しようとしていた女性	健康美容機器製造会社，販売会社，エステティックサロン経営会社	582万円	エステティックサロンにて遠赤外線サウナドームを使用したところ両下肢に網状皮斑（赤紫色の網状模様）が生じた。
113	スキービンディングの非解放による受傷事件	平20.1.24 仙台地裁		受傷した男子学生，両親	スポーツ用品輸入・販売等会社	3,984万円	スキー滑走中に転倒した際、装着していたスキー板とスキー靴を固定するビンディングに欠陥があったため、スキー靴が解放されず、右大腿骨近位骨幹部粉砕骨折の重傷を負った。
114	花火爆発やけど事件	平20.5.2 名古屋地裁	平20.7.24 和解	やけどした男性，女児	煙火，玩具煙火の販売，各種イベント企画会社	282万円	父親がろうそくから左手で持った花火に着火したところ爆発し、父親の左腕と女児の右腕がその炎により覆われやけどした。
115	二重サッシ脱落受傷事件	平20.7.31 大津地裁		受傷した女性	住宅建材設計製造施工販売会社	2,077万円	自宅新築時に取り付けた二重サッシの室内側窓を全開にし、かがんで家事をしていた女性が上体を起こした際にサッシに触れたためサッシが窓枠から脱落して受傷した。

No.	事件名	提訴	判決・和解	原告	被告	訴訟額	事件概要(原告主張)
116	電気温水器からのニッケル漏出による湿疹事件	平20. 8.22 京都地裁		電気温水器を設置していた設計事務所	電気機械製造販売会社	174万円	電気温水器を経由する温水をコーヒーやお茶として継続して喫食していたところ、身体に湿疹様の炎症、搔痒感が生じ、使用していた電気ポット等が黒ずんだ。水道水における厚生労働省の水質管理目標の33倍にも達するニッケルが温水に含まれていた。
117	公営住宅エレベーター戸開走行による死亡事件	平20.12.12 東京地裁		死亡した少年の両親	エレベーター製造販売会社、保守管理会社、設備管理会社、地方公共団体、公共賃貸住宅管理会社	2億5,000万円	エレベーターから自転車とともに降車しようとしたところ、エレベーター、建物側両方の扉が開いたまま、乗車していたかごが突然上昇したため、かご床面と建物出入り口上部枠に挟まれ死亡した。
118	こんにゃく入りゼリー高齢者死亡事件②	平21. 1.14 名古屋地裁		死亡した高齢者の長女	こんにゃく製品製造販売会社	2,900万円	長女が要介護状態の母親にこんにゃく入りゼリーを与えたところ誤嚥による低酸素脳症により死亡した。
119	こんにゃく入りゼリー1歳児死亡事件③	平21. 3. 3 神戸地裁姫路支部		死亡した幼児の両親	こんにゃく製品製造販売会社	6,241万円	祖母が冷凍庫から出しておいたこんにゃく入りゼリーをデザートとして1歳9ヶ月の孫に与えたところ、喉に詰まらせて死亡した。

注:上記訴訟一覧は、国民生活センター相談部が2009年9月末までに提訴を把握したものから作成。
出所:独立行政法人国民生活センター編『消費生活年報2009』172頁、同センター「製品関連事故に係る消費生活相談の概要と主な訴訟事案」および「製造物責任法(PL法)に基づく訴訟」(2009年10月21日付記者説明会資料)。

第4章
最近の環境法規制のもとにおける企業のリスクマネジメント

I　はじめに

　環境問題が深刻化する中，社会・経済がサスティナブル（持続可能）であるために企業が何をなすべきかが真剣に議論されるようになってきている。また，環境問題が深刻になるにつれて，企業活動に大きな影響を与える環境法規制の動向が注目されている。現在，環境法規制には，規制値の強化のみならず従来にはなかった新しい要素がどんどん導入されている。企業はこのような法規制に適合するために，抜本的な対応が求められている。

　我々の生活が便利になるにつれて排出されるごみは増え，日本では1989年度以降毎年年間約5,000万トンの一般廃棄物が排出されている[1]。また，全国の産業廃棄物の総排出量については，1990年度以降4億トン前後でほぼ横ばいであるが，廃棄物の最終処分場の残余年数については，2006年4月時点において全国平均7.2年分で，依然として厳しい状況にある[2]。

　このような状況を背景に，廃棄物の排出規制をベースとしながらリサイクル等による対応を，これまで以上に企業に求めていこうとする様々な環境法規制が推進されつつある。

　また，過去において我々の身の回りに日常的に使用されてきた多くの化学物質が，微量であっても人体へ悪影響を与える可能性が指摘され，企業は化学物質の取扱いについて姿勢の転換を迫られている。

---

[1]　環境省編『平成21年版環境白書，循環型社会白書／生物多様性白書』196頁（日経印刷，2009年）。2006年度の一般廃棄物の総排出量は5,204万トンである。
[2]　環境省編・前掲注1）201頁。2006年度の産業廃棄物の総排出量は4億1,800万トンである。

このように化学物質の有害性がクローズアップされるのに伴い，化学物質に関してこれまでの排出抑制手法による法規制の強化に加えて，自主性に基づく新たな取組みが企業に求められてきた。その結果，化学物質を取り扱う事業者が化学物質の取扱明細を公表し，自主的に責任を持って管理していくPRTR法[3]（正式名称は，「特定化学物質の環境への排出量の把握等及び管理の改善の促進に関する法律」）が1999年に制定され，さらに，廃棄物削減・リサイクル推進の原則と事業者や消費者を含めた役割分担を含め，基本的な考え方を定めた循環基本法（正式名称は，「循環型社会形成推進基本法」）が2000年に制定され，廃棄物の定義や処理責任の所在，処理方法・処理施設・処理業の基準などを定めた改正廃棄物処理法（正式名称は，「廃棄物の処理及び清掃に関する法律」の一部改正法）が2003年に制定された。

また，近年，有害物質による土壌汚染事例の判明件数の増加が著しく，土壌汚染による健康影響の懸念や対策の確立への社会的要請が強まっている状況を踏まえ，国民の安全と安心の確保を図るため，土壌汚染の状況の把握，土壌汚染による人の健康被害の防止に関する措置等の土壌汚染対策を実施することを内容とする土壌汚染対策法が，2002年に制定された。

一方，1997年12月京都で開催された地球温暖化対策に関する国際会議で二酸化炭素（CO_2）等温室効果ガスの排出量の数値目標が設定され，日本は2008～2012年に1990年を基準にして6％削減を国際的に約束した経緯がある。そして，日本は，京都議定書締結の国会承認および担保法としての地球温暖化対策推進法（正式名称は，「地球温暖化対策の推進に関する法律」）を1998年に制定し，また，1979年の制定以降数次にわたる改正を経て強化されてきた省エネルギー法（正式名称は，「エネルギーの使用の合理化に関する法律」）を1998年に改正した。

これらの法規制は，単に企業活動における二酸化炭素の削減や省エネルギー等を迫るだけでなく，製品を最終消費者が使用する際の省エネルギーにも寄与することを求めるなど，企業に新たな役割が求められるものになろうとしている。

---

3) PRTRは，英文名 "Pollutant Release and Transfer Register" の頭文字をとった略称で，日本名は環境汚染物質排出移動登録と呼ばれる。

このように企業に環境対応の役割の増大が求められる中で，環境マネジメントシステムの国際規格ISO14001の認証取得がますます重要になってきており，The ISO Survey of Certifications‐2008（世界155ヶ国が対象）によれば日本の認証取得件数は35,573件で中国に続き2位となっている[4]。

本章では，現在深刻な問題になっている廃棄物・リサイクル問題，我々の日常生活に深く関わりこれを支えている化学物質の有害性の問題，有害物質による土壌汚染問題および地球規模の破局的な気候変動を引き起こすおそれがある地球温暖化問題等に関する環境法規制のもとにおける企業の環境リスクマネジメントについて述べることとする。

II　日本の環境問題の取組みについての変遷

工業の復興に伴い，深刻な公害被害が発生し，あるいは顕在化した1955年から2005年までの半世紀にわたる日本の環境問題の取組みについての変遷を見ることとする。

1　産業公害問題（1955～1972年）

日本の自然環境は1955～1964年（昭和30年代）を境に大きく変化したといわれる。その背景には未曾有の高度経済成長があった。すなわち，戦後の経済復興を優先した1950年代から60年代の高度成長期において，生産活動の拡大により，実質経済成長率は，1950年代後半には8.9％，1960年代前半には9.1％，1960年代後半には10.9％と上昇した。経済成長期初期である1955年の日本のエネルギー消費量は小さく，エネルギー供給の大部分を石炭および水力発電でまかなっていたが，1961年には石油需要が石炭重要を上回り，1955年から1961年の間にエネルギーの総供給量も約2倍に増加するなど，エネルギー消費量は急増した。この過程で日本の産業構造の重化学工業化が大きく進み，重化学工業

---

[4]　35,573件は，2008年12月末現在（2009年12月発表）の認証取得件数である。2007年12月末は27,955件，2006年12月末は22,593件である。なお，1位の中国は39,195件（2008年12月末）である（http://www.iso.org/iso/survey2008.pdf）。

は，生産額1単位当たりの汚染物質発生量が他の産業より大きく，汚染物質の排出量も経済成長にあわせて増加した。

こうした経済の急速な発展とそれに伴う汚染物質の環境中への排出は，環境の急速な悪化をもたらしたのである[5]。深刻な汚染は，人の健康にまで被害を及ぼし，1955年から1960年代後半にかけて，いわゆる四大公害病（イタイイタイ病，新潟水俣病，四日市ぜん息，熊本水俣病）（表4-1）の発生を招くなど，大きな社会問題にまで発展した[6]。

1960年代後半に入ると高度成長と地域開発の進展に伴い，河川，海域等の公共用水域の汚濁が著しくなった。例えば，1965年頃になると瀬戸内海の一部では，赤潮の発生件数が年間40件を超え，1970年には，瀬戸内海のほぼ全域で発生が見られることになり，大量の漁業被害を発生させた[7]。また，1960年代から

---

5) 環境省編『平成14年版環境白書』7～8頁（ぎょうせい，2002年）。
6) 水俣病とイタイイタイ病は，重金属による水汚染が原因の公害病である。また，四日市ぜん息では，ぜん息症状と硫酸酸化物による大気汚染との強い疫学的関連性が指摘された。なお，1973年3月20日に判決が下された熊本県水俣病訴訟を最後に，富山県イタイイタイ病訴訟，新潟県新潟水俣病および三重県四日市公害訴訟のいわゆる四大公害訴訟の裁判は，水俣病の認定問題等を除き，一応の終結を見た。これらの四大公害訴訟は，その公害による被害者が多数にわたり，かつ，その被害もあるいは人命に及ぶことや人の健康を損なうことなどの著しいものがあった点で，いずれもその帰趨について，大きな社会的関心が払われたものである。また，各訴訟において下された判決は，いずれも原告側の主張を原則的に認めており，被告側たる企業に対し，相当の損害賠償額の支払いを命じ，厳しく企業責任を追及している。さらに，これらの裁判に共通して，判決がその非を責めたものは，被告企業の公害防止に関する態度であり，公害防止のためには，企業は，単になしうる最善の防止措置を講ずるだけでは足らず，いかなる手段をとっても被害者を出すことは許されないという厳しい姿勢で公害防止に臨まなくてはならないことを指摘するものであった。四大公害訴訟の判決の概要については，表4-1参照。
7) 環境省編・前掲注5）8頁。
8) 本件では，判決後の1972年に，被害住民団体は被告の三井金属鉱業株式会社と直接交渉を行い，その結果，賠償に関する誓約書，土壌汚染問題に関する誓約書，公害防止協定の3つの文書がかわされた。さらに，裁判で最大の争点になった病因については，その後も，裁判によって明確に認定されたカドミウム原因説に疑問を呈する見解が繰り返し現れたが，1998年に富山市で行われた国際シンポジウムにおいて，国内外の専門家のもとに，カドミウム原因説が改めて確認されている（吉村良一「イタイイタイ病事件—公害における疫学的因果関係論—」淡路剛久=大塚直=北村喜宣編『環境法判例百選』別冊ジュリ171号51頁（2004年））。

表 4-1　四大公害判例の概要

訴訟の判決の概要	判決年月日等
(1) イタイイタイ病訴訟 　この訴訟は，富山県神通川流域の住民が，三井金属鉱業株式会社に対して，1968（昭和43）年3月に提起した損害賠償請求訴訟（第1次訴訟）である。 　イタイイタイ病は，骨が脆くなって体のあちこちで骨折し，患者がいつも痛い痛いと叫ぶので，この名が付けられた。 　この訴訟において主たる争点となったのは，三井金属鉱業株式会社神岡鉱業所から排出された廃水等に含まれていたカドミウムによりイタイイタイ病が発生したかどうかの因果関係の立証である。 　1971（昭和46）年6月に行われた判決は，因果関係について疾病を統計学的見地から観察する疫学的立証法を導入し，その観点からの考察を中心に，臨床と病理的所見等を付加した上で，三井金属鉱業神岡工業所から排出される廃水等とイタイイタイ病との間に相当因果関係が存在することを認定した。 　そして，大筋においてそのような説明が科学的に可能な以上，被告が主張するカドミウムの人体に対する作用を数量的な厳密さをもって確定することや経口的に摂取されたカドミウムが人間の骨中に蓄積されるものかどうかの問題はいずれもカドミウムと本病の間の因果関係の存否の判断に必要でないとされ，法律的な意味で因果関係を明らかにすることと，自然科学的な観点から病理的メカニズムを解明するために因果関係を調査研究することとの相違が明確にされた。このことは，公害裁判における原告側の因果関係の挙証責任を事実上緩和することを意味するものである。 　この第1審の判決に対しては，即日三井金属鉱業株式会社から控訴が申し立てられ，事件は名古屋高等裁判所金沢支部に係属したが，1972（昭和47）年8月の控訴審判決においても，住民側の主張が認められている。[8]	①イタイイタイ病第1次訴訟判決 　（富山地判昭和46年6月30日 　　判時635号17頁，判タ264号103頁） ②イタイイタイ病第1次訴訟控訴審判決 　（名古屋高金沢支判昭和47年8月9日 　　判時674号25頁，判タ280号182頁）
(2) 新潟水俣病訴訟 　この訴訟は，新潟県阿賀野川流域の住民およびその遺族が1967（昭和42）年6月（第1次訴訟）に，昭和電工株式会社を被告として，同社の鹿瀬工場からの廃液に含まれているメチル水銀化合物により汚染された魚類を摂取したため，新潟水俣病に罹患し，重大な被	①新潟水俣病第1次訴訟判決 　（新潟地判昭和46年9月29日 　　判時642号96頁，判タ267号99頁） ②新潟水俣病第2次訴訟第1陣判決 　（新潟地判平成4年3月31日 　　判時1422号39頁，判タ782号260頁）

訴訟の判決の概要	判決年月日等
害を被ったことに対する損害賠償を請求したものである。 　日本では，メチル水銀に汚染された魚介類の長期間，多量の摂取による中毒性の中枢神経系疾患のことを，最初に発見された熊本水俣湾周辺の地名をとって一般的に「水俣病」と呼んでいる。新潟阿賀野川流域で発生が確認されたものは新潟水俣病または第2水俣病と呼んで区別する場合がある。 　昭和電工鹿瀬工場は，1950（昭和25）年から化学製品の中間品としてアセトアルデヒドの生産を行っていた。国内ではチッソ（新日本窒素）に次ぐ生産量で，アセトアルデヒドの製造工程で触媒として使われた無機水銀から微量のメチル水銀が工場排水として阿賀野川に排出された。阿賀野川下流域で生物濃縮を経て魚介類中にメチル水銀が蓄積し，河口に近い魚介類の水銀濃度が高くなった。 　裁判の審理の過程においては，新潟水俣病と昭和電工鹿瀬工場の廃液との因果関係および昭和電工の故意または過失責任が主たる争点となった。 　特に，故意または過失責任については，先のイタイイタイ病訴訟は鉱業法の無過失責任規定に基づく訴えだったため，争点として登場しなかったが，本訴訟においては大きな争点として取り上げられた。 　1971（昭和46）年9月の判決において，まず，因果関係については，原因物質および汚染経路について様々の状況証拠により，関係諸科学との関連においても矛盾なく説明でき，汚染源の追及が被告企業の門前に達したときには，被告企業において汚染源でないことの証明をしない限り，原因物質を排出したことが事実上推認され，その結果工場排水の放出と本疾病の発生とは，法的因果関係が存在するものと判断すべきであるとされた。 　また，被告企業の責任については，鹿瀬工場の排水中にメチル水銀が含まれており，それが阿賀野川沿岸住民を水俣病に罹患させることがあっても，被告がこれを容認していた事実は認められず，したがって，故意があったことを裏付けるに足る証拠はないとされたが，過失については， ①「化学企業としては，有害物質を企業外に排出させることのないように常に安全に管理する義務がある。しかるに被告は，熊本大研究班の有機水銀説等に謙虚	

訴訟の判決の概要	判決年月日等
に耳を傾けることもなく漫然と水俣病の先例をいわば対岸の火災視していたため，十分な調査分析を怠り，工程中にメチル水銀化合物が副生し，かつ，流出していたのに気づかず，これを無処理のまま工場排水とともに，放出し続け，沿岸住民を水俣病に罹患させたことに過失があったと認められる」 ②「企業の生産活動も一般住民の生活環境保全との調和においてのみ許されるべきであり，最高の技術設備をもってしてもなお人の生命身体に危害が及ぶおそれがあるような場合には，企業の操業短縮はもちろん，操業停止まで要請されることもあると解する」 として，人の生命身体の安全確保に対する企業の注意義務違反が指摘された。 　その後，未認定者が中心である原告が企業と国とを相手取って，1982（昭和57）年に1人当たり一律2,200万円の損害賠償を請求した（第2次訴訟）。裁判では，国が国家賠償法上の責任を負うか否か，また，未認定の原告が水俣病に罹患しているか否か，という点が特に注目された。判決は，国がアセトアルデヒドの製造を拡大させるなど有機合成化学工業の保護育成政策を推進したことおよび水俣病発生を防止すべき義務を怠ったことには当たらないとして，国に対する国家賠償法1条1項に基づく損害賠償請求は棄却された。一方，企業に対しては，未認定の原告91人中88人の水俣病罹患を認め，請求を認容した[9]。	
(3) 四日市公害訴訟 　この訴訟は，三重県四日市市磯津地区の住民が，1967（昭和42）年9月に四日市コンビナートを形成し	四日市ぜんそく損害賠償請求訴訟判決 （津地四日市支判昭和47年7月24日 判時672号30頁，判タ280号100頁）

---

9) 本判決に対しては，原告（住民およびその遺族）も被告（企業）側も控訴した。しかし，1995年，熊本水俣病について，加害企業が一時金を支払う等の解決案が村山政権（当時）下の政府与党によって示され，行政は謝罪のみでその法的責任を明確にしたものではなかったが，患者の高齢化に直面していた被害者団体はこの受入れを決めた。新潟水俣病に関してもこの案に沿って解決が図られ，一連の訴訟は翌1996年2月に和解・取下げに至った。各地での熊本水俣病関係訴訟も，多くは同年5月に同様の形で終了した（梶哲教「新潟水俣病事件第2次訴訟―行政の責任と罹患判定基準―」淡路＝大塚＝北村編・前掲注8）76～77頁）。

訴訟の判決の概要	判決年月日等
ている6社（昭和四日市石油，三菱油化，三菱化成工業，三菱モンサント化成，中部電力，石原産業）を被告として，これらの6社の排煙により発病し重大な被害を被ったことに対する損害賠償を請求したものである。 　三重県四日市市では，戦後，化学コンビナート建設が進むにつれて硫黄酸化物による大気汚染がひどくなり，1960（昭和35）年頃にはぜん息の患者発生が顕著になってきた（四日市ぜんそく）。 　審理の適程において，主たる争点となったのは，共同不法行為の成立，故意または過失責任，因果関係等であり，1972（昭和47）年7月に判決が下された。 　四日市公害訴訟は，他の公害訴訟がいずれも1つの企業が重金属を排出した結果生じた公害を問題にするものであるのに対し，コンビナートを形成している多数の工場からの排出による公害が問題にされた最初の訴訟であり，しかもばい煙による公害という全国各地に見られる公害が裁かれるという意味で注目されていた。 　判決においては，まず，共同不法行為責任に関し被告の工場が順次隣接し合って集団的に立地し，しかも，だいたい時を同じくして操業を開始しているので客観的な関連共同性を有していると認められ，そのような場合には，結果の発生についての予見可能性がある限り，共同不法行為責任があるとされた。 　さらに，工場の間に機能的，技術的，経済的に緊密な結合関係があると認められる場合にはたとえ一工場のばい煙が少量で，それ自体としては結果の発生との間に因果関係が存在しないと認められるような場合においても，結果に対して共同不法行為責任を免れないこととされた。 　次に，被告6社の故意または過失責任に関しては，故意は認められないものの，次の2つの点において，過失があるとされた。1つ目として，被告はその工場立地に当たり，住民の健康に及ぼす影響についてなんらの調査，研究もなさず漫然と立地したことが認められ，立地上の過失があるとされた。 　2つ目として，被告は，その操業を継続するにあたっては，ばい煙によって住民の生命，身体が侵害されることのないように操業すべき注意義務があるにもかかわらず，漫然と操業を継続した過失も認められると	

訴訟の判決の概要	判決年月日等
された。 　一方，被告が，四日市への進出は，国や地元の奨励によるものであると主張したことについては，たしかに当時の国や地方公共団体が経済優先の考え方から，工場による公害問題の惹起などについて事前の慎重な調査検討を経ないまま，工場誘致を奨励するなどの落度があったこともうかがわれるけれども，企業側が，工場進出に関し激烈な払い下げ運動を行ったこと等は明らかな事実であり，被告の過失を否定するには足りないとされた。 　また，被告が，そのなしうる最善の大気汚染防止措置を講じて，結果回避義務を尽くした以上被告に責任はないと主張したことに対しては，少なくとも人間の生命，身体に危険のあることを知りうる汚染物質の排出については，企業は経済性を度外視して，世界最高の技術，知識を動員して防止措置を講ずるべきであり，そのような措置を怠れば過失は免れないと解すべきであるとされた。 　最後に，因果関係については，各種の疫学調査によると，磯津地区の閉塞性呼吸器疾患とばい煙は明確な因果関係があり，大気汚染以外の因子は，いずれも大気汚染の影響を否定するに足るほどのものでないとされ，これまでの判決と同様の姿勢が示された。	
(4) 熊本水俣病訴訟 　この訴訟は，熊本県水俣地区とその周辺の住民が，1969（昭和44）年にチッソ株式会社に対して行った損害賠償請求訴訟である。日本の公害のいわば原点ともいうべき水俣病に関して行われたこの訴訟は，1つの訴訟としては，原告側被害者138人という四大公害訴訟中最大のものであると同時に，その判決が，いわゆる自主交渉グループや公害等調査委員会に調停を求めるグループなど訴訟とは別に行っている水俣病交渉の動静に対して大きな影響を与えるものとして，社会的注目を浴びてきた。 　熊本水俣病は，チッソ水俣工場のアセトアルデヒド製造工程で使っていた無機水銀の触媒から生じた微量のメチル水銀が工業排水として水俣湾に排出され，生物濃縮を経て魚介類中にメチル水銀が蓄積し，それを大量に食べることによって発生した公害病である。 　この訴訟においては，チッソ水俣工場の廃液放出と	①熊本水俣病第1次訴訟判決 　　（熊本地判昭和48年3月20日 　　　判時696号15頁，判タ294号108頁） ②熊本水俣病第2次訴訟判決 　　（(ア) 熊本地判昭和54年3月28日判時927号15頁，(イ) 福岡高判昭和60年8月16日判時1163号11頁，判タ565号75頁） ③熊本水俣病第3次訴訟第1陣判決 　　（熊本地判昭和62年3月30日 　　　判時1235号3頁） ④水俣病東京訴訟判決 　　（東京地判平成4年2月7日判時臨時増号〔平成4年4月25日〕3頁，判タ782号65頁） ⑤熊本水俣病第3次訴訟第2陣判決 　　（熊本地判平成5年3月25日

訴訟の判決の概要	判決年月日等
水俣発病との因果関係については，1968（昭和43）年12月の政府見解に従うとして被告企業もこれを認めたため，最終的には争われなかったが，最大の争点となった被告の責任については，1973（昭和48）年3月に行われた判決は，被告の注意義務違反を指摘し，過失責任があったことを認めた。すなわち，化学工場は，その廃液中に予想外の危険な副反応生成物が混入する可能性が大きいため，特に，地域住民の生命・健康に対する危害を未然に防止する高度の注意義務があるにもかかわらず，被告側の対策，措置には何一つとして納得のいくようなものはなく，被害の過失の責任は免れえないと述べている。 　また，判決はその他の争点についても，過去に行われた両当事者の見舞金契約の有効性や損害賠償請求権の消滅時効などに関する被告側の反論をしりぞけた。 　本判決により，1973(昭和48)年12月25日チッソは水俣病の原因企業としての責任を認め，公害健康被害補償法（現行の公害健康被害の補償等に関する法律）の補償水準を上回り希望するすべての水俣病患者に開かれた内容の補償協定を水俣病被害者の会と締結した。 　しかし，この補償協定の運用をめぐって「未認定患者問題」が発生し，国・県の責任を問う国家賠償訴訟（例えば東京地判平成4年2月7日，熊本地判平成5年3月25日等）を含め，数多くの訴訟が提訴され，何が水俣病なのかという「病像論」が主たる争点となった。水俣病問題（新潟水俣病も含む）は，1995（平成7）年の村山内閣によるいわゆる政治決着（原因企業による未認定患者・患者団体への一時金支払，患者側の認定請求とすべての訴訟の取下げを内容とする和解案の提示）により，翌96年和解が成立するまで，数千人規模の公害問題として未解決のままであった。この和解を結ばなかった未認定患者による関西水俣病訴訟では，原告58名中51名の請求についてチッソ，国，県の責任を認める判決（大阪高判平成13年4月27日）が出ている。[10]	判時1455号3頁） ⑥水俣病京都訴訟判決 　（京都地判平成5年11月26日 　判時1476号3頁） ⑦水俣病関西訴訟判決 　((ア) 大阪地判平成6年7月11日判時1506号5頁，(イ) 大阪高判平成13年4月27日判時1761号3頁，判タ1105号96頁，(ウ) 最判平成16年10月15日民集58巻7号1802頁，判時1876号3頁，判タ1167号89頁）

注：水俣病に関してはこれまで数多くの訴訟が提訴されているが，ここで挙げている判例はその主なものである。
出所：淡路剛久＝大塚直＝北村喜宣編『環境法判例百選』別冊ジュリ171号（2004年）および環境省編『環境白書』，その他資料等をもとに作成。

1970年代にかけて大気汚染，水質汚濁問題は一挙に噴出し，健康のみならず生活そのものを圧迫するものとして，工場からの排出物質の規制を求める国民の声は最大となり，各地の工業地帯で公害が激化し，公害被害をめぐる紛争も多発するようになった。しかし，公害行政の方は，関係各省に分割され，それぞれが縦割り的に後追いの対策を進め，総合的な公害対策を実施することはできなかった。このような状況の悪化の中で，1963年頃から，公害基本法の制定を含めて公害行政を総合的に実施する必要が認識されるようになり，1967年，公害対策基本法案が作られ，国会審議を経た上で同年6月に法律として成立した。

公害対策基本法は，公害対策の基本的方向を宣明する基本法であり，国が対策を講ずべき公害の範囲をいわゆる典型6公害（大気汚染，水質汚濁，騒音，振動，地盤沈下および悪臭）[11]として定義するとともに，国および地方公共団体の公害防止行政の目標と施策の基本的方向を定めたものである。国の具体的施策としては，①環境基準を定めて環境保全の目標を明示すること，②排出基準を定めて公害原因物質の排出を規制すること，③公害防止のために土地利用の規制等を図るとともに，④公害防止計画を策定して総合対策を講ずること等が定められた。ほかにも，紛争処理制度，被害救済制度，事業者による費用負担制度，地方公共団体への財政的援助の制度を設け，公害対策会議および公害対策審議会を設置することと定めている。

しかし，同法には，法律の目的として，「生活環境の保全については，経済の健全な発展との調和が図られるようにする」といういわゆる経済調和条項が置かれていた（法1条2項）ため，産業開発の足かせとなる厳しい対策は見送

---

10) 阿部満「熊本水俣病事件第1次訴訟―工場排水有機水銀中毒事件における過失の認定，見舞金契約の効力―」淡路＝大塚＝北村編・前掲注8) 54頁。
　なお，水俣病については，関西水俣病訴訟最高裁判決（最判平成16年10月15日民集58巻7号1802頁，判時1876号3頁，判タ1167号89頁）以降，1977年判断基準では水俣病と認められない患者によって続々と訴訟が提起されている。一方，国は1995年の和解との関係で，この問題には苦慮しているようである（大塚直「現代環境法政策の課題」法教330号92〜93頁（2008年））。
11) 公害対策基本法制定時は土壌汚染を除く6公害であったが，1970年に土壌汚染が加えられ，典型7公害となった。

られることになるという限界を持っていた[12]。

　公害対策基本法の制定をきっかけとして，公害関係法律の整備が進んだ。すなわち，航空機騒音の障害防止のための防衛施設周辺の整備等に関する法律（1966年）および公共用飛行場周辺における航空機騒音による障害の防止等に関する法律（1967年），大気汚染防止法（1968年），騒音規制法（1968年），公害紛争処理法（1970年）などが制定された。

　このうち大気汚染防止法は，従来のばい煙等規制法に比較して，規制対象物質に自動車排出ガスを追加するとともに，規制対象地域の指定要件を緩和し，硫黄酸化物のK値規制[13]，自動車排ガスの許容限度の設定などの新しい規制方法を導入するものであった[14]。

　また，公害対策基本法や，水質二法[15]，大気汚染防止法などの制定にもかかわらず，公害問題は，広域化，多様化，深刻になっていき，1970年は，新たな公害問題が一挙に顕在化した年となった。例えば，利根川水系の水道でのにおい水騒ぎ（1月），富山県黒部市におけるカドミウム汚染事件（5月），東京都新宿区柳町における自動車排ガスによる鉛汚染事件（5月），田子の浦港のヘドロ問題の表面化（7月），東京都杉並区立正高校における光化学スモッグ事件（7月）など新しい種類の公害が出現し，公害問題が国政上の重大な課題として取り上げられるようになった。こうして，1970年11月の第64臨時国会は，公害国会と呼ばれ，14の公害関係法の制定・改正が行われた（表4-2）。

---

12) 大塚直『環境法』〔第2版〕10頁（有斐閣，2006年）。
13) K値規制とは硫黄酸化物の規制方式であり，煙突の高さと煙の上昇率をもとにした値に地域ごとに異なるKという定数を乗じ，これをもって煙突など排出口からの1時間当たりの許容排出量とするものである。Kの値が小さいほど排出基準が厳しい。この規制は，1968年の第1次規制から1976年の第8次規制までほぼ毎年規制が強化された。なお，K値規制のみでは，多くの排出源が集中する大工業地域などでの広域的な汚染に対応することが困難であったため，1974年に大気汚染防止法が改正され，総量規制が導入された。
14) 倉阪秀史「環境政策の歴史」茅陽一監修『環境ハンドブック』834頁（産業環境管理協会，2002年）。
15) 水質二法とは，1958年に制定された公共用水域の水質の保全に関する法律および工場排水等の規制に関する法律を合わせていう。いずれも，1971年に水質汚濁防止法が施行されたことに伴い廃止された。

表4-2　成立した14の公害関係法律一覧表

	法律名称
1	公害対策基本法（一部改正）
2	道路交通法（一部改正）
3	騒音規制法（一部改正）
4	廃棄物の処理および清掃に関する法律
5	下水道法（一部改正）
6	公害防止事業費事業者負担法
7	海洋汚染防止法
8	人の健康に係る公害犯罪の処理に関する法律
9	農薬取締法（一部改正）
10	農用地の土壌の汚染防止等に関する法律
11	水質汚濁防止法
12	大気汚染防止法（一部改正）
13	自然公園法（一部改正）
14	毒物および劇物取締法（一部改正）

出所：倉阪秀史「環境政策の歴史」茅陽一監修『環境ハンドブック』835頁（産業環境管理協会，2002年）。

なお，1972年には，大気汚染防止法および水質汚濁防止法が改正されて無過失損害賠償責任の規定が追加された（大気汚染防止法25条，水質汚濁防止法19条）[16]。

2　都市生活型環境問題（1973～1984年）

1970年代は，1973年および1979年の二度にわたる石油危機等を要因に経済が高度成長から安定成長へと移行した時期である。

まず，1973年の第1次石油危機は，成長の一途をたどっていた日本経済に多

---

[16] 無過失責任の規定について，大気汚染防止法25条1項では「工場又は事業場における事業活動に伴う健康被害物質（ばい煙，特定物質又は粉じんで，生活環境のみに係る被害を生ずるおそれがある物質として政令で定めるもの以外のものをいう。）の大気中への排出（飛散を含む。）により，人の生命又は身体を害したときは，当該排出に係る事業者は，これによって生じた損害を賠償する責めに任ずる」と規定している。また，水質汚濁防止法19条1項では，「工場又は事業場における事業活動に伴う有害物質の汚水又は廃液に含まれた状態での排出又は地下への浸透により，人の生命又は身体を害したときは，当該排出又は地下への浸透に係る事業者は，これによって生じた損害を賠償する責めに任ずる」と規定している。

大な影響を与え，これに伴い環境行政の関心は急速に薄くなり，産業界を中心に環境保全より景気の回復を優先して政策を行うべきという声が強まっていった。

また，産業活動を原因とする公害問題は，法律による規制の効果，企業の努力等によって収束を見せつつあったが，一方，大都市圏に人口が集中したこと，所得向上によって自動車排気ガスによる大気汚染や生活排水等による水質汚濁など日常生活や通常の事業活動に伴う都市生活型公害が問題となってきた。

さらに，政府の水質汚濁対策としては，1973年に瀬戸内海環境保全臨時措置法が制定され，1979年には，上流域等内陸部からの負荷を効果的に規制するために，瀬戸内海，東京湾，伊勢湾において化学的酸素要求量（COD：Chemical Oxygen Demand）に係る総量規制を開始した。湖沼については，生活系，農畜水産等の水質汚濁に対応するとともに，場合に応じて総量規制の導入を可能とする湖沼水質保全特別措置法が1984年に制定された。このように，この時期には，従来の汚染物質の濃度に着目した規制から，総量を規制する方向へと一段の強化が図られたが，1982・83年度の環境庁（現環境省）調査で，トリクロロエチレン等による地下水の広範な汚染が判明するなど，次の時期に大きな課題となる問題も徐々に現れてきた。[17]

なお，1975年に中央公害対策審議会に諮問を行って以来，再三，法制化を試みてきた環境影響評価（環境アセスメント）制度は，発電所を対象事業から除外するなどの調整を行った上，1981年にようやく法案を国会に提出するに至ったが，訴訟の多発などをおそれる産業界側と骨抜き法案には同意できないとする野党側の双方から理解を得ることができず，1983年の衆議院の解散に伴って廃案となった。1984年には，国会への再提出も見送られ，環境影響評価制度は閣議決定による行政指導で実施されることとなった。[18]

---

17) 環境省編・前掲注5) 10頁。
18) 倉阪・前掲注14) 838頁。

3　地球環境問題およびその他の環境問題（1985年以降）

（1）地球環境問題の発生と地球サミット

　日本の環境政策は，1970年代の後半頃から1980年代にかけて停滞し，環境法も大きな進展はなかったが，このように停滞した状況は，地球温暖化，オゾン層の破壊，生物の多様性の破壊，酸性雨，熱帯林の破壊，砂漠化，海洋汚染等の地球環境問題や地域的な国際環境問題が注目されるようになって変化を見せた。1980年代後半頃から，本格的には1990年代に入って現れた地球温暖化問題において，フロン類（クロロフルオロカーボン）やハロン類などは，1980年代前半にオゾン層の破壊との因果関係が明らかになって，1985年にはオゾン層保護のためにウイーン条約が締結され，条約の実施のために1987年にモントリオール議定書が締結された。また，1980年代の後半頃から，炭酸ガス（二酸化炭素）をはじめとする温暖化ガス（温室効果ガス）により地球の大気圏の温度が上昇しつつあることが報告されるようになった。

　このような地球環境問題に対処するため，1992年6月，世界183の国・地域・機関の首脳がブラジルのリオ・デ・ジャネイロに集まり，「環境と発展に関する国際連合会議（UNCED：United Nations Conference on Environment and Development），通称地球サミット（The Earth Summit）」が開催された。地球サミットは，ストックホルムの国連人間環境会議20周年を記念して国連主催の環境会議を開催するという側面，地球環境問題への関心の高まりを背景にその対策の国際的な枠組づくりへの合意を目指すという側面，持続可能な発展という考えの下に開発途上国の環境と発展の問題の解決を図るという側面など，多くの複雑な要素が入った会議であった。地球サミットでは，21世紀に向けて地球環境を健全に維持するための国家と個人の行動原則（リオ宣言），それを具体化するための行動計画である「アジェンダ21（Agenda 21）」が採択され，具体的な条約として，「気候変動に関する国際連合枠組条約」（気候変動枠組条約）と「生物の多様性に関する条約」（生物多様性条約）が締結され，森林の保全については，法的な拘束力はないが権威ある原則声明として「森林に関する原則声明」（森林原則声明）が採択された[19]。この会議では，「持続可能な発展（Sustainable Development）[20]」という概念がキーワードとして用いられたことが注目される。

地球サミットの開催は，温暖化の防止，森林の保全，砂漠化の防止などの国際的な取決めを進展させるのみならず，ISOにおける環境管理に関する国際規格の制定に係る取組み，OECDにおけるPRTRについての取組みなど，各種の国際的な取組みを進展させることとなった。

一方，日本の企業が海外で生産活動を行い，進出国で公害・環境問題を惹起したり[21]，日本の政府開発援助（ODA）が被援助国の環境破壊をもたらす開発に用いられるなど，地域的な国際環境問題も生じてきた。これらの国際的動向および地球サミットの開催を契機として，環境問題の関心が高まり，1993年，公害対策基本法に代わる環境基本法が新たに制定された。

（２）環境基本法の制定

環境基本法は，環境の保全に関する基本理念および各主体の責務を規定するとともに施策の実施規定のうち基本的な部分を定めている。また，公害（環境

---

19) 地球サミットの詳細については，Johnson, S. P. *The Earth Summit: The United Nations Conference on Environment and Development (UNCED)*, Graham & Trotman/Martinus Nijhoff, 1993. 参照。
20) 1987年に「環境と発展に関する世界委員会（WCED：World Commission on Environment and Development），ブルントラント委員会」は，「Our Common Future（我ら共有の未来）」と題する歴史的な報告書を発表した。この中で，今後の環境問題を考える上でキーワードとなる「持続可能な発展」という考え方が明らかにされた。この報告書では，持続可能な発展という考え方を「将来の世代のニーズを満たす能力を損なうことがないような形で，現在の世代のニーズも満足させること」（"development that meets the needs of the present without compromising the ability of the future generations to meet their own needs"）と説明している。つまり，現在の世代が開発によって環境や資源を利用する場合は，将来世代のことも考えて，環境や資源を長持ちさせるような形で利用しなければならないという考え方を示したものである。
21) 例えばマレーシアにおけるARE事件が挙げられる。公害規制の緩いアジア諸国への企業の移転に伴う公害輸出については以前から問題とされていたが，マレーシアでは，日本の企業が出資しているARE社（Asian Rare Earth Sendirian Berhad：エーシアン・レア・アース株式会社）の放射性物質のずさんな管理・廃棄の影響で健康被害を受けたとして，地元住民が操業停止・損害賠償等を求めて訴えを提起した。1992年，イポー市の高等裁判所は同社の操業停止と放射性廃棄物の撤去を内容とする差止命令を出した。本件は，その後上告され，翌年，最高裁判所は，証拠に基づかない事実認定がなされたことなどを理由に，原判決を破棄した（大塚・前掲注12) 19～20頁，その他）。

汚染)問題と自然保護対策はもちろん,都市型・生活型の環境問題や身近な自然の減少,さらには地球規模の環境問題にも対応することを意図した,総合的な環境問題についての対策の基礎となるべき役割を持たされている。

環境基本法は,その基本理念の中で,①環境の恵沢の享受と継承(法3条),②環境への負荷が少ない持続的発展が可能な社会の構築(法4条),③国際的協調による地球環境保全の積極的推進(法5条)の3点を挙げている。すなわち,同法3条は,「環境の保全は,環境を健全で恵み豊かなものとして維持することが人間の健康で文化的な生活に欠くことのできないものであることおよび生態系が微妙な均衡を保つことによって成り立っており人類の存続の基盤である限り環境が,人間の活動による環境への負荷によって損なわれるおそれが生じてきていることにかんがみ,現在および将来の世代の人間が健全で恵み豊かな環境の恵沢を享受するとともに人類の存続の基盤である環境が将来にわたって維持されるように適切に行われなければならない」と規定する。これは基本的人権としての環境権の考え方に近い理念であり,現在および将来世代が環境の恵沢を享受し,継承できるように環境保全がなされなければならないことを示したものである。[22]

また,これを受けて同法4条は,「環境の保全は,社会経済活動その他の活動による環境への負荷をできる限り低減することその他の環境の保全に関する行動がすべての者の公平な役割分担の下に自主的かつ積極的に行われるようになることによって,健全で恵み豊かな環境を維持しつつ,環境への負荷の少ない健全な経済の発展を図りながら持続的に発展することができる社会が構築されることを旨とし,および科学的知見の充実の下に環境の保全上の支障が未然に防がれることを旨として,行われなければならない」と規定する。これの基本となるところは,環境への負荷の少ない持続的発展が可能な社会への転換ができるように環境保全がなされなければならないことを明らかにしたものであり,国際社会で広く承認されている「持続可能な発展」の考え方を踏まえたも

---

22) 淡路剛久「環境法の基礎」淡路剛久=岩淵勲編『企業のための環境法』11～12頁(有斐閣,2002年)。

のといえる。

さらに，法5条は，「地球環境保全が人類共通の課題であるとともに国民の健康で文化的な生活を将来にわたって確保する上での課題であることおよび我が国の経済社会が国際的な密接な相互依存関係の中で営まれていることにかんがみ，地球環境保全は，我が国の能力を生かして，および国際社会において我が国の占める地位に応じて，国際的協調の下に積極的に推進されなければならない」と規定する。これは，地球環境保全が人類共通の課題であるとともに，国民の福祉を確保する上でも必要であること，日本の経済社会が国際社会の相互依存の中で営まれていることを根拠としている。

これらの基本理念の実現に向けては，国や地方公共団体が環境の保全に関する施策を講じていくことはもちろん，企業や国民も，事業活動や日常生活において環境への負荷を減らすように努めるなど，進んで環境の保全のために行動することが必要である。[23]

(3) 環境基本法制定後の環境法の進展

1990年代以降，新たなタイプの環境問題が発生し，あるいは深刻化してきた。すなわち，①化学物質による健康リスクないし環境リスクの問題，②土壌汚染対策の問題，③廃棄物・リサイクル問題，④地球温暖化問題の4点である。

まず，①の化学物質による健康リスクないし環境リスクの問題は，有機水銀中毒やPCB（ポリ塩化ビフェニル）中毒など以前からあったし，法規制としても，健康影響のおそれのある化学物質については，1973年に化学物質審査規制法（正式名称は，「化学物質の審査及び製造等の規制に関する法律」）が制定され，一定の対策がとられてきた。しかし，近時は，極めて強い急性毒性を有し，超微量でも発ガン性などを有するダイオキシンが廃棄物の焼却の過程から日常的に生じていることが明らかとなり，緊急かつ抜本的な対策が必要とされるようになった。そこで，前者については，1999年7月，ダイオキシン対策法（正式名称は，「ダイオキシン類対策特別措置法」）が制定され，後者についても，同じ1999年

---

23) 大塚・前掲注12) 200頁。

7月にPRTR法が制定され，対策がとられることになった。さらに，2001年には，ポリ塩化ビフェニル廃棄物の保管，処分等について必要な規制を行うとともに，ポリ塩化ビフェニル廃棄物の処理のための必要な体制を速やかに整備するために，PCB処理特別措置法（正式名称は，「ポリ塩化ビフェニル廃棄物の適正な処理の推進に関する特別措置法」）が制定された。

次に②の土壌汚染対策の問題に関しては，欧米諸国での土壌汚染対策の制度整備が先行する中で，近年の有害化学物質への関心の高まりを背景として日本でも本格的な土壌汚染対策の制度作りが行われ，1991年に環境基準が設定され，2002年に土壌汚染対策法が制定された。同法は，2009年4月に改正された。また，自然保護の分野では，1992年に「絶滅のおそれのある野生動植物の種の保存に関する法律」が制定されている。

さらに，③の廃棄物・リサイクル問題については，廃棄物のリサイクルを進めるために，製品の種類ごとにリサイクルの流れを作るという形で法制化がなされてきた。まず，1991年に，廃棄物処理法（「廃棄物の処理および清掃に関する法律」）が大改正される（1997年および2000年にも大改正され，その後も2003～2006年，2008年に改正された）とともに，「再資源の利用の促進に関する法律」が制定され，1995年には，容器包装リサイクル法（正式名称は，「容器包装に係る分別収集及び再商品化の促進等に関する法律」）が制定された。これにより，廃棄物の排出の抑制および再生が廃棄物処理法の目的に加えられ，また，リサイクルの促進策が強化された。なお，1992年に「有害廃棄物の国境を越える移動及びその処分の規制に関するバーゼル条約」の国内法である「特定有害廃棄物等の輸出入等の規制に関する法律」が制定された。さらに，この分野では，1998年に，家電リサイクル法（正式名称は，「特定家庭用機器再商品化法」）が制定され，2000年には，循環基本法，建設資材リサイクル法（正式名称は，「建設工事に係る資材の再資源化に関する法律」），食品リサイクル法（正式名称は，「食品循環資源の再生利用等の促進に関する法律」），グリーン購入法（正式名称は，「国等による環境物品等の調達の推進等に関する法律」）などが制定され，また，廃棄物処理法の一部改正が行われたほか，先の「再資源の利用の促進に関する法律」が「資源の有効な利用の促進に関する法律」へ名称変更された。特に，2000年は，廃棄物・リサ

イクル法制が大きく進展した年である。その後2002年には，自動車リサイクル法（正式名称は，「使用済自動車の再資源化等に関する法律」）が制定された。

また，④の地球温暖化問題の対策は，1992年に作成された国連気候変動枠組条約に基づく京都議定書による日本の義務をどう実現するか，という形で政策が進められてきた。地球温暖化防止対策を実現するための法律としては，1998年6月に改正された省エネルギー法と同年9月に制定された地球温暖化対策推進法がある。その後，2002年，京都議定書を批准するために新たな「地球温暖化対策推進大綱」が策定され，地球温暖化対策推進法が改正された。同法は，さらに2005年6月，2006年6月および2008年6月にも改正されている。

なお，フロン回収については，2001年に，フロン回収破壊法（正式名称は，「特定製品に係るフロン類の回収及び破壊の実施の確保等に関する法律」）が制定された。

さらに，上に述べた4つの環境問題に加えて，2005年6月，株式会社クボタの元従業員や尼崎市の同社旧神崎工場周辺住民に石綿（アスベスト）が原因と見られる健康被害やこれによる死亡が発生していることが判明し，これを契機として，石綿による健康被害者等の迅速な救済を目的とする石綿健康被害救済法（正式名称は，「石綿による健康被害の救済に関する法律」）が制定された（2006年3月施行）[24]。

---

[24] 石綿健康被害救済法による救済対象は，石綿を原因とする指定疾病（現時点では中皮腫と気管支または肺の悪性新生物（肺ガン））に係る健康被害者およびその遺族で労災補償の対象とならない者であり，救済給付は，医療費，療養手当，葬祭料のほか，法施行前に死亡した健康被害者の遺族に対する特別遺族弔慰金などからなる。また，工場・事業場の周辺住民等による石綿による健康被害に関する訴訟としては，元従業員の作業服に付着した石綿の吸引によって家族が健康被害を被った（家庭内暴露）として，企業を訴え，棄却されたものが1件見られる（東京高判平成17年1月20日判タ1210号145頁，労判886号10頁〔ミサワリゾート事件〕）。その他，大阪府・泉南地域で国家賠償請求訴訟が係属中であるほか，訴訟途中で和解に至った事案（東京都文京区さしがや保育園事件）も見られる。石綿による健康被害は，過去30〜40年以上前の暴露によることから，引き続き労働環境以外で石綿による健康被害が起こることもあり，当時の状況についての情報等過去の知見の集積に努めることが重要である（公害等調整委員会事務局「アスベストによる公害紛争処理対応のための基礎調査報告書」2007年1月）。なお，2008年6月，石綿健康被害救済法が改正され，特別遺族給付金の支給対象の拡大等が取り入れられている。

表4-3 日本の環境問題の変遷

	年	社会経済と科学技術等		環境の状況および国際的な動き	国内の環境対策
Ⅰ 産業型公害が発生した高度経済成長期（1955〜1972年）	1955年（昭和30年）	・「経済白書」もはや戦後ではない(1956) ・国連加盟(1956) ・首都高速開通(1959)	① 神武景気 1954（昭和29）年11月〜1957（昭和32）年6月	・イタイイタイ病(神奈川流域)発生(1955) ・水俣病発生(1956) ・東京湾漁業者による工場排水への抗議行動(1958)	・地元工場と覚書締結(島根県) ・地方公共団体初の公害防止協定(1952) ・ばい煙防止条例制定(東京都)(1955) ・自然公園法制定(1957) ・公共用水域の水質保全に関する法律および工場排水等の規制に関する法律制定(1958) ・工場立地法制定(1959)
	1960年（昭和35年）	・日米新安保条約調印(1960) ・国民所得倍増計画(1960) ・全国総合開発計画(1962) ・OECD加盟(1964) ・東海道新幹線開通(1964) ・東京オリンピック開催(1964)	② 岩戸景気 1958（昭和33）年6月〜1961（昭和36）年12月 ③ オリンピック景気 1962（昭和37）年10月〜1964（昭和39）年10月	・静岡県田子の浦のヘドロ堆積(1960) ・四日市に公害深刻化(喘息等) ・1週間にわたりスモッグ発生(東京)(1962) ・レイチェル・カーソン「沈黙の春」(1962) ・三島・沼津コンビナートが，住民運動で計画中止(1964) ・第2水俣病発生(阿賀野川流域)(1965)	・ばい煙の排出の規制等に関する法律制定(1962)
	1965年（昭和40年）	・日本の人口1億人突破(1966) ・欧州共同体（EC）成立(1967) ・GNP世界2位(1968) ・人類初の月面着陸(1969)		・赤潮発生の広域化 ・新潟水俣病訴訟，四日市公害訴訟(1967)	・公害対策基本法制定(1967) ・大気汚染防止法・騒音規制法制定(1968)
	1970年（昭和45年）	・大阪万国博覧会開催(1970) ・乗用車保有1,000万台突破(1971) ・沖縄返還協定調印(1972) ・「日本列島改造論」発表(1972) ・ローマクラブ「成長の限界」(1972)	④ いざなぎ景気 1965（昭和40）年10月〜1970（昭和45）年7月 ⑤ 列島改造景気 1971（昭和46）年12月〜1973（昭和48）年11月	・光化学スモッグ被害，東京で頻発(1970) 煤塵，SOxの深刻な大気汚染発生 PCBによる環境汚染問題化 ・OECDによる汚染原因者負担の原則採択(1972) ・国連人間環境会議で人間環境宣言採択(1972) ・国連総会で世界環境デー(6月5日)決定(1972) ・国連環境計画（UNEP）設立(1972)	・第64回国会（公害国会）で14の公害関連法案成立(1970) 海洋汚染防止法，廃棄物処理法，水質汚濁防止法，公害防止事業費事業者負担法など制定 ・環境庁発足(1971) ・尾瀬自動車道路の工事中止(1971) ・自然環境保全法制定(1972)
Ⅱ 都市生活型公害が顕在化してきた経済の安定成長期（1973〜1984年）	1973年（昭和48年）	・変動相場制へ移行(1973) ・第4次中東戦争—第1次石油危機(1973) ・第2次石油危機発生(1979) ・スリーマイル島原発事故(米国)(1979)		・ワシントン条約採択(国連)(1973) ・フロンによるオゾン層破壊の可能性指摘(1974) ・ロンドン条約発効(1975) ・瀬戸内海で赤潮大発生(1976)	・瀬戸内海環境保全特別措置法制定(1973) ・化学物質審査規制法制定(1973) ・公害健康被害補償法制定(1973) ・日本版マスキー法の告示(1974) ・SOx排出総量規制制度の導入(1974) ・廃棄物処理法の改正(1976) ・省エネルギー法制定(1979) ・COD発生負荷量の総量規制スタート(1979)

	年	社会経済と科学技術等	環境の状況および国際的な動き	国内の環境対策
	1980年 (昭和55年)	・日本の自動車生産台数世界一に(1980) ・イラン・イラク戦争(1980) ・米初のスペースシャトル打ち上げ(1980)	・SOx環境基準ほぼ達成される(1980) 光化学オキシダント発生減少傾向 全国の地盤沈下面積広がる	・NOx排出総量規制制度の導入(1981) ・湖沼水質保全特別措置法制定(1984)
Ⅲ 地球環境問題が認識され始めた時期 (1985年以降)	1985年 (昭和60年)	・つくば科学万博開催(1985) ・チェルノブイリ原発事故発生(1986) ・国鉄分割・民営化実施(1987) ・世界的株価大暴落(Black Monday)(1987) ・青函トンネル開通・瀬戸大橋完成(1988) ⑥バブル景気 1986(昭和61年11月)～1991(昭和3年2月)	・南極上空のオゾンホール発見(1985) ・オゾン層保護のためのウィーン条約採択(1985) 自動車交通騒音環境基準達成率の低下続く トリクロロエチレン等の地下水汚染広がる NO2環境基準達成率(一般局)の低下 ・「Our Common Future」公表(WCED)(1987) ・モントリオール議定書採択(1987) ・気候変動に関する政府間パネル(IPCC)設立(1988) 閉鎖性水域での生活排水汚染の深刻化	・オゾン層保護法制定(1988)
	1989年 (平成元年)	・東証平均株価史上最高値(38,915円)(1989) ・消費税(3%)導入(1989) ・ベルリンの壁崩壊(東西ドイツ統一)(1989) ・湾岸戦争(1991) ・ソ連邦崩壊、CIS創設(1991) ・週休2日制度の定着、学校週5日制スタート(1992)	・バルディーズ号油流出事故(1989) ゴルフ場農薬問題の顕在化 首都圏の自動車大気汚染の深刻化 ダイオキシン問題の顕在化 ・バーゼル条約発効(1992) ・気候変動枠組条約採択(1992) ・生物多様性条約採択(1992) ・地球サミットがリオデジャネイロで開催(1992)	・水質汚濁防止法(地下水汚染の未然防止等を制度化)(1989) ・地球温暖化防止行動計画閣議決定(1990) ・再生資源の利用の促進に関する法律制定(1991) ・廃棄物処理法の改正(1991) ・自動車NOx法制定(1992) ・種の保存法制定(1992) ・政府開発援助大綱 閣議決定―「環境保全」基本理念に(1992)
	1993年 (平成5年)	・WTO発足(1994) ・製造物責任法(PL法)制定(1995) ・阪神大震災(1月)、地下鉄サリン事件(3月)(1995) ・円が1ドル=79円75銭を記録(戦後最高)(1995) ・消費税率5%に引き上げ(1997) ・香港返還(1997)	・廃棄物最終処分場のひっ迫 ・「すでに温暖化は始まっている」IPCC第2次評価報告書(1995) ・砂漠化対処条約採択(1996) ・ナホトカ号重油流出事件(1997) ・京都議定書を採択し(COP3)、排出削減約束を設定(1997)	・環境基本法制定(1993) ・環境基本計画閣議決定(1994) ・容器包装リサイクル法制定(1995) ・経団連環境アピール発表―経済界の自主行動宣言(1996) ・環境影響評価法制定(1997) ・廃棄物処理法の改正(1997)
	1998年 (平成10年)	・単一通貨「ユーロ」スタート(1999) ・完全失業者300万人突破(1999)	・PIC条約採択(1998) ・所沢ダイオキシン野菜問題(1999)	・家電リサイクル法制定(1998) ・地球温暖化対策推進法制定(1998) ・省エネルギー法の改正(トップランナー方式等の導入)(1998) ・PRTR法(化学物質排出把握管理促進法)制定(1999) ・ダイオキシン類対策特別措置法制定(1999)

第4章　最近の環境法規制のもとにおける企業のリスクマネジメント　201

	年	社会経済と科学技術等	環境の状況および国際的な動き	国内の環境対策
Ⅲ 地球環境問題が認識され始めた時期（1985年以降）	1998年（平成10年）	・中央省庁再編(2001) ・米国同時多発テロ(2001) ・アフガニスタン戦争(2001)	・「気候変化2001」IPCC第3次評価報告書(2001) ・POPs条約採択(2001) ・COP7（マラケシュ合意）(2001) ・京都議定書遵守手続(2001) ・持続可能な開発に関するヨハネスブルグ宣言(2002) ・持続可能な開発に関する世界サミット実施計画(2002)	・グリーン購入法制定(2000) ・循環型社会形成推進基本法制定(2000) ・食品リサイクル法制定(2000) ・建設リサイクル法制定(2000) ・新環境基本計画閣議決定(2000) ・廃棄物処理法の改正(2000) ・フロン回収破壊法制度(2001) ・PCB特別措置法制定(2001) ・自動車NOx法の改正（新たにPMを追加）(2001) ・自動車リサイクル法制定(2002) ・土壌汚染対策法制定(2002) ・自然公園法の改正（風景地保護協定，公園管理団体など）(2002) ・鳥獣保護法(1918年法を改正してひらがな表記)(2002) ・地球温暖化対策推進法の改正(2002)
	2003年（平成15年）	・イラク戦争(2003)	・WHOたばこ規制条約(2003) ・第3回世界水フォーラム京都閣僚宣言(2003) ・京都議定書目標達成計画(4月28日閣議決定)(2005) ・カナダのモントリオールで京都議定書第1回締約国会議と気候変動枠組条約第11回締約国会議開催（2005.11.28～12.9）	・自然再生推進法制定(2003) ・カルタヘナ法制定(2003) ・外来生物法制定(2004) ・海防法等の一部を改正する法律制定(2004) ・景観法制定(2004) ・環境配慮促進法制定(2004) ・地球温暖化対策推進法の改正(2005) ・省エネルギー法の改正(2005) ・石綿健康被害救済法制定(2006) ・石綿健康被害防止のための改正法（大気汚染防止法・廃棄物処理法・地方財政法・建築基準法の改正）(2006) ・地球温暖化対策推進法の改正(2006) ・鳥獣保護法の改正(2006) ・容器包装リサイクル法の改正(2006)
	2008年（平成20年）		・洞爺湖サミットで主要8ヶ国(G8)首脳は2050年までにCO2など温室効果ガスの排出半減を求める「環境・気候変動」宣言を採択(2008) ・COP15（コペンハーゲン合意）(2009)	・石綿健康被害救済法の改正(2008) ・省エネルギー法の改正(2008) ・地球温暖化対策推進法の改正(2008) ・廃棄物処理法の改正(2008) ・土壌汚染対策法の改正(2009)

出所：環境省編『平成14年版環境白書』9頁（ぎょうせい，2002年），その他環境省資料等をもとに作成。

III 最近の環境法規制についての動向と企業のリスクマネジメント

1 PRTR法（「特定化学物質の環境への排出量の把握等及び管理の改善の促進に関する法律」）
（1）PRTR法制定の背景

　欧米では，1970年代後半から多くの化学物質による環境事故が発生した（図4-1）。これらの事故により，それぞれの国民の間で化学物質あるいは化学産業に対する不信感が高まっていき，各国政府とも，これらの動向に対応すべく化学物質対策の強化が急務となっていた。世界の化学業界も，社会的責任から，これに連動し化学物質の管理を自主的に進めるレスポンシブル・ケア（RC）活動[25]を積極的に展開していったのである。しかしながら，企業の自主的活動だけでは，管理も改善も担保されないとして，各国政府は，規制を強化する方向に向かって検討していった。

　それらの動向を背景として，1992年のブラジルのリオ・デ・ジャネイロの地球サミットで採択された「アジェンダ21」の第19章において化学物質の管理の問題が取り上げられたのを受け，民間企業の参加した有害性データの収集，事業者の管理活動を中心的役割に置いた国際協調リスク管理プログラム等，化学物質の管理の改善，強化に向けた国際的共同作業が精力的に進んでいる。また，1996年2月には，発生源での対策等に資するものとしてOECD理事会によりPRTR制度の導入勧告が行われた。[26] OECDが加盟各国向けに作成したPRTR制

---

[25] レスポンシブル・ケア（RC）活動とは，化学物質を扱う個々の企業が，商品の開発から製造，物流，使用，最終消費，廃棄に至るすべての過程において，自主的に「環境・安全・健康」を確保する活動を実践し，コミュニケーションを通じて社会からの信頼性向上を図っていく活動である。この活動を通じ，企業は化学製品に関する性状と取扱い方法を明確にし，顧客を含めたすべての取扱者の安全と健康，環境を守ることに努める。そして，化学物質による健康被害の削減のみならず，地球温暖化の防止，廃棄物の削減等，広く環境問題に取り組む。また，設備災害の防止に努め，労働安全衛生にも配慮して働く者たちの安全と健康を守る活動を行う。
　レスポンシブル・ケア活動は1985年にカナダで始められ，地球サミットでは「アジェンダ21」における行動計画の1つとして推奨された。現在多くの国で導入されるようになり，企業の自主的な新しいスタイルの活動として，政府，地域社会から高い評価を受けている。

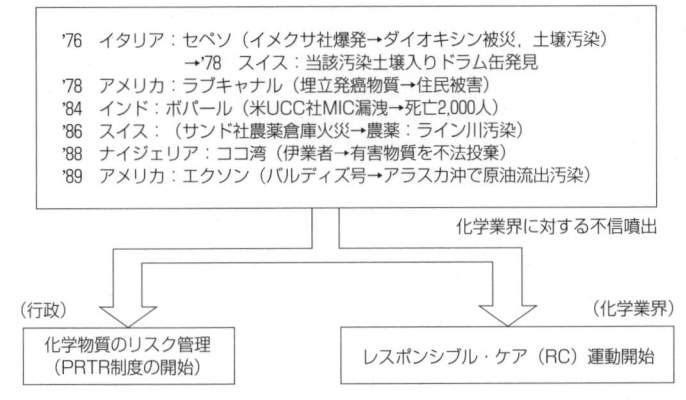

```
'76 イタリア：セベソ（イメクサ社爆発→ダイオキシン被災，土壌汚染）
        →'78 スイス：当該汚染土壌入りドラム缶発見
'78 アメリカ：ラブキャナル（埋立発癌物質→住民被害）
'84 インド：ボパール（米UCC社MIC漏洩→死亡2,000人）
'86 スイス：（サンド社農薬倉庫火災→農薬：ライン川汚染）
'88 ナイジェリア：ココ湾（伊業者→有害物質を不法投棄）
'89 アメリカ：エクソン（バルディズ号→アラスカ沖で原油流出汚染）
```

化学業界に対する不信噴出

(行政)　　　　　　　　　　　　　　　　　　(化学業界)

化学物質のリスク管理　　　　　　　レスポンシブル・ケア（RC）運動開始
（PRTR制度の開始）

図4-1　化学物質等による環境汚染の多発（1970年後半〜）

出所：石崎直温「化学物質と化学産業」地球環境戦略研究機関編『民間企業と環境ガバナンス』101頁（中央法規出版，2000年）。

度のガイダンスマニュアルは，図4-2のとおりである。

　PRTR制度は，海外ではすでに，アメリカ，カナダ，オランダ，イギリス等で実施されている。例えば，アメリカでは1986年「緊急対処計画及び地域住民の知る権利法」が制定され，同法に基づき「有害物質排出量目録」（TRI：Toxic Release Inventory）制度が実施されている。TRIは，化学物質を取り扱う事業所における国内外の事故を契機として制度化され，有害性が科学的に確認されている約600の化学物質ごとに，個々の施設からの年間排出量の推計値の届出を義務づけ，これを集計・公表するとともに，各施設毎のデータを企業秘密を確保した上で一般に公表している。また，カナダでは1988年「カナダ環境保護法」に基づき「全国汚染物質排出目録（NPRI）」制度が1993年から実施されている。化学品製造者協会は，1992年に「自主的全国排出削減計画」を設け，

---

26) OECD理事会は，PRTRに関し，1996年2月，加盟各国がPRTRシステムを適切に構築するよう取り組むことについて勧告し，併せて3年後（1999年2月）に加盟国のPRTRの導入に向けた取組み状況を理事会に勧告することを指示したが，PRTRの各国におけるあり方は，事業者に排出量，移動量の報告を求め，それをなんらかの形で集計し，公表するというPRTR制度の基本的骨格に係る部分を除き，PRTRの制度化の目的，PRTRデータの利用方法を含め，OECDが提示しているPRTRに関する原則を考慮して，各国に最も適した形で導入が図られるべきとした。

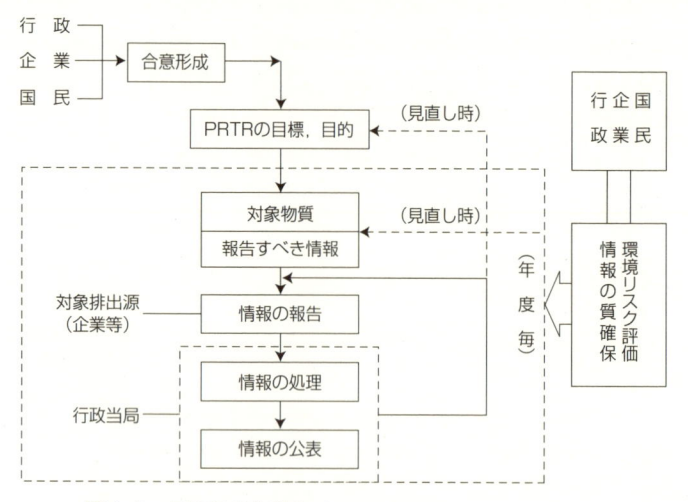

図4-2　PRTRの仕組み（OECDガイダンスマニュアル）
出所：石崎・前掲書（図4-1）102頁。

自主的に排出削減を行い，取組みデータを提供している。さらに，ヨーロッパではPRTRが環境汚染の管理の一環として用いられ，イギリスでは1990年「環境保護法」に基づき「総合汚染管理制度（IPC）」を導入し，施設の操業に際し地方政府の審査官が汚染物質排出量データの提出を求める制度が実施されている。データは中央政府に報告され集計されて，「化学物質排出目録（CRI）」としてデータベース化され公表されている。また，オランダでは1997年「環境管理法」を改正し，企業が自主的に行ってきた化学物質の排出量データの提供を対象施設・物質を絞り込んだ上，義務化し，これを公表する制度に転換した。なお，「個別排出目録制度（IEI）」として，オランダ中央政府は企業からの報告データを集計し公表し，また，「集計排出目録制度（CEI）」として，中央政府は中小規模施設，非点源排出源からの排出量を推計し，個別排出目録と併せて公表している。このように，国によってPRTRの沿革は異なっており，これに応じて制度の仕組みも異なっているが，いずれの国においても環境に関する法制として，環境行政機関により実施されている。一方，日本では，環境庁（現環境省）が1996年のOECD勧告を受け，1997年より神奈川県と愛知県の一部

地域でPRTRを試験的に実施する事業(いわゆるパイロット事業)を進め、その結果をも公表している。1998年には、環境庁と通商産業省(現経済産業省)の各審議会化学物質の管理・環境リスク対策に関する答申が出され、共同で法案作業が行われ、1999年7月、PRTR法が制定され、2000年3月に施行された。[27]

(2) PRTR法の目的と仕組み

この法律は、化学物質の管理や環境の保全に対する国民の関心の急速な高まりや、OECD等の国際機関における検討の進展、海外における制度化の進展等を踏まえ、有害性が判明している化学物質について、人体等への悪影響との因果関係の判明していないものも含め、「特定の化学物質の環境への排出量等の把握に関する措置(PRTR)」ならびに「事業者による特定の化学物質の性状および取扱いに関する情報の提供に関する措置(MSDS:Material Safety Data Sheet:化学物質等安全データシート)」等を講ずることにより事業者による化学物質の自主的な管理の改善を促進し、環境の保全上の支障を未然に防止するこ

---

[27] なお、PRTR法はその附則3条により、施行後7年(2007年3月)を経過した場合において、法律の施行の状況について検討を加え、その結果に基づいて必要な措置を講じることとされている。これを受け、中央環境審議会と産業構造審議会は2007年2月から6回にわたり合同で審議会を開催し、対象物質の見直し(GHS*との整合化に留意し、化学物質の有害性情報やリスク評価の結果等を活用)、一部の非対称業種の対象化妥当性の検討(建設業、医療産業等の現行非対称業種の対象化の実行可能性について検討)、届出事項の追加(廃棄物処理方法および放流先の下水道名を届出事項に追加)、排出量の把握手法や推計手法の改善(算出マニュアルの継続的改善を実施)、未届出事業者に対する対応(悪質な未届出事業者に対しては、厳正に対処)等の検討を行うこととし、2007年8月24日に中央環境審議会会長から「今後の化学物質環境対策の在り方について」の中間とりまとめ(以下、「中間答申」という)が環境大臣に答申された。これを踏まえて、さらに化学物質審査規制法(正式名称は、「化学物質の審査及び製造等の規制に関する法律」)を中心に審議が行われ、必要に応じて両法の一体的な改正が指向される予定である(2007年8月24日、環境省報道発表資料による)。

* GHS (Globally Harmonized System of Classification and Labelling of Chemicals:化学品の分類および表示に関する世界調和システム)とは、すべての化学品について国際的に統一されたルールに基づき危険有害性を分類し、その分類結果をMSDS等により化学品を扱うすべての人に情報提供するシステムのことである。2003年にGHS導入について国連勧告が出され、PRTR法によるMSDSもGHS対応を推奨している。

とを目的としている（法1条）。

　すなわち，PRTR法では，人の健康や生態系に有害な影響を及ぼすおそれのある化学物質について，事業所からの環境への排出量および廃棄物に含まれての事業所外への移動量を，事業者が自ら把握し，事業所の所在地を管轄する都道府県を経由して国に対して届けるとともに，国はPRTRデータおよび届出対象外の排出量の推計結果に基づき，排出量・移動量を集計し，公表する制度，いわゆるPRTR制度が導入されている。

　PRTRの仕組みと実施手順は，図4-3および図4-4のとおりである。また，PRTR法の仕組みをまとめれば以下のとおりである[28]。

① 政府は，特定化学物質等取扱事業者が講ずべき化学物質管理指針を定め

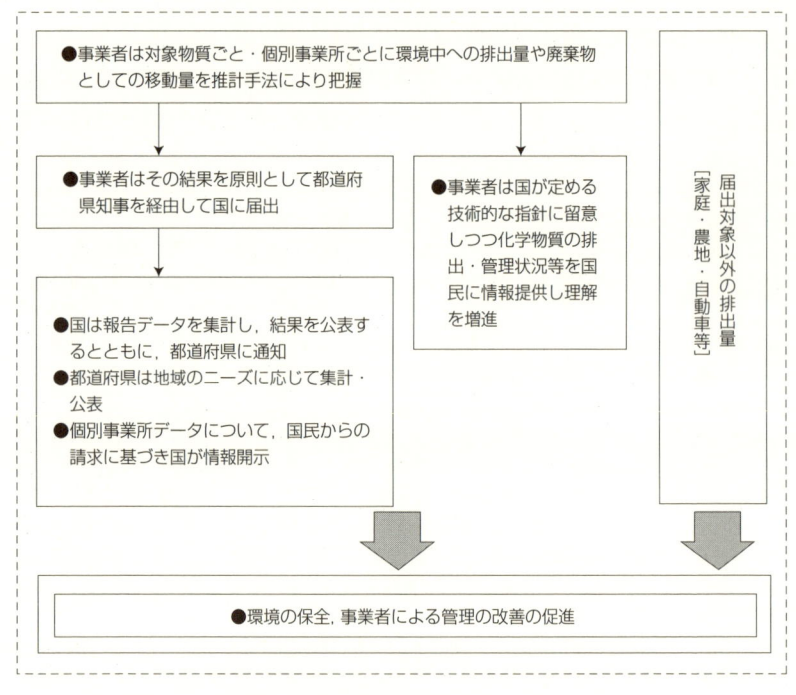

図4-3　化学物質の排出量等の届出制度の仕組み（PRTR）

資料：経済産業省
出所：大塚直『環境法』〔第2版〕355頁（有斐閣，2006年）。

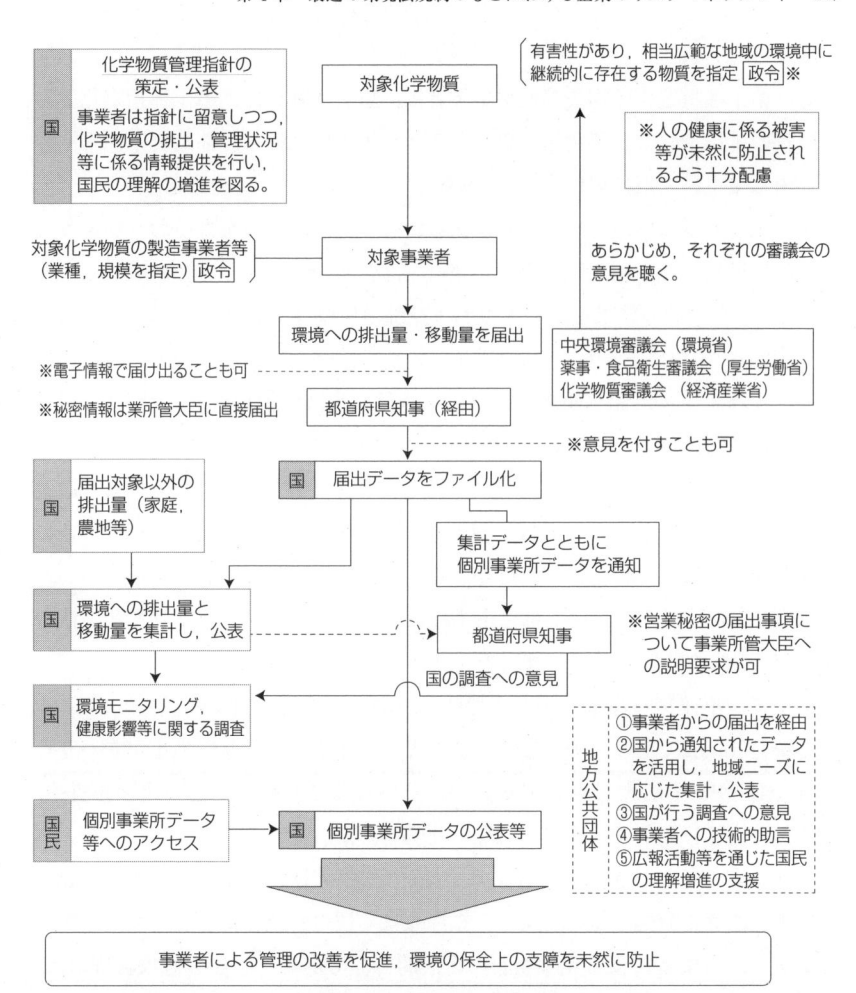

第4章　最近の環境法規制のもとにおける企業のリスクマネジメント　207

図4-4　PRTR制度の実施手順

資料：経済産業省，環境省
出所：環境省編『平成21年版環境白書，循環型社会白書／生物多様性白書』235頁（日経印刷，2009年）。

28）岩渕「化学物質関連法」淡路＝岩渕編・前掲注22）97頁。

る（法3条）

② 第1種指定化学物質等取扱事業者は，事業活動に伴う第1種指定化学物質の排出量および移動量を事業所ごとに毎年度把握し，都道府県知事を経由して主務大臣に届け出る（法5条）

③ 主務大臣は排出量等の届出があったときは，経済産業大臣および環境大臣に通知する。両大臣はそれを集計（電子計算機に備えられたファイルに記録する）し，その結果を主務大臣および都道府県知事に通知するとともに公表する（法7条・8条5項）

④ 主務大臣は，開示請求があったときは，当該開示請求をした者に対し，開示しなければならない（法11条）

⑤ 指定化学物質等取扱事業者は，指定化学物質等を他の事業者に対し譲渡し，または提供するときは，相手方に対し当該物質の性状および取扱いに関する情報を提供しなければならない（法14条）（図4-5参照）

　PRTR法の仕組みについては以上挙げたとおりであるが，化学物質関連法の中でPRTR法の特色を挙げれば次の3点と考えられる[29]。

　第1に，不確実な環境リスク未然防止である。本法の対象物質（第1種指定化学物質）は462であり[30]，他の法律に比べて多い。これは，有害性を示すハザード（毒性）があることは前提であるが，その程度は明らかでない化学物質や，リスクが高くはないか，確実ではない化学物質が含まれていることによる。ハザードが高いことが明らかであれば，大気汚染防止法，水質汚濁防止法，化学物質審査法等で対処するのであり，この点は本法の特色である。

　第2に，事業者による化学物質の自主的管理[31]である。本法の対象物質には，リスクが高くないか確実でないものも含まれるが，これは本法が自主的管理を目的とすることと密接に関連しているのである。

---

29) 大塚直「化学物質管理法（PRTR法）と企業の自主的取組・情報的手法（上）」法教322号84頁（2007年）。
30) 「PRTR法施行令の一部を改正する政令」が2008年11月21日に公布（2009年10月1日施行）され，第1種指定化学物質は改正前の354から462に変更となった。
　また，第2種指定化学物質は改正前の81から100に変更となった。

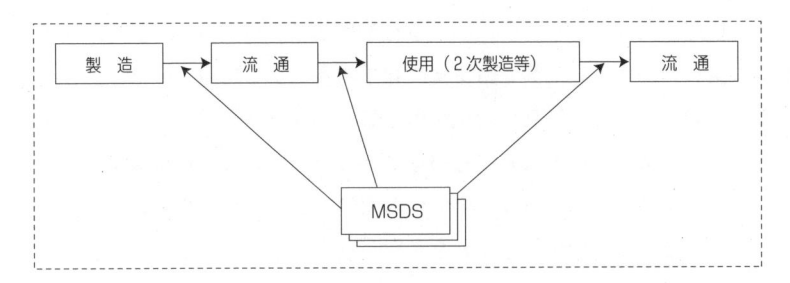

第4章　最近の環境法規制のもとにおける企業のリスクマネジメント　209

図4-5　化学物質の性状および取扱いに関する情報提供（MSDS）の交付の仕組み
出所：岩淵勲「化学物質関連法」淡路剛久＝岩淵勲編『企業のための環境法』97頁（有斐閣，2002年）。

　第3に，情報的手法[32]を採用するものであることである。これは化学物質に関する他の法律にはない特色である。

（3）PRTR法の対象物質と対象事業者

　まず，対象物質の選定にあたっては，環境の保全に係る化学物質の管理につ

---

31) PRTR法は，人や生態系に有害な影響を及ぼすおそれがある化学物質を対象物質としているが，排出量や排出濃度の管理に係る規制手法ではなく，事業者自らが環境中への排出量等の把握を行い，化学物質の自主的な管理の改善を促進し，化学物質による環境リスクを低減させることを目的としている。PRTR法のこうした仕組みは，事業者の創意工夫を通じ技術的，経済的に最も合理的な手段を選択することを可能とし，排出量・濃度管理に係る規制による手法のように規制値を設定するための時間を要することなく迅速な対応が可能となるなど，予防的側面から対策を講じる意味からも有効な規制手法である。さらに今後，事業者が化学物質の自主管理を進める上で，取り扱っているすべての化学物質について排出抑制の取組みを一律に進めるのではなく，より多くの事業者が事業所周辺の環境リスク評価を行い，環境リスクの懸念が大きい物質から優先的に管理を強化するなど，合理的な化学物質の管理が促進されることが望まれる（「中間答申」15～16頁）。
32) 情報の手法とは，消費者，投資家をはじめとする様々な利害関係者が，資源採取から廃棄までの各段階において，環境保全活動に積極的な事業者や環境負荷の少ない製品などを評価して選択できるよう，事業活動や製品・サービスに関して環境負荷に関する情報の開示と提供を進め，各主体の環境に配慮した行動を促進しようとする手法である。情報的手法の例としては，PRTR法に基づく開示のほか，環境報告書に基づく公表，環境マネジメント・監査システム，地球温暖化対策推進法における報告・公表システム，環境影響評価などが挙げられる（大塚・前掲注29）81頁）。

いての国際的動向，化学物質に関する科学的知見，化学物質の製造，使用その他の取扱いに関する状況等を踏まえ，化学物質による環境の汚染により生ずる人の健康に係る被害ならびに動植物の生息および生育への支障が未然防止されることとなるよう十分配慮して定めることとなっている。対象事業者は，化学物質の製造・使用する事業場等をできるだけ幅広く捉え，化学物質の取扱いの可能性と排出情報の把握等の能力を考慮し選定することになっている。

　政府は，2000年3月に，法3条に基づく化学物質管理指針を定め対象物質および対象事業者について定めた（施行令）。

　第1種指定化学物質は，PRTRとMSDSの対象となる物質である。その有する物理的・化学的性状等から見て，相当広範な地域の環境において継続して存在する（暴露性）と認められる化学物質で，以下のどれか（有害的性）に該当するものを政令で定めることとされている（法2条2項）。

① 人の健康を損なうおそれまたは動植物の生息・生育に支障を及ぼすおそれがあるもの
② 自然的作用（例えば，日光の照射）による化学的変化により容易に生成する物質が①に該当するもの
③ オゾン層を破壊することにより人の健康を損なうおそれがあるもの

　上記①において動植物に対する支障が入れられたことが従来にない点である。また，③のオゾン層の破壊のおそれが観点として加えられたのは，モントリオール議定書に基づくものである。

　ダイオキシンやベンゼンなどすでに環境規制の対象になっている物質のほか，人体への悪影響との因果関係が明確でない化学物質も含めて354物質が第1種指定化学物質として政令で指定され，その後政令改正により462物質となった[34]（施行令1条，別表第1）。[33]

　第2種指定化学物質は，MSDSの交付のみとなる化学物質である。これは，第1種指定化学物質以外で，上記の①〜③に該当し，かつ，その有する物理

---

33) 例えば，当該物質の環境中での挙動が明らかでないとか，モニタリングデータが不足しているなどの場合が挙げられる。

特定化学物質	第1種指定化学物質（462種）：PRTR+MSDS 第2種指定化学物質（100種）：MSDS
製品の要件	気体，液体状の混合物，固体状の粉末，石綿等 指定化学物質を1％（発ガンレベル1は0.1％）以上含有
対象事業者	全製造業，電力，廃棄物処理業等の業種で，常用雇用者21人以上かつ第1種指定化学物質の年間取扱量1トン（発ガンレベル1は0.5トン）以上。

図4-6　PRTR法の対象

出所：経済産業省およびNITE（製品評価技術基盤機構）の情報（HP）をもとに著者作成。

的・化学的性状から見て，その製造量，輸入量または使用量の増加等により，相当広範な地域の環境において継続して存在することとなることが見込まれる化学物質を政令で定めることとされている（法2条3項）。地域環境での滞留が将来の見込みである点が第1種指定化学物質との相違である。これについても有害性，暴露性を考慮し，政令で81物質が指定され，その後政令改正により100物質となった[35]（施行令2条，別表第2）。

次に，対象事業者とは，第1種指定化学物質等を製造・使用その他業として取り扱う者や，事業活動に伴い，当該物質を生成，排出すると見込まれる事業者で指定業種に属し，かつ取扱量等が一定以上の者である（法2条5項）。また，対象業種は，金属鉱業，原油および天然ガス鉱業，製造業，電気業，ガス業，鉄道業，倉庫業，自動車卸売業，医療業等である[36]（施行令3条）。さらに，取扱量等は，常用使用従業員数が21人以上で，かつ事業所単位で，いずれかの第1種指定化学物質の年間取扱量が1トン（発ガン性物質は0.5トン）以上とされてい

---

34) 前掲注30）参照。なお，附則2項により，PRTR届出については以下のとおり経過措置がとられている。
　① 2009年度の排出量等の把握と2010年度の届出については，改正前の政令（354物質と医療業が加わっていない23業種によるもの）とすること。
　② 改正政令による排出量等の把握は，2010年度以降について適用し，届出は2011年度以降からとなること。
35) 前掲注30）参照。
36) 前述の政令改正により医療業が追加された。

る。ただし，下水道業，廃棄物処理業などは，取扱量を指標にできないため，各法令で定める施設を設置していれば対象となる。

（4）求められる企業のリスクコミュニケーション

　化学物質が，かつて今日ほど社会から厳しい目を向けられた時代はなく，今後さらにこうした傾向が強くなっていくことが予想されている。

　これまでは，急速な産業活動の発展に伴って発生する公害問題を追いかけるように環境規制が設けられてきた。企業はこうした規制基準をクリアーして技術，安全性を高めてきた。しかし，今日の国民の化学物質への不安は，単に規制基準をクリアーすることだけでは十分解消することが望めなくなった。また，安全の考え方が人によって様々であることもあり，企業からの一方的なメッセージとして安全性を協調するのみでは，社会からの理解を得るのが困難である。企業は，今後，より広範な化学物質を対象として包括的なリスクに対応していくことが避けられない状況である。

　また，企業は，リスク削減につながる自主的な管理の改善を図るとともに，化学物質の有害性をはじめ，その使用状況等を含むリスクやその対策の内容について，地域住民，一般消費者，NPO，行政などとの間に情報や意見の交換を積極的に行い，相互の理解と信頼性を構築していくことが求められる[37]。一方，このような企業とのリスクコミュニケーションの機会を得て，地域住民や一般消費者の側でも化学物質のリスクについてどの程度許容すべきか，それをどのような手段で決めていくべきかといった判断に責任を持つようになることが期待される（リスクコミュニケーションにおける事業者とその利害関係者については図4-7参照）。すなわち，今後の企業の化学物質管理においては，企業を取り巻く人々の化学物質に対する意識の成熟を助け，リスクを含めた社会全体のあり方

---

[37] これまでも，各地でリスクコミュニケーションが行われており，例えば，化学業界にいては，日本の化学物質製造量の多くを占める企業が参加しているレスポンシブル・ケア（RC）活動の一環として地域対話等の取組みが進められているなど，熱心に取り組まれている事例はあるが，より多くの事業者による一層のリスクコミュニケーションの推進が求められている（「中間答申」18頁）。

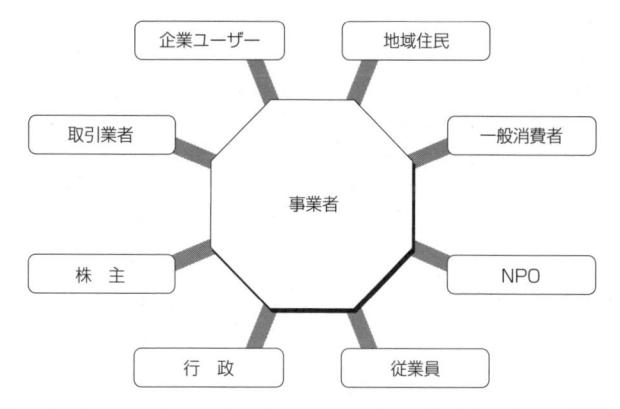

図4-7 リスクコミュニケーションにおける事業者とその利害関係者

出所：木下弘志=高松晃「PRTR」インターリスク総研編『実践リスクマネジメント―事例に学ぶ企業リスクのすべて―』〔第二版〕333頁（経済法令研究会，2005年）。

に責任を持った考え方の発達を促しながら関連する化学物質情報に理解と納得を得ることにより，人々が企業とのリスク管理の責任を共有する状況を作っていくことが期待されている。

現在，PRTRの法制化によって，化学物質のリスクマネジメントシステムの改善・強化を進めるとともに積極的なリスクコミュニケーションを進める企業が増えている。リスクコミュニケーションにおいては，PRTRにより得られる排出量情報のみならず，その理解に役立つ情報が併せて公表されて各主体の利用に供されるとともに，それらの情報についての疑問や相談への対応が的確に行われることが必要である。そのためには，情報の提供体制の整備，意思疎通のための手法の開発，意思疎通の場の設定，リスクコミュニケーションに関わ

---

38) なお，事業所周辺の地域住民の関心は，PRTR法が対象とする分野だけでなく，騒音・悪臭に関することや事故時の対応など多岐にわたることから，リスクコミュニケーションの実施にあたっては，事業者はPRTRデータの情報提供に加え，リスクコミュニケーションの円滑な実施のために事前に住民の関心事項に関するアンケートを実施したり，環境リスク評価の結果を説明したりするなど，様々な工夫を行うことが望まれる。また，地方公共団体等の行政機関がリスクコミュニケーションの実施例の紹介や企画・運営に関する相談への対応に努めることも，リスクコミュニケーションの拡大を図る観点から有効であると考える（「中間答申」18頁）。

る専門の人材の育成など，多くの要素が必要となると考えられ，それを支える行政的な努力も必要である[38]。

今後，企業は地域住民や一般消費者，NPOをはじめ行政，さらにはマスコミを通じて，広く社会との化学物質管理の情報を共有し，これにより社会全体でリスクの共有を図っていくことが重要な課題であると考える。

2 循環基本法（「循環型社会形成推進基本法」）

（1）循環基本法制定の背景

現代の大量生産，大量消費，大量廃棄型の経済社会活動により，社会経済システムから生ずる大気，水，土壌等への環境負荷が自然の自浄能力を超えて増大しており，自然の物質循環を阻害し，公害や自然破壊をはじめとする環境問題を生じさせてきている。

このような環境問題の解決のためには，自然の物質循環を健全な状態に回復させるとともに，その状態を維持する必要があり，環境と経済とが調和した循環型社会システムを構築していくために，廃棄物・リサイクル関連の基本法を制定すべきであるとの指摘が1998年頃から環境庁（現環境省）等を中心になされ，その後国会で議論されるようになり，2000年6月に循環基本法が制定され，同月公布とともに施行（ただし，循環型社会形成推進基本計画に関する部分は，2001年1月施行）された。

（2）循環基本法の目的と仕組み

この法律は，循環型社会の形成について基本原則を定め[39]，廃棄物・リサイクル対策を総合的・計画的に推進するための基盤を確立することを目的としている。

---

39) 循環型社会の形成とは，資源を循環的に利用するシステムを社会全体として構築しようとするもので，経済活動に投入される資源・エネルギーの極小化と経済活動からの排出の極小化を図り，また，同時に天然資源の消費の抑制を図っていくことが狙いである。これまでの大量消費社会では物質の流れが一方通行のために地球環境を悪化させてきたのに対して，循環型社会では廃棄物の再使用，再生利用など，使用済み物質を出発点であった製造プロセスに戻して再度活用を図ることになる。

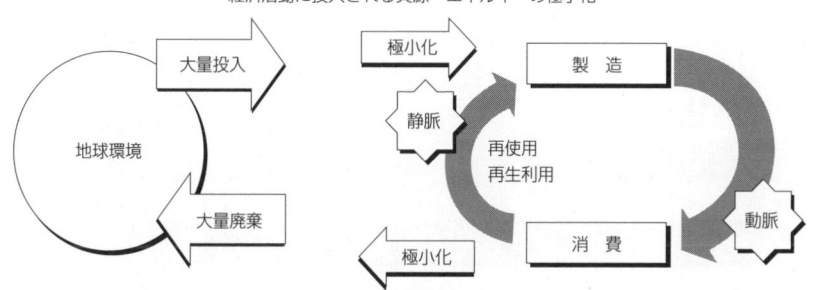

内容としては，取組みの優先度や国・地方公共団体・事業者および国民の責務を明らかにするとともに，政府による基本計画の策定施策の基本となる事項を定めている。これによって，循環型社会の形成に関する施策について，法制上・財政上の措置等が講じられる効果を持つ。また，取組みの優先順位を定めるとともに，事業者に拡大生産者責任（EPR：Extended Producer Responsibility）と排出者責任を課している。

拡大生産者責任とは，製品の製造者や販売者が，製品が消費されて廃棄物になった後まで一定の責任を負うという考え方である。この考え方が生まれた背景には，深刻化する廃棄物問題を解決するため，単に廃棄物を適正に処理するだけでは不十分という実態がある。具体的には，生産者にこうした責任を負担させれば，生産者は製品の設計，材料の選択等を通じて，廃棄物を最小化し，リサイクルの容易な製品の開発に努めることが期待できるという考え方である[40]。

循環基本法2条1項では，循環型社会を「製品等が廃棄物となることが抑制

図4-8　循環型社会の形成図

出所：日本火災海上保険株式会社=興亜火災海上保険株式会社（現日本興亜損害保険株式会社）編「循環型社会における経営と情報開示」『環境Risk Review』4頁（2000年）。

環境基本法（1994年8月完全施行）

- 環境基本計画　2006年4月全面改正公表
  - 循環 ← 自然循環／社会の物質循環

循環型社会形成推進基本法（基本的枠組み法）（2001年1月完全施行）

社会の物質循環の確保／天然資源の消費の抑制／環境負荷の低減

○基本原則，○国，地方公共団体，事業者，国民の責務，○国の施策

- 循環型社会形成推進基本計画　国の他の計画の基本　2003年3月公表

廃棄物処理法

〈廃棄物の適正処理〉2006年2月一部改正

① 廃棄物の排出抑制
② 廃棄物の適正処理（リサイクルを含む）
③ 廃棄物処理施設の設置規制
④ 廃棄物処理業者に対する規制
⑤ 廃棄物処理基準の設定等

資源有効利用促進法

〈リサイクルの促進〉2001年4月全面改正施行

① 再生資源のリサイクル
② リサイクル容易な構造・材質等の工夫
③ 分別回収のための表示
④ 副産物の有効利用の促進

1R→3R

- 環境大臣が定める基本方針　2005年6月改正
- 廃棄物処理施設整備計画　2003年10月公表
- 2003年～2007年の5か年計画／計画内容：事業量→達成される成果（事業費）（アウトカム目標）

―― 個別物品の特性に応じた規制 ――

容器包装リサイクル法	家電リサイクル法	食品リサイクル法	建設資材リサイクル法	自動車リサイクル法
2000年4月完全施行／2006年6月一部改正	2001年4月完全施行	2001年5月完全施行／2007年6月一部改正	2002年5月完全施行	2003年1月一部施行／2005年1月完全施行
・容器包装の市町村による分別収集／・容器の製造・容器包装の利用業者による再商品化	・廃家電を小売店等が消費者より引取／・製造業者等による再商品化	食品の製造・加工・販売事業者が食品廃棄物等を再生利用等	工事の受注者が・建築物の分別解体等／・建設廃材等の再資源化等	関係業者が使用済自動車の引取，フロンの回収，解体，破砕／製造業者等がエアバッグ，シュレッダーダストの再資源化，フロンの破壊
ビン，PETボトル，紙製・プラスチック製容器包装等	エアコン，冷蔵庫・冷凍庫，テレビ，洗濯機	食品残さ	木材，コンクリート，アスファルト	自動車

2001年4月完全施行

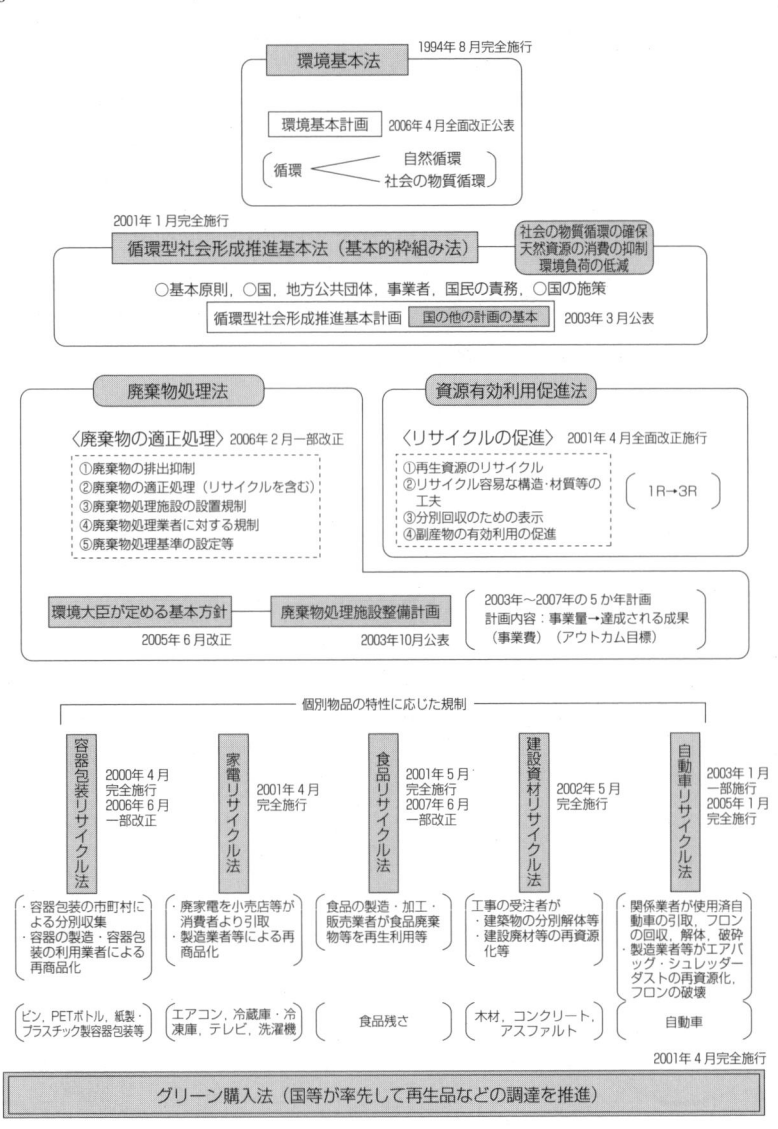

グリーン購入法（国等が率先して再生品などの調達を推進）

図4-9　循環型社会の形成推進のための施策体系

注：「1Rから3Rへ」ということは，従来のリサイクル（1R）の欠点を克服するための方法論として提唱されたもので，発生抑制（Reduce），再使用（Reuse），再生利用（Recycle）という3つの，優先順位を付した形式に分類したものである。
資料：環境省
出所：環境省編・前掲書（図4-4）211頁。

され、並びに製品等が循環資源となった場合においてはこれについて適正に循環的な利用が行われることが促進され、および循環的な利用が行われない循環資源については適正な処分が確保され、もって天然資源の消費を抑制し、環境への負荷ができる限り低減される社会」と定義している。

また、循環基本法は、処理の優先順位を、①発生抑制（Reduce）、②再使用（Reuse）、③再生利用（Material Recycle）、④熱回収（Thermal Recycle）、⑤適正な処分という順序で、技術的および経済的に可能な範囲で、できるだけ上位の処理を行うこととしている（法5条〜7条）。

なお、この法律において循環的な利用とは、再使用、再生利用および熱回収をいう。再使用とは、循環資源を製品としてそのまま使用すること（修理を行ってこれを使用することを含む）および循環資源の全部または一部を部品その他製品の一部として使用することをいう。また、再生利用とは、循環資源の全部または一部を原材料として利用することをいう。さらに、熱回収とは、循環資源の全部または一部であって、燃焼の用に供することができるものまたはその可能性のあるものを熱を得ることに利用することをいう。

さらに、循環資源の循環的な利用や処分は、環境保全上の支障が生じないように適正に行われなければならない。

循環型社会の形成図および循環型社会の形成推進のための施策体系を示せば、図4-8および図4-9のとおりである。

(3) 事業者の責務

循環基本法は、事業者に対して次のような責務を課している（法11条）。

まず、事業活動に際しては、①廃棄物等の発生抑制のための措置を実施、②循環資源の循環的な利用を行うための措置を実施、③循環的な利用が行われない循環資源は自らの責任により適正処分する責務を有することとし、また、製

---

40) 淡路・前掲注22) 113頁。なお、循環基本法では、拡大生産者責任の規定として、「生産者が、その製造する製品の耐久性の上、設計の工夫、材質や成分の表示等を行う責務」（法11条2項）、一定の製品について、「引き取り、引き渡し又は循環的な利用を行う責務」（法11条3項）を規定している。

品,容器等の製造・販売等を行う事業者は,①製品,容器等の耐久性の向上,修理実施体制の充実等を実施,②製品,容器等の設計の工夫および材質・成分の表示等を実施,③循環資源の引取り,引渡しまたは循環的な利用を行う責務を有することとしている。さらに,事業活動に際し,適正に循環的な利用を行う責務を有し,また,再生品を使用すること等により循環型社会の形成に自ら努めるとともに,国または地方公共団体が実施する循環型社会の形成に関する施策に協力する責務を有することとしている。

以上により,事業者の排出者としての責任が明確にされるとともに,生産者が生産する製品について,廃棄物となった後まで一定の責任を負う拡大生産者責任の考え方が示されている。すなわち,同法11条3項に「当該製品,容器等に係る設計および原材料の選択,当該製品,容器等が循環資源となったものの収集等の観点からその事業者の果たすべき役割が循環型社会の形成を推進する上で重要であると認められるものについては,当該製品,容器等の製造,販売等を行う事業者は,基本原則にのっとり,当該分担すべき役割として,自ら,当該製品,容器等が循環資源となったものを引き取り,若しくは引き渡し,又はこれについて適正に循環的な利用を行う責務を有する」とあり,一般論として日本でも生産者にこの責任を認めている。ただし,拡大生産者責任が具体化するためには,製品を特定した個別の法律が必要になる[41]。

(4) 循環型社会形成推進基本計画と事業者の果たす役割

循環型社会形成基本計画(2003年3月に閣議決定・国会報告,以下「循環基本計画」という)は,循環基本法15条の規定に基づき,循環型社会の形成に関する施策を総合的かつ計画的に推進するために定めたものである。また,循環基本計画は,2002年9月のヨハネスブルグ・サミット実施計画に基づき各国が策定する持続可能な生産・消費形態への転換を加速するための10年間の枠組みでもある。

循環基本計画では,日本が目指す循環型社会の具体的イメージ,物質フロー

---

41) 志田慎太郎「廃棄物処理・循環型社会関連法」淡路=岩淵編・前掲注22) 112頁。

(マテリアル・フロー）指標等についての数値目標，各主体が果たすべき役割等について定められており，計画に基づいて廃棄物・リサイクル対策を総合的かつ計画的に推進している。

循環基本計画は，2003年3月に第1次循環基本計画，2008年3月に第2次循環基本計画[42]が閣議決定・国会報告された。以下，最新の第2次循環基本計画の概要について述べることとする。

まず，循環型社会のイメージとしては，中長期的なイメージとして2025年頃までに①低炭素社会や自然共生社会に向けた取組みと統合した「持続可能な社会」の構築，②長期優良住宅の普及などによる「ストック型社会の形成」，③地域特性や循環資源の性質等に応じた最適な規模の循環の形成による重層的な「地域循環圏」[43]の構築，具体的にはバイオマス系循環資源の利活用による食の地産地消の循環等，④「もったいない」の考え方に即したライフスタイルの定着，⑤関係主体の連携・協働，ものづくりなど経済活動における3Rの浸透，3Rと廃棄物処理システムの高度化，などを挙げている。

次に，循環型社会の形成のために，経済社会におけるものの流れ全体を把握する物質フロー指標に関する目標については，「入口」・「循環」・「出口」の3つの断面を代表する3つの指標にそれぞれ目標を設定し，目標年次を2015年度とし，2015年度において，「入口」の資源生産性[44]を約39万円／トンとすること

---

[42] 第2次循環基本計画では，着実な実行を確保するため，毎年，施策の進捗状況などについて，中央環境審議会において集中的な審議を行い，その後の政策の方向につき政府に報告（閣議報告）することとされている。

[43] 地域循環圏とは，地域で循環可能な資源はなるべく地域で循環させ，地域での循環が困難なものについては循環の環を広域化させていくという考え方である。

[44] 資源生産性の算出式は，資源生産性 = $\dfrac{GDP}{天然資源等投入量}$ である。

資源生産性は，産業や人々の生活がいかにものを有効に利用しているかを総合的に表す指標となる。天然資源等はその有限性や採取に伴う環境負荷が生じること，また，それらが最終的に廃棄物等となることから，より少ない投入量で効率的にGDP（Gross Domestic Product：国内総生産）を生み出すよう，増加が望まれる。なお，天然資源等投入量とは国産・輸入資源および輸入製品の量を指し，直接物質投入量（DMI：Direct Material Input）とも呼ばれる。

を目標とし,「循環」の循環利用率を約14%とすることを目標とし,「出口」の最終処分量を約2,800万トンとすることを目標としている。

さらに,循環型社会の形成の取組みの進展度を測る指標として,①循環型社会形成に向けた意識・行動の変化,②廃棄物等の減量化,③循環型社会ビジネスの推進,に関する目標を設定することとしている。

すなわち,①の循環型社会の形成に向けた意識・行動の変化に関するアンケート調査結果として,約90%の人たちが廃棄物の減量化や循環利用,グリーン購入の意識を持ち,約50%の人たちがこれらについて具体的に行動するようになることを目標とする。

②の廃棄物等の減量化について,まず,一般廃棄物の減量化は,国民,事業者双方に係る取組み指標として,1人1日当たりのごみの排出量を2000年度比で約10%減に,生活系ごみに関しては,1人1日当たりに家庭から排出するごみの量(資源回収されるものを除く)を2000年度比で約20%減に,事業系ごみについては,事業系ごみの「総量」について,2000年度比で約20%減とすることを目標とする。次に,産業廃棄物の減量化は,産業廃棄物の最終処分量を2000年度比で約60%減(1990年度比で約80%減)とすることを目標とする。

---

45) 循環利用率の算出式は,循環利用率 = $\dfrac{循環利用量}{循環利用量 + 天然資源等投入量}$ である。

循環利用率は,経済社会に投入されるものの全体量のうち循環利用量の占める割合を表す指標となる。最終処分量を減らすために適正な循環利用が進むよう,原則的には増加が望まれる。なお,経済社会に投入されるものの全体量は,天然資源等投入量と循環利用量の和である。

46) 最終処分量は,廃棄物の埋め立て量である。廃棄物の最終処分場のひっ迫という喫緊の課題にも直結した指標であり,一般廃棄物と産業廃棄物の最終処分場の和として表され,減少が望まれる。

47) グリーン購入とは,製品やサービスを購入する際に,環境を考慮して,必要性をよく考え,環境への負荷ができるだけ少ないものを選んで購入することである。グリーン購入は,消費生活など購入者自身の活動を環境にやさしいものにするだけでなく,供給側の企業に環境負荷の少ない製品の開発を促すことで,経済活動全体を変えていく可能性を持っている。2001年4月から,グリーン購入法が施行されたが,この法律は,国等の機関にグリーン購入を義務付けるとともに,地方公共団体や事業者・国民にもグリーン購入に努めることを求めている。グリーン購入の推進のためには,各地域において行政,地元の事業者,住民等によるネットワークが組織されることが重要である。

③の循環型社会ビジネスの推進について、まず、グリーン購入の推進は、アンケート調査結果として、すべての地方公共団体、上場企業（東京、大阪および名古屋証券取引所1部および2部上場企業）の約50％および非上場企業（従業員500人以上の非上場企業および事業所）の約30％が組織的にグリーン購入を実施するようになることを目標とする。次に、環境経営の推進は、環境マネジメントシステムの国際規格ISO14001の認証取得件数については、今後もその普及拡大を図るとし、また、環境経営を推進させるツールとして、環境報告書および環境会計[48]の普及状況をアンケート調査結果として把握し、その取組みを推進する。さらに、循環型社会ビジネス市場の拡大は、循環型社会ビジネスの市場規模を2000年比で約2倍にすることを目標とし、また、循環型社会ビジネスの雇用規模について計測していくこととしている。

以上が、循環型社会のイメージと循環型社会形成のための数値目標であるが、各主体の果たす役割としては、国民、NPO・NGO、事業者、地方公共団体（都道府県・市町村）、国等のすべての主体は、相互に連携を図りつつ、循環型社会の形成への積極的な参加と適切な役割分担の下で、適正かつ公平な費用負担により各種の施策を着実に講じていくことが必要であるとしている。その中で、事業者は、環境に配慮した事業活動を行うとともに、排出者責任や拡大生産者責任を踏まえて、廃棄物等の適正な循環的利用および処分への取組み、消費者との情報ネットワークの構築や情報公開などをより一層推進していくことが期待されるとしている。

具体的には、使い捨て製品の製造販売や過剰包装の自粛、簡易包装の推進、

---

48) 環境会計とは、企業等が、持続可能な発展を目指して、社会との良好な関係を保ちつつ、環境保全への取組みを効率的かつ効果的に推進していくことを目的として、事業活動における環境保全のためのコストとその活動により得られた効果を認識し、可能な限り定量的（貨幣単位または物量単位）に測定し伝達する仕組みをいう。環境会計は、今日では上場大規模企業を中心に多くの製造・非製造企業が実施するようになっており、その多くは環境報告書において定期的にディスクローズされている（外部報告目的）。政府は、総合的な環境会計ガイドライン（2005年2月環境省改訂）等を通じて、環境会計手法の一層の普及促進を図るとともに、発展途上にある環境会計の手法確立に向けて、国内外の研究成果や先進的な実務動向を踏まえた調査を進めるとしている（環境省編『平成17年版環境白書』244頁（ぎょうせい、2005年））。

レジ袋の削減，製品の長寿命化や再生資源をはじめとする環境への負荷の低減に資する原材料・製品やサービスなどの利用，適正な処理が困難であることや，資源価値の高い製品についての引取りや適正な循環的利用および処分の実施，資源およびエネルギーの利用の効率化などにより事業活動に伴う環境への負荷が低減されるということである。また，事業者のうち廃棄物処理業者の循環型社会の形成に果たす役割は極めて重要であり，廃棄物等の排出者の協力を求めながら，廃棄物等の適正な循環的利用および処分が進められるとともに，事業活動に伴う環境への負荷が低減されることが必要である。

3　土壌汚染対策法
（1）土壌汚染問題の変遷と土壌汚染対策法制定の背景

土壌汚染とは，人の活動に伴って排出される有害物質が土壌に蓄積された状態をいう。土壌汚染の原因となる有害物質は，不適切な取扱いによる原材料の漏出，不適切な廃棄物の処理，汚染された土壌の不適切な処理あるいは廃棄物の不法投棄により土壌により直接混入する場合のほか，事業活動による水質汚濁や大気汚染を通じ2次的に土壌中に負荷される場合がある。土壌汚染は，大気や水質への汚染と比較して，①移動性・拡散性が少ないこと，②長い時間をかけて汚染が土壌に蓄積されること，③私有財産に対する影響が大きいこと，などの特徴がある。

土壌汚染という場合，農用地の汚染と土壌汚染対策法の対象となる市街地の土壌汚染がある。

農用地の汚染問題の歴史は古く，明治時代の群馬県足尾銅山から流出した重金属による農用地汚染が農作物被害を発生させた事件（足尾銅山鉱毒事件）や大正から昭和期にかけては富山県神通川流域で鉱業所から流出したカドミウムが農用地に蓄積して，イタイイタイ病などの重大な健康被害を発生させた事件などが有名である（表4-4）。このような鉱山から排出された鉱毒は，河川の流水に混入するなどにより農用地等を広域に汚染して甚大な被害を発生させ，加害者と被害者との間に長期にわたる損害賠償の争いを生じさせた。こうした鉱毒事件が大きな社会問題となったことを契機に，1970年に，農用地土壌汚染防

表4-4　土壌汚染が社会問題となった事例

(渡良瀬川流域)
1880年　渡良瀬川の魚は有害であると警告される。その後，洪水にあった流域で農作物の被害が発生。
1891年　田中正造代議士が足尾鉱毒に関する質問書を衆議院へ提出し，政府に損害補償と将来の予防策を要求。
1958年　渡良瀬川は，昭和に入ってからも数回の洪水を引き起こした。この年，銅鉱山の堆積場が決壊し，鉱滓・廃石類が水田に流入。約5,000ヘクタールの水田が汚染され，農作物に大きな被害が発生。
1973年　足尾銅山閉鎖。

(神通川流域)
1922年　このころイタイイタイ病が発生。
1929年　このころから鉱業所の廃水による農業被害が急増。
1968年　イタイイタイ病は，鉱業所が排水したカドミウムにより発生したことの見解を厚生省が発表。
1971年　イタイイタイ病裁判で原告勝訴。

(土呂久地区)
1920年　本格的に亜砒酸の製造が始められ，これに伴って，排煙中の砒素による健康被害や農作物の被害が発生。
1962年　鉱山閉鎖。
1973年　環境庁（現環境省）は，土呂久の慢性砒素中毒症を公害病に認定。

出所：インターリスク総研編，地層汚染診断・修復簡易化研究会（SCSC）著『土壌汚染と企業リスクマネジメント』18～19頁（化学工業日報社，2004年）。

止法（正式名称は「農用地の土壌の汚染防止等に関する法律」）が制定され，銅，カドミウム，砒素の3物質を対象とした農用地の土壌汚染対策が進められている。

　一方，市街地の土壌汚染は鉱山からの鉱毒による汚染と異なり，工場などの私有地に局所的に発生するものであったため，当初は顕在化せず社会的に大きな問題として広がることはなかった。

　しかし，欧米では1970年代後半から80年代初頭にかけて各地で多数の住民が立ち退きを強いられるような大規模な土壌汚染事件が発生した。例えば，アメリカでは，1978年に「ラブキャナル（Love Canal）事件」[49]が発生した。これは化学廃棄物の廃棄場跡に建てられた住宅地などに有害ガスが発生したもので，当時のカーター大統領が非常事態宣言を発令する状態となった。また，オランダでは，1981年に新興住宅地の水道管に有害廃棄物が混入する「レッカーケル

ク（Lekkerkerk）事件」[50]が発生し，これを契機に土壌汚染プログラムの整備が本格化し，1987年には土壌保護法令が発布された。これらの土壌汚染事件が知られるようになるにつれて，日本でも市街地における土壌汚染問題の関心が高まってきた。例えば1975年に東京都江東区において六価クロムによる土壌汚染が社会問題化し，その後，1980年代には，トリクロロエチレン，テトラクロロ

---

49) 1978年にアメリカのニューヨーク州のナイアガラ滝近くのラブキャナル運河で起きた有害物質による汚染事件である。化学合成会社（フッカーケミカル社）が同運河に投棄した農薬・除草剤などの廃棄物が原因物質であった。ラブキャナルは，19世紀に水路として用いられ放置されていたが，1930年代以後，廃棄物の投棄が行われるようになり，同社は1947年から1953年まで大量の有害化学物質を廃棄した。廃棄物の中には，BHCやDDM，TCP，ベンゾクロライド，ダイオキシンやトリクロロエチレン等の猛毒物質も含まれていた。1953年，同社は投棄をやめ，埋め立てられた土地は地元の教育委員会に1ドルで売却した（売買契約には，化学物質に起因する将来の被害について同社は一切賠償責任を負わない旨の免責条項が盛り込まれていた）。跡地にはその後，小学校や集合住宅などが次々と建設された。売却されてから20年を過ぎた1970年代から，同地域では異常出産や流産が多発したため，1978年に州政府が跡地の調査を行ったところ，土壌・地下水が汚染されていることが判明した。即座にカーター大統領（当時）が非常事態宣言を発令し，小学校は一時閉鎖，住民の一部は強制疎開，一帯は立入禁止となり，国家緊急災害区域に指定された。この事件を契機にアメリカ環境保護局（EPA：Environmental Protection Agency）は1980年にその浄化費用に充てるためにスーパーファンド法〔正式名称は，「包括的環境対処・補償・責任法：CERCLA（Comprehensive Environmental Response, Compensation, and Liability Act）」〕を制定し，信託基金が制定された（インターリスク総研編，地層汚染診断・修復簡易化研究会（SCSC）著『土壌汚染と企業リスクマネジメント』242〜243頁（化学工業日報社，2004年））。なお，CERCLAの法制度構築の主眼は歴史的な土壌汚染の浄化に置かれていた（Carpenter D. A., R. F. Cushman and B. W. Roznowski, *Environmental Dispute Handbook: Liability and Claims* Volume 1, John Wiley & Sons, Inc., 1991, p.54.）。
50) 1981年にオランダのロッテルダム近郊のレッカーケルクの新興住宅地の飲料水を供給する水道管に有害廃棄物が混入した事件である。環境省は，水道管からの水道供給を停止するように命じ，陸路による供給が行われた。この地区は1970年から1971年に様々な廃棄物で埋め立てられた後に，砂を70cm被覆して造成された土地であった。調査の結果，1,962本の化学物質の入ったドラム缶が地中で発見され，土壌分析によって高濃度の有機化学物質および重金属が検出された。こうして汚染が非常に深刻であることが判明した結果，住民270人が避難させられ，住宅地の土壌が撤去された。費用は1億4,000万Dflを上回ったとされている。この事件は，暫定土壌浄化法をはじめとするオランダの土壌浄化プログラムの制定の契機となった（東京海上火災保険株式会社（現東京海上日動火災保険株式会社）編『環境リスクと環境法（欧州・国際編）』183頁（有斐閣，1996年），インターリスク総研編，地層汚染診断・修復簡易化研究会（SCSC）著・前掲注49）243〜244頁）。

表4-5 市街地における土壌汚染の代表的な発生形態

①規制のない時代における工場の操業に伴う重金属の廃棄等：
　1975年に東京都が化学品メーカーの工場跡地を購入し再開発を行ったところ、発癌性の高い六価クロムの鉱さい（鉱石の精錬により生じる残さい）が大量に出土した。このように、土壌汚染、地下水汚染について規制のない時代に、工場敷地内に重金属等を埋め立てたり、原材料の保管や作業工程において化学物質が漏出することにより土壌汚染を生じた。

②近年のハイテク産業の発展で使用量が増加した有機塩素化合物等の不適正管理：
　洗浄剤等に使用されたテトラクロロエチレンが半導体工場周辺の井戸水から検出された事例、金属加工工場で溶剤として使用されたトリクロロエチレンが漏出し土壌汚染が発生、これが地下水を汚染し側を流れる河川まで汚染したといった事例が近年多く発生している。ハイテク産業の発展などに伴い使用量が増加したこれら有機塩素化合物が、作業行程や保管の不適正な管理から漏出することにより発生する土壌汚染が増加している。

③廃棄物の不法投棄や不適切管理：
　1970年に事業者による廃棄物の処理責任を定めた廃棄物処理法（「廃棄物の処理および清掃に関する法律」）が制定されたが、法制定以前に不適切な廃棄物の投棄が行われていた。上記①の東京都の六価クロム鉱さい事件では企業が敷地外にも投棄を行っていたことが判明し、この事件がきっかけとなって1976年に廃棄物処理法の改正が行われ、廃棄物の不適正投棄への管理が強化された。
　こうした法整備にも拘らず、最終処分場の不足などを背景にその後も廃棄物の不法投棄が絶えない状況が続いている。また、廃棄物処理場の老朽化により防水シートの破損等から各種化学物質が漏えいするなど、廃棄物の不適切な処理・管理から土壌の複合汚染が発生している。

出所：日本興亜損害保険株式会社編「わが国の土壌汚染対策制度」『環境Risk Review Vol.4』3頁（2002年）。

エチレン等の有機塩素系溶剤による土壌汚染が全国的に発見されたことなどにより市街地における土壌汚染に対する人々の関心も急速に高まってきた（市街地における土壌汚染の代表的な発生形態は表4-5参照）。

　このような有害化学物質への関心の高まりを背景として日本でも本格的な土壌汚染対策の制度作りが始まった。政府は、1999年1月に「土壌・地下水汚染に係る調査・対策指針」を策定し、土壌の汚染が明らかである、またはそのおそれがある場合には、土地改変等の機会を捉えて環境基準の適合状況の調査を実施し、汚染土壌の存在が判明した場合には可及的速やかに環境基準達成のた

めに必要な措置が講じられるよう事業者等の自主的な取組みを促進した。

　こうした動きの中で，工場跡地の再開発が増加し，有害物質による土壌汚染が明らかになる事例がかなり増加してきた。これに伴い，土壌汚染による健康影響などについての関心も高くなり，調査や対策に係る制度を確立することが社会的に求められてきた。このような状況を受け，2000年12月には，日本の土壌汚染対策の制度のあり方を調査・検討する「土壌環境保全対策の制度の在り方に関する検討会」が設けられ，約1年間の検討の後，2002年1月に日本に導入すべき土壌環境保全対策制度の基本的な考え方をまとめた「今後の土壌環境保全対策の在り方について」が答申された。この答申を受け，2002年5月の第154回通常国会において「土壌汚染対策法」が成立し，2003年2月15日に施行された。

　さらに2003年の施行後，「土壌汚染による国民の健康被害の防止」および「土壌環境の保全」のために一定の効果をあげてきたが，法の内容が世の中の状況と合わない点や，施行前には予測が困難であった事象などが現れてきたため，2007年に「土壌環境施策に関するありかた懇談会」が組織され，この検討会を受けて改正案が示され，2009年4月29日に法律改正が公布され，2010年4月に「改正土壌汚染対策法」が施行されることとなった。

（2）土壌汚染対策法の目的と仕組み

　この法律は，土壌の特定有害物質（鉛，砒素，トリクロロエチレンその他の物質）による汚染の状況の把握に関する措置およびその汚染による人の健康に係る被害の防止に関する措置を定めること等により，土壌汚染対策の実施を図り，もって国民の健康を保護することを目的としたものである（法1条）。[51]

　また，この法律（改正法）においては，以下の3つの場合に，土地の所有者等に土壌汚染状況調査を行わせることとしている。

　すなわち，①特定有害物質の使用等をする有害物質使用特定施設が設置され

51）　土壌汚染対策法の目的は，現在，人の健康保護に限定されているが，土壌汚染の問題は，我々の生活環境に関わることから生活環境の保全も入れる必要があると考える（大塚直「土壌汚染に関する現代的課題」法教319号106頁（2007年））。

ている工場・事業場の敷地を対象として，施設の使用廃止の時点において，土地の所有者等に対し，土壌汚染の調査を実施し都道府県知事に報告する義務を課していること（法3条），②土地の形質の変更であって，その対象となる土地の面積が一定規模以上のものをしようとする者は，都道府県知事に届けなければならないこととし，都道府県知事は，当該土地に土壌汚染のおそれがあると認めるときは，当該土地の所有者等に対し，土壌汚染状況調査の実施を命ずることができること（法4条），③都道府県知事は，土壌汚染により人の健康被害が生ずるおそれがある土地があると認めるときは，土地の所有者等に調査およびその結果の報告を命ずることができること（法5条），の3つである。さらに，都道府県知事は，当該土地の土壌の特定有害物質による汚染状態が環境省令で定める基準に適合しないことや人の健康に係る被害が生じ，または生ずるおそれがあるものとして政令で定める基準に該当すると認める場合には，当該土地の区域を，その土地が特定有害物質によって汚染されており，当該汚染による人の健康に係る被害を防止するため汚染の除去等の措置を講ずることが必要な区域として指定するものとしている（法6条）。また，都道府県知事が，人の健康に係る被害を防止するため必要な限度において，措置実施区域内の土地の所有者に対し，相当の期限を定めて，当該措置実施区域内において汚染の除去等の措置を講ずべきことを指示するものとしている（法7条）。なお，当該土地において指示措置等を講じた場合において，当該土地の土壌の特定有害物質による汚染が当該土地の所有者等以外の者の行為によるものであるときは，その行為をした者に対し，当該指示措置等に要した費用の額の限度において，請求することができることとしている（法8条）。

　なお，土壌汚染は一般に，①蓄積性の汚染であること，②地中・地下水の汚染であること，③私有地の場合には，私人の支配下にある土地の内にある汚染であること，の3点からリスクの把握にはかなりの困難が伴うことになる。したがって，土壌汚染対策法については，今後も制度の改善を図っていく姿勢が必要であるが，将来的には，例えば，一定規模以上の土地売買の際に調査を義務づけることや土地の利用形態ごとに基準を定めてリスクマネジメントを強化する等の方策を検討の対象とすべきと考える[52]。

(3) 土壌汚染と企業リスク

　土壌汚染を発生させ，過去の行為に起因して発生した汚染が発見されれば，企業にはその対応が求められる。また，土壌汚染対策法の施行により，工場の閉鎖等を契機に汚染の調査が必要になる。土壌汚染問題が企業に与える代表的なリスクとしては，①汚染調査・措置費用の負担リスク，②資産価値への影響リスク，③第三者への損害賠償責任リスク，④社会的信頼への影響リスク，⑤土壌汚染の調査要請の増加リスク，などが挙げられる。[53]

　すなわち，①の汚染調査・措置費用の負担リスクについて，土壌汚染対策法では，調査契機に該当した場合に，土地の所有者等に対して汚染の調査義務を課しており，所有者等は汚染調査費用を負担しなければならない。また，調査の結果，人の健康被害の懸念される土壌汚染が発見されれば，汚染の除去等の措置が必要となり，所有者等が負担する費用も増大する。

　②の資産価値への影響リスクについては，ある土地において新たに土壌汚染が発見された場合，売買を前提とした不動産マーケットにおける土地評価額は，汚染がなかった場合に比べ下落するのが一般的であることから，土壌汚染の存在が，担保価値の減少や売却金額の減少を引き起こしてしまう。なお，2002年7月に不動産鑑定評価基準が改訂され（2003年1月1日施行），土壌汚染が追加された。不動産鑑定評価基準運用上の留意事項（国土交通省）には，「土壌汚染が存する場合には，汚染物質に係る除去等の費用の発生や土地利用上の制約により，価格形成に重大な影響を与える場合がある。土壌汚染対策法で規定された土壌汚染の有無およびその状態に関しては，対象不動産の状況と土壌汚染対策法に基づく手続きに応じて次に掲げる事項に特に留意する必要がある」としている。[54]

---

52)　インターリスク総研編，地層汚染診断・修復簡易化研究会（SCSC）著・前掲注49) 49〜54頁。
53)　高橋滋「土壌汚染対策法の改正の論点」ジュリ1382号55頁（2009年）。
54)　次に掲げる事項としては，「対象不動産が，土壌汚染対策法3条に規定する有害物質使用特定施設に係る工場又は事業場の敷地を含むか否か，又は同法の施行の前に有害物質使用特定施設に相当する工場又は事業場の敷地であった履歴を有する土地を含むか否か」などが挙げられる。

③の第三者への損害賠償責任リスクについては、土壌汚染が拡大し、近隣の田畑等が使用できなくなり、周辺住民が健康被害を被った場合には、損害賠償責任が生じるが、この賠償責任の法的根拠としては民法709条の不法行為と地下水汚染に起因する身体損害に対しては水質汚濁防止法がある[55]。

④の社会的信頼への影響リスクについては、周辺住民の健康被害が懸念される土壌汚染の事実を把握したにもかかわらず、適切な措置や周辺住民・自治体等への情報公開を行わなかったなど、企業の取組み姿勢に問題があった場合には、当該企業の社会的な信頼を著しく損なうことになる。

⑤の土壌汚染の調査要請の増加リスクについては、土壌汚染対策法の施行を契機に、社会全体における土壌汚染に対する関心が高まっており、法的な義務がなくとも、周辺住民等の利害関係者から、汚染調査の実施や調査結果の開示等を求められるケースが増加する可能性がある。

(4) 土壌汚染に対する企業のリスクマネジメント

以上が企業の代表的な土壌汚染リスクであるが、これに対するリスクマネジメントとしては次のような対応が重要であると考える[56]。

第1は、企業内のリスクマネジメント体制を確立することである。有害物質

---

55) 民法709条については、被害者が損害の発生、原因行為と損害との間の因果関係および損害発生についての加害者の故意または過失の存在を立証した場合に、加害者に対して損害賠償責任が発生する。なお、実際の係争においては、加害者の故意または過失の存在を立証するのが困難な場合も多い。また、水質汚濁防止法において損害賠償の対象となるのは、この法律で定めた汚染原因物質(土壌汚染対策法の特定有害物質に硝酸性窒素および亜硫酸性窒素を加えたもの)に起因する生命または身体の損害である。したがって、民法709条では汚染原因物質が特に限定されていないのに対して、水質汚濁防止法では原因物質および損害の形態で限定されているといえる。なお、水質汚濁防止法は、工場または事業場における事業活動に伴う有害物質の汚水または廃液に含まれた状態での排出、地下への浸透により、人の生命または身体を害したときは、これによって生じた損害を賠償することとしている(法19条)。大気汚染防止法と同様に、公害に関わる事業者の無過失損害賠償責任を法制化したものである。また、事業者の行為に、故意または過失があるかどうかは問わず、損害があった場合には事業者がその賠償責任を負うとしたものである。

56) インターリスク総研=アジア航測『土壌と地下水のリスクマネジメント』88〜98頁(工業調査会, 2000年)。

を過去から現在に至るまで製造・使用・保管している企業では汚染の程度に差があったとしても，発生の可能性をまったく否定することはできない。万一，土壌・地下水汚染を発生させると，浄化費用の負担や周辺住民への補償，さらには新聞などの報道による企業イメージの低下など，企業に多大なる損害を与える。したがって，最初に経営層が土壌・地下水汚染を，企業の存続に関わる重大な経営問題の1つとして認識する必要がある。次に，経営企画部門，環境管理部門，総務部門などの連携により，土壌・地下水汚染リスクマネジメントのタスクフォースを組織する。その後は，このタスクフォースが中心となって，汚染リスクの洗い出し，評価，対策を行っていくことになる。なお，汚染の防止活動は，タスクフォースだけではなく，社員全員が行う必要がある。社員一人ひとりに対する十分な教育・訓練も極めて大切である。

第2は，有害物質の適正管理が必要となる。有害物質の適正管理には2つの側面がある。まず，施設や設備が汚染しにくい構造で，適切な対策がとられているか，また，故障の多発や老朽化がないか，などのハード的な側面である。次は，作業マニュアル・手順書において，「汚染の発生を防ぐ」という観点が盛り込まれているか，作業者が十分その内容を理解しているか，などのソフト的な側面である。企業は，これら2つの側面から有害物質を適切に管理していくことが必要となる。

第3は，汚染が発生した場合に備え，その損害の大きさを最小限に食い止める損害の低減対策が必要である。大手企業の中には，汚染の有無を把握するため，サイト内に観測井戸を設け，定期的に地下水調査を行っているところもあるが，これも損害の低減といえる。万一汚染が発生しても，発生の事実を即座に把握し対応できるため，浄化費用や第三者への損害賠償金を最小限に食い止めることができるのである。また，損害には，浄化費用や損害賠償金のような金銭的なものばかりでなく，企業イメージの低下など企業経営に多大な損害を与えるものも含まれる。周辺住民への健康被害が懸念される土壌・地下水汚染が発生しているにもかかわらず，秘密裏に事を進め，適切な情報開示を行わなかった場合，万一，その事実が漏えいすると著しく企業のイメージを低下させる結果となる。したがって，適切な情報公開も，企業イメージの低下を最小限

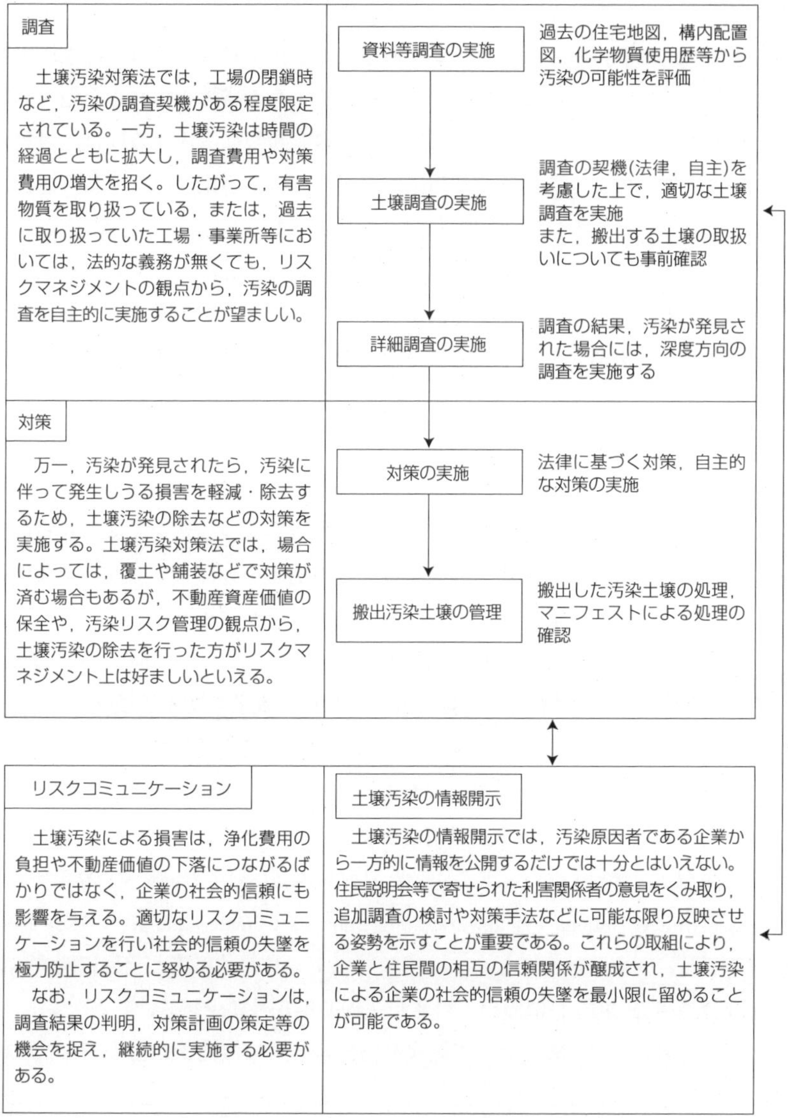

図4-10 土壌汚染に関する対策の進め方

調査

土壌汚染対策法では，工場の閉鎖時など，汚染の調査契機がある程度限定されている。一方，土壌汚染は時間の経過とともに拡大し，調査費用や対策費用の増大を招く。したがって，有害物質を取り扱っている，または，過去に取り扱っていた工場・事業所等においては，法的な義務が無くても，リスクマネジメントの観点から，汚染の調査を自主的に実施することが望ましい。

資料等調査の実施	過去の住宅地図，構内配置図，化学物質使用歴等から汚染の可能性を評価
土壌調査の実施	調査の契機(法律，自主)を考慮した上で，適切な土壌調査を実施 また，搬出する土壌の取扱いについても事前確認
詳細調査の実施	調査の結果，汚染が発見された場合には，深度方向の調査を実施する

対策

万一，汚染が発見されたら，汚染に伴って発生しうる損害を軽減・除去するため，土壌汚染の除去などの対策を実施する。土壌汚染対策法では，場合によっては，覆土や舗装などで対策が済む場合もあるが，不動産資産価値の保全や，汚染リスク管理の観点から，土壌汚染の除去を行った方がリスクマネジメント上は好ましいといえる。

対策の実施	法律に基づく対策，自主的な対策の実施
搬出汚染土壌の管理	搬出した汚染土壌の処理，マニフェストによる処理の確認

リスクコミュニケーション

土壌汚染による損害は，浄化費用の負担や不動産価値の下落につながるばかりではなく，企業の社会的信頼にも影響を与える。適切なリスクコミュニケーションを行い社会的信頼の失墜を極力防止することに努める必要がある。

なお，リスクコミュニケーションは，調査結果の判明，対策計画の策定等の機会を捉え，継続的に実施する必要がある。

土壌汚染の情報開示

土壌汚染の情報開示では，汚染原因者である企業から一方的に情報を公開するだけでは十分とはいえない。住民説明会等で寄せられた利害関係者の意見をくみ取り，追加調査の検討や対策手法などに可能な限り反映させる姿勢を示すことが重要である。これらの取組により，企業と住民間の相互の信頼関係が醸成され，土壌汚染による企業の社会的信頼の失墜を最小限に留めることが可能である。

出所：インターリスク総研編，地層汚染診断・修復簡易化研究会（SCSC）著・前掲書（表4-4）63頁。

にとどめる1つの方法といえる。

　第4は，土地取得時の配慮が必要である。土壌汚染対策法では，汚染原因者が存在しないまたは不明な場合には，汚染の除去等の措置を現在の土地所有者等が行うことになっている。したがって，土地を新規に購入する際は，対象の土地が過去にどのような用途で使用されてきたのか，汚染が存在する可能性はあるのかなどを購入者は十分把握しておく必要がある。

　企業のリスクマネジメントの観点から土壌汚染問題を捉えた場合，以上のような対応が重要であるが，土壌汚染が懸念される場合や，存在の有無を確認したい場合には，図4-10のようなフローで土壌汚染に関する対策を進める必要がある[57]。

　なお，今後の企業の取組みのあり方として，土壌汚染の解決は技術の問題と切り離すことができないということである。自主的対応を企図しても，またどんなに厳しい浄化義務を法定しても，それを実現する技術がなくては対策の打ちようがない。近年，土壌浄化の技術は急速な進歩を遂げているが，企業がこの問題に積極的に取り組むためにも一層の技術開発が望まれる[58]。

4　地球温暖化対策推進法（「地球温暖化対策の推進に関する法律」）

（1）地球温暖化問題をめぐる動きと地球温暖化対策推進法制定の背景

　1992年5月に気候系に対して危険な人為的干渉を及ぼすこととならない水準において，大気中の温室効果ガス濃度を安定化させることでその究極的な目的とした気候変動枠組条約（正式名称は，「気候変動に関する国際連合枠組条約」，UNFCC：United Nations Framework Convention on Climate Change）[59]が採択され，1994年3月に同条約は発効した。日本は1992年6月の「環境と発展に関する国際連合会議（UNCED）」において署名し，1993年5月に受諾した。

　1997年12月には，京都において気候変動枠組条約第3回締約国会議（COP3：

---

57)　インターリスク総研編，地層汚染診断・修復簡易化研究会（SCSC）著・前掲注49) 62頁。
58)　志田慎太郎「残された公害・環境問題—廃棄物と土壌汚染—」地球環境戦略研究機関編『民間企業と環境ガバナンス』157頁（中央法規，2000年）。

表4-6　京都議定書の概要

対策ガス	二酸化炭素，メタン，一酸化二窒素，代替フロン等3ガス（HFC, PFC, SF_6）
吸収源	森林等の吸収源による二酸化炭素吸収量を算入
基準年	1990年（代替フロン等3ガスは1995年としてもよい）
約束期間	2008～2012年の5年間
数値約束	先進国全体で少なくとも5％削減を目指す 日本△6％，アメリカ△7％，EU△8％等
京都メカニズム	国際的に強調して費用効果的に目標を達成するための仕組み ・クリーン開発メカニズム（CDM） 　先進国が，開発途上国内で排出削減等のプロジェクトを実施し，その結果の削減量・吸収量を排出枠とした先進国が取得できる ・共同実施（JI） 　先進国同士が，先進国内で排出削減等のプロジェクトを共同で実施し，その結果の削減量・吸収量を排出枠として，当事者国の間で分配できる。 ・排出量取引 　先進国同士が，排出枠の移転（取引）を行う。
締約国の義務	全締約国の義務 　○排出，吸収目録の作成・報告・更新 　○緩和，適応措置を含む計画の策定・実施・公表　等 附属書Ⅰ国の義務 　○数値約束の達成 　○2007年までに，排出・吸収量推計のための国内制度を整備 　○開発途上国の対策強化等を支援する適応基金への任意的資金拠出　等

出所：環境省編・前掲書（図4-4）113頁。

59) 気候変動枠組条約は，1992年の「環境と発展に関する国際連合会議（UNCED）」で155ヶ国によって署名された条約で，温室効果ガスの濃度を安定化させるために，締約国の一般政策目標とその実現のために枠組みを定めたものである。気候変動枠組条約は，「気候系に対して危険な人為的干渉を及ぼすこととならない水準において大気中の温室効果ガスの濃度を安定化させること」を究極的な目的とし，そのような水準は，生態系が気候変動に自然に適応し，食料の生産が脅かされず，かつ，経済開発が持続可能な態様で進行することができるような期間内に達成されるべきであるとしている。

　気候変動枠組条約では，開発途上国における1人当たりの排出量は先進国と比較して依然として少ないこと，過去および現在における世界全体の温室効果ガスの排出量の最大の部分を占めるのは先進国から排出されたものであること，各国における地球温暖化対策をめぐる状況や対応能力には差異があることなどから，「共通だが差異のある責任（Common but Differentiated Responsibility）」の原則に基づき，①途上国を含む締約国すべての国，②附属書Ⅰ国（OECD諸国および市場経済移行国（旧共産圏諸国）），附属書Ⅱ国（OECD諸国）という3つのグループに分けて異なるレベルの対策を講ずることが合意された（環境省編「京都議定書目標達成計画」4頁（2005年4月））。

表4-7 マラケシュ合意の概要

途上国問題	・途上国の能力育成，技術移転，対策強化等を支援するための基金を正式に設置（先進国の任意拠出）。
京都メカニズム	・目標を達成できなかった場合の措置に法的拘束力を持たせることを受け入れなくても，京都メカニズムを利用できる。 ・CDM，共同実施等で得た排出枠は自由に取引できる。 ・国内対策に対し補足的であること。ただし，定量的制限は設けない。 ・共同実施，CDMのうち原子力により生じた排出枠を目標達成に利用することは控える。 ・排出量取引における売りすぎを防止するために，一定の排出枠を常に確保する。
吸収源	・森林管理の吸収分は国ごとに上限設定（日本は基準年は移出量の3.9%を確保）。 ・CDMシンクの対象活動として，新規植林および再植林を認める。
遵守	・目標を達成できなかった場合は，超過分の1.3倍を次期目標に上積み。 ・上記の措置に法的拘束力を導入するかどうかについては，議定書発効後に開催される第1回議定書締約国会合において決定。

出所：環境省編『平成17年版環境白書』3頁（ぎょうせい，2005年）。

The third Conference of the Parties）が開かれ，京都議定書（表4-6）が採択された。本議定書では，先進国の温室効果ガス排出量について，法的拘束力のある数量化された約束を設定するとともに，約束達成のための柔軟な国際的仕組みとして京都メカニズムを導入することなどが規定されている。

　このような状況を踏まえて，地球温暖化対策推進法は，「地球温暖化対策に関し，国，地方公共団体，事業者および国民の責務を明らかにするとともに，地球温暖化対策に関する基本方針を定めること等により，地球温暖化対策の推進を図り，もって現在および将来の国民の健康で文化的な生活の確保に寄与するとともに人類の福祉に貢献することを目的とする」こととして1998年10月に制定され，1999年4月8日に施行された。その後，日本では，2001年11月，モロッコのマラケシュで開催された気候変動枠組条約第7回締約国会議（COP7）において京都議定書の運用に関する細目を定めたマラケシュ合意（表4-7）が採択されたのを受けて，政府は同月開催された地球温暖化対策推進本部において京都議定書締結に向けた準備を本格的に開始することを決定した。また，2002年3月には，京都議定書の6％削減約束の達成に向けて，100種類を超える対策・施策をとりまとめた新しい地球温暖化対策推進大綱が決定され，同年

5月には，京都議定書の締結に必要な国内担保法として，地球温暖化対策推進法が改正され，京都議定書目標達成計画の策定や，地域レベルでの地球温暖化対策の取組みを推進するため，地方公共団体，事業者，住民等からなる地球温暖化対策地域協議会の設置などが盛り込まれた。この担保法の成立および京都議定書締結の国会承認を受けて，日本は同年6月に京都議定書を締結した。

(2) 地球温暖化対策推進法の目的と仕組み

地球温暖化対策推進法は，専ら温暖化対策の推進を目的として，環境に負荷を与える社会システムを見直し，環境への負荷を低減する社会システムを転換させていくことを企図している。

まず，1999年に施行された地球温暖化対策推進法（改正前の法）は，これまでの「排出自由」の考え方を転換し，国，地方公共団体，事業者，国民のすべてが主体として役割を担い，将来の個々対策を推進していくための土台となる法理念を示すもので，次の4つの要素からなっていた。

① 気候変動枠組条約第3回締約国会議（COP3）で排出削減対象となった6つの温室効果ガス（二酸化炭素，メタン，一酸化二窒素，ハイドロフルオロカーボン，パーフルオロカーボン，六ふっ化硫黄）すべてを対象にした取組みを推進する。最も大きなウエイトを占める二酸化炭素の排出削減対策は，省エネルギー対策の促進を図っていくことに加え，その他の効果的な対策を講じる。特に事業者には，新製品開発で消費者の省エネルギーに寄与するなど，国全体として省エネルギーが図れることへの貢献を求める。

② 国，地方公共団体および相当量の温室効果ガスを排出する事業者に，対策の実施状況の公表を促し，国民に開かれた形で計画的に取り組むことを求める。

③ 国全体の取組みとともに，地方の実情に応じたきめ細かな対策を推進し，地方公共団体に対しても，地球的問題に関してその責任の範囲内で可能な役割を発揮するように求める。

④ 国民が行う温暖化防止のための行動を支援する，「国，都道府県の地球温暖化防止活動推進センター」，「地球温暖化防止活動推進員」の制度を設

ける。

その後，地球温暖化対策推進法は，日本として京都議定書に批准し，実効ある地球温暖化対策を推進するための国内法制度整備の一環として2002年6月に改正され，京都議定書の日本国内での実施を担保する法律としての性格が付与され，また，京都議定書の義務である6％削減目標を達成するための京都議定書目標達成計画を策定することが規定された。地球温暖化対策推進法の主な改正点は次のとおりである。

① 京都議定書目標達成計画の策定（法8条）
② 地球温暖化対策推進本部の設置（法10条～19条）
③ 国民の取組みを強化するための措置の拡充（法23条～26条）
④ 森林整備等による温室効果ガスの吸収源対策（法28条）
⑤ 京都メカニズムの活用のための国内制度の検討（附則2条）

なお，地球温暖化対策推進法は，その後も逐次改正が行われている。2005年6月に改正（2006年4月1日施行）された主な項目は，①国，地方公共団体の責務の明確化（法3条・4条），②地球温暖化対策推進本部の所管事務として，地球温暖化対策の実施の推進に関する総合調整を追加（法11条），③自主的排出抑制を進めるための基盤整備のため，温室効果ガス排出量の報告，公表等による制度を導入。大口排出事業者に毎年度温室効果ガス排出量の報告を義務づけ，国は排出情報を集計・公表（法21条の2），④2008年までに施行状況を検討し，必要な措置を実施（附則抄3条），などである。

また，2006年6月に改正（2007年3月1日施行，ただし一部を除く）された主な項目は，京都メカニズムによる削減量（いわゆるクレジット）の取得，保有および移転の記録を行うための割当量口座簿の整備等（法29条～41条および44条）である。

さらに，京都議定書の6％削減目標の達成を確実にするために必要な諸施策の導入を図ることとして2008年6月に改正（2009年4月1日施行，ただし一部を除く）された主な項目は，次のとおりである。

① 温室効果ガス算定・報告・公表制度の見直し（事業者単位・フランチャイズ単位での排出量の算定・報告の導入，京都メカニズムクレジット等の評価）（法

21条の2)
② 排出抑制等指針の策定(法20条の5,20条の6)
③ 新規植林・再植林CDM(クリーン開発メカニズム)事業によるクレジットの補填手続の明確化(法34条)
④ 地方公共団体実行計画の充実(法20条の3,20条の4)
⑤ 地球温暖化防止活動推進員,都道府県地球温暖化防止活動推進センター等の見直し(法23条,24条)

　以上のうち,企業への影響が最も大きいと考えられるのは,温室効果ガスの算定・報告・公表制度である。この制度は,一定規模以上の事業者(特定排出者)に対して,温室効果ガスの算定,および政府への報告を義務づけるもので,その結果は企業別,都道府県別,業種別に集計して公表されることになっている。また,この制度は,特定排出者に対して,自社の温室効果ガスの排出状況を認識させるきっかけとなり,公的部門や事業者に自主的に温暖化対策に取り組む基盤作りを進めさせ,排出量の情報が公表されることで各主体の自主的な取組みを促すインセンティブを提供することになる。また,規模の大きな企業あるいは事業所の温室効果ガス排出量を政府が把握できるようになることから,今後国内排出量取引制度[60]が本格的に導入された場合の基盤となるとも考えられる。

(3) 京都議定書目標達成計画と脱温暖化社会の構築

　京都議定書目標達成計画(以下,「目標達成計画」という)は,2005年2月の京都議定書の発効を受け,同年4月,京都議定書の6%削減約束を確実に達成するために必要な措置を定めるものとして策定された。

　目標達成計画は,地球温暖化対策の目指す方向と地球温暖化対策の基本的考え方に基づいて,目標達成のための対策・施策を講じていくとしている。目標達成のための対策・施策の中心をなすのが温室効果ガス削減に関する対策・施策(6%削減に向けた対策・施策)であり,そのための温室効果ガス別削減目標を定めている。その他,横断的施策と基盤的施策により目標達成のための対策・施策がより実効的に実施されるよう確保している。

内容としては，地域・都市構造や交通システムの抜本的な見直し等によりエネルギーの効率的利用を構造的に組み込むことや，施設・主体単位で自らの活動に関連して排出される二酸化炭素の総体的な抑制を目指して様々な取組みを行うこと，機器単体のさらなる省エネ性能の向上，普及を図ることなどが挙げられた。また，森林吸収源対策などの温室効果ガス吸収源対策を推進すること，京都メカニズムを適切に活用することなどが盛り込まれた。さらに，知識の普及や国民運動の展開を図ること，公的機関が率先して温室効果ガス削減に取り組むこと，サマータイムの導入など，各部門の個々の対策を横断的に推進するための施策についても，同計画に盛り込まれた。また，環境保全と経済発展と

---

60) 地球温暖化対策の1つとしての国内排出量取引制度とは，温室効果ガスに係る排出枠の交付総量を設定した上で，排出枠を個々の主体（例えば企業）に配分するとともに，他の主体との排出枠の取引や京都メカニズム等国内排出量取引制度の外部にあるクレジットの活用を認めるものである。いいかえれば，規制対象部門全体の排出総量を規制しつつ，事業者毎の排出総量目標については取引等により変更することを認めるものといえる。このような仕組みは「キャップ＆トレード方式」排出量取引制度とも呼ばれる。

　地球温暖化対策の手段として排出権取引の導入に関する議論が活発になっている中で，政府の有識者会議「地球温暖化問題に対する懇談会」は，2008年6月16日，低炭素社会実現のため，国民にも応分の負担を求めることなどを柱とした提言——「低炭素社会・日本」をめざして——をまとめ，福田康夫首相（当時）に提出した。その中で，「国内排出量取引制度については，欧米の動向を注視しつつ，試行的実施を通じて，日本の実情を踏まえたものとして検討が続けられなければならない」と具体的な内容は引き続き検討が必要との考えを示している。すなわち，日本では国内の排出量取引制度の導入については，国際競争力が低下することへの懸念と，政府が企業に強制的に排出枠を割り当てる方式は公平性を欠くという理由で，電力，鉄鋼をはじめとする産業界の反対が強く，さらに試行的実施を通じて，検討を続ける必要があるとしている。

　なお，排出枠は，物（有対物）ではなく，$1t-CO_2$ごとに固有のシリアル番号が付された登録簿上の電子情報によって認識され，また，通常の財産権とは異なり，制度対象者の排出総量目標の達成に活用される手段であることから，排出枠の取引の信頼性を確保するため，排出枠を管理する特別なシステムを整備した上で，排出枠の帰属，移転についての効力発生要件，保有の推定，善意取得について，法律上の規定を設ける必要があると考える（国内排出量取引制度の法的課題に関する検討会「国内排出量取引制度の法的課題について（第二次中間報告）」61頁（2010年1月13日））。

61) 京都議定書目標達成計画にいう主体とは，産業部門（製造業者など），運輸部門，業務その他部門（オフィスや店舗など），家庭部門，エネルギー供給部門（電力会社，ガス会社など）である。

目標達成のための対策と施策

1．温室効果ガスの排出削減，吸収等に関する対策・施策
(1) 温室効果ガスの排出削減対策・施策
【主な追加対策の例】
- 自主行動計画の推進
- 住宅・建築物の省エネ性能の向上
- トップランナー機器等の対策
- 工場・事業場の省エネ対策の徹底
- 自動車の燃費の改善
- 中小企業の排出削減対策の推進
- 農林水産業，上下水道，交通流等の対策
- 都市緑化，廃棄物・代替フロン等3ガス等の対策
- 新エネルギー対策の推進

(2) 温室効果ガス吸源対策・施策
- 間伐等の森林整備，美しい森林づくり推進国民運動の展開

2．横断的施策
- 排出量の算定・報告・公表制度
- 国民運動の展開

以下，速やかに検討すべき課題
- 国内排出量取引制度
- 環境税
- 深夜化するライフスタイル・ワークスタイルの見直し
- サマータイムの導入

温室効果ガスの排出抑制・吸収量の目標

	2010年度の排出量の目安(注)	
	百万t-CO_2	基準年総排出量比
エネルギー起源CO_2	1,076～1,089	+1.3%～+2.3%
産業部門	424～428	−4.6%～−4.3%
業務その他部門	208～210	+3.4%～+3.6%
家庭部門	138～141	+0.9%～+1.1%
運輸部門	240～243	+1.8%～+2.0%
エネルギー転換部門	66	−0.1%
非エネルギー起源CO_2, CH_4, N_2O	132	−1.5%
代替フロン等3ガス	31	−1.6%
温室効果ガス排出量	1,239～1,252	−1.8%～−0.8%

(注) 排出量の目安としては，対策が想定される最大の効果を上げた場合と，想定される最小の場合を設けている。当然ながら対策効果が最大となる場合を目指すものであるが，最小の場合でも京都議定書の目標を達成できるよう目安を設けている。

温室効果ガスの削減に吸収源対策，京都メカニズムを含め，京都議定書の6％削減約束の確実な達成を図る

目標達成計画の進捗管理

- 毎年，6月頃及び年末に各対策の進捗状況を厳格に点検
- さらに，2009年度には第1約束期間全体の排出量見通しを示し，総合的に評価

→ 必要に応じ，機動的に計画を改定し，対策・施策を追加・強化

図4-11　改定京都議定書目標達成計画の概要

資料：地球温暖化対策推進本部
出所：環境省編・前掲書（図4-4）36頁。

いった複数の政策目的を同時に達成するため，自主的手法，規制的手法，経済的手法，情報的手法などあらゆる政策手法を総動員し，それらの特徴を活かしつつ，有機的に組み合わせるというポリシーミックスの考え方を活用することとした。[62]

目標達成計画は，その後，中央環境審議会地球環境部会と産業構造審議会環境部会地球環境小委員会の合同会合において目標達成計画の見直しの議論が行

---

62) 環境省編・前掲注59) 58頁。なお，環境政策のポリシーミックスの詳細については，諸富徹編著『環境政策のポリシー・ミックス』（ミネルヴァ書房，2009年）参照。

われ，2008年3月，地球温暖化対策推進本部において，産業界における自主行動計画の一層の推進，住宅・建築物の省エネ性能のさらなる向上，工場・事業場の省エネ対策の徹底，温室効果ガス排出量算定・報告・公表制度の見直しによる企業単位・フランチャイズ単位での算定・報告の導入等を盛り込んだ目標達成計画の改定が了承され，その後閣議決定された（図4-11）。

目標達成計画は，文字どおり「京都議定書」の目標を達成するための計画を示したものであるが，地球温暖化問題の解決は，京都議定書への取組みで終了するものではなく，長期的に温室効果ガスを大幅に削減することが必要である。また，脱温暖化に向けて日本の中長期目標を明確にし，社会・経済構造を大きく転換していく過程としての第1約束期間の2008〜2012年が開始している現在，政府や自治体，産業界，NGO，市民が，自らの課題として京都議定書の目標達成に真剣に取り組むことが求められている。

（4）地球温暖化問題に対する企業のリスクマネジメント
　①より一層の省エネルギー・新エネルギー技術の開発
地球温暖化は，地球全体の環境に深刻な影響を及ぼす状況が明確化してきたが，この問題の性格から，すべての者が解決に向けて自主的かつ積極的に，それぞれの課題に取り組むことを求めている。また，温室効果ガスの排出量の約8割が企業活動で発生していることから，企業が広範な取組みを積極的に行っていくことが特に重要と考える。

目標達成計画は，エネルギーの需給両面からのアプローチが重要であるとしているものの，エネルギー需要の対策に重点を置くことを宣言している。これは，エネルギー供給面の対策には，インフラの整備など時間を要するものが多いことから，現存するインフラを使用することが可能で，短期的な効果も望むことができる省エネルギーに力を入れていく姿勢を表している[63]。

今後は，国内外を問わず，省エネルギー・新エネルギー技術がますます脚光[64]

63）東京海上日動リスクコンサルティング株式会社編「京都議定書と企業」『TALISMAN別冊』
　　日本編その7，12頁（2005年）。

を浴びることになると思われるが，特に日本では，グリーン購入法が施行され，また環境マネジメントシステムの国際規格ISO14001の認証取得が企業や自治体においてますます重要になってきたこともあり，温室効果ガスの排出削減の取組みが進展すれば，より一層省エネルギー・新エネルギー技術の製品やサービスのニーズが高まり，場合によっては，そのような製品やサービスだけしか市場に生き残ることができないと予想される。したがって，特に製造業の場合は，省エネルギー・新エネルギー技術の開発を，企業競争力に関わる重要な経営課題の1つとして位置づけ，研究開発部門が中心となって全社的に取り組んでいく必要がある。[65]

さらに，地球温暖化問題はとかく製造業だけの問題と捉えがちであるが，環境省の調べによると2007年度の「業務その他部門」（オフィスビル等）からの二酸化炭素排出量（2億3,600万トン）の割合は，1990年度比で43.8％の増加となるなど他部門に比較して排出量の割合が高い[66]。また，日本の省エネルギー対策の柱となっているのが省エネルギー法であるが，この法律は，脱石油のための省エネルギー推進を目的として1979年に制定され，その後数次にわたる改正を経て，次第に強化されてきた。そして，京都議定書発効を受けて提出されていた改正省エネルギー法が2005年8月に成立，さらに，2008年5月にも改正（2009年4月1日施行，ただし一部を除く）された。

2005年の改正省エネルギー法により，工場やオフィスビルなどの大規模排出事業者，一定基準以上の輸送事業者や荷主などの運輸部門，建築分野等についても省エネルギー規制の強化が図られてきたが，さらに，2008年改正法では，

---

64) 新エネルギーについては，「新エネルギー利用等の促進に関する特別措置法」において，「新エネルギー利用等」として規定されており，「技術的に実用化段階に達しつつあるが，経済性の面での制約から普及が十分でないもので，石油代替エネルギーの導入を図るために特に必要なもの」（法2条）と定義されている。具体的には，太陽光発電，風力発電，バイオマス発電や，太陽熱，雪氷熱利用が該当する。

65) 猪刈正利「地球温暖化」インターリスク総研編著『実践リスクマネジメント―事例に学ぶ企業リスクのすべて―』〔第二版〕357頁（経済法令研究会，2005年）。

66) 環境省編・前掲注1）112頁。なお，産業部門（工場等）からの排出量は，4億7,100万トン（1990年度比2.3％減），また，運輸部門（自動車・船舶等）からの排出量は，2億4,900万トン（同14.6％）である。

これまでの工場・事業場単位のエネルギー管理から，事業者単位（企業単位）[67]でのエネルギー管理が義務付けられるようになった。すなわち，2008年改正法では，省エネに対する取組みが進む産業部門に加え，オフィスやコンビニエンスストア等のフランチャイズチェーンなど業務部門においても対策強化を図ったもので，工場や事業場単位ではなく，全事業場を合わせたエネルギー使用量が原油換算で1,500kl／年以上の企業には，2009年度のエネルギー使用量の把握と，2010年度から毎年の届け出が義務付けられたのである。したがって，製造業のみならず，オフィスビルを所有する金融機関や商社，小売業者，ホテル，不動産業者等も省エネルギー規制強化に対応しつつ，既存ビルの場合には，例えば情報技術(IT)を活用した業務用ビルエネルギーマネジメントシステム(BEMS)や包括的なエネルギーサービスを提供するESCO（Energy Service Company）事業の導入[68]，また新たにビルを建設する場合には，断熱性や空調設備の効率を高めるなどの省エネルギー性能を重視した発注を検討すべきと考える[69]。

　また，相次ぐ省エネルギー法の改正により規制が強化され，企業の負担が増加すると考えられるが，それをマイナスに捉えるのではなく，エネルギーコストの削減や関連市場の活性化というプラスに転じさせるような知恵と工夫が今後企業に一層求められると考える。

　②　温暖化対策における温暖化情報の開示

　2005年の地球温暖化対策推進法の改正により，大口排出事業者の温室効果ガス排出量は公表されることになった(法21条の2)。それより先んじて，環境・CSR（Corporate Social Responsibility：企業の社会的責任）報告書等を通じて，地球温暖化への取組みや排出量情報を自主的に開示してきた企業も数多い。環境報告書

---

67) 事業者単位の範囲は，法人格単位が基本となる。したがって，子会社，関連会社，協力会社，持株会社等はいずれも別法人であるため，別事業者として扱われる（資源エネルギー庁＝省エネルギーセンター編「改正省エネ法の概要2010」2頁）。
68) ESCO事業とは，工場やビル，公共施設などの省エネルギーに関する包括的なサービスを提供し，それまでの環境を損なうことなく省エネルギー効果を保証する事業である。ESCO事業導入による省エネ効果をESCOが保証するとともに，省エネルギー改修に要した投資・金利返済・ESCOの経費等は，すべて省エネルギーによる経費削減分でまかなわれる。
69) 猪刈・前掲注65) 359頁。

等の情報データは，計測の範囲，計測の仕方，集計方法などに関してばらつきがあるため，必ずしも他社との客観的な比較ができないとの指摘はある。しかし，これらの公開情報を基に企業を評価したり投資判断の一材料としたりする動きも始まっており，企業の信頼性やイメージの向上にも少なからず貢献していること[70]を踏まえて，今後も一層温暖化情報の開示に努めることが重要である。

Ⅳ　環境リスクに対応する保険の現状と課題

　地球温暖化や廃棄物処理，土壌汚染問題など，様々な環境問題の深刻化や顕在化により，企業および家庭・個人を取り巻く環境リスクはますます増大している。

　保険事業はこのような様々なリスクに対応し，その専門的技術を蓄積してきたが，環境問題に対しても取り組んできている。その結果，過去の環境汚染行為によって生じた損害に対する補償金を支払う環境汚染対応型の保険等が開発されている[71]。

　環境リスクを補償する保険の主なものは以下のとおりであるが，本章では，特に環境汚染リスクを補償する保険の代表的なものとして現在複数の保険会社が販売している環境汚染賠償責任保険（EIL保険[72]）を中心に述べることとする[73]。

---

70) 野崎麻子＝山口匡「温暖化対策を巡る動向と企業の対応」『企業リスク』5巻4号（通巻20号）37頁（トーマツ企業リスク研究所，2008年）。

71) ただし，対象としているリスクが保険として受け入れられ（保険可能性：insurability），その取り扱う保険商品に市場性（Marketability）がある場合にのみ，保険契約は有効な解決策といえる（Freeman, P. A. and H. Kunreuther, *Managing Environmental Risk Through Insurance*, Kluwer Academic Publishers, 1997, 齊藤誠＝堀之内美樹訳『環境リスク管理：市場性と保険可能性』45頁（勁草書房，2001年））。

72) EIL保険は，Environmental Impairment Liability Insurance の略で，アメリカで開発・販売されてきたが，日本でも1992年にAIU保険会社，日本火災海上保険株式会社（現日本興亜損害保険株式会社），安田火災海上保険株式会社（現株式会社損害保険ジャパン）の3社がこの保険を共同開発し，現在は，他に東京海上日動火災保険株式会社，三井住友海上火災保険株式会社，ニッセイ同和損害保険株式会社等各社が販売している。

73) 環境リスクと保険の詳細については，拙稿「環境保険の現状と今後の課題」『長崎県立大学論集』39巻3号31～56頁（2005年）参照。

表4-8 環境汚染賠償責任保険（EIL保険）と他の一般賠償責任保険との関係

損害形態			施設賠償責任保険	油濁賠償責任保険(注)	環境汚染賠償責任保険（EIL保険）
身体障害財物損壊	排水，排気に起因		×	×	○
	上記以外	突発的な事故	○	△(財物)	○
		非突発的な事故	×	×	○
漁業権侵害入漁権侵害	突発的な事故		×	○	○
	非突発的な事故		×	×	○
財物の使用不能損害			×	×	○
行政命令による汚染浄化費用	突発的な事故		×	△	○
	非突発的な事故		×	×	○

○＝補償される事故（損害）　×＝補償されない事故（損害）
注：油濁賠償責任保険の対象となるのは，石油物質が対象施設から公共水域（海・河川・湖沼・運河）へ流出したことによる汚染に限られる。

1　環境汚染賠償責任保険の現状

（1）環境汚染賠償責任保険の特長

　この保険は，被保険者が所有，使用，または管理する施設から発生した環境汚染に起因する賠償責任および汚染浄化費用を補償する保険[74]であり[75]，次の特長を有している。

　①　突発的な環境汚染のほか，一般の賠償責任保険では免責となっている「排水・排気」に起因する環境汚染に基づく賠償責任，非突発的で徐々に進行する環境汚染に基づく賠償責任，地下水汚染により井戸が使用できなくなったなどの物の損壊を伴わない他人の財物の使用不能に基づく賠償責任および海洋・河川の汚染による漁業権，入漁権の侵害に基づく賠償責任も補償すること（表4-8参照）

74）ここでいう環境汚染とは，流出，いっ出もしくは漏出し，または排出された汚染物質が地表もしくは土壌中，大気中または海・河川・湖沼・地下水等の水面もしくは水中に存在し，かつ他人の身体の障害または他人の財物の損壊等が発生するおそれがある状態をいう。
75）正確には，「環境汚染賠償責任保険普通保険約款　施設所有管理者特別約款」である。
　　日本で最も普及しているのがこの特別約款であるため，本章では便宜上，環境汚染賠償責任保険と呼ぶ。このほかに汚染浄化工事業者等の請負業者用の請負業者特別約款もある。

表4-9 環境汚染賠償責任保険引受時の標準的なリスク調査

Step	目的	調査方法	調査項目
Ⅰ	1. 基礎的評価データの収集 2. StepⅢにおける必要チェック項目の把握	〈調査方法〉 (1) 質問書によるデータ収集 (2) 必要資料の収集	①企業概要　②事業所の現況 ③用地履歴　④周辺地域の状況 ⑤行政/地域との関わり ⑥生産工程 ⑦公害防止管理/廃棄物管理
Ⅱ	1. StepⅠの補完データの収集	〈書類調査〉 (1) 各種資料の分析 〈実地調査〉 (2) 行政資料等の収集	①取扱物質の環境汚染物性・特性 ②周辺の状況（賠償対象として） ③周辺の状況（競合原因者として） ④地域の土壌/地下水汚染調査データ ⑤地域の公害/環境トラブル履歴 ⑥地勢/地質/地下水脈の特性 ⑦生活/工場/農業/水産用水の利用の実態 ⑧当該事業所の公害防止に関わる行政措置の履歴
Ⅲ	1. StepⅠ・Ⅱで得たデータの確認 2. StepⅠ・Ⅱでは確認しにくいデータの収集	〈面談〉 (1) 責任者・担当者へのインタビュー (2) 資料閲覧 〈実地調査〉 (3) 対象施設内外の現認調査 (4) 必要に応じて，水質調査・土壌調査	〔聴取事項〕 ①取扱物質名と取扱方法 ②移送方法と保管方法 ③使用工程　④処理方法 〔閲覧資料〕 ①許認可証　②査察結果報告書 ③廃棄物処理委託業者 ④モニタリングデータ ⑤各種協定書 〔現認調査〕 ①貯蔵タンク・槽・蒸溜槽・処理施設 ②配管　③廃棄物保管場所 ④排ガス等の処理施設

② 汚染浄化費用について，損害賠償金の一部として負担する費用のほか法令の規定に基づく汚染浄化命令による支出についても補償すること

③ 特約を付けることにより，被災者の見舞いのための役職員派遣費用，環境汚染対策本部設置費用，新聞等へのお詫び広告掲載費用など環境汚染対応費用についても補償すること[76]

---

76) 環境汚染対応費用担保特約である。ただし，環境汚染の発生を知ってから1年以内に支出した費用に限る。

環境汚染賠償責任保険の特長は以上のとおりであるが，この保険に加入するにあたっては，保険会社による事前の調査が必要となる。事前調査は企業が記入する申告書による書類調査と対象施設の実地調査からなる。[77]

保険会社の事前調査は，保険の対象となる当該サイトにおいて環境汚染事故が発生する可能性と，汚染事故が発生した場合の損害賠償責任や浄化費用の負担の規模を想定するために実施される。[78]

具体的な調査項目を挙げれば表4-9のとおりである。[79]

(2) 環境汚染賠償責任保険の概要[80]
① 保険の対象

企業が所有，使用または管理する日本国内所在の工場等の施設を対象とする。また，業種や企業規模に関係なく環境汚染のリスクがある事業所がすべて対象となる。例えば，化学製品製造，電子製品製造，メッキ作業，その他一般製造

---

77) ただし，調査の内容は保険会社によって異なる。
78) 下島和彦「環境汚染関連保険からみたリスクマネジメント」『いんだすと』14巻9号12頁（全国産業廃棄物連合会，1999年）。
　　なお，想定される事故例として，次のものが挙げられる。
　　① 工場の大気汚染防止装置の故障により，有害物質が排気され，工場近隣の住民の健康に被害が生じた（身体障害の例）。
　　② 工場の有害物質貯蔵タンクからの漏出事故により，近隣の農用地が汚染され農作物にも被害が生じた（財物損壊の例）。
　　③ 工場から流出または漏出した塩素系有機溶剤が地下水を汚染し，住民の飲料水として利用できなくなった（財物の使用不能損害の例）。
　　④ 工場の排水が原因で，魚介類が発ガン性物質に汚染されていることが判明し，近海での漁ができなくなった（漁業権の侵害の例）。
　　⑤ 工場からの排水が原因で農用地が汚染されたため，行政より客土事業費の一部負担を命じられた（汚染浄化費用の例）。
　　（上記事故例は，日本興亜損害保険株式会社の「環境汚染賠償責任保険のご案内」より引用した。）
79) 森川均「わが国の環境汚染賠償責任保険の引受方法―約款内容とアンダーライティング手法―」『保険学雑誌』539号123頁（日本保険学会，1992年）をもとに作成した。
80) 環境汚染賠償責任保険の概要は，日本興亜損害保険株式会社の「環境汚染賠償責任保険のご案内」およびAIU保険会社の「環境汚染賠償責任保険のご案内」等の資料をもとに作成した。

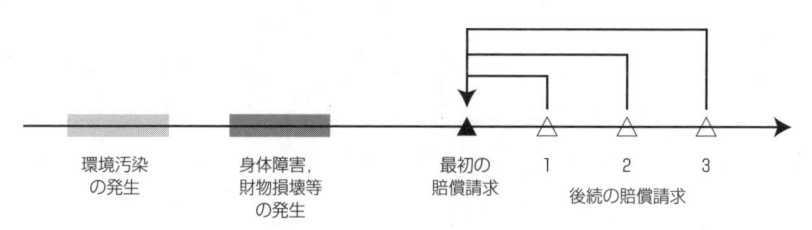

第 4 章　最近の環境法規制のもとにおける企業のリスクマネジメント　247

図 4-12　同一環境汚染に起因する複数の損害賠償請求の取扱い

注：上記の▲，△1，△2，△3は同一の環境汚染に起因する賠償請求であるため，「1つの賠償請求」とみなし，▲の時点ですべての賠償請求がなされたものとみなす。填補限度額や自己負担額等は，▲があったときの保険の契約条件が適用される。

業，産業廃棄物処理業，焼却施設，最終処分場，リサイクル再生業，火力発電所，大型貯蔵施設，研究所，医療施設，汚水処理施設等である。

なお，連続する敷地内に存在する施設はすべて一体として引き受けられ，例えば地下タンクのみといった限定した引受けは行われない。また，石油，天然ガスまたは鉱物等を採取する施設，海洋施設，原子力発電所，自動車，航空機，車両を対象とする引受けは行われない。

②　保険期間と事故との関係

（ア）この保険は，企業が環境汚染を発生させたことにより，保険期間中に損害賠償請求を受けることをもって保険事故としている。すなわち，クレイムズ・メイド（Claims-made：損害賠償請求主義）方式を採用している。[81]

（イ）同一の環境汚染に起因するすべての損害賠償請求を一賠償請求として取り扱い，それらのうちの最初の賠償請求がなされた日の属する保険契

---

81) 現在，世界の賠償責任保険における保険事故のトリガーの主流は，保険期間が終了した後に，保険期間中発生した汚染事故が発覚して損害賠償請求等がされたときも，他の条件が満たされれば保険会社は保険金支払の義務を負うオカーレンス（Occurrence：事故発生主義）方式であるが，もしこの保険でオカーレンス方式を採用するならば，オカーレンスの定義は，有害物質に最初に晒されたとき，あるいは，損害が顕在化したときなどとなろう。しかし，オカーレンス方式を採用するアメリカのCGL保険証券において，環境汚染事故の保険カバーをめぐる様々な訴訟が提起されてきたことが示すように，非突発的な環境汚染までをカバーしようとする本保険においては，オカーレンスをどのように定義しても，その発生時期を合理的に特定することに難しさがあることから，クレイムズ・メイド方式を採用したものである（森川・前掲注79）113～114頁）。

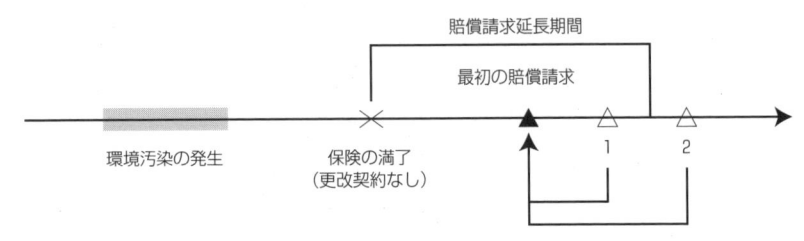

図4-13 賠償請求期間延長特約の適用

約を適用する。図4-12に保険適用の考え方を図示する。
(ウ) 保険期間中に環境汚染が発生したが，最初の損害賠償請求が提起される前に，契約解除あるいは非更改により保険契約がなくなってしまった場合には，所定の追加保険料の支払いにより，一定期間内に提起される損害賠償請求が救済される（賠償請求期間延長特約）。図4-13に保険適用の考え方を図示する。

③ 対象となる主な損害
(ア) 第三者である被害者に対する身体障害，財物損壊が発生したことにより被保険者が負担する損害賠償金
(イ) 法令の規定に基づいて支出を命じられる汚染浄化費用
(ウ) 環境汚染により工業用水として地下水が使用できないなどの，損壊を伴わない他人の財物の使用不能損害
(エ) 他人の漁業権もしくは入漁権の侵害に起因する損害賠償
(オ) 訴訟，仲裁，和解または調停について保険会社の書面による同意を得て支出した弁護士費用等の訴訟費用
(カ) 保険会社による損害賠償請求の解決に協力するために支出した費用

なお，支払保険金は上記損害の合計から所定の自己負担額を控除した額に，損害填補割合を乗じた額である。また，支払保険金は，契約時に約定した填補限度額を上限とする。

④ 主な免責事項
(ア) 被保険者の故意，故意による法令違反
(イ) 地震，噴火，洪水，高潮，津波

(ウ) 原子力危険，酸性雨，悪臭，騒音，振動，地盤沈下，日照不良に起因する賠償責任
(エ) 油田，鉱山，海洋施設に起因する環境汚染
(オ) 航空機，船舶，自動車に起因する環境汚染
(カ) 最初の保険契約時に被保険者がすでに知っていたか，予見できた環境汚染
(キ) 保険契約開始前にすでに提起されていた賠償請求と同一または関連した環境汚染に基づく賠償請求
(ク) 他人との間に損害賠償について特別の約定がある場合，その約定によって加重された賠償責任
(ケ) 被保険者の役員，従業員が被保険者の業務に従事中に環境汚染に晒された結果被った身体障害に起因する賠償責任
(コ) 敷地内で生じた損害または汚染浄化費用
(サ) 不動産価格の下落に起因する賠償責任
(シ) 被保険者に対してなされた差止め請求
(ス) 被保険者の占有を離れた廃棄物に起因する環境汚染

⑤契約の手順

保険契約にあたっては，保険会社は一般に次の手順で対象施設の環境汚染リスク調査を行った上で引受けをすることとなる。

(ア) 保険質問書と必用書類の提出（特に会社案内，過去3期分の財務諸表，建物配置図面，在庫明細，工程図，計量証明書等）
↓
(イ) 保険会社からの概算保険料の提示
↓
(ウ) 対象施設・実地調査（環境エンジニアリング・サーベイの実施）
↓
(エ) 最終的な保険料，支払限度額などの保険条件の提示
↓
(オ) 告知書（環境汚染リスクに関し重要な項目についての告知）

↓
（カ）保険契約の締結

なお，環境エンジニアリング・サーベイが必要な場合，手続きに2・3ヶ月以上要することがある。

2　環境汚染賠償責任保険の今後の課題
（1）保険普及の問題点

　地球温暖化，有害物質の漏出，排出による環境汚染，廃棄物処理の問題など地球環境保護に関する問題は，人類共通の問題であるのみならず，企業経営にとっても最重要課題の1つである。アメリカでは1990年，連邦控訴裁判所において，「金融機関は，融資先の日常業務に直接関与していなくとも，有害廃棄物の取り扱いについて影響を及ぼしうる程度に財務面で経営に関与していれば，当該施設の管理運営者とみなされ，免責条項は適用されない」とする判決が下された。これにより，アメリカでは，金融機関は，融資先企業が引き起こした土壌汚染に起因して，浄化費用責任を負担しなければならない危険を抱え込むことになり，金融界に衝撃を与えた経緯がある。[82]

　以上のような環境汚染リスクに対応する環境汚染賠償責任保険は，日本では1992年に開発されたが，現在に至るまで，その販売実績は芳しくなく，企業の関心も高くない。

　その理由として，今までアメリカにおける環境汚染担保の問題状況が反映した結果とも目されるが，以下のような問題点が存することも影響している。[83][84]まず，保険会社サイドからすると①逆選択の問題が大きいことである。すなわち，汚染の危険度の低い企業は突発的事故による環境損害に対しては「施設所有

---

[82]　吉川栄一『企業環境法』160頁（上智大学出版会，2002年）。銀行がレンダー・ライアビリティー（融資者の環境責任）を問われ，環境汚染問題の当事者となったケースである。

[83]　裁判所が「突発的かつ偶然の環境汚染」という解釈を拡大し，徐々に生じたものまで含める傾向にある。なお，近年，アメリカの保険会社は環境汚染賠償責任の保険金請求で大打撃を被ったことにより保険料の大幅な引き上げを実施し，また環境汚染リスクの引受けに慎重になっている（Lockett, N., *Environmental Liability Insurance*, Cameron May, 1996, p.12.）。

（管理）者賠償責任保険」を付保しておけば足りるから，結局，この保険の需要は，汚染の危険度の高い企業・業種に偏るおそれがあり，保険会社は保険引受けに消極的にならざるをえないこと，②漸進的に汚染が進行し，一時に拡大する汚染は，予測が困難であること，③環境汚染に対する法律の基準が次第に厳格になっているため保険金の支払リスクが拡大し，またそれに伴って補償範囲も拡大傾向にあること，④過去においては，まったく問題がないと考えられてきた化学物質がその後において環境に悪い影響を与えることが判明し，その責任が追求される危険が少なくないこと，⑤再保険によるリスク分散がされにくいこと，などである。一方，企業サイドからは，①書面審査および専門家による実地調査など事前調査が必要で引き受けに至るまでかなりの時間を要すること，②第三者機関による調査費用については企業の負担となること，③保険の締結時には，事前に保険会社による第三者的審査で，徹底した汚染データの開示が要求されるところから，そのことが忌避の理由となっていること，④高額の保険料の割に，事故が起こった際の賠償金のうち，自己負担額の割合が高く，リスクの可能性とそれに関する費用を予測することが困難なことから，付保するメリットを見出せないこと，⑤環境汚染賠償責任保険に加入することにより，その企業の環境汚染事故防止意識が減退するのではないか，という一般社会が企業に対して持つイメージがあること，などである。

（2）再保険手配の困難性

　日本に環境汚染賠償責任保険が導入されて10数年以上経過しているが，販売実績が上がらず，広く普及していない理由は（1）に述べたとおりである。その中で，保険会社サイドからすると，特に，再保険の手配が困難であるということが指摘される。近年，再保険会社においても，環境関連の法令や政府規制の変更リスクへの懸念が高まり，環境リスク保険に対して十分な再保険キャパシティを提供しようとしない傾向にある。その裏返しとして，不十分な再保険

84）　吉川・前掲注82）220～221頁。八頭司彰久「環境保険の現状と課題」『保険学雑誌』586号152頁（日本保険学会，2004年）。

キャパシティで元受保険会社の保険引受能力を低下させてしまっている[85]。

ところで、各種の再保険制度の中で、原子力保険のように、一事故による支払保険金が大きいために再保険の消化が困難な場合に、多数の保険会社が共同で再保険処理する集合的再保険制度として、再保険プール（Reinsurance Pool）がある。再保険プールは、プール規約で定められたリスクをメンバー会社が引き受ける場合、そのリスクを全件プールに出再することを義務付け、プールではメンバー会社間で予め定められた引受割合に応じて再保険を引き受ける旨約定している再保険組織である。したがって、保険証券自体は元受けを行うメンバー会社の名義で発行され、元受保険会社が異なっているとしても、メンバーである限り、保険による補償内容は同一である。例えば、欧州の中で、フランス、イタリア、オランダの3ヶ国は、環境汚染賠償責任保険が再保険プール方式で引き受けられており、特にイタリアの環境汚染賠償責任保険プールであるPool Inquinamentoは、その引受けの規模などからして、欧州で最も成功している環境汚染賠償責任保険プールであると評される[86]。日本においても、環境汚染賠償責任保険の再保険プールの設立は検討に値すると思われるが、その前提として企業の環境管理の一層の推進と環境汚染賠償責任保険のさらなる普及が必要である。

（3）環境格付け制度の活用

　環境汚染賠償責任保険契約の大きな特長の1つとして、保険引受時の厳しい環境調査がある。この保険では、突発的に発生する環境汚染のみならず、排水・排気等による漸進的な環境汚染までも補償することから、十分な事前の調査を行い、環境汚染防止に積極的であって、対策が十分に行われていると認められる企業についてのみ保険を引き受けていくこととされるべきである。これは安易な保険運営により、万が一にも企業の環境保全努力を後退させることの

---

[85] 田尾耕一「企業経営における環境リスク―環境リスクマネジメント導入による持続可能な発展の実現―」『保険研究』55集216頁（慶應義塾大学出版会、2003年）。

[86] 東京海上火災保険株式会社（現東京海上日動火災保険株式会社）編『環境リスクと環境法（欧州・国際編）』213～221頁（有斐閣、1996年）。

ないようにとの観点からも重要である。

また，この保険がクレイムズ・メイド方式を採用していることから，過去に発生した汚染を原因とする場合であっても，保険期間開始後に提起された賠償請求であればこれを補償することになるわけで，厳格な事前の調査が必要となる。[87]

そこで，このように厳しい事前調査の下で環境汚染賠償責任保険の普及を図る方途として，この保険の引受時の環境調査に基づいて，専門機関による企業の環境格付けを行い[88]，その結果によっては，保険料の割引等の優遇を行う方法が考えられる。保険の環境格付けが定着すれば，企業は格付けを意識して環境保全に積極的に取り組み，保険料の減額によって環境汚染賠償責任保険を購入しやすいという状況が生まれることが期待できる。すでに，アメリカでは，ISO14001の認証取得によって，保険会社からなんらかの優遇処置が受けられるという仕組みも見られることから，保険会社にはこの保険が環境保全に果たす重要な役割を認識して，今後の普及を考える上で検討していくことが求められる。[89]

3　環境汚染リスクを補償する保険

(1) 土壌汚染浄化費用保険

この保険は，被保険者が，不動産の売買契約等により，契約の相手方に引き渡した対象不動産について，契約上の補償条項に基づき，補償期間中に汚染の拡大が発見され，汚染浄化費用を支出した場合の費用損害を補償する保険である。[90]

この保険では，土壌汚染に関する事前調査を行った不動産について，表明補

---

87) 森川・前掲注79) 119頁。
88) 例えば，環境経営学会では，2001年11月に，環境経営格付機構（SMRI：Sustainable Management Rating Institute）を設立するなど，環境格付けに対する社会的な必要性は徐々に高まりつつある。
89) 吉川・前掲注82) 233頁。
90) 土壌汚染浄化費用保険は，2001年より三井住友海上火災保険株式会社等から販売されている。

償条項に規定する補償期間中に偶然に汚染が拡大していること，または汚染が拡大しているおそれが判明したことを事故とする。表明補償条項に基づく事故が発生したことが判明した場合に，汚染浄化費用，汚染確認費用およびコンサルテイング等の追加費用の支出に対して保険金が支払われる。

（2）信頼回復費用保険

この保険は，被保険者が所有，使用または管理する施設から火災・破裂・爆発事故が発生した場合，また，施設の設置・保存の瑕疵，施設を用いて行う業務の遂行に起因して身体障害・財物損壊が発生した場合，さらに，製造・販売を行った生産物により身体障害・財物損壊が発生し，PL・リコール事故となった場合に，信頼回復・信頼失墜防止のために要したコンサルティング費用を補償する保険である[91]。さらに，土壌汚染調査費用担保特約を付加することにより，事故発生時に土壌汚染の有無を調査する費用が保険金として支払われる。

4 廃棄物処理リスクを補償する保険

（1）医療廃棄物排出者責任保険

この保険は，病院・診療所等の医療機関が排出した廃棄物が不法投棄され，廃棄物処理法・国内バーゼル法（正式名称は，「特定有害廃棄物等の輸出入等の規制に関する法律」）[92]に基づく措置命令・除去費用の求償を受けた場合に，廃棄物の撤去や汚染土壌の浄化に関わる費用，投棄廃棄物により生じた健康被害などの賠償責任を補償する保険である[93]。

---

91) 信頼回復費用保険は，2003年より日本興亜損害保険株式会社等から販売されている。
92) バーゼル法は，バーゼル条約（正式名称は，「有害廃棄物の国境を越える移動及びその処分の規制に関するバーゼル条約」）を担保する国内法であり，特定有害廃棄物の定義のほか，基本的事項の公表，輸出入の承認，移動書類の交付，措置命令等を規定している。1992年12月に公布され，1993年12月に施行された。なお，バーゼル条約は，有害廃棄物の輸出に際しての許可制や事前通告制，不適正な輸出，処分行為が行われた場合の再輸入の義務等を規定している。同条約は1989年に採択され，1992年に発効し，日本は1993年に加入している。

（2）産業廃棄物排出者責任保険

　この保険は，排出者である企業が不法投棄監視システムを導入し，不法投棄防止に努めたにもかかわらず，排出した廃棄物が不法投棄され，廃棄物処理法・国内バーゼル法に基づく措置命令・除去費用の求償を受けた場合に，廃棄物の撤去や汚染土壌の浄化に関わる費用，投棄廃棄物により生じた健康被害などを補償する保険である[94]。

5　その他の環境保険

　ESCO事業を安定的に普及・拡大させていくために，ESCO事業者や利用者を支援する金融手法の1つとして，産業部門（コージェネレーション設備の導入等）を対象としているESCO総合保険[95]やビルディング（建物・収容動産）について火災・破損・汚損損害に加えて屋上緑化費用・エコ対策費用も補償するビル所有者向けのビルディング総合保険"e"[96]，さらに，ゴルフのホールインワンを達成したときに支払われる保険金の一部を環境保護団体に寄付できる特約付き

---

93) 医療廃棄物排出者責任保険は，2000年に廃棄物処理法が改正され，廃棄物を排出した事業者の責任が強化され，不法投棄における排出者責任も強化されたことに伴い，株式会社損害保険ジャパンが開発し，販売しているものである（「医療廃棄物排出者責任保険の案内」参照）。

94) 産業廃棄物排出者責任保険は，医療廃棄物排出者責任保険と同様に株式会社損害保険ジャパンが開発したもので，2002年より販売されている。なお，不法投棄監視システムとは，企業が排出して廃棄処理業者に処分を委託した産業廃棄物を，全地球測位システム（GPS：Global Positioning System）を介して，常に所在を管理するシステムのことである。

95) ESCO総合保険は，株式会社損害保険ジャパンから販売されている。個別のESCO事業ごとにリスク分析およびリスクマネジメントを行い，ESCO事業に関わる財物リスク（導入する省エネ機器の破損等による損害）の補償，賠償リスクに対する補償，ESCO事業者が保証したエネルギー削減効果額が未達成であった場合の補償がオーダーメードで提供される（富沢泰夫「地球環境問題と損害保険事業」『新世紀の保険』302頁（慶應義塾大学出版会，2002年））。

96) ビルディング総合保険"e"は，2002年より日本興亜損害保険株式会社から販売されている。屋上緑化費用とは，ビルの屋上などが損害を受けた場合や，ビル建物の損害割合が50%以上となり建て替える場合に，屋上を緑化するための費用を保険金として支払うものである。また，エコ対策費用とは，復旧にあたり，リサイクル製品や省エネを促す資材を使用したとき，通常の資材より割高となった場合の差額を保険金として支払うものである。

のゴルファー保険なども，環境関連の保険として提供されている。

　以上のとおり，本章では環境汚染賠償責任保険を中心に考察したが，前述のように現在では，各保険会社の独自商品として様々な環境保険が開発され，販売されている。世界的に環境意識の高まる中，保険会社が保険業という本業を通じて環境保険を開発することにより環境保全に貢献することは実に意義のあることであり，今後も保険の引受けによって蓄積したノウハウを駆使して，環境リスク・コンサルティングを提供し，日本企業を環境面で支援できる体制を確立し，一層の社会貢献を行うよう努めることが重要である。

　今後の保険事業の役割としては，対象とする環境リスクの性状を科学的に分析すること，保険契約締結前に監査などによってリスクを正確に測定すること，また顧客企業の行動を監視することで環境リスクを削減することにより，環境汚染賠償責任保険を安定した保険制度として維持し，環境汚染の社会的費用の極小化に貢献すること[97]が必要である。

V　おわりに

　今日，通常の事業活動に起因する環境への負担が増大している中にあって，企業は経済活動の主要な担い手であることから，その事業活動全般について環境配慮を組み込んでいくことが重要である。また，企業は，環境保全のための新たな技術開発などにより環境問題の解決に貢献しうる立場にあり，その能力を生かした積極的な取組みが期待される。

　環境問題は，本章で取り上げた有害化学物質，廃棄物・リサイクル，土壌汚染，地球温暖化の問題をはじめ，野生生物の減少，酸性雨，海洋汚染，オゾン層の破壊など，現在，様々な問題として限りなく広がりを見せている。これらの一つひとつは深い意味を持ち，今日，地球環境問題として世界中の人々にとって対応の避けられない非常に深刻な問題となっている。

---

97)　安達昌幸「環境汚染賠償責任保険の普及」茅陽一編『環境ハンドブック』680頁（産業環境管理協会，2002年）。

このような中で，日本においても，既述のとおり環境法規制が急速に変化しつつあり，そのために企業はこの新たな局面に的確に対応していくことが求められるようになっている。本章で取り上げた環境法規制の動向等についても，今後また大きな動きがあるものと考えられる。

2005年2月の京都議定書発効により，2002年の議定書の受託以降徐々に本格化してきた日本の温暖化対策は，より一層具体的な成果を迫られる状況となってきた。そして，地球温暖化対策の基本となる京都議定書目標達成計画（2008年改定）では，温室効果ガス削減・吸収についての対策・施策等を具体的に挙げている（図4-11参照）。これらの対策・施策等は，基本的には政府が進めるものと位置づけられているが，その中で企業には，①創意工夫を凝らした取組み，②社会的存在であることを踏まえた取組み，③製品・サービスの提供にあたってのライフサイクルを通じた環境負荷の低減，の3つの役割が与えられている。

まず，①の創意工夫を凝らした取組みについては，それぞれの事業者が創意工夫を凝らしつつ，事業内容等に照らして適切で効果的・効率的な地球温暖化対策を幅広い分野において自主的かつ積極的に実施することである。また，省CO_2型製品の開発，廃棄物の減量等，他の主体の温室効果ガスの排出の抑制等に寄与するための措置についても可能な範囲で推進することである。

次に，②の社会的存在であることを踏まえた取組みについては，社会の一員である事業者は，単独にまたは共同して自主的に計画を策定し，実施状況を点検すること，また，従業員への環境教育を実施するとともに，労働組合や消費者団体・地域団体などと連携して温室効果ガスの抑制等に取り組むことである。

さらに，③の製品・サービスの提供にあたってのライフサイクルを通じた環境負荷の低減については，最終消費財を提供する事業者は，製品・サービスのライフサイクルを通じ，温室効果ガスの排出量等を把握するとともに，これら

---

98) 省CO_2とは，京都議定書目標達成計画においては，省エネルギーの促進等のエネルギー需要面での対策，あるいは原子力の推進，新エネルギー等の導入等のエネルギー供給面での対策等により，二酸化炭素の排出が抑制・削減されることをいう。

の環境負荷の低減に寄与する製品・サービスの提供を図ること，また，製品・サービスによる温室効果ガス削減に関連する情報を提供することである。

一方，損害賠償責任のリスクについては，環境汚染賠償責任保険などによって対応できるケースもありうるが，環境リスクのすべてが保険で補償されるわけではない。その意味でも，今後ますます厳しくかつ多様化・複雑化し，深刻さを増していく環境リスクについて，広範囲に情報を収集し，コンプライアンス（法令遵守）の体制を確立し，規制違反が発生しないようにすることが不可欠である。

また，地球温暖化対策基本法案（2010年3月閣議決定）には，国内の温暖化ガスの排出量を2020年までに1990年比で25％削減する[99]中期目標を設定するほか，国内排出量取引制度の創設，地球温暖化対策税の創設，新エネルギーの利用の促進等を掲げている。その中で企業は，事業活動に関し，温室効果ガスの排出の抑制等のための措置を講ずるように努めるとともに，国および地方公共団体が実施する温室効果ガスの排出の抑制等のための施策に協力することが求められている。

以上述べたとおり，環境問題が加速度的に深刻化する様相を呈している中で，企業は今後，一層自主的に環境改善に取り組む[100]ことなどにより，さらに強化することが予想される環境法規制に対応していくことが必要である。

---

99) 政府は2010年1月26日，国内の温暖化ガスの排出量について2020年までに1990年比で25％削減する目標を，国連気候変動枠組み条約事務局に提出した。また，目標の実現に取り組む前提として「すべての主要国による意欲的で公平な目標での合意が必要」と明記した（日本経済新聞（朝刊）2010年1月27日）。
100) 地球サミット開催の翌年，1993年に制定された環境基本法に基づいて作られた環境基本計画やその後制定された地球温暖化対策推進法等においても，産業界（事業者）の取組みを重視している。二酸化炭素などの温室効果ガスは，人間活動のあらゆる場面で出てくるものであり，原料採取，生産，運輸，消費，廃棄のいずれの過程でも発生していることから，それらの過程のどの部分でどのようにすることによって発生抑制を図ることができるのかについて最も知悉しており，かつ抑制技術を持っている産業界の創意に委ねるのが効率的かつ効果的であろうというのが，自主的取組みを重視する理由である（森島昭夫「公害・環境問題に対する産業界の取組みと環境ガバナンス」地球環境戦略研究機関編『民間企業と環境ガバナンス』はしがき（中央法規出版，2000年））。

【参考文献】（注記で引用したものを除く）

浅岡美恵編著『世界の地球温暖化対策―再生可能エネルギーと排出量取引―』（学芸出版社，2009年）。
浅野宗克=坂本清編『環境新時代と循環型社会』（学文社，2009年）。
井熊均編著『企業のための環境問題』〔第2版〕（東洋経済新報社，2003年）。
一方井誠治『低炭素化時代の日本の選択―環境経済政策と企業経営―』（岩波書店，2008年）。
OECD編，環境省監訳『新版OECDレポート：日本の環境政策』（中央法規出版，2002年）。
大塚直=北村喜宣編『環境法ケースブック』（有斐閣，2006年）。
環境政策学会編『温暖化防止に向けた将来枠組み』（商事法務，2008年）。
黒川哲志『環境行政の法理と手法』（成文堂，2004年）。
交告尚史ほか『環境法入門』〔補訂版〕（有斐閣，2007年）。
木庭元晴編著『地球環境問題の基礎と社会活動』（古今書院，2009年）。
左巻健男=平山明彦=九里徳泰編著『地球環境の教科書10講』（東京書籍，2005年）。
佐藤泉=池田直樹=越智敏裕『実務環境法講義』（民事法研究会，2008年）。
土壌汚染対策研究会編『Q&A101　土壌汚染対策法と企業の対応―事業者のための紛争対応・リスクコミュニケーションガイド―』（産業環境管理協会，2003年）。
人間環境問題研究会編「循環型社会の形成と廃棄物・リサイクル問題」『環境法研究第28号』（有斐閣，2003年）。
人間環境問題研究会編「重要環境判例の最近の動向」『環境法研究第29号』（有斐閣，2004年）。
人間環境問題研究会編「環境リスク管理と予防原則」『環境法研究第30号』（有斐閣，2005年）。
畑明郎『拡大する土壌・地下水汚染―土壌汚染対策法と汚染の現実―』（世界思想社，2004年）。
松村弓彦ほか『ロースクール環境法』（成文堂，2006年）。
三菱総合研究所編『排出量取引入門』（日本経済新聞出版社，2008年）。
森島義博=八巻淳=廣田裕二『土壌汚染と不動産評価・売買』（東洋経済新報社，2003年）。
森島義博=八巻淳『改正土壌汚染対策法と土地取引』（東洋経済新報社，2009年）。
山口光恒『地球環境問題と企業』（岩波書店，2000年）。
山口光恒編著『改訂版　環境マネジメント―地球環境問題への対処―』（放送大学教育振興会，2006年）。
吉川栄一『企業環境法の基礎』（有斐閣，2005年）。
米本昌平『地球環境問題とは何か』（岩波書店，2004年）。
Baram, M. S. and D. G. Partan, *Corporate Disclosure of Environmental Risks: U.S. and*

European Law, Butterworth Legal Publishers, 1990.

Bergkamp, L., *Liability and Environment: Private and Public Law Aspects of Civil Liability for Environmental Harm in an International Context*, Kluwer Law International, 2001.

Campiglio, L., *The Environment After Rio: International Law and Economics*, Graham & Trotman/Martinus Nijhoff, 1994.

Edelson, E., *Clean Air*, Chelsea House Publishers, 1992.

Ellis, S. and A. Mellor, *Soils and Environment*, Routledge, 1995.

Hughes, D., *Environmental Law*, Butterworths, 1992.

Gillroy, J. M., *Environmental Risk, Environmental Values, and Political Choices*, Westview Press, 1993.

Kroner, R. P., *Transnational Environmental Liability and Insurance*, Graham & Trotman, 1993.

Schnapf, L. P., *Environmental Liability: Law and Strategy for Business and Corporations*, Butterworth Legal Publishers, 1990.

Schwartz, M., *The Environment and The Law*, Chelsea House Publishers, 1993.

Zagaski, C. A., Jr. and B. Raton, *Environmental Risk and Insurance*, Lewis Publishers, 1992.

第5章

企業のメンタルヘルス・リスクマネジメント
▶職場におけるメンタルヘルスケアの重要性について◀

Ⅰ　はじめに

　近年，産業構造の変化，急速な技術革新の進展，雇用形態の多様化[1]等の変化が生じている。このような中，厚生労働省の労働者健康状況調査（2007年）[2]によると，仕事や職業生活に関して強い不安，悩み，ストレス（Stress）[3]を感じている労働者の割合が58.0％と5割を超えており，労働者の身心の負担の一層の増加が懸念されている。

　このような状況の中，2000年8月に労働省（現厚生労働省）から，事業場において事業者が行うことが望ましい労働者のメンタルヘルスケア[4]の原則的な実施方法を総合的に示した「事業場における労働者の心の健康づくりのための指針」が公表され，同指針に基づくメンタルヘルス対策の普及・定着が進められ

---

1) 近年，仕事の専門化，人件費の削減，アウトソーシングの広がりとともに，派遣社員や契約社員，出向といった様々な形態で職場に入る人たちが急速に増えている。契約関係の中で自分のスキルを提供するという形は，一面，ドライに割り切って生き生きと働けるようにも見えるが，現実は容易ではない。正社員の間に入って働く派遣や契約の社員は，時に，不明確・不安定な身分でありながら，微妙な配慮を要する人間関係の中で，仕事上はその会社の社員としての責務を果たすことを求められる。現在，こういう多様な雇用形態のもとで生じる様々な精神的なストレスも見逃せなくなっている（山崎友丈＝清水隆司＝佐藤泰三監修『心の危機管理ハンドブック―はじめてのメンタルヘルス―』〔改訂版〕17頁（ぎょうせい，2008年））。
2) 労働者健康状況調査の目的は，「労働者の健康状況，健康管理対策の推進状況等を把握し，労働者の健康確保対策，自主的な健康管理の推進等労働衛生行政運営の推進に資する」こととしている。この調査は，1974年にはじめて実施され，その後，5年ごと（1977年，1982年，1987年，1992年，1997年，2002年）に実施されており，2007年の調査が8回目となる。実施機関は，厚生労働省大臣官房統計情報部賃金福祉統計課で，調査の範囲は日本国全域としている。

てきた。しかしながら、近年、業務による心理的負荷を原因として精神障害を発症し、あるいは自殺したとして労災認定される件数が増加するなど、労働者の心身の負担は一層拡大している。すなわち、メンタルヘルス（Mental Health）

---

3) 元来、ストレスとは、物体に外力が作用して、結果として生じるゆがみに対して用いられた物理学の用語である。このように外からの刺激に対抗しようとする生態側の反応がストレスであり、その反応の起因となるものがストレッサー（Stressor）である。カナダの内分泌学者で、いわゆるストレス学説の提唱者として有名なハンス・セリエ（Selye, H.）は、ストレスを「生体外から加えられた各種の刺激や圧力によって、体内に生じた傷害と防衛の総和」と定義付けている。ストレッサーの主な種類としては、寒暑の気候・騒音・光などの物理的ストレッサー、細菌・ダニ・ウイルス・花粉などの生物学的ストレッサー、酒・タバコに含まれるアルコールやニコチンなどの化学的ストレッサー、職場・家庭・地域などの環境、人間関係のこじれなどの社会的ストレッサー、不安・怒り・喜び・悲しみなどの心理的ストレッサーが挙げられる（犬塚文雄「ストレス」國分康孝編『カウンセリング辞典』312頁（誠信書房、1990年、その他））。

4) メンタルヘルスケアは、積極的な健康づくりを目指す人を対象にしたものであって、その内容は、ストレスに対する気付きへの援助、リラクゼーションの指導等である。

なお、指針は、心の健康づくりの基本を労働者のセルフケアに置いている。これは、心の健康が、仕事、職業生活、家庭、地域等に存在する様々なストレスの原因（ストレス要因）によって影響を受けるためであり、このため「心の健康づくりは、労働者自身が、ストレスに気づき、これに対処すること（セルフケア）の必要性を認識することが重要である」としている。その上で、指針は「労働者の働く職場には労働者自身の力だけでは取り除くことができないストレス要因が存在しているので、労働者のメンタルヘルスケアを推進していくためには、労働者の取組みに加えて、事業者の行うメンタルヘルスケアの積極的推進が重要であるとし、労働者の心の健康に対する健康保護の観点から事業者が行うメンタルヘルスケアの意義を強調している（中央労働災害防止協会編『働く人の心の健康づくり―指針と解説―』17～18頁（2001年））。

5) 労働政策審議会が2004年12月にとりまとめた建議「今後の労働安全衛生対策について」（2004年12月27日、厚生労働省発表）においては、労働者のメンタルヘルス対策をさらに進めていくことが求められていると指摘している。

6) メンタルヘルスという語を直訳すれば「精神健康」ということになるが、かつてはmental hygiene といわれた。1905年にアメリカのコネチカット州でクリフォード・ビアーズ（Beers, C. W.）らが組織した協会はSociety for Mental Hygieneという名称を持っていた。これは「精神衛生協会」と和訳され、その後mental hygieneは「精神衛生」という訳語になった。ビアーズはうつ病患者として自ら入院の経験を持っていたが、その体験から精神病の絶滅を期して精神衛生運動（Mental Hygiene Movement）を全米に拡大した。1919年には国際精神衛生委員会（ICMH：International Committee for Mental Hygiene）が設立された。「精神衛生」の語はその後日本において定着したが、ICMHは1948年にWFMH（World Federation of Mental Health）と改称したことから、mental hygieneはmental healthとなっ

の問題が，労働者，その家族および社会に与える影響は，今日ますます大きくなっており，職場においてより積極的に心の健康の保持促進を図ることが重要な課題となっている。

一方，仕事の満足度とメンタルヘルスの関係はまだ証明されていないが大いに関係があると考えられている。[7]

こうしたことなどから，事業場におけるメンタルヘルス対策の適切かつ有効な実施をさらに推進するため，厚生労働省では2005年に労働安全衛生法を改正し，長時間労働に起因する健康障害防止対策を強化するとともに[8]，2006年3月，同法70条の2第1項に基づく指針として，「労働者の心の健康の保持増進のための指針」（以下，「新指針」という）を策定した。

新指針においては，各事業場が心の健康づくりに関する体制の整備，問題点

た。現在，カタカナ表示ではメンタルヘルスで，漢字では精神保健と呼ばれている（中田輝夫『職場のメンタルヘルス・サービス』1～2頁（新興医学出版社，1997年））。これは，個人が持っている精神的能力や特性を可能な限り伸展させるための援助活動ということを意味している（花沢成一「精神衛生」國分編・前掲注3）325頁）。

　なお，メンタルヘルス活動の目標は，生活の質（Quality of Living）のような概念を含むものでなければならないといわれている（Soddy, K. and R. H. Ahrenfeldt, *Mental Health and Contemporary Thought*, Routledege, 2001, p.134.）。

7) Baker, F., Peter J. M. McEwan and A. Sheldon, *Industrial Organizations and Health*, Routledge, 2001, p.185.

8) 過重労働による健康障害防止対策の一環として長時間労働者等に対する医師による面接指導制度が導入され，事業者は，その労働時間の状況等が一定の要件に該当する労働者に対し，医師による面接指導（問診その他の方法により心身の状況を把握し，これに応じて面接により必要な指導を行うことをいう）を行わなければならないとされた（同法66条の8の第1項）。これにより，長時間労働者等について，医師によりメンタルヘルス面のチェックが行われることになる。なお，法改正に合わせて改正された労働安全衛生規則では，産業医の職務として面接指導等の実施等が追加された（同規則14条1項）。また，面接指導の具体的対象者として，「休憩時間を除き1週間当たり40時間を超えて労働させた時間が1月当たり100時間を超え，かつ，疲労の蓄積が認められる者」とされ（同規則52条の2第1項），この要件に該当する労働者の申出により行うものとされた（同規則52条の3第1項）。さらに，衛生委員会の調査審議事項として，長時間にわたる労働による労働者の健康障害の防止を図るための対策の樹立に関すること（同規則22条9項）および労働者の精神的健康の保持増進を図るための対策の樹立に関すること（同規則22条10項）が定められた。これらの規定は上記の改正労働安全衛生法の施行日（2006年4月1日）に合わせて施行されることとなった。

の把握，人材の確保等について定めた「心の健康づくり計画」を策定し，同計画に基づき，①労働者が自ら行うストレスへの気付きと対処によるセルフケア，②管理監督者による職場環境等の改善と相談により対応するラインによるケア，③産業医等事業場内産業保健スタッフ等による専門的ケア，④医療機関および保健機関等の事業場外の専門機関との連携によるケア，の4つのケアを継続的かつ計画的に行うことが重要とされている[9]。

なお，新指針は，2006年3月にとりまとめられた「職場におけるメンタルヘルス対策のあり方検討委員会報告書」[10]をも踏まえたものである。

現在は，これらの改正法，新指針等に基づき，過重労働による健康障害防止対策，メンタルヘルス対策が進められているが，これらの対策の推進にあたっては，大規模事業場だけでなく中小規模事業場への十分な浸透が求められている[11]。

本章では，新指針を踏まえて，企業のメンタルヘルス対策をリスクマネジメントの視点から考察することとしたい。

II　職場におけるストレスとライフサイクルから見た職場ストレス

1　現代社会と職場ストレス

現代社会において職場ストレスは，生活の多様化と産業の情報化・技術集約化を併せた「高度化」，企業の世界的展開を示す「グローバル化」，資産蓄積などに伴う「ストック化」などの産業構造の変化や高齢社会・高度管理社会の到

---

9) 厚生労働省発表資料「労働者の心の健康の保持促進のための指針について」（2006年3月31日）。

10) 本報告は，労働者のメンタルヘルス対策を法律に基づく指針で示す際に，対策の適切かつ有効な実施を図るため，より充実・強化すべき対策等について検討した結果をとりまとめたものである。なお，本委員会は，2005年4月から厚生労働省より中央労働災害防止協会に委託設置されたものである。

11) 小宮山弘樹「労働者の心身両面の健康確保をめぐる動向と課題・対策」社会経済生産性本部　メンタル・ヘルス研究所監修『産業人メンタルヘルス白書』〔2007年版〕9頁（2007年）。

来といった社会構造の変化を背景にして変わり，それとともに労働者の健康に様々な問題を投じている。

職場ストレスの歴史的変遷をたどってみると，発展初期の日本社会においては，第1次産業が中心となってきたが，この時期のストレスは身体的ストレスで，過重な労働が劣悪な労働条件のもとに行われたためであった。しかし，経済の成長期に入ってからは，労働災害やいわゆる職業中毒が多発する一方において，オートメーションや機械化など新しい技術の導入，組織管理の急速な変化が，そうした変化に対応できない労働者を生み出すようになった。その後，過重労働や作業環境の改善は進み，この面での健康障害は減少したが，労働者の精神健康障害に対しては，企業・労働組合，経営者・管理者・従業員の関心の低さや日本的風土に根ざした拒否的態度から放置され，今日に至っている。

マイクロエレクトロニクス（ME）やナノテクノロジー（Nanotechnology）[12]時代を迎え，オフィス・オートメーション（OA）の発達は，テクノストレス（Technostress）[13]という新たな心理的，精神的症状を生じさせ，男女雇用機会均等法による女性の職場進出[14]，終身雇用・年功序列制から能力主義への転換など，

---

[12] ナノテクノロジーとは，ナノメートル（nm）大の物質構造中で，新たな機能を創出する技術の総称である。1nmは10億分の1mである。新素材，情報技術（IT）やバイオ，環境など広い範囲で技術革新をもたらすものと期待される。特に，半導体技術や記録技術の延長では5〜10年後に集積度や性能の限界を迎えると予想され，新しいブレークスルー技術としてナノテクノロジーが期待されている（荒川泰彦＝桜井貴康「エレクトロニクス」朝日新聞社編『知恵蔵』840頁（2004年））。

[13] テクノストレスとは，コンピューター業務などに従事することによってもたらされるストレスをいう。これは，アメリカの臨床心理学者クレイグ・ブロード（Brod, C.）によって名付けられたもので，テクノ不安症とテクノ依存症の2つに大別される。前者は，OA化された職場環境に適応できないために現れるもので，後者は，コンピュータへの過剰な適応によって生み出されるものである（合田邦夫「テクノストレス」國分編・前掲注3）403頁）。特に日本では，高度情報通信システム（INS：Information Network System）の進展に伴って情報負荷の増大，情報に対する過剰反応，企業と個人に対する管理統制・情報の権益化，情報利用力の差による社会格差の拡大，不適応者・トラブルの発生，不適切な利用による弊害，人間の心理・思考・能力の変化，柔軟な対応の困難，人間関係・企業間関係の変化などといった副作用が強く懸念されている。これらの広義の意味でのテクノストレスに対応していくことが社会，企業，個人の各レベルでますます必要となっている（東京ストレスマネジメント編『ストレス活用法』19〜20頁（1996年））。

職場の人間関係の複雑化も加わり，メンタルヘルス問題やいわゆるストレス病といわれるストレス関連疾病が多発し，精神保健上大きな問題となりつつある。また，高齢社会が及ぼす疾病構造変化として生活習慣病の増加があるが，糖尿病・高血圧，動脈硬化，心筋梗塞などの生活習慣病と職場のストレスもまた強い関連がある。それは不定愁訴の増加となって現れ，このような生活習慣病への対応は労働者のストレス構造を明確にすることが大切で，特に身心医学的対応が重要となる。

さらに，職場において労働者の生活の質（QOL：Quality of Life）を高めていく方法を具体的に追求していくことは緊急かつ重要な課題である。

2　職場におけるストレスの状況

社会・経済構造が変化していく中で，地域，職場のみならず家庭における人間関係を中心としたストレスが増加しているが[15]，特に，仕事や職業生活で強い不安，悩み，ストレスを感じている労働者の割合は，厚生労働省「労働者健康状況調査」によれば，1982年には50.6％であったが，15年後の1997年には62.8％に達し，その後2002年には61.5％，2007年には58.0％となっている（図5-1）。

2007年の調査（2008年10月厚生労働省発表）において，仕事でのストレスがある労働者が挙げた具体的なストレス等の内容としては，「職場の人間関係の問題」38.4％が最も高く，次いで「仕事の質の問題」34.8％，「仕事の量の問題」30.6％，「会社の将来性の問題」22.7％の順となっている（図5-2）。

---

14) 以前，多くの女性は男性に従属する形で仕事をしていたが，特に，1986年4月1日に男女雇用機会均等法が施行されて以降，募集・採用，配置・昇進などについて女性に対する差別を禁止し，企業名公表制度の創設，調停制度の改善を行うなど男女雇用機会均等法を強化するとともに，女性労働者に対する時間外・休日労働，深夜業の規制の解消，母性保護に関する措置の充実などが図られた。さらに，女性の積極的登用による女性管理者のもとでの男性従業員の問題や転勤について夫婦どちらが移動するかという問題で今までとは違った解決方法が要求されることになる。

15) 厚生労働省監修『平成16年版厚生労働白書』94頁（ぎょうせい，2004年）。なお，家庭関係のストレッサーとして代表的なものは，夫婦関係，親子関係，嫁姑関係，家族の一員の病気，子供の教育・受験，経済問題，宗教問題などが考えられる。

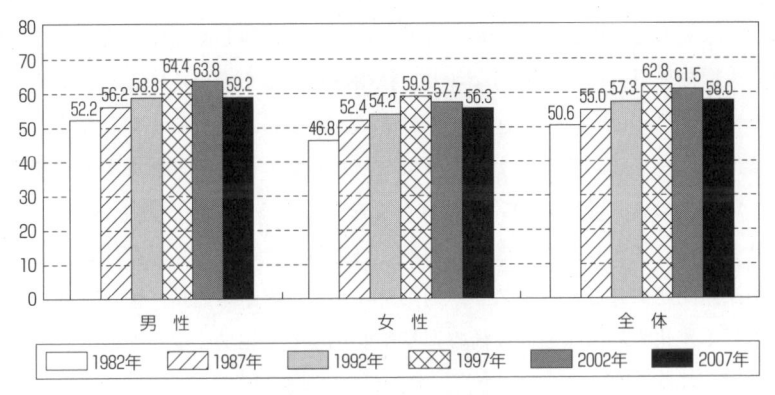

第5章　企業のメンタルヘルス・リスクマネジメント　267

図5-1　仕事や職業生活での強い不安，悩み，ストレス
がある労働者の割合の年次推移

出所：厚生労働省「労働者健康状況調査」(2007年，その他)。

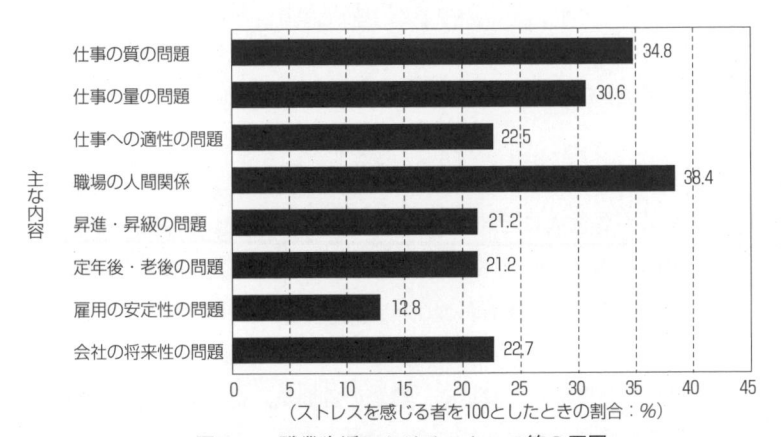

図5-2　職業生活におけるストレス等の原因

出所：厚生労働省「労働者健康状況調査」(2007年)。

特に「職場の人間関係」は働く者にとって最大のストレス源である。上司と部下，同じセクションの同僚，セクションは違っても仕事上の関わり合いが多い担当者同士などいろいろな関係の中でストレス状況も様々である。職場では，一人ひとり違う者同士が寄り集まっているわけであるから，ある程度のすれ違いやぶつかり合いは当然という前提から出発しないと，なかなか相手の事情を

察する余裕も生まれにくく，相互理解，歩み寄りは難しくなる。また，職場では，人間関係以外に，能力的なこと，技術的なことを求められることが多くなっている。例えば，コンピュータの分野は，非常に進歩がめまぐるしく，最近では何でもパソコンで処理するようになり，しかも技術が日進月歩で急速に進んでいくために，それについていけなくなっているという問題も増えている。これも職場のストレスの特徴的な問題といえる。その他，家庭や仕事における役割上の問題によるストレスや，通勤ラッシュ，遠距離通勤，情報過多，めまぐるしく変化する情報通信技術の進歩や変化なども職場に関わるストレスとして挙げられる。

さらに，仕事のストレスは心の健康問題のみならず，また身体の健康，労働災害や交通事故等につながる可能性が指摘されている[16]。

なお，仕事のストレスによる医療費の増加は全体では医療費総額の10～20％（全国で年間約2兆円），仕事のストレスによる労働力損失は全労働コストの10～20％（全国で年間約600億円）以上に達するとする推計もある[17]。

3　職場ストレスの背景

職場ストレスが各個人にどのような影響を及ぼすかは，各個人の生活の質（QOL）がどのようなものかで変わってくる。特に，勤労者のストレスと働きがい，ライフスタイル，身体的および精神的健康度との関連性の検討が重要である。

まず，仕事への動機付けや満足感，職場の雰囲気，企業の社会的役割などが包括された働きがいは，労働生活の質（QWL：Quality of Working Life）に近い内容を持っており，働きがいがストレスコントロールや，ストレス症候群の発症に大きく影響してくると考えられる。特に，職場ストレスが各個人にどのような影響を及ぼすかは，各個人の仕事に対する満足度がどのようなものかで変わってくる。

---

16) 中央労働災害防止協会編・前掲注4) 10頁。
17) 中央労働災害防止協会編・前掲注4) 10～11頁。

例えば，担当している仕事に対して，他者や周囲からの評価に関係なく，自分自身で満足感を持っている絶対的満足感の方が相対的満足感[18]よりストレスに対しては強いが，大多数の労働者は相対的満足感の上で生きており，物事の価値を比較で判断する。すなわち，職場でその時代の「日の当たる仕事」を担当している者が生き生きと仕事をしておりその生き生きさせる原動力は，仕事そのものよりも，日が当たり，他者もしくは社会から評価されているか否かがほとんどである。人間は，自らが主舞台であると思っているところで十分に認められないと，様々なところでの適応を低下させ，活力を失い，身心の不調にまで発展させてしまう可能性がある。

また，職場において職位・職種の異なる小集団特有のライフスタイルが存在し，それがストレスに関わることがある。例えば，交代制勤務や過剰な残業は家庭や社会での生活リズムとのずれを生じ，家庭での人間関係を不安定にするとともに，労働者本人の精神状態をも閉鎖的な状況に導くことになる。

さらに，健康的な生活習慣を持つ者は，身体的にも精神的にも良い状態にあり，ストレスをネガティブなものとしてよりは，ポジティブなものとして受けとめている。その場合には，身体の強化を維持し続けることができる[19]。例えば，運動習慣保持者は精神健康度が高く，生活に運動を取り入れることによって精神健康度が高くなり，日常意識的に身体を動かす者や体力に自信がある者は精神健康度が良好であったことといずれの運動種目でも運動しない者より精神健康度は良好であったことの報告がなされている[20]。健康的な生活習慣を持つ者は，過度のストレス状態を適正なストレスレベルにすることが上手であるともいえる。

---

18) 相対的満足感については，自分自身ではこれという考えはなくても，周囲や上司から高く評価されることによって，結果として満足度を持つ場合と，自分の過去の経験や周囲の人の仕事と現在の担当業務を比較して，かなりましな仕事をしているというように相対的に満足度を持っている場合がある。
19) Farmer, R. E., L. H. Monahan and R. W. Hekeler, *Stress Management for Human Services*, Sage Publications, 1984, p.12.
20) 須藤美智子「運動と職業性ストレス―運動を活用した職域におけるストレス対策―」『産業ストレス研究』9巻4号224頁（2002年）。

4 ライフサイクルから見た職場ストレス

　労働者のライフサイクルの中をいくつかの段階に分けると，各々の段階に特異的な発達課題，あるいは達成課題がある。個々の段階ごとにその課題を解決し，達成しながら次の段階へと進んでいくわけであるが，ここでは各段階の陥りやすいストレスについて触れていきたい。

　① 入社～20歳代のストレス

　20歳代において最大の変化の1つが，会社という組織社会との出会いである。特に，不特定に世代の離れた上司との関係はこれまでの生活体験にはなかったことであり，相互に大きなストレスの原因になりやすい。また，入社後，次第に一定の役割を与えられ，会社や自分の所属する部署への帰属意識を強く持つようになるとともに，会社員として果たさなければならない規律や責任が増えてくる。自分の希望や期待と，現実との調整もこの時期の重要な課題である。20歳代前半の職場ストレスは，社会人としての自分をどのように確立していくか，一般的には就職して数年の間に職場での役割が自分自身の能力や個性を生かしていけるものかどうか，職場選択が適切であったかどうかをめぐる葛藤と結びついている。

　② 30～40歳代のストレス

　30～40歳代は，家庭や職場でも役割が増え，精神的にも物理的にも負担が大きくなる世代である。家庭では，夫として父親としての役割，それに伴う責任の大きさが増していく。家庭の精神的な支えとしての期待が大きくなるとともに，実質的な教育費，家のローンなど，経済的な負担も挙げられる。

　一方，仕事では，新しい役割，特に管理職に就くことや配置転換・転勤などが起こる。仕事・事業場への過度な集中は家庭生活の犠牲を伴い，家庭内の人間関係に不安定をもたらす。自分自身の野心を実現するために努力する一方，世間からも認められ尊敬される存在になりたいためのジレンマがある。職場では，部下の指導，上司との軋轢など人間関係のストレスも増える。また，この年代は，気分や気力に関係している脳内の神経伝達物質（セロトニン，ノルアドレナリン）の減少により，うつ状態になりやすいといわれている。わずかなプレッシャーがうつ状態の引き金になる可能性があるのも，この年代の特徴である。[21]

③ 50歳代のストレス

50歳代は，定年以後の見通しの問題，経済的な不安だけではなく自身の身体の衰えに対する不安などが大きな問題となってくる。また，仕事一筋というくらいに打ち込んできた者にとっては，自分の生きがい，拠りどころがなくなって，心にぽっかりと穴があいたようになってしまうということも起こる。

④ 60歳代以後のストレス

60歳代以後の課題はそれまでの自分の生き方を受け入れ，自分自身の行ってきたことをまとめて，人生の締めくくりをつけることである。長い間生きがいになっていた事業場・仕事・役割・立場を失うことは，大切な対象を喪失する体験である。また，一時的には，解放感・空虚感も味わう。

以上，ライフサイクルの中から年代別の職場ストレスの特徴を挙げたが，さらに，昨今のように価値観が多様化し，職場内だけでなく家庭内関係がぎくしゃくし，夫婦関係，親子関係，嫁姑関係，兄弟関係などをめぐる各種の葛藤が発生し，また，家庭外対人関係もひからびた人間関係のもとで対立，非協力，葛藤，紛争などが多発し，それらが深化するにつれ，家庭破壊へと発展していく[22]こともありうる。このように，人生で出会う種々のリスクは，我々にストレスを与え，時に疾病をもたらすことがストレスマネジメントの研究から明らかにされている。

心理・社会的ストレッサーを評価するものとしては，1967年にホームズ (Holmes, T. H.) とラーエ (Rahe, R. H.) の開発した社会再適応評価尺度 (The Holmes & Rahe Life Stress Inventory-The Social Readjustment Rating Scale)[23] が代表的なものである。この方法は，生活上の大きな変化（ライフイベント）が生じた場合，社会再適応するのに必要な心的エネルギーを，例えば「結婚」を50点として数量化するものである。そして，1年間のライフイベントの合計点数が高くなるに従って，病気に罹患する率が上がることを報告して注目を集めた。しかし，この方法は，イベントに対する個々人の受け取り方に考慮を払っておら

---

21) 山崎友丈=清水隆司=佐藤泰三監修・前掲注1) 46頁。
22) 亀井利明『企業危機管理と家庭危機管理の展開』76～77頁（危機管理総合研究所，2002年）。

表5-1 勤労者のストレス点数のランキング

順位	ストレッサー	全平均	性別 男	性別 女	順位	ストレッサー	全平均	性別 男	性別 女
1	配偶者の死	83	83	82	36	子供の受験勉強	46	44	53
2	会社の倒産	74	74	74	37	妊娠	44	43	50
3	親族の死	73	71	78	38	顧客との人間関係	44	44	47
4	離婚	72	72	72	39	仕事のペース,活動の減少	44	45	43
5	夫婦の別居	67	67	69	40	定年退職	44	44	42
6	会社を変わる	64	64	62	41	部下とのトラブル	43	43	45
7	自分の病気やけが	62	61	67	42	仕事に打ち込む	43	43	44
8	多忙による心身の疲労	62	61	67	43	住宅環境の大きな変化	42	42	45
9	300万円以上の借金	61	60	65	44	課員が減る	42	42	43
10	仕事上のミス	61	60	65	45	社会活動の大きな変化	42	41	43
11	転職	61	61	61	46	職場のOA化	42	41	45
12	単身赴任	60	60	60	47	団らんする家族メンバーの大きな変化	41	40	44
13	左遷	60	60	59	48	子供が新しい学校に変わる	41	40	45
14	家族の健康や行動の大きな変化	59	58	63	49	軽度の法律違反	41	40	43
15	会社の建て直し	59	59	58	50	同僚の昇進・昇格	40	41	37
16	友人の死	59	58	63	51	技術革新の進歩	40	40	41
17	会社が吸収合併される	59	59	58	52	仕事のペース・活動の増加	40	41	39
18	収入の減少	58	58	57	53	自分の昇進・昇格	40	40	41
19	人事異動	58	58	58	54	妻(夫)が仕事を辞める	38	35	61
20	労働条件の大きな変化	55	54	56	55	職場関係者に仕事の予算がつかない	38	38	38
21	配属転換	54	54	55	56	自己の習慣の大きな変化	38	37	42
22	同僚との人間関係	53	52	57	57	個人的成功	38	37	40
23	法律的トラブル	52	52	51	58	妻(夫)が仕事を始める	38	38	37
24	300万円以下の借金	51	51	55	59	食習慣の大きな変化	37	36	42
25	上司とのトラブル	51	51	50	60	レクリエーションの減少	37	37	36
26	抜擢に伴う配属転換	51	51	52	61	職場関係者に仕事の予算がつく	35	35	33
27	息子や娘が家を離れる	50	50	50	62	長期休暇	35	34	37
28	結婚	50	50	50	63	課員が増える	32	32	32
29	性的問題・障害	49	48	50	64	レクリエーションの増加	28	27	30
30	夫婦げんか	48	47	52	65	収入の増加	25	25	23
31	新しい家族が増える	47	46	52					
32	睡眠時間の大きな変化	47	47	50	私の耐えられるストレス度は		74	74	72
33	同僚とのトラブル	47	45	54	私の現在のストレス度は		49	48	53
34	引っ越し	47	46	50					
35	住宅ローン	47	46	50					

注:上記の表は,1,630名(男性1,322名,女性308名)の勤労者を対象に,結婚によるストレス度を50点とし,これを基準に0〜100点で各ストレッサーについてのストレス度を自己評価させたものである。項目ごとに平均値を求めてストレス点数と仮称した。点数が高いほどストレス度が強い。

出所:夏目誠「ストレス度とストレス耐性点数」『産業ストレス研究』4巻1号12頁(1997年)。

ず，結果に矛盾を生じたため，後日，批判の的になった[24]。また，これは過去のしかも文化的背景が異なるアメリカのデータをもとに作成されたもので精密ではないことから，これを改良し，日本の勤労者の性別のストレス度をライフイベントごとに点数づけしたのが「勤労者のストレス点数のランキング」（表5-1）である。この表から，家族や人間関係のストレス，あるいは仕事関連のストレスが上位にきていることがわかる。また，経済的な負担もストレスになるし，良いこと（昇進）も悪いこと（失業）もともにストレス度は高く，ストレスのかかり方は，等しく我々の健康状態に作用する[25]。

Ⅲ　職場におけるメンタルヘルス・リスクの現状

1　メンタルヘルス・リスクを有する者の増加

厚生労働省の患者調査報告によると，「精神および行動の障害による受療率（人口10万対）（入院および外来の総数）」は，1996年が383であったのに対し，1999年には386，2002年には415，2005年には431と漸増していたが，2008年は418で減少している。しかし，精神障害については，必要な場合にも受療しないことが多いといわれ，潜在的な精神障害の患者数，いいかえればメンタルヘルス・リスクを有する者の数はこれらの調査結果よりも多いものと思われる[26]。

---

23)　ホームズとラーエは，5,000人を超える人々に面接し，身体疾患の発症に先立つ生活上の重要な出来事43を抽出し，さらに394人の男女に，結婚生活の適応に要した負担の程度や時間を50点とした場合，それぞれの項目のライフイベントは何点くらいのストレスに相当するかを評価してもらい表を作成した。この結果，1年以上にわたって200〜300点が負荷された場合には，その翌年には，半数以上の者は心身になんらかの問題を生じ，300点以上の場合には80％の人々が翌年病気になることが見出されている。すなわち，社会的ストレスが増すと重大な健康障害を起こしやすいと指摘した（大島正光総合監修『Stress Management Workbook』17頁（東京ストレスマネジメント，1991年），http://en.wikipedia.org/wiki/Holmes_and_Rahe_stress_scale）。

24)　Palmer, S. and W. Dryden, *Stress Management and Counselling: Theory, Practice, Research and Methodology*, CASSELL PLC, 1996（内山喜久雄監訳『ストレスマネジメントと職場カウンセリング』16頁（川島書店，2002年））.

25)　武長脩行「リスクマネジメント能力が問われる生活設計」生命保険文化センター生活研究部研究室編『JULI FORUM』（No.8）8頁（1998年）。

また，労働省（現厚生労働省）が，1995年度から5ヶ年計画で実施してきた「労働の場におけるストレスおよびその健康影響に関する研究」では，1ヶ月以上の疾病休業の理由の15％程度が精神障害となっている。

2　自殺者数の増加と精神障害者等の労災保険請求の増加

（1）自殺者数の増加

　警察庁の自殺者数の統計によると，1997年の24,391人から1998年に32,863人へと急増した。その後自殺者数は，2008年（32,249人)[27]現在まで連続して3万人を上回っており（表5-2），なお予断を許さない状況が続いている。最近では1996年以降，年間の交通事故死者数が1万人を超えることはなく，例えば，2008年の交通事故死者数は5,155人，2009年は4,914人となっているので[28]自殺者数は交通事故死者数の6倍以上にのぼる。労働者（管理職と被雇用者の合計）の自殺者数もこれと傾向が一致して，1998年には8,673人と，前年の6,212人から急増し，2002年までほぼ8千人前後で推移し，2003年にはさらに9,209人へと急増した。しかし，2004年は8,547人と減少し，その後2005年は8,941人，2006年は8,790人と前年より減少したが，2007年は9,154人へと再び増加し，2008年は8,997人と若干減少している（表5-2）。

　自殺は様々な要因が関与して発生する。個人に対して，様々なストレスを引き起こす要因が働いて，うつ状態やうつ病になり，そのうちの一部の者が自殺する。一方，少数であるが，覚悟の自殺と考えられる自殺や原因不明の自殺もある。[29]

　このように，近年，日本において自殺による死亡者数が高い水準で推移していることに鑑み，2006年6月に議員立法により自殺対策基本法が成立，公布され同年10月に施行された。[30]自殺対策基本法では，自殺対策の基本理念，自殺対

---

26)　中央労働災害防止協会編・前掲注4）11～12頁。
27)　警察庁生活安全局「平成20年中における自殺の概要資料」（2009年5月）。
28)　警察庁交通局「平成21年中の交通事故死者数について」（2010年1月）。なお，2005年は6,871人，2006年は6,352人，2007年は5,744人となっている。
29)　職場における心の健康対策班編『こころのリスクマネジメント―部下のうつ病と自殺を防ぐために―』13頁（中央労働災害防止協会，2004年）。

表5-2　最近の自殺者数の推移（人）

	1997年	1998年	1999年	2000年	2001年	2002年	2003年	2004年	2005年	2006年	2007年	2008年
管理職	516	713	728	696	692	745	735	654	629	627	(注)	
被雇用者	5,696	7,960	7,890	7,301	7,307	7,470	8,474	7,893	8,312	8,163		
計	6,212	8,673	8,618	7,997	7,999	8,215	9,209	8,547	8,941	8,790	9,154	8,997
国民全体	24,391	32,863	33,048	31,957	31,042	32,143	34,427	32,325	32,552	32,155	33,093	32,249

注：2007年に自殺統計原票が改正され，職業の分類が改められたことにより，2006年までの管理職・被雇用者の区分がなくなり，両者合計の数字のみになった。
出所：警察庁生活安全局「平成20年中における自殺の概要資料」(2009年5月，その他)。

策に関して国，地方公共団体，事業主，国民のそれぞれの責務，国，地方公共団体の基本的施策が示されている。また，自殺対策基本法においては，政府は基本的かつ総合的な自殺対策の大綱を定めることとされており，2007年6月8日に自殺総合対策大綱が策定された[31]。さらに，自殺総合対策大綱に基づき，策定後1年間のフォローアップ結果等も踏まえて，自殺対策の一層の推進を図る目的で，2008年10月31日に自殺対策加速化プラン[32]が政府の自殺総合対策会議で決定し，それとともに自殺総合対策大綱の一部が改正された[33]。

(2) 精神障害者等の労災保険請求の増加

1999年には，労働省（現厚生労働省）により精神障害や自殺に関する業務上

---

30) 自殺者の増加により，自殺問題が深刻な社会問題として認識されるようになってきたことから，2005年7月，衆議院の厚生労働委員会で，「自殺に関する総合対策の緊急かつ効果的な推進を求める決議」がなされ，さらに，自殺対策の法制化を求める10万人の署名に後押しされ，2006年6月に，自殺対策を総合的に推進して，自殺の防止を図り，併せて自殺者の親族等に対する支援の充実を図ることを目的とする自殺対策基本法が全会一致で成立し，2006年10月に施行されるに至ったところである（小宮山・前掲注11）12頁）。
31) 自殺総合対策大綱は，社会的な取組みにより自殺は防ぐことができるということを明確に打ち出すとともに，うつ病対策と併せ，働き方を見直したり，何度でも再チャレンジできる社会を創り上げていくなど，社会的要因も踏まえ，総合的に取り組むこととしている。また，自殺対策の数値目標として，2016年までに，2005年の自殺死亡率（人口10万人当たりの自殺による死亡率）を20％以上減少させることを目標としている（自殺死亡率について2005年は24.2％，2006年は23.7％）のが特徴である。今後，本大綱に基づき，地方公共団体をはじめ，医療機関，自殺の防止等に関する活動を行う民間の団体等との密接な連携を図りつつ，自殺対策を強力に推進していくことが重要である。

外の判断基準が公表され，それまでは事例の少なかった自殺やうつ病に対しての労災保険（労働者災害補償保険）の判断がより容易に行えるようになった。その後，精神障害等（自殺を含む）に対する労災保険請求の件数が大幅に増加し，また認定件数も増加している（表5-3）。例えば，2003年度の労災保険給付の請求件数は447件であったのに対し，2004年度は524件，2005年度は656件，2006年度は819件，2007年度は952件と過去最多となった。2008年度は927件で前年度をやや下回っているが[34]，業務上外を問わず，職場において精神疾患に罹患する労働者は増加していることが予想される。さらに，精神障害等の年齢別構成比を見ると，ここ数年20歳代と30歳代とで全体の60％前後を占めるという状況が続いている[35]。ことに最近は，入社直後の発症が顕著であるように思われる。また，実務の現場では，作病の疑いのある事例や，問題社員が精神疾患を主張する事例も少なからず存在することから，精神疾患を冷静に見る企業が増えている[36]。

---

32) 自殺対策加速化プランの項目として挙げられている主なものは以下のとおりである。
①自殺の実態を明らかにすること（情報提供体制の充実，既存資料の利活用の促進），②国民一人ひとりの気づきと見守りを促すこと（児童生徒の自殺予防に資する教育の実施），③心の健康づくりを進めること（職場におけるメンタルヘルス対策の推進，地域における心の健康づくり推進体制の整備），④適切な精神科医療を受けられるようにすること（うつ病以外の精神疾患等によるハイリスク者対策の推進），⑤社会的な取組みで自殺を防ぐこと（地域における相談体制の充実，危険な場所・薬品等の規制等，インターネット上の自殺関連情報対策の推進，インターネット上の自殺予告事案への対応等），⑥自殺未遂者の再度の自殺を防ぐこと（救急医療施設における精神科医による診療体制等の充実），⑦遺された人の苦痛を和らげること（自殺者の遺族のための自助グループの運営支援），⑧民間団体との連携を強化すること（地域における連携体制の確立），⑨推進体制等の充実（国における推進体制，地域における連携・強力の確保）
33) 2008年に入り，インターネット情報に基づく硫化水素による自殺も群発していることなどから，自殺総合対策大綱の一部改正には，インターネット上の自殺関連情報対策の推進等が盛り込まれている。
34) 厚生労働省報道発表資料「平成20年度における脳・心臓疾患および精神障害等に係る労災補償状況について」(2009年6月8日)（http://www.mhlw.go.jp/houdou/2009/06/h0608-1.html）。
35) 厚生労働省報道発表資料・前掲注34)。

表5-3　精神障害等の労災補償状況の推移（件）

区分	年度	2003年度	2004年度	2005年度	2006年度	2007年度	2008年度
精神障害等	請求件数	447	524	656	819	952	927
	決定件数	340	425	449	607	812	862
	うち支給決定件数（認定率）	108 (31.8%)	130 (30.6%)	127 (28.3%)	205 (33.8%)	268 (33.0%)	269 (31.2%)
うち自殺（未遂を含む）	請求件数	122	121	147	176	164	148
	決定件数	113	135	106	156	178	161
	うち支給決定件数（認定率）	40 (35.4%)	45 (33.3%)	42 (39.6%)	66 (42.3%)	81 (45.5%)	66 (41.0%)
全請求件数から自殺（未遂も含む）案件を除いたもの（※）	請求件数	325	403	509	643	788	779
	決定件数	227	290	343	451	63	701
	うち支給決定件数（認定率）	68 (20.9%)	85 (21.1%)	85 (16.7%)	139 (21.6%)	187 (23.7%)	203 (26.1%)

注1：本表は，労働基準法施行規則別表第1の2第9号の「業務に起因することの明らかな疾病」に係る精神障害等について集計したものである。
注2：決定件数は，当該年度に請求されたものに限るものではない。
注3：支給決定件数は，決定件数のうち業務上として認定した件数である。
注4：認定率は，支給決定件数を決定件数で除した数である。
※：著者による追記である。
出所：厚生労働省報道発表資料「平成20年度における脳・心臓疾患および精神障害等に係る労災補償状況について」(2009年6月8日)。 http://www.mhlw.go.jp/houdou/2009/06/h0608-1.html

Ⅳ　心理的負荷による精神障害等に係る業務上外の判断指針

1　職場における心理的負荷評価表

（1）職場における心理的負荷評価表の意義と背景

　勤労者における自殺者増加を重く見た労働省（現厚生労働省）は，1999年9月，労働省労災認定基準の指針「心理的負荷による精神障害等に係る業務上外の判断指針」（平成11年9月14日付け基発544号。以下，「判断指針」という）を策定・公表した。判断指針では，業務による心理的負荷[37]，業務以外の心理的負荷，固体側要因[38]について評価し，精神障害の発病との関連性を総合的に判断することが示された。業務による心理的負荷の評価方法は，精神障害発病前おおむね

---

36) 丸尾拓養「精神疾患に関する企業の法的責任と復職の際の法的留意点―安全配慮義務，治癒の判断，リハビリ出勤等―」社会経済生産性本部　メンタル・ヘルス研究所監修・前掲注11) 17頁。

6ヶ月の間に，①当該精神障害の発病に関与したと考えられるどのような出来事があったか，②その出来事に伴う変化はどのようなものであったかについて，職場における心理的負荷評価表を用いて，平均的な心理的負荷の強度をⅠ～Ⅲの段階で評価し，それらが精神障害を発病させるおそれのある程度の心理的負荷であるか否かを検討することとした。なお，出来事に伴う変化を評価するにあたっては，仕事の量，質，責任，職場の人的・物的環境，支援・協力体制等について検討することとするが，特に恒常的な長時間労働は，精神障害発病の準備状態を形成する要因となる可能性が高いとされていることから，業務による心理的負荷の評価にあたっては十分考慮することとした。また，業務以外の心理的負荷の評価方法は職場以外の心理的負荷評価表の評価で，出来事の心理的負荷が強度「Ⅲ」に該当する出来事が認められる場合にはその出来事の内容を調査し，その出来事による心理的負荷が精神障害を発病させるおそれのある程度のものと認められるか否かを検討することとした。なお，自殺については，故意による自傷行為として原則として労災補償から除外されるが，業務上の精神障害によって正常な認識，行為選択能力が著しく阻害され，または自殺を思いとどまる精神的抑制力が著しく阻害された状態で自殺したものと推定される場合は，業務起因性が認められることとされた。

（2）職場における心理的負荷評価表の一部改正

1999年9月に策定された判断指針は，精神疾患に関連する業務上の負荷とし

---

37) 判断指針によれば，①判断指針で対象とされる精神障害を発病していること，②判断指針の対象とされる精神障害の発病前おおむね6ヶ月の間に，客観的に当該精神疾患を発病させるおそれのある業務による強い心理的負荷が認められること，③業務以外の心理的負荷および固体側要因により当該精神障害を発病したとは認められないこと，のすべての要件を満たす場合に，労働者の精神障害は業務上のものとして取り扱われる。以上のうち②は，業務による心理的負荷が強いことを要件とするものである。業務による心理的負荷が強いか否かを評価する際に用いられるのが心理的負荷評価表である。
38) 固体側要因の評価方法とは，固体側の心理面の反応性，脆弱性を評価するため，①精神障害の既往歴，②生活史（社会適応状況），③アルコール等依存状況，④性格傾向について評価し，それらが精神障害を発病させるおそれがある程度のものと認められるか否かを検討することである。

表5-4 職場における心理的負荷評価表（平均的な心理的負荷の強度）

(1) 心理的負荷の強度Ⅲ
①重度の病気やケガをした
②交通事故（重大な人身事故，重大事故）を起こした
③労働災害（重大な人身事故，重大事故）の発生に直接関与した
④会社の経営に影響するなどの重大な仕事上のミスをした
⑤退職を強要された
⑥ひどい嫌がらせ，いじめ，または暴行を受けた

(2) 心理的負荷の強度Ⅱ
①悲惨な事故や災害の体験（目撃）をした
②会社で起きた事故（事件）について，責任を問われた
③違法行為を強要された
④自分の関係する仕事で多額の損失を出した
⑤達成困難なノルマが課された
⑥ノルマが達成できなかった
⑦新規事業の担当になった，会社の建て直しの担当になった
⑧顧客や取引先から無理な注文を受けた
⑨顧客や取引先からクレームを受けた
⑩仕事内容・仕事量の大きな変化を生じさせる出来事があった
⑪勤務・拘束時間が長時間化する出来事が生じた
⑫出向した
⑬左遷された
⑭非正規社員であるとの理由等により，仕事上の差別，不利益な取扱いを受けた
⑮転勤をした
⑯複数名で担当していた業務を1人で担当するようになった
⑰配置転換があった
⑱セクシャルハラスメントを受けた
⑲上司とのトラブルがあった
⑳部下とのトラブルがあった

(3) 心理的負荷の強度Ⅰ
①研修，会議等の参加を強要された
②大きな説明会や公式の場での発表を強いられた
③上司が不在になることにより，その代行を任された
④勤務形態に変化があった
⑤仕事のペース，活動の変化があった
⑥職場のOA化が進んだ
⑦早期退職制度の対象となった
⑧自分の昇格・昇進があった
⑨部下が減った
⑩部下が増えた
⑪同一事業場内での所属部署が統廃合された
⑫担当ではない業務として非正規社員のマネージメント，教育を行った
⑬同僚とのトラブルがあった
⑭理解してくれていた人の異動があった
⑮上司が替わった
⑯昇進で先を越された
⑰同僚の昇進・昇格があった

注1：「職場における心理的負荷評価表」は出来事の類型別に掲載されているが，心理的負荷の強度を比較するため上記のように修正した。
注2：心理的負荷の強度Ⅰは日常的に経験する心理的負荷で一般的に問題にならない程度の心理的負荷，心理的負荷の強度Ⅲは人生の中でまれに経験することもある強い心理的負荷，心理的負荷の強度Ⅱは心理的負荷の強度ⅢとⅠの中間に位置する心理的負荷である。
出所：厚生労働省「心理的負荷による精神障害等に係る業務上外の判断指針」（別表1）（2009年4月）をもとに作成（著者一部修正）。

表5-5　職場以外の心理的負荷評価表

(1) 心理的負荷の強度Ⅲ
　①離婚または夫婦が別居した
　②自分が重い病気やケガをしたまたは流産した
　③配偶者や子供，親または兄弟が死亡した
　④配偶者や子供が重い病気やケガをした
　⑤親類の誰かで世間的にまずいことをした人が出た
　⑥多額の財産を損失したまたは突然大きな支出があった
　⑦天災や火災などにあったまたは犯罪に巻き込まれた
(2) 心理的負荷の強度Ⅱ
　①自分が病気やケガをした
　②親族とのつきあいで困ったり，辛い思いをしたことがあった
　③親が重い病気やケガをした
　④収入が減少した
　⑤借金返済の遅れ，困難があった
　⑥自宅に泥棒が入った
　⑦交通事故を起こした
　⑧騒音等，家の周囲の環境（人間環境を含む）が悪化した
　⑨引越した
　⑩友人，先輩に裏切られショックを受けた
　⑪親しい友人，先輩が死亡した
　⑫失恋，異性関係のもつれがあった
　⑬隣近所とのトラブルがあった
(3) 心理的負荷の強度Ⅰ
　①夫婦のトラブル，不和があった
　②自分が妊娠した
　③定年退職した
　④家族が婚約したまたはその話が具体化した
　⑤子供の入試・進学があったまたは子供が受験勉強を始めた
　⑥家族が増えた（子供が生まれた）または減った（子供が独立して家を離れた）
　⑦配偶者が仕事を始めたまたは辞めた
　⑧住宅ローンまたは消費者ローンを借りた
　⑨軽度の法律違反をした
　⑩家屋の土地を売買したまたはその具体的な計画が持ち上がった
　⑪家族以外の人（知人，下宿人など）が一緒に住むようになった

注1：「職場以外の心理的負荷評価表」は出来事の類型別に掲載されているが，心理的負荷の強度を比較するため上記のように修正した。

注2：心理的負荷の強度Ⅰは日常的に経験する心理的負荷で一般的に問題にならない程度の心理的負荷，心理的負荷の強度Ⅲは人生の中でまれに経験することもある強い心理的負荷，心理的負荷の強度Ⅱは心理的負荷の強度ⅢとⅠの中間に位置する心理的負荷である。

出所：厚生労働省「心理的負荷による精神障害等に係る業務上外の判断指針」（別表2）（2009年4月）をもとに作成（著者一部修正）。

39) パワーハラスメントについて，法的に定められた定義というものは未だない。一般的には，「職権などのパワーを背景にして，本来の業務の範疇を超えて継続的に人格と尊厳を侵害する言動を行い，就業者の働く環境を悪化させる，あるいは雇用不安を与えること」とされる（株式会社クオレ・シー・キューブ代表取締役岡田康子氏の定義による）。

ては，長時間労働による疲労や職場での労災への関与などが重視されていたが，その後労働環境の急激な変化等により，業務の集中化による心理的負荷，セクシャルハラスメントやいわゆるパワーハラスメント[39]といった，職場での人間関係上のストレスやいじめ，嫌がらせの問題が注目されるようになった。これを受けて，労災認定基準に関して，「セクシャルハラスメントによる精神障害等の業務上外の認定について」（平成17年12月1日付け基労補発1201001号），「上司の『いじめ』による精神障害等の業務上外の認定について」（平成20年2月6日付け基労補発0206001号），および「心理的負荷による精神障害等に係る業務上外の判断指針における業務の出来事の心理的負荷の強度の修正等について」（平成20年9月25日付け事務連絡）という一連の基準の解釈についての修正を行う通達が発せられ，2009年4月6日には，「心理的負荷による精神障害等に係る業務上外の判断指針の一部改正について」（平成21年4月6日付け基発0406001号）が出されて，職場における心理的負荷評価表における具体的出来事として「ひどい嫌がらせ，いじめ，または暴行を受けた」等が追加されるなど見直しが行われたものである。

なお，「職場以外の心理的負荷評価表」についても，具体的出来事の追加等の検討が行われ，新たに「親が重い病気やケガをした」の1項目が追加された。

参考として，改正後の「職場における心理的負荷評価表」（表5-4）および「職場外における心理的負荷評価表」（表5-5）を示すこととする。

2 職場における心理的負荷評価表の企業に与える影響

企業は判断指針や心理的負荷評価表に拘束されないことから直接の影響は受けない。しかし，2009年4月に心理的負荷評価表が改正され，項目が新たに追加されたことにより，労働者に強い心理的負荷を与えたとの評価がなされやすくなり，業務上との判断がなされるようになれば，その決定を受けて，企業の安全配慮義務違反等を理由とする損害賠償請求訴訟が提起される可能性も拡大すると考えられる。また，被災労働者側が，損害賠償請求訴訟において，心理的負荷評価表に基づき従事した業務における心理的負荷評価の強度を主張することは十分考えられる[40]。

ところで，今回新たに追加された心理的負荷の強度の項目のうち，「違法行為を強要された」,「顧客や取引先から無理な注文を受けた」および「達成困難なノルマが課された」などは，企業が労働者に対して一定の心理的負荷を与えていることを認識していると思われる。しかし，「研修，会議等の参加を強要された」,「大きな説明会や公式の場での発表を強いられた」および「上司が不在になることにより，その代行を任された」などは，企業が無理な仕事を強制的に与えて心理的負荷をかけたというよりは，労働者自身の将来の成長を期待してその仕事を担当させたという好意的な見方も考えられる。したがって，企業は安全配慮義務違反を避けるために，これらの出来事を一切回避すべきというわけではない。[41]

リスクマネジメントの視点からは，企業がこれらの出来事についても労働者に一定の心理的負荷を与えることを認識しつつ，それらの仕事が本来業務とかけ離れていないか，また，上司の代行を任された場合については，代行を任された期間や労働者に課された責任の程度に鑑み，代行の継続が妥当であるか否か，支援を必要としていないかなど，労働者に心理的負荷そして肉体的負荷を与えないよう，使用者が配慮することが重要であると考える。[42]

V メンタルヘルス・リスクに対する企業の賠償責任と保険

1 最近の裁判例に見る企業の安全配慮義務

最近では企業側に労働者の健康や安全に対する責任を果たしていなかったとして，安全配慮義務違反等として民事訴訟で遺族が訴訟を起こす事例も出てきている。[43]

---

40) 水島郁子「職場における心理的負荷評価表の改正とその影響」『季刊労働法』227号47頁（2009年）。
41) 「研修，会議等の参加を強要された」,「大きな説明会や公式の場での発表を強いられた」および「上司が不在になることにより，その代行を任された」はそれぞれ心理的負荷の強度がⅠとされているため，総合判断の結果，心理的負荷の評価が「強」となる可能性は，かなり低いと考えられる。
42) 水島・前掲注40) 48頁。

うつ病等による過労自殺に関わる損害賠償請求事件として企業側の安全配慮義務等の責任を認めた（一部認容，一部棄却を含む）最近の主な裁判例を以下に挙げることとする。

① 電通事件[45]

本件は，過重労働による精神疾患から自殺した社員について，安全配慮義務違反を認めた事例であり，いわゆる過労死・過労自殺に関する使用者の責任を明らかにした最高裁判例として代表的なものである。

同判例では，長時間労働による健康への影響について，「労働者が労働日に長時間にわたり業務に従事する状況が継続するなどして，疲労や心理的負荷等

---

43) なお，安全配慮義務が公に議論されるのは，メンタルヘルス不調の結果として自殺（過労自殺）となったことに対して，遺族が会社に対して損害賠償を請求して民事訴訟となった場面である（八木章=矢野功「企業実務の立場から見た安全配慮義務の実際とメンタルヘルス予防に取り組む姿勢」『産業ストレス研究』12巻2号28頁（2005年））。

44) 企業側の安全配慮義務等の責任を認めた（一部認容，一部棄却を含む）その他の裁判例を挙げれば以下のとおりである。
　① 協誠建設工業事件（札幌地判平成10年7月16日判時1671号113頁，労判744号29頁）
　② 東加古川幼児園事件（最判平成12年6月27日労判795号13頁）
　③ みのくま農協（新宮農協）事件（和歌山地判平成14年2月19日判タ1098号189頁，労判826号67頁）
　④ 誠昇会北本共済病院事件（さいたま地判平成16年9月24日労判883号38頁）
　⑤ 日刊新聞社事件（長崎地判平成16年9月27日判時1888号147頁）
　⑥ エージーフーズ事件（京都地判平成17年3月25日判時1895号99頁，労判893号18頁）
　⑦ アテスト（ニコン熊谷製作所）事件（東京高判平成21年7月28日労判990号50頁）
　⑧ 社会保険庁事件（甲府地判平成17年9月27日判時1915号108頁，判タ1216号182頁，労判904号41頁）
　⑨ スズキ事件（静岡地浜松支判平成16年10月30日判時1970号82頁，判タ1228号193頁，労判927号5頁）
　⑩ 山田製作所事件（福岡高判平成19年10月25日労判955号59頁）
　⑪ 積善会（十全総合病院）事件（大阪地判平成19年5月28日判時1988号47頁，判タ1254号25頁，労経速1981号3頁）

45) 最判平成12年3月24日民集54巻3号1155頁，労判779号13頁。
　（1審=東京地判平成8年3月28日労判692号13頁。）
　（2審=東京高判平成9年9月26日労判724号13頁。）
　本件は，最終的には高裁に差し戻されたが，会社の安全配慮義務違反による損害賠償責任を認めた形で，遺族に対して1億6,800万円を支払うことで和解した。

が過度に蓄積すると，労働者の心身の健康を損なう危険のあることは周知のところである。労働基準法は，労働時間に関する制限を定め，労働安全衛生法65条の3は，作業の内容等を特に限定することなく，同法所定の事業者は労働者の健康に配慮して労働者の従事する作業を適切に管理するように努めるべき旨を定めているが，それは，右のような危険が発生するのを防止することをも目的とするものと解される」と述べて長時間労働による健康被害の危険を認定した。また，使用者および管理監督者の義務として「使用者は，その雇用する労働者に従事させる業務を定めてこれを管理するに際し，業務の遂行に伴う疲労や心理的負荷等が過度に蓄積して労働者の心身の健康を損なうことがないよう注意する義務を負うと解するのが相当であり，使用者に代わって労働者に対し業務上の指揮監督を行う権限を有する者は，使用者の右注意義務の内容に従って，その権限を行使すべきである」と述べて，業務指揮監督権限に伴う安全配慮義務を明らかにした。

この最高裁判例は過重労働が心身の健康を脅かす危険があることを「周知のこと」として，いわば自明のこととして扱うとともに，過重労働を行わせた使用者の責任を極めて厳しく判断したものであり，過重労働防止が安全配慮義務の具体的内容であることが明らかになったのである[46]。本件は，過労自殺に企業の損害賠償責任を初めて認定したという点で画期的な判決といえる。

② 川崎製鉄（水島製鉄所）事件[47]

本件は，常軌を逸した長時間労働によってうつ病に陥り，そのために自殺し死亡したとして，長時間労働とうつ病の間，およびうつ病と自殺による死亡との間にいずれも相当因果関係があるとされた事例である。また，同判例では，被告の安全配慮義務違反につき，被告が死亡した労働者の業務上の負荷ないし長時間労働を軽減させるための具体的な措置をとらなかったこと，被告に労働者の残業時間を把握するための体制がなく，これを改善するための方策をとっていなかったこと等をもってその債務不履行を認めたのである。

---

46) 木下潮音「職場のメンタルヘルスを巡る最近の状況と組織としてのリーガルリスクへの対応」『季刊 公務員関係判例研究』145号3頁（2009年）。
47) 岡山地倉敷支判平成10年2月23日労判733号13頁。

なお，安全配慮義務違反による損害額の算定につき，死亡した労働者のうつ病親和性あるいは原告らの予見可能性などの事情から，過失相殺により損害額の5割が被告会社の負担とされた。

③ 三洋電機サービス事件[48]

本件は，労働者の課長昇進や家族の介護，友人の転勤等の問題によるうつ病とそれによる自殺を認めた事例である。直属上司の部長は，課長職が重荷と訴え退職希望までしていた労働者が診断書を提出して1ヶ月の休養を申し出たときには，会社に代わって部下について業務上の事由による心理的負荷のために精神面での健康が損なわれていないかを把握し，適切な措置をとるべきであったということで，上司の態度に違法性があるとして，安全配慮義務違反を認めたものである。ただし，退職や休暇について直属上司の部長の説得を妻が受け入れたこと，自殺未遂の話を労働者と妻が医師にしなかったことについて，被害者側にも落ち度があったとして，過失相殺により損害額から8割を控除し，残余の2割が被告会社の負担とされた。

④ 川崎市水道局事件[49]

本件は，自殺した労働者の上司3名によるいじめがあったこと，労働者がこれを原因とする心因反応によって自殺したとの事実上の因果関係を認めた上で，上司や課長が適切な善後策を講ずべきであったのに，いじめ防止のための職場環境整備を怠ったまま労働者の職場復帰のみを図ったとして，市の安全配慮義務違反が認められ，国家賠償法上の責任により損害賠償を命じられた事例である。

同判例では，業務起因性について「第1審被告が引用する『心理的負荷による精神障害等に係る業務上外の判断指針について』においても，業務の強い心理的負荷（職場における人間関係から生じるトラブル等，通常の心理的負荷を大きく超えるものについても考慮するものとされている。）により精神障害を発病する場合

---

48) 東京高判平成14年7月23日労判852号73頁。
　　（1審＝浦和地判平成13年2月2日労判800号5頁。）
49) 東京高判平成15年3月25日労判849号87頁。
　　（1審＝横浜地川崎支判平成14年6月27日労判833号61頁。）

があるものとされ，業務による心理的負荷によってこれらの精神障害が発病したと認められる者が自殺を図った場合には，精神障害によって正常の認識，行為選択能力が著しく阻害され，又は自殺行為を思いとどまる精神的な抑制力が著しく阻害されている状態で自殺が行われたものと推定し，原則として業務起因性が認められるものとされている……」と述べて，「判断指針」を引用して業務起因性を認めた。

また，過失相殺割合については，「健常者であればそれほど心理的負荷を感じない他人の言動であっても，精神分裂病等の発症・自殺という重大な結果を生じる場合があり，この場合に，加害者側が被害者側に生じた損害の全額を賠償すべきものとするのは公平を失すると考えられるが，その点は，後記のとおり，過失相殺の規定を類推適用して賠償額の調整を図るべきである」として，損害の公平な負担の観点から7割を減じた1審判決が維持されたのである。

⑤　オタフクソース事件[50]

本件は，入社半年後に関連会社に転籍された労働者の，転籍約2年後のうつ病による自殺につき，うつ病発症は業務による慢性的疲労ならびに職場の人員配置の変更に伴う精神的・身体的負荷の増大によるとして，その業務起因性が肯定されるとともに，うつ病発症と自殺との間に相当因果関係があるとされた事例である。また，劣悪な作業環境での慢性疲労の発生，人員配置変更による心身の負担増大，心身の変調への対応の点で安全配慮義務違反ありとして，転籍先・転籍元両社に損害賠償義務が認められた。

なお，過失相殺については，「労働者がうつ病を発症し易い性格要素を有していたとしても，それは通常の性格傾向の一種であるにすぎず，この点を労働者側の事情として損害賠償請求の減額事由とすることは相当でない」として過失相殺は認められなかったのである。

以上うつ病等による過労自殺にかかわる最近の主な損害賠償請求事件として5つの判例を取り上げたが，メンタルヘルス・リスクをめぐる裁判例では，長時間労働による過労，ストレスやいじめなど職場の人間関係のストレスまで，

---

50)　広島地判平成12年5月18日判タ1035号285頁，労判783号15頁。

職場を反映した状況と精神疾患の相当因果関係または業務起因性を認めるものであり，職場のストレスを適正な水準にリスクコントロールすることが重要である。さらに，安全配慮義務の内容として職場でのストレス要因の除去ばかりではなく，精神疾患に罹患した労働者に対する上司や組織の対応にまで過失責任を認めるものであり，メンタルヘルス対策が職場の多方面にわたる必要性を示している[51]。また，企業の過失相殺が認められるか否かの判断は，労働者の性格や心因的要素が大きく関わっていると考えられるが，判例を見る限り必ずしも明確な基準があるとは思われない。今後過失相殺事由に関するより精緻な判断基準が確立される必要があると考える。

さらに，会社にとって労働者のメンタルヘルス・リスクの発生は，損害賠償責任もさることながら，社会的信用が失墜してしまい，大きく企業イメージを損なうことになる。一方，労働者も日常自分の健康に留意しつつ，自ら真剣に精神疾患のリスク予防に努めていくことが重要である。

2　メンタルヘルス・リスクに対する保険の役割と限界

労働者が精神障害で入院治療を受けることや自殺することは，必ずしも業務に起因することだけではない。また，業務上として労災補償が認定されても労災保険の給付は法定の最低水準であるため，十分な補償とはいいがたい。したがって，企業のメンタルヘルス対策の一環として，民間の保険の役割も考える必要があると思う。

代表的な団体保険の例としては，従業員の福利厚生制度の充実を図る目的として，総合福祉団体定期保険や労災保険の上乗せ保険として労働災害総合保険等が挙げられる。

まず，総合福祉団体定期保険は，従業員および役員の死亡または所定の高度障害に対して保険金が支払われる1年更新の定期保険で，企業の福利厚生規定による従業員等の遺族補償の支払財源の確保を目的としている。本保険の特徴の1つは，業務上・業務外を問わず，死亡または所定の高度障害になった場合

---

51) 木下・前掲注46) 4頁。

は保険金が支払われることである。さらに、ヒューマン・ヴァリュー特約[52]と災害総合保障特約[53]が付加されている。

次に、労働災害総合保険は、被用者の労災事故により、事業主の被る法定外補償と使用者賠償責任の損害に対して保険金が支払われる保険である。

法定外補償とは被用者が労災保険（または船員保険）の対象となる身体の障害を被ったとき、事業主が、これらの保険による給付の上乗せ補償を行うことによって被る損害である。また、使用者賠償責任とは事業主の過失に起因して被用者が労災保険（または船員保険）の対象となる身体の障害を被ったとき、事業主は法律上の賠償責任を負うが、事業主がこの法律上の賠償責任を果たすための労災保険などの給付と法定外補償額の合計額を超える分を負担することによって被る損害をいう。このように、法定外補償保険と使用者賠償責任保険を組み合わせた保険であるが、希望によりそのいずれか一方のみを契約することもできる。

以上、生命保険と損害保険について各々代表的な団体保険の例を挙げたが[54]、いずれも主として従業員の福利厚生制度の充実を図る目的として設定されていることから、精神障害による過労自殺に関わる損害賠償責任等に対して保険金額等も含めて十分対応されるわけではないなど保険にも限界がある[55]。すなわち、労働災害総合保険については、企業が従業員やその遺族より損害賠償請求された場合の労災保険の上乗せとして対応されるが、電通事件をはじめとして最近の精神障害をめぐる高額な損害賠償金まで対応することまで想定していないものと考える[56]。また、総合福祉団体定期保険においても1年以内の自殺は約款で

---

52) ヒューマン・ヴァリュー特約とは、従業員等の死亡または高度障害に伴い企業が負担する諸費用（代替雇用者採用・育成費等）を保障するための特約で、企業（団体）に対して保険金が支払われる。
53) 災害総合保障特約とは、企業の福利厚生規定に基づいて、従業員等が不慮の事故により身体に傷害を受けた場合、または傷害の治療を目的として入院した場合に給付金が支払われる特約である。
54) 一般の傷害保険では原則として精神障害は免責とされている。ただし、団体長期障害所得補償保険では特約により一定の精神障害が補償されるが保険金額は限定される。
55) 総合福祉団体定期保険の保険金額は、役職員が万一の場合の福利厚生規定（弔慰金・死亡退職金規定等）の範囲内で設定される。また、労働災害総合保険においても各々法定外補償契約と使用者賠償責任契約別に所定の方式に従って保険金額が設定される。

免責されている[57]ことから,例えば入社1年以内の社員がうつ病等の精神疾患に罹って自殺したような場合には,それが発作的に自己の生命を絶ったなどと認められる場合[58]を除き保険で保障されないことになる。

Ⅵ 職場におけるメンタルヘルス・リスクマネジメントと今後の課題

1 職場におけるメンタルヘルス・リスクマネジメントの体制づくり

(1) メンタルヘルス・リスクマネジメント体制の確立

メンタルヘルスの問題により,作業効率の低下,長期休業の発生等が起きた

---

56) 例えば,本章で取り上げた川崎製鉄事件の損害賠償容額は5,200万円,オタフクソース事件の認容額は1億1,111万円と高額である。

57) 2010年4月1日施行の保険法では,被保険者が自殺をしたときは,保険者は保険金支払い義務を負わないこととしている(法51条1号)が,自殺免責期間は法定されないため従来どおり保険会社の約款に従うことになる。生命保険契約の約款では,免責期間を責任開始の日からその日を含めて1年ないし3年に限定しているのが通例である(ただし,現在は2年または3年としている約款が多い)。

58) 被保険者が自殺した場合でも,自由な意思決定に基づき意識的に行動したのではなく,意思無能力者や精神病者その他の精神障害や心神喪失中での自殺は,自殺免責条項にいう自殺には含まれないとする大審院の判例・通説がある(大判大正5年2月12日民録22輯234頁)。また,最近では,生命保険契約の被保険者が自殺した場合について,うつ病に罹患していたことにより自由な決定によって自己の生命を絶ったものとはいえないとして,保険金請求が認容された判例がある(大分地判平成17年9月8日判時1935号158頁)。ただし,本判決において「本件免責約款上の『自殺』に該当しないというためには,精神障害の程度・影響などを個々的に斟酌すべきであり,精神医学上の見解があれば,それを参考にし,被保険者の精神医学的な状態を把握すべきである。ただし,自由な意思決定ができない状態でなされたか否かの判断は,医学的判断そのものではなく,法律的な判断であることから,上記のとおり,精神医学上の見解を前提にしつつも,被保険者の自殺時の精神・心理状態を多面的に検討し,①うつ病罹患前の被保険者の本来の性格・人格,②自殺行為に至るまでの被保険者の言動および精神状態,③自殺行為の態様,④他の動機の可能性等の事情を総合的に考慮して,うつ病が被保険者の自由な意思決定能力を喪失ないしは著しく減弱させた結果,自殺行為に及んだものと法的に認められることが必要であるというべきである」とした。

したがって,被保険者に精神疾患があったとしても,そのことだけから直ちに心身喪失の状態にあるとはいえないということである。

なお,自殺であることの証明責任は保険者にあり,被保険者の精神障害等についての証明責任は保険金請求者(保険金受取人)にあると解される。

場合における労働力損失は大きい。重要な業務の遂行を任されている労働者がメンタルヘルス障害に陥って、作業能率の著しい低下や長期休業を生じることは、企業活動そのもののリスクとなる。メンタルヘルスに問題があると、労働の場における事故にもつながる。したがって、メンタルヘルスケアは、企業の生産性向上および安全確保におけるリスクマネジメントとしても推進する意義があると考える。企業がメンタルヘルスに取り組むことの意義としては次のような利点が挙げられる[59]。すなわち、①CSR（Corporate Social Responsibility）重視イメージによる優秀な人材・取引先・株主の確保、②発症予防や復職支援による従業員の定着、③離職率、休職率、休業率、事故率の低下による生産性の向上、④経営への信頼感とロイヤルティの醸成、⑤セクシャルハラスメント、パワーハラスメント、コンプライアンスなどでのリスクの低減効果、⑥悩みやストレス軽減により仕事に専念できる環境作り、⑦健康保険組合などでの財政の悪化の防止、⑧メンタル・タフネス（ストレス耐性）の啓蒙教育による労働者の自立支援などである。職場には、安全配慮義務など、労働者の身心の健康に対して雇用者側が配慮をしていく法律上の責務があることから、メンタルヘルスの問題は企業や自治体が十分に対策をとることが求められている。さらに、メンタルヘルスケアは、業務上の精神障害やそれによる自殺の未然防止にもつながることからも、その推進が望まれる[60]。

メンタルヘルスケアにおいては、次の4つの主要なケア（図5-3）を講ずることが重要である。すなわち、労働者自身がストレスや心の健康について理解し、自らのストレスを予防、軽減あるいはこれに対処する「セルフケア」[61]、労働者と日常的に接する管理監督者が、心の健康に関して職場環境等の改善や労働者に対する相談対応を行う「ラインによるケア」[62]、事業場内の産業医等事業場内産業保健スタッフ等が、事業場の心の健康づくり対策の提言を行うとともに、その推進を担い、また、労働者および管理監督者を支援する「事業場内産

---

59) 渡部卓「企業のメンタルヘルス対策」『RMFOCUS』11号11頁（三井住友海上火災保険株式会社=インターリスク総研、2004年）。
60) 労働省（現厚生労働省）「労働の場における心の健康づくり対策について―労働者のメンタルヘルス対策に関する検討会報告書―」（2000年6月6日）。

事業者による心の健康づくりに対する意思表明と職場としての計画と実施

セルフケア
労働者自らが心の健康の保持増進のために行う活動
　　労働者自身のストレスへの気づき，ストレスへの対処，自発的な相談等の実施

ラインによるケア
管理監督者が労働者の心の健康の保持増進のために行う活動
　　職場の管理監督者による，職場環境等の改善，労働者に対する相談等

事業場内産業健康スタッフ等によるケア
事業場内産業保健スタッフ等が労働者の心の健康の保持増進のために行う活動
　　事業場内産業保健スタッフ（産業医，衛生管理者又は衛生推進者，事業場内の保健婦・士）及び事業場内の心の健康づくり専門スタッフ（心理相談担当者，産業カウンセラー，臨床心理士，精神科医，心療内科医等），人事労務管理スタッフ等による職場環境等の改善，心の健康づくり対策に対する提言，支援及び実行

事業場外資源によるケア
事業場外の様々な機関が事業場に対して心の健康づくり対策を支援する活動
　　地域産業保険センター，都道府県産業保健推進センター，健康保険組合，労災病院勤労者メンタルヘルスセンター，中央労働災害防止協会，労働者健康保持増進サービス機関等，産業医学振興財団，日本医師会，都道府県医師会，産業医科大学，精神科・心療内科等の医療機関，地域保健機関，各種相談機関等の事業場外でメンタルヘルスへの支援を行う機関及び労働衛生コンサルタント，産業カウンセラー，臨床心理士，精神保健福祉士等の事業場外でメンタルヘルスへの支援を行う専門家による支援及びサービスの提供

図5-3　事業場におけるメンタルヘルスケアの「4つのケア」
出所：中央労働災害防止協会編『働く人の心の健康づくり―指針と解説―』27頁（2001年）。

---

61) 心の健康づくりを推進するためには，労働者自身がストレスに気づき，これに対処するための知識，方法を身につけ，それを実施することが重要である。ストレスに気づくためには，労働者がストレス要因に対するストレス反応や心の健康状態について正しく認識できるようにする必要がある。そのためには，事業者は，労働者に対して，セルフケアに関する教育研修，情報提供を行い，心の健康に関する理解の普及を図るとともに相談体制の整備を図り，労働者自身が管理監督者や事業場内産業保健スタッフ等に自発的に相談しやすい環境を整えることが重要である（厚生労働省「新指針」4頁）。

62) 管理監督者は，部下である労働者の状況を日常的に把握しており，また，個々の職場における具体的なストレス要因を把握し，その改善を図ることができる立場にあることから，職場環境等の把握と改善および労働者からの相談対応を行うことが必要である。そのためには，事業者は，管理監督者に対して，ラインによるケアに関する教育研修と情報提供を行うことが重要である（厚生労働省「新指針」4頁）。

業保健スタッフ等によるケア」[63]および職場外の機関および専門家を活用し，その支援を受ける「事業場外資源によるケア」[64]の４つのケアが継続的かつ計画的に行われることが重要である[65]。

また，中小規模事業者等で必要な人材を確保することが困難な場合には，職場外資源の活用を図ることが有効である[66]。さらに心身ともに労働者の健康増進を図るためのTHP（Total Health promotion Plan：健康保持増進措置）についても[67]

---

63) 事業場内産業保健スタッフ等は，セルフケアおよびラインによるケアが効果的に実施されるよう，労働者および管理監督者に対する支援を行うとともに，心の健康づくり計画に基づく具体的なメンタルヘルスケアの実施に関する企画立案，メンタルヘルスに関する個人の健康情報の取扱い，事業場外資源とのネットワークの形成やその窓口となること等，心の健康づくり計画の実施にあたり，中心的な役割を果たすものである。そのためには，事業者は，事業場内産業保健スタッフ等に対するケアに関して，専門的な事項を含む教育研修，知識修得等の機会の提供を図ることやメンタルヘルスケアに関する方針を明示し，実施すべき事項を委嘱または指示することなどの措置を講じることが重要である（厚生労働省「新指針」5頁）。

64) メンタルヘルスケアを行う上では，事業場が抱える問題や求めるサービスに応じて，メンタルヘルスケアに関し専門的な知識を有する各種の事業場外資源の支援を活用することが有効である。また，事業場外資源の活用にあたっては，これに依存することにより事業者がメンタルヘルスケアの推進について主体性を失わないよう留意すべきである。そのためには，事業者は，メンタルヘルスケアに関する専門的な知識，情報等が必要な場合は，事業場内産業保健スタッフ等が窓口となって，適切な事業場外資源から必要な情報提供や助言を受けるなど円滑な連携を図るよう務めることが重要である（厚生労働省「新指針」6～7頁）。

65) 厚生労働省「新指針」4頁。例えば，アメリカにおいても事業場内のメンタルヘルスケアについて，かつては医師，通常は精神科医がリーダーシップをとっていたが，現在は医師だけでなく事業者や管理監督者等が役割分担して労働者に対応している（Reid, W. H. and S. B. Silver, *Handbook of Mental Health Administration and Management*, Brunner-Routledge, 2003, p.99.）。

66) 常時使用する労働者が50人未満の小規模事業場では，メンタルヘルスケアを推進するにあたって，必要な事業場内産業保健スタッフが確保できない場合が多い。このような事業場では，事業者は，衛生推進者または安全推進者を事業場内メンタルヘルス推進担当者として選任するとともに，地域産業保健センター等の事業場外資源の提供する支援等を積極的に活用し取り組むことが望ましい（厚生労働省「新指針」14～15頁）。

67) THPは，労働安全衛生法69条1項および70条の2に基づいて，1988年に労働省（現厚生労働省）が策定した「事業場における労働者の健康保持増進のための指針」（以下，「THP指針」という）に基づく，労働者の心身両面にわたる健康づくりを推進するための取組みである。主な内容としては，健康保持増進計画の策定，実践活動，健康測定，健康指導（健康教育および健康相談）がある。

中小規模事業への普及・定着をより一層推進することが必要であることからTHPのあり方について指針の見直しが行われ，2007年11月30日付けでTHP指針の一部が改正された。[68]

(2) 管理監督者および個々の労働者のメンタルヘルスに対する意識の向上

現代企業の構造は，合併，業務提携，リストラ，年俸制の導入，終身雇用の瓦解等により著しく変化しており，職場で働く労働者にかかるストレスは増加の一途をたどっている。

労働者の心の健康が害されると，当該労働者の労働作業効率の低下はもちろんのこと，長期休業になると企業にとっての労働力喪失の損害は，看過できないものになる。特に当該労働者が重責を担っていることや代替が困難な場合はなおさらである。職場管理監督者は，自ら積極的にメンタルヘルスに関心を持ち，その知識や能力レベルを向上させる姿勢が必要である。また，ラインにおけるケアにおいて，管理監督者は，労働時間・業務内容・職場環境から見て労働者の抱える心理的負荷の程度を日常的に把握する必要がある。さらに，管理監督者は，日常的に労働者に接しており，その心の問題にいち早く気づくことができ，また，その気付きに基づいて職場環境の改善を図ることができる立場にあるため，労働者の相談窓口となるように努めることが必要である。それと同時に，管理者自身がセクシャルハラスメントやパワーハラスメントなどによりストレッサーとならないようにすることにも注意が必要である。人事労務管理に当たる管理監督者同士が意見交換会・勉強会を行うことも有効である。[69]

---

68) THP指針は，その後，高年齢労働者が増加する中で，すべての労働者を対象とした心身両面にわたる健康づくりが重要性を増していることから，中小規模事業場を中心に，より多くの事業場で健康保持増進措置に係る取組みが普及・定着するよう，2007年11月30日付けでTHP指針の一部が改正された（「事業場における労働者の健康保持増進のための指針の一部を改正する指針」）。改正の主な項目は，①健康保持増進計画の策定関係，②事業場内健康保持増進対策の推進体制の確立関係，③労働者健康保持増進サービス機関等の利用関係，④健康保持増進措置の内容関係，⑤個人情報の保護への配慮関係などである。なお，④の健康保持増進措置には健康教育，健康相談等があり，これらの中には労働者に対する集団指導や個々の労働者に対する健康指導が含まれる。また，健康教育の具体的項目としては，健康測定，運動指導，メンタルヘルスケア，栄養指導，保健指導などが挙げられる。

さらに，労働者個々の健康，メンタルヘルスは，単に一労働者の個人的な問題ではなく，企業全体のリスクマネジメントの観点から重要事項であることを改めて認識する必要がある。職場環境等の改善のためには，産業医や衛生管理者などの産業保健スタッフだけでなく，人事・労務担当者，管理監督者，労働者が一体となってこれを推進する必要がある（職場環境改善のためのヒント集は，本章末〔別表１〕参照）。また，管理監督者の積極的な働きかけにより個々の労働者の意識を改革する必要がある。具体的には，朝礼や社内報，パンフレット等による広報および啓蒙，講習会や研修等による集合教育がそれに当たる。すなわち，職場全体のメンタルヘルスに対する意識を高めることによって，メンタルヘルスの維持について労働者一人ひとりが自覚し，メンタルヘルス・リスクが発生することを自分で防止することが可能になると考える。

2　職場におけるメンタルヘルス対策の調査結果
（1）社会経済生産性本部の「『メンタルヘルスの取組』に関する企業アンケート調査」結果

　社会経済生産性本部が上場企業を対象に2008年4月に実施した「『メンタルヘルスの取組』に関する企業アンケート調査」[70]結果によれば，半数以上の企業が過去3年間に心の病が増加傾向にあると認識している。過去3回の調査と比較すると，「増加傾向」と回答する割合は，2002年が48.9％であり，2004年が58.2％，2006年が61.5％と，一貫して高くなる傾向が継続していた。その流れから見ると，2008年調査は「増加傾向」にある企業の割合が減少し，「横ばい」と「減少傾向」の割合が上昇している。「増加傾向」の割合が上昇し続ける傾向は，ひとまず止まった形となったが，それでも心の病の「増加傾向」にある企業の割合は，依然として半数を超える（56.1％）高い水準にとどまっている。[71]

---

69)　粟生香里「患者発生後の対応—休職・復職と解雇—」『ビジネス法務』8巻8号30頁（2008年8月）。

70)　社会経済生産性本部の「『メンタルヘルスの取組』に関する企業アンケート調査」の調査時期は2008年4月で，調査方法はアンケート調査郵送方式である。調査対象は上場企業2,368社の安全衛生責任者で，回答企業は269社である（回収率11.4％）。

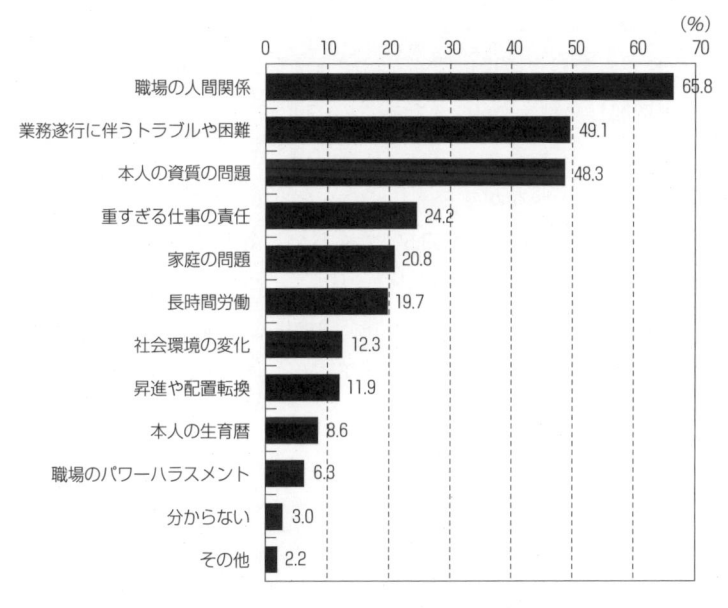

図5-4　心の病の原因

項目	(%)
職場の人間関係	65.8
業務遂行に伴うトラブルや困難	49.1
本人の資質の問題	48.3
重すぎる仕事の責任	24.2
家庭の問題	20.8
長時間労働	19.7
社会環境の変化	12.3
昇進や配置転換	11.9
本人の生育暦	8.6
職場のパワーハラスメント	6.3
分からない	3.0
その他	2.2

注：上記の項目は，心の病になる主要な原因と思われることについて上位3つまで尋ねた質問に対する回答である。
出所：社会経済生産性本部　メンタル・ヘルス研究所監修『産業人メンタルヘルス白書』〔2008年版〕67頁。

　また，心の病の原因については，「職場の人間関係」(65.8%)，「業務遂行に伴うトラブルや困難」(49.1%)，「本人の資質の問題」(48.3%) の順で回答率が高くなっている（図5-4）。上位2項目は，職場での日常の生活を，心の病になる主要な原因と捉えているものであり，心の病の主要な原因が職場にあるという認識は，企業では最も一般的であると考えられる。一方で，「本人の資質の問題」を主要な原因と捉える企業が半数近くに上っていることからは，職場ではどうにもならない個人的な資質の多様性があるという認識も，上位2項目と同様に一般的になっていることが推察できる[72]。

　さらに，心の病が増加する傾向は，職場の状況に関わる次の3つの変化と統

71）社会経済生産性本部　メンタル・ヘルス研究所監修『産業人メンタルヘルス白書』〔2008年版〕63頁。
72）社会経済生産性本部　メンタル・ヘルス研究所監修・前掲注71）66～67頁。

計的に有意な関係が見られている。

① 「人を育てる余裕が職場になくなってきている」と回答した企業では，心の病が増加した割合が60.2%であるのに対して，「そうでない」企業は35.3%にとどまっている。

② 「組織・職場とのつながりを感じにくくなってきている」という企業では，心の病が増加した割合が63.5%であるのに対して，「そうでない」企業は43.8%にとどまっている。

③ 「仕事の全体像や意味を考える余裕が職場になくなってきている」という企業では，心の病が増加した割合が61.6%であるのに対して，「そうでない」企業は42.9%にとどまっている。

以上の結果から，メンタルヘルス施策の今後の方向性として，従来型の不調者の早期発見・早期対応に加えて，職場や組織風土の改善により目を向けていく必要があると考える[73]。

（2）労務行政研究所の「社員の健康管理に関する総合実態調査」結果

労務行政研究所が全国証券市場の上場企業と上場企業に匹敵する非上場企業を対象に2008年1～3月に実施した「社員の健康管理に関する総合実態調査」結果[74]によれば，「自社におけるメンタルヘルスに関する課題の有無」について

---

73) 小田晋「職場の精神的風土の転換を―産業精神保健の到達点―」・前掲注71) 4頁。
74) 労務行政研究所の「社員の健康管理に関する総合実態調査」は，成果主義への移行，労働力不足による長時間労働，変化の激しい時代環境への対応などにより，労働者のストレスが増大し，メンタルヘルス対策が企業の大きな課題となっていることから，2005年の調査に続き，企業におけるメンタルヘルス不調者の実態や，各社の取組みについて調査したものである。これによると，3年前の2005年の調査時点に比べ，各社の予防策・復職支援策率の実施率が高まる一方，メンタルヘルス不調者や休職者は，さらに増加しているという実態が明らかになった（労務行政研究所「社員の健康管理に関する総合実態調査」『労政時報』3725号2頁（2008年5月））。調査時期は2008年1月30日～3月4日で，調査対象は全国証券市場の上場企業（新興市場の上場企業も含む）3,819社と，上場企業に匹敵する非上場企業（資本金5億円以上かつ従業員500人以上）349社の合計4,168社である。ただし，持株会社の場合は，主要子会社を対象としたところもある。集計対象は調査対象のうち，回答があった250社について集計したものである。

69.9％と 7 割の企業が「課題となっている」と回答している。同研究所が2005年 1 ～ 2 月に行った前回調査では56.9％であり，これより13ポイント増加している。回答企業は異なるため単純に比較できないが，状況は一向に改善していないといえる。

　規模別に見ると，1,000人以上では93.3％とほとんどの企業で課題となっていた。「課題となっている」とする企業の割合は，300～999人では69.5％，300人未満では43.6％と，規模が小さくなるほど小さくなる。その理由は，メンタルヘルス不調者が一定の割合で発生しうることから，人数規模が大きい企業ほど，社内に不調者を抱えるリスクが高くなり，これが課題の有無に影響していると考えられる。各企業の課題等を整理すると次の 4 点に集約される（なお，各企業におけるメンタルヘルス対策の課題と今後の取組みについての事例は，本章末〔別表 2 〕参照）。

① メンタルヘルス不調による休職者や相談件数の増加
② 長時間・過重労働対策
③ 復職の見極めと復職支援体制の整備
④ 職場での心の健康管理ケア（早期発見，職場環境の整備などの予防策，管理職のメンタルヘルス教育）

　労働者のストレス対策やメンタルヘルスケアは企業としても看過できない問題となっており，健康管理や福利厚生の範囲を超えて，リスクマネジメントの視点から検討すべき課題といえる[75]。

3　職場におけるメンタルヘルスケアの特性と今後の課題

（1）メンタルヘルスケアの特性

　メンタルヘルスは，客観的な測定方法が十分確立していないため，その評価が容易でなく，また，メンタルヘルス問題の発生のプロセスには大きな個人差があり，それを把握することが難しい。さらに，メンタルヘルスはすべての労働者に関わることであるにもかかわらず，メンタルヘルス問題が，その人の人

75）労務行政研究所・前掲注74）4 頁。

格を否定する形で評価される傾向が強いことも問題となる。
　また，メンタルヘルスケアを推進するにあたっては，労働者のプライバシーの保護および労働者の意思の尊重に留意することが重要である。
　さらに，労働者のメンタルヘルスは身体の健康に比べ，職場配置，人事異動，職場の組織等の人事労務管理と密接に関係する要因によって，より大きな影響を受けることと，メンタルヘルス問題は，職場の問題のみならず家庭・個人生活等の職場外の問題の影響を受けている場合も多いことに留意すべきである。

（2）メンタルヘルスケアの今後の課題
　企業内における労働者の健康づくりは，個々の労働者が健康的な生活習慣を確立し，健康の維持増進を図るとともに，他方では職場での作業環境の改善，人間関係の調整を行い，結果として各労働者の適応能力が向上するものでなければならない。職場が明るく，生き生きしているならば，その中に不要な葛藤や対立やむだな心配が少なく，心理ストレスも最小となるはずである。したがって，労働者にとって自分が働いている組織が健全であることが重要である。しかし，ある時点で健康な労働者が個人として体力増進・精神力養成トレーニングに努力していても，職場環境の変化の方向や速さによっては，容易に職場不適応もしくは不健康になりうるのが，日本の職場の現況である。
　職場のメンタルヘルスケアの対応においては，管理監督者のみならず，産業医，保健婦，心理相談員，衛生管理者などの保健医療スタッフも，常日頃から，できるだけ多くの労働者と接する機会を持ちながら，健康状況を把握していることが重要である。そのためには，産業医がストレスに着目したチェック項目を加えた身心両面にわたるヘルスチェックを，少なくとも年に1回は全労働者を対象に実施し，その結果によっては，健康相談につないでいくなど，企業全体でのヘルスケア・システムの確立が必要である。
　ところで，厚生労働省の「新指針」は，メンタルヘルスケアが適切かつ有効に実施されるよう，メンタルヘルスケアの原則的な実施方法について定めたものであるが，指針に従ってメンタルヘルスケアを各職場が実施するためには，メンタルヘルスケアを支援する職場外の環境が整備される必要がある。

さらに，小規模事業場の心の健康づくり対策に対してのメンタルヘルスケアが未だ十分でないことから，小規模事業場のメンタルヘルスケアの一層の支援を行うための措置が今後必要であり，労働者の心の健康に関する傾向を継続的に把握するとともに，心の健康づくり対策の技術の開発とその効果評価に関する調査研究を推進することが重要である。また，労働者の心の健康づくりは，生涯にわたる心の健康づくりの一環として進めることが有効であるが，職場の枠を超えたメンタルヘルスケアをいかに提供すべきかについても今後の課題である。

Ⅶ　おわりに

　日本は，経済のグローバル化，情報化やサービス経済化の一層の進展等により，経済・産業構造がさらに大きく転換するとともに，高齢化の急速な進行が見込まれている。また，現在すでに進行しているリストラ，成果主義，裁量労働制，アウトソーシングを含めて，今後日本の雇用制度や労働環境は一層変化すると予想される[76]。このような中，仕事や職業生活に関する強い不安，悩み，ストレスがあると訴える労働者の割合が年々増加している。
　さらに，最近，職場のメンタルヘルス活動に対する関心が高くなっているが，その背景として職場ストレスの増加，ストレスによる健康障害の増加，企業の安全配慮義務の範囲がメンタルヘルスの領域まで拡大したこと，政府による諸通達・指針の公表，これらに加えて精神障害の労災基準が公表されたことなどが挙げられる。特に，精神障害の労災認定基準が公表されたことにより職場での過重な心理的負荷がうつ病などの心の不健康状態を生み，メンタルヘルス対策がリスクマネジメントとしても，労働者の心の健康保持，生産性の維持にも重要であることを事業者，人事・労務担当者，産業保健スタッフに認識させたことの意義は大きい[77]。

---

76)　川上憲人「対応迫られるストレスによる社会問題―職場のストレス―」『産業ストレス研究』12巻1号29頁（2004年）。

しかし，最近のメンタルヘルス関連疾患の労災認定件数が顕著である状況から見ると，今後企業は抜本的にメンタルヘルス不調者の対応やメンタルヘルス対策の構造を変革する必要があると思う[78]。

　また，民間の保険はリスクファイナンシングの観点から有効と考えられるが，精神障害に関わる損害賠償責任リスクのすべてが保険で補償されるわけではない。

　したがって，日本でも今後職場のストレス対策を推進するためには，日本の医療職や心理職の優れた臨床機能や既存の社会保障システムを有効に活用し，①企業・組織全体でストレス対策に取り組む風土，②啓蒙・予防・早期対応プログラム，③社会保障制度や社内制度など既存の様々な制度の活用，④適切な専門的サービスへの誘導を促すシステムなどの仕組みおよび仕掛けを構築することが必要と考えられる[79]。

　また，労働者が様々な個人的な問題を抱え，その解決が見出せないまま悩みを抱え込んでいて仕事や生活などに影響が出ている場合，企業の費用負担によりそれらの悩みをプロのカウンセリングの専門機関にアウトソースすることにより解決を目指すEAP（Employee Assistance Program：従業員支援プログラム）が現在注目を浴びている[80]。EAPは，企業のメンタルヘルス対策として今後日本で普及が期待されているが[81]，労働者がストレス対策に関する充実したサービスを受けるには，さらに労働者個人の生活の質（QOL）の向上を目指し，個人および企業で業績の最大化を図ることと同時に，国の支援拡大とともに，労働者が働く場である企業自体がその責任を果たすべくメンタルヘルス対策に積極的に関与することが重要である[82]。

---

77)　永田頌史「労災認定とメンタルヘルス—有識者の立場から—」『産業ストレス研究』12巻2号143頁（2005年）。

78)　河野友信「企業のメンタルヘルス対策は機能しているか」『産業ストレス研究』11巻2号119頁（2004年）。

79)　前田一寿「日本の職場ストレス対策専門機関に求められる機能」『産業ストレス研究』10巻3号220頁（2003年）。

【参考文献】(注記で引用したものを除く)

赤堀勝彦『コミュニケーション・スキルアップのためのカウンセリング入門』(経済法令研究会,2002年)
赤堀勝彦『企業リスクマネジメントの理論と実践』(三光,2008年)
粟野菊雄『職場のメンタルヘルス・ノート』(医歯薬出版,1995年)
安西愈監修『裁判例にみる安全配慮義務の実務』(中央労働災害防止協会,2003年)
海原純子『ストレス・癒しの病理学』(丸善,1996年)
江口毅編著『管理職のためのこころマネジメント』(労務行政,2007年)
亀井利明『危機管理カウンセリング』(日本リスク・プロフェショナル協会,1999年)
亀井利明=亀井克之『リスクマネジメント総論』〔増補版〕(同文館出版,2009年)
グロービス経営研究所監修,佐藤隆著『ビジネススクールで教えるメンタルヘルスマネジメント入門』(ダイヤモンド社,2007年)
社会経済生産性本部 メンタル・ヘルス研究所監修『産業人メンタルヘルス白書』〔2006年版〕(2006年)
日本生産性本部 メンタル・ヘルス研究所監修『産業人メンタルヘルス白書』〔2009年版〕(2009年)
白倉克之=高田勗=筒井末春『職場のメンタルヘルスケア』(南山堂,2001年)
高野良英『実践職場のメンタルヘルス』(岩崎学術出版社,1999年)
高橋克徳ほか『不機嫌な職場―なぜ社員同士で協力できないのか―』(講談社,2008年)
中央労働災害防止協会編『こころを診る―多様化する症候群とその周辺―』(1995年)
中央労働災害防止協会編『実践 心の健康づくり―職場のメンタルヘルス対策事例集―』

---

80) 松本桂樹「職場のメンタルヘルス対策としてのEAPの意義と役割」『産業ストレス研究』10巻1号29頁(2002年)。

　なお,EAPは,アメリカにおいて労働者のアルコール依存や薬物依存などの問題を支援するシステムとして発達し,1980年代以降はメンタルヘルスや家族の問題,経済的・法律的な問題にまでその対象を広げている。日本では,1980年代後半からEAPを提供する機関が誕生し,主にメンタルヘルスを支援する活動を展開している。2000年8月に,労働省(現厚生労働省)は,「事業場における心の健康づくりのための指針」を策定したが,この指針の発表以降,職場のメンタルヘルスにおけるEAP活動の重要性が脚光を浴びることになった(野村忍=三島徳雄「職場のメンタルヘルスにおけるEAPに意義と役割」『産業ストレス研究』10巻1号25頁(2002年))。

81) 渡部・前掲注59) 13頁。
82) 前田・前掲注79) 219頁。

　また,企業のメンタルヘルスケアを推進するには,メンタルヘルスに関する教育・研修を充実させる必要がある(小林祐一「事業者のニーズに応える社内EAP機能―産業医の役割―」『産業ストレス研究』13巻4号220～221頁(2006年),川上「職場のメンタルヘルスの専門家が持つべき技術」『産業ストレス研究』14巻4号161頁(2007年))。

(2004年)

中央労働災害防止協会編『心理相談専門研修テキスト』〔8版〕(2006年)

筒井末春監修，高田裕志著『職場におけるメンタルヘルスと心身医療』(新興医学出版社，2002年)

日本人のストレス実態調査委員会編『データブック　NHK現代日本人のストレス』(日本放送出版協会，2003年)

野村忍『情報化時代のストレスマネジメント』(日本評論社，2006年)

町沢静雄『ストレス時代の心理学―精神科医が語る心の危機―』(創拓社，1992年)

武藤清栄監修，佐藤敏子著『職場のメンタルヘルスQ&A』(日本法令，2003年)

山内常博=米山岳廣=岡村真理子『精神保健入門』(文化書房博文社，2006年)

山本晴義=小西善朗『メンタルヘルス・マネジメント』(PHP研究所，2002年)

吉川武彦『こころの危機管理―"いざ"というときのために―』(関西看護出版，1997年)

労務行政研究所編『人事担当者のための実践メンタルヘルス・マネジメント』(2005年)

Barton, W. E. and G. M. Barton, *Ethics and Law in Mental Health Administration*, International Universities Press, 1984.

Beeher, T. A., *Psychological Stress in the Workplace*, Routledege, 1995.

Caplan, G., *An Approach To Community Mental Health*, Routledge, 2001.

Cooper, C. L., *Managerial, Occupational and Organizational Stress Research*, Ashgate, 2001.

Cunningham, J. B., *The Stress Management Sourcebook*, Lowell House, 2000.

Jones, R. M., *Mental Health Act Manual*, 8th ed., Sweet & Maxwell, 2003.

La Fond, J. Q. and M. L. Durham, *Back to the Asylum: The Future of Mental Health Law and Policy in the United States*, Oxford University Press, 1992.

Le'geron, P., *Le stress au travail*, Odile Jacob, 2001 (高野優監訳『働く人のためのストレス診察室』紀伊国屋書店，2004年).

Ling, T. M., *Mental Health and Human Relations in Industry*, H. K. Lewis, 1954.

Meichenbaum, D. and M. E. Jaremko, *Stress Reduction and Prevention*, Plenum Press, 1983.

Rogers, A. and D. Pilgrim, *Mental Health and Inequality*, Palgrave Macmillan, 2003.

Wheeler, D. O., W. Phillips and J. P. Spillane, *Mental Health and Education*, University of London Press, 1961.

※　本章のうち，Ⅲ「職場におけるメンタルヘルス・リスクの現状」，Ⅳ「心理的負荷による精神障害等に係る業務上外の判断指針」およびⅤ「メンタルヘルス・リスクに対する企業の賠償責任と保険」は，2010年2月20日に開催された日本保険学会関西部会での報告に加筆・修正した論文を転載したものである。

〔別表3〕職場環境改善のためのヒント集(メンタルヘルスアクションチェックリスト)

領域		項目	「仕事のストレス判定図」との対応			
			仕事の量的負担	仕事のコントロール	上司の支援	同僚の支援
A	作業計画への参加と情報の共有	1. 作業の日程作成に参加する手順を定める 作業の分担や日程についての計画作成に，作業者と管理監督者が参加する機会を設ける。		◎		
		2. 少数人数単位の裁量範囲を増やす 具体的なすすめ方や作業順序について，少数単位又は作業担当者ごとに決定できる範囲を増やしたり再調整する。		◎		
		3. 個人あたりの過大な作業量があれば見直す 特定のチーム，又は特定の個人あたりの作業量が過大になる場合があるかどうかを点検して，必要な改善を行う。	◎	○	○	○
		4. 各自の分担作業を達成感あるものにする 分担範囲の拡大や多能化などにより，単調な作業ではなく，個人の技量を生かした達成感が得られる作業にする。		◎	○	
		5. 必要な情報が全員に正しく伝わるようにする 朝の短時間のミーティングなどの情報交換の場を設け，作業目標や手順が各人に伝わり，チーム作業が円滑に行われるように，必要な情報が職場の全員に正しく伝わり，共有できるようにする。		◎	○	○
B	勤務時間と作業編成	6. 労働時間の目標値を定め残業の恒常化をなくす 1日，1週，1ヵ月ごとの労働時間に目標値を設け，ノー残業デーなどを運用することなどで，長時間労働が当たり前である状態を避ける。	◎	○		
		7. 繁盛期やピーク時の作業方法を改善する 繁盛期やピーク時などの特定時期に個人やチームに作業が集中せず作業の負荷や配分を公平に扱えるように，人員の見直しや業務量の調整を行う。	◎	○		
		8. 休日・休暇が十分取れるようにする 定められた休日日数がきちんと取れ，年次有給休暇や，リフレッシュ休暇などが計画的に，また必要に応じて取れるようにする。	◎			
		9. 勤務体制，交代制を改善する 勤務体制を見直し，十分な休養時間が確保でき，深夜・早朝勤務や不規則勤務による荷重負担を避けるようにする。	◎	○	○	
		10. 個人の生活条件に合わせて勤務調整ができるようにする 個人の生活条件やニーズに応じて，チーム編成や勤務条件などが柔軟に調整できるようにする。(例：教育研修，学校，介護，育児)	◎	○	○	○
C	円滑な作業手順	11. 物品と資材の取り扱い方法を改善する 物品と資材，書類などの保管・運搬方法を工夫して負担を軽減する。(例：取り出しやすい保管場所,台車の利用,不要物の除去や整理整頓など)	◎	○		
		12. 個人ごとの作業場所の取り扱い方法を改善する 各自の作業場のレイアウト，姿勢，操作方法を改善して仕事しやすくする。(例：作業台の配置,肘の高さでの作業,パソコン操作方法の改善など)	◎	○		
		13. 作業の指示や表示内容をわかりやすくする 作業のための指示内容や情報が作業中いつでも容易に入手し確認できるようにする。(例：見やすい指示書,表示・ラベルの色分け，標識の活用など)	○	◎	○	
		14. 反復・過密・単調作業を改善する 心身に大きな負担となる反復作業や過密作業，単調作業がないかを点検して，適正な負担となるよう改善する。	◎	○		
		15. 作業ミス防止策を多面に講じる 作業者が安心して作業できるように，作業ミスや事故を防ぎ，もし起こしても重大な結果に至らないように対策を講じる。(例：作業手順の標準化，マニュアルの作成，チェック方法の見直し，安全装置，警報など)	◎			

| | | | 「仕事のストレス判定図」との対応 | | | |
領域	項目		仕事の量的負担	仕事のコントロール	上司の支援	同僚の支援
D 作業場環境	16. 温熱環境や音環境，視環境を快適化する 冷暖房設備などの空調環境，照明などの視環境を整え，うるさい音環境などを，個々の作業者にとって快適なものとする。		○	○	○	○
	17. 有害環境源を隔離する 健康を障害するおそれのある，粉じん，化学物質など，人体への有害環境源を隔離するか，適切な防護対策を講じる。		○			
	18. 職場の受動喫煙を防止する 職場における受動喫煙による健康障害やストレスを防止するため，話し合いに基づいて職場の受動喫煙防止対策をすすめる。				◎	◎
	19. 衛生設備と休養設備を改善する 快適で衛生的なトイレ，更衣室を確保し，ゆっくりとくつろげる休憩場所，飲料設備，食事場所や福利厚生施設を備える。		◎	○	○	○
	20. 緊急時対応の手順を改善する 災害発生時や火災などの緊急時に適切に対応できるように，設備の改善，通路の確保，全員による対応策と分担手順をあらかじめ定め，必要な訓練を行うなど，日頃から準備を整えておく。		○	○	○	○
E 職場内の相互支援	21. 上司に相談しやすい環境を整備する 従業員が必要な時に上司や責任者に問題を報告し，また相談しやすいように普段から職場環境を整えておくようにする。(例：上司に相談する機会を確保する，サブリーダーの設置，相談しやすいレイアウトを工夫するなど)				◎	○
	22. 同僚に相談でき，コミュニケーションがとりやすい環境を整備する 同僚間でさまざまな問題点を報告しあい，また相談しあえるようにする。(例：作業グループ単位で定期的な会合を持つ，日報やメーリングリストを活用するなど)				○	◎
	23. チームワークづくりをすすめる グループ同士でお互いを理解し支えあい相互に助け合う雰囲気が生まれるように，メンバーで懇親の場を設けたり研修の機会を持つなどの工夫をする。				◎	◎
	24. 仕事に対する適切な評価を受け取ることができる 作業者が自分の仕事のできや能力についての評価を，実績に基づいて，納得できる形で，タイミングよく受け取ることができるようにする。				◎	○
	25. 職場間の相互支援を推進する 職場や作業グループ間で，それぞれの作業がしやすくなるように情報を交換したり，連絡調整を行ったりするなど，相互支援を推進する。		○	○	○	○
F 安心できる職場のしくみ	26. 個人の健康や職場内の健康問題について相談できる窓口を設置する 心の健康や悩み，ストレス，あるいは職場内の人間関係などについて，気兼ねなく相談できる窓口または体制を確保する。(例：社内のメンタルヘルス相談窓口の設置)				○	○
	27. セルフケアについて学ぶ機会を設ける セルフケア（自己健康管理）に役立つ情報を提供し，研修を実施する。(例：ストレスへの気づき，保健指導，ストレスへの上手な対処法など)		○	○	○	○
	28. 組織や仕事の急激な変化にあらかじめ対処する 組織や作業編成の変更など職場の将来計画や見通しについて，普段から周知されているようにする。		○	○	○	○
	29. 昇進・昇格，資格取得の機会を明確にし，チャンスを公平にする 昇進・昇格のモデル例や，キャリア開発のための資格取得機会の有無や時期が明確にされ，また従業員に公平にチャンスが与えられることが従業員に伝えられているようにする。				◎	○
	30. 緊急の心のケア 突発的な事故が生じた時に，緊急処置や緊急の心のケアが受けられるように，あらかじめ職場内の責任者や産業保健スタッフ，あるいは社外の専門家との連絡体制や手順を整えておく。		○	○	○	○

注1：◎=特に関係あり　○=関係あり
注2：このヒント集は，労働者の参加の下に，ストレスを減らすための職場環境等の改善を進めるツールとして活用されている。なお，このヒント集は，問題点の把握や点数化などによる職場のランク付けが目的ではなく，その職場で可能な職場環境等の改善方法を点検し，できることから改善を始めることを目的としている。
出所：厚生労働省「職場における心の健康づくり―労働者の心の健康の保持増進のための指針―」16頁（2008年6月）。

〔別表4〕自社におけるメンタルヘルス対策の課題と今後の取組み

①現在の問題点

業種	規模	内容
水産・食品	A	メンタル系疾患により、休業する社員が過去5年間で2倍になっている。主な理由としては、1人当たりの業務量増と所属における対人関係（上司および同僚）と考えられる。各所属長もメンタルヘルスについて手を打たなければいけないことは認識しているが、業務が忙しく、なかなか手を付けられていない状態である
水産・食品	A	セクハラ、パワハラがメンタルヘルス不調の原因になることの意識および管理監督者が部下のメンタル不調に直面した場合の対応方法の知識が不十分である
化　　学	A	①信頼のおける外部スタッフ（メンタルヘルス専門の産業医、カウンセラー等）が少ない、②上記のとおり会社として指定すべき専門医がいないため、治療中の社員の回復状況が把握されていない
化　　学	B	ノイローゼ等で休業する者が以前より増加している
化　　学	C	メンタルヘルス不全、疾病例が出ており、社会的に必要とされているものが不十分であると業務等に影響する。費用が掛かるが予算が十分にとれず、対応にさける人員がいないこと
ゴ　　ム	A	①昨今、心の病による長欠者が増加してきている、②職場復帰しても、再発してしまう人が多い、③どのような外部EAPがよいのか、どのような利用方法がよいのか、決めあぐねている、④教育体系がまだ固まっていない（実施に至っていない）、⑤リハビリ勤務を制度化するか、やめるべきか、やるならどのような形態がよいか、リスクはないかといった点がまだ明確になっていない
非鉄・金属	A	①ここ3年間でメンタルヘルス不全による休業者が増加している一方で、有効的な対策を打てていない、②職場復帰プログラムがないこと、③休業者以外の潜在的なメンタルヘルス不全を把握できていないこと、④産業保健スタッフのマンパワー不足
非鉄・金属	A	精神疾患による休業者の増
非鉄・金属	B	うつ病所見者が増えつつある
非鉄・金属	B	長欠・休職者が増加傾向にある（メンタルが原因）
非鉄・金属	B	うつ病による長期欠勤者が直近2年間で5名発生し、現在も2名が治療を行っている。成果主義への移行、労働者不足による長時間労働、何よりもスピードが問われる今日の社会情勢に対しSOSが出ているように感じられる。心のケアをどのように進めていくのか、大きな課題となっている
機　　械	B	長期休業の後、どのように職場復帰をしたらよいか等
機　　械	A	休職者についての職場復帰の際の判定が困難。産業医が実質不在
機　　械	B	メンタル不全者からの事前の相談が少ない。また、上司や周りの人が気づかない
電気機器	A	精神疾患休業者数は年々増加傾向にあり、当該者の人件費を機会損失としてとらえると、膨大な損失となる
電気機器	A	①メンタル疾患で休職した者のリハビリ勤務中の取り扱い、②復職時の判断基準
電気機器	B	長時間残業が原因でうつ病、社会不安症など精神障害者が近年みられるようになってきた。（ストレス性精神疾患）対策として産業医と連携して超過残業者に予防手段とする面談、指導を基に職場上司とコミュニケーションを図り、残業時間の低減と人員配置も含めて検討している（対象者～1ヵ月80時間、3ヵ月連続で60時間、6ヵ月連続で45時間越えた者としている）
電気機器	A	再発を繰り返す社員が増えている、復職支援方法
電気機器	A	①休業者の増加、②病気欠勤中・休職中のケア、③管理・復職判定、④ラインケア体制の充実が遅れている、⑤病気ごとの対応について、都度対応になりがちである（うつ病、統合失調症など）
電気機器	B	・従業員、管理職のメンタルヘルスに対する理解不足 ・特に管理職は未然に防ぐためのポイントを理解することが必要と思われる
輸送用機器	A	メンタルヘルスによる傷病休業の全傷病休業に占める割合が30％超と高くなってきた
輸送用機器	A	メンタル疾病による休業者数の増加傾向
輸送用機器	A	①私傷病休職者に対するメンタル不全休業者の割合が高いこと、②対策のための予算の確保、③一般従業員に対する教育活動、④原因特定が難しい点、⑤復職支援プログラムの構築、⑥専門家（産業医も含め）がいないため、気軽な相談体制を築けていない点
その他製造	A	荷重労働の防止策等の手を打っているが、もっと効果的な予防策がないものか
建　　設	B	①メンタルヘルス不全者の増加、②同予備軍の内在、③企業力の低下、健保組合財政の圧迫
建　　設	A	ここ数年身体的な疾患により精神的な疾患が増加している

業種	規模	内容
商　業	B	メンタルヘルスチェックを実施しているが，受診率が伸びない。また，高ストレス者に対しての，その後の対応が難しい
商　業	C	前兆を上司，同僚が見逃さないようにコミュニケーションをとるようにしているが，なかなか生かされていない。復職後の対応（仕事面，人間関係）
商　業	B	うつ病による休職者対応：休職期間のみでは完全回復できない場合，復職してもリハビリ期間の対応をどう取り扱うか等
商　業	B	①復職後の経過観測，②復帰させる部署（選択），③若手のメンタルヘルス問題の増加
金融・保険	C	①休職者の復帰時の対応（復帰後の判断，復帰後の勤務形態，配属先，業務内容など個々のケースで異なった取り扱いをせざるを得ない現状であるため），②折を見て社内啓発を行っているにもかかわらず，長時間勤務を続ける一部社員の無自覚
情報・通信	A	近年のメンタル不全者の増加，それに伴う生産性の低下
サービス	B	①メンタルヘルス不全による休職者の増加，②①の結果による現場管理者および人事スタッフの負担増

②今後に向けた取組み

業種	規模	内容
水産・食品	A	早期発見・早期治療への取組み：①体制面の整備，②セルフチェック（ストレスチェック），精神疾患者への復職判断
水産・食品	A	①メンタルヘルス不全者への対応，②メンタルヘルス室を設置するかどうか，③社内カウンセラーの養成
繊　維	A	長期休職者が復職し，リハビリ勤務する場合，受け入れ職場の他の社員の負担が重くなった時の対応
化　学	B	メンタルヘルス不全者の支援体制作り，EAP導入，相談窓口の開設
化　学	B	残業時間増により，肉体的，精神的な面から，60時間を越える者については理由を確認し，翌月に繰り越さないように指導する。また，3ヵ月以上続いた者に対しては，産業医の面談を受けるようにする。同部署で繰り返さないようにすることが今後の課題といえる

業種	規模	内容
ガラス・土石	A	職場復帰時の復帰プログラムの検証
電気機器	A	①一次予防：情報提供，セルフケア，組織管理者教育，メンタル不調者の要因分析と対策，②二次予防：早期発見，早期介入，外部EAPの効果検証，③三次予防：復帰支援
電気機器	A	①メンタルヘルスに関する啓発活動，②メンタル不調の早期気づきと対応，③メンタル不調による長期欠勤者のスムーズな職場復帰，④メンタル不調者の再発防止
電気機器	A	①現在勤務中のメンタル不調を呈している社員への対応，②休職中の社員の継続的支援，復職時，後の支援，③メンタルヘルス対策の啓発（マネージャーに対してラインケア研修，全社員に対してセルフケア研修），④ストレス源の削減（長時間勤務への対応）
輸送用機器	A	①「心の病」にかからないような職場作り，②「心の病」になった場合の早期発見，早期対応，③職場への復帰支援プログラムの作成
商　業	B	メンタルヘルスケアの推進に当たって，管理監督者を含む教育研修体制の整備等，全社構想の計画策定が緊急の課題となっている
商　業	C	労働時間の長時間化に対する対策
商　業	A	メンタルヘルス問題の早期発見，予防方法の検討。教育
金融・保険	B	①メンタル不全者への対応，②長期休務者の職場復帰プログラムの作成，③メンタル不全の予防
情報・通信	B	メンタル疾患による休職者の増加と，復職後の再発防止策，休職中の対応，復職支援
サービス	A	①メンタルヘルス教育の実施方法（社内への浸透），②メンタルヘルス専門医の探し方，③休務中の社員への職場復帰のプログラムの構築方法など
サービス	A	①過重労働対策―長時間労働，深夜労働，②メンタルヘルス活動の推進，一次予防
サービス	C	①本人および周囲の気づき（気づかない，気づいても行動をとらない），②マネージャーと人事の連携，③復帰プログラムと周囲の理解

注：規模欄で示すAは従業員1,000人以上，Bは同300～999人，Cは同300人未満を表している。
出所：労務行政研究所「社員の健康管理に関する総合実態調査」『労政時報』3725号5～6頁（2008年5月）。

索　引

ADR → アメリカ預託証書 …………13, 14
AS2 …………………………………………19
AS5 …………………………………………19
ARE（エーシアン・レア・アース株式会社）
　事件 ……………………………………194
BLマーク制度 ……………………137, 138
COSO（トレッドウェイ委員会組織委員会）
　……………………………………5, 6, 8, 11
COSO ERM ……………………………8～11
COSO ERMキューブ ……………………9
COSOキューブ ………………………7, 8
COSOレポート …………………6～8, 11, 22
EAP（従業員支援プログラム）…………300
EC指令 ………102, 104, 106, 107, 117, 124, 126
EDINET（エディネット）………………28
ERM（Enterprise Risk Management）……
　9, 10
ESCO事業 ……………………………242, 255
ESCO総合保険 ……………………………255
GHS …………………………………………205
ISMS ……………………………………81, 83, 87
ISO14001 ……………………………221, 241, 253
MSDS → 化学物質等安全データシート ……
　205, 210
NITE → 製品評価技術基盤機構……127, 128,
　130
OECD → 経済協力開発機構 ……………58
　――8原則 ……………………58, 59, 64, 67
PCAOB ……………………………12, 13, 18, 20
PDCA …………………………………35, 45, 77, 78
PIO-NET …………………………………127
PLD → 製造物責任防御 …130, 131, 136, 139
PLP → 製造物責任予防 ……130, 131, 132
PL法 → 製造物責任法 ……………………97
Product Liability Insurance ………………141
PRTR ……………………180, 202, 203, 206, 210

PRTR法 → 特定化学物質の環境への排出
　量の把握等及び管理の改善の促進に関
　する法律 ……180, 197, 202, 205, 206, 209,
　211, 213
SEC（Securities and Exchange Commission：
　証券取引委員会）………………3, 13, 17, 18
SFマーク制度 ……………………137, 138
SGマーク制度 ……………………137, 138
STマーク制度 ……………………137, 138
SOX法 → サーベインズ・オックスレイ法
　…………………………3, 4, 12～18, 20, 48
THP → 健康保持増進措置 …………292, 293
TRUSTe ……………………………82, 83, 87

【あ】

アジェンダ21 ……………………………193, 202
足尾銅山鉱毒事件 ………………………222
アメリカ預託証書（ADR）……………13, 14
安全配慮義務 …………282, 284, 287, 290, 299
委員会等設置会社 …………………………29
イタイイタイ病訴訟 ……………………183
医療廃棄物排出者責任保険 ……………254
エンロン（Enron Corp.）……………2, 3, 20
オカーレンス（事故発生主義）方式………142,
　247
オタフクソース事件 ……………………286
オプトアウト（opt-out）………………89, 90
オプトイン（opt-in）………………………90

【か】

会社法 ………………………………36, 40, 41
開発危険の抗弁 …………………………124, 125
化学物質審査規制法（化学物質の審査及び
　製造等の規制に関する法律）……196, 205
化学物質等安全データシート（MSDS）………
　205, 210

拡大生産者責任（EPR）……215, 218, 221
過失責任 ………………………………108
瑕疵保証責任保険 ……………………143
家電リサイクル法（特定家庭用機器再商品
　化法）……………………………197, 216
カネミ油症事件（ライスオイル事件）………
　99, 100
株主代表訴訟……………………………23, 152
川崎市水道局事件 ……………………285
川崎製鉄（水島製鉄所）事件 …………284
環境影響評価制度 ……………………192
環境汚染賠償責任保険（EIL保険）…243～246,
　250～253, 256, 258
環境汚染物質排出移動登録 …………180
環境会計 ………………………………221
環境格付け ……………………………253
環境基本法 ………………………194, 195, 216
環境と発展に関する国際連合会議
　（UNCED）……………………193, 232, 233
環境と発展に関する世界委員会（WCED）
　………………………………………194
環境報告書 …………………………221, 242
企業統治 …………………………………2
気候変動枠組条約（気候変動に関する国際
　連合枠組条約）……………193, 232, 233
キャップ＆トレード方式 ……………238
吸収源 …………………………………233, 234
共同実施（JI）…………………………233
京都議定書 ………198, 233～236, 240, 257
　──目標達成計画 ……235～237, 239, 257
京都メカニズム ……………233, 234, 236, 238
金融商品取引法 ………………4, 21, 39～41, 48
熊本水俣病訴訟 ………………………187
クラス・アクション（Class Action）……114,
　115
グリーン購入 …………………………220
クリーン開発メカニズム（CDM）…………233
グリーン購入法（国等による環境物品等の
　調達の推進等に関する法律）…197, 216,
　241
グリーンマン事件 ……………………111
クレイムズ・メイド（損害賠償請求主義）

　………………………………142, 247, 253
経済協力開発機構（OECD）……………58
厳格責任 ……………………97, 108～112
健康保持増進措置（THP）…………292, 293
建設資材リサイクル法（建設工事に係る資
　材の再資源化に関する法律）……197, 216
公害対策基本法 …………………189, 190
国内PL保険 …………………………140
国内バーゼル法（特定有害廃棄物等の輸出
　入等の規制に関する法律）………254, 255
国内排出量取引制度 ……………237, 258
個人情報取扱事業者 ………55, 56, 67～69, 71,
　83, 91, 92
個人情報漏えい保険 ……………82, 83, 87
コーポレート・ガバナンス（Corporate
　Governance）……… 1, 2, 24～26, 28～30
コンプライアンス（Compliance：法令遵守）
　……………1, 6, 10, 11, 79, 93, 155, 258, 290

【さ】

再資源の利用の促進に関する法律 ………197
再使用 …………………………………217
再生利用 ………………………………217
再保険プール …………………………252
サーベインズ・オックスレイ法
　（The Sarbanes-Oxlay Act：米国企業
　改革法，SOX法）………3, 4, 12～18, 20, 48
　──日本版（J-SOX法）………………4
サリドマイド事件 …………………99, 106
産業廃棄物排出者責任保険 ……………255
三洋電機サービス事件 ………………285
自家保険 …………………………137, 154
資源の有効な利用の促進に関する法律 …197
資源有効利用促進法 …………………216
事故発生主義（オカーレンス）………142, 247
自殺総合対策大綱 ……………………275
自殺対策加速化プラン ……………275, 276
自殺対策基本法 …………………274, 275
施設所有（管理）者賠償責任保険 …………250
施設賠償責任保険 ……………………244
持続可能な発展……………………193～195, 221
自動車リサイクル法（使用済自動車の再資

源化等に関する法律)……………198, 216
社会再適応評価尺度 ………………………271
重大製品事故 ………………………129, 146, 148
住民基本台帳ネットワークシステム………59
重要な欠陥(Material Weakness)…………31, 33, 43, 46
循環型社会形成推進基本法 …………………216
循環型社会の形成 …………214, 215, 217, 219, 220, 222
循環基本計画 ………………………………218
循環基本法(循環型社会形成推進基本法) … 180, 214
省エネルギー法(エネルギーの使用の合理化に関する法律) ……180, 198, 241, 242
証券取引所法………………………………17
証拠開示制度(ディスカバリー) …………115
使用者賠償責任保険 ………………………288
消費者委員会 ………………………149, 151
消費者庁 ………………………98, 149〜152
消費生活用製品安全法(消安法) ……98, 130, 138, 145, 147, 150, 152
職場ストレス …………264, 265, 268, 270, 299
食品リサイクル法(食品循環資源の再生利用等の促進に関する法律)………197, 216
信頼回復費用保険 …………………………254
心理的負荷評価表………………………277〜281
森林原則声明(森林に関する原則声明) …193
水質汚濁防止法 ……………………191, 229
スーパーファンド法(包括的環境対処・補償・責任法:CERCLA) …………224
ストレス ………261, 262, 266〜271, 273, 274, 286, 298, 299
——マネジメント ……………………271
スモン病事件…………………………………99
成功報酬制度(Contingent Fee Arrangement) ………………………………113, 114
生産物回収費用保険(リコール保険) ……143, 153, 154
生産物賠償責任保険 ……………131, 136, 137, 140〜144, 155
精神健康 ……………………………………262
製造物責任法(PL法) …………………………97

製造物責任防御(PLD) ……130, 131, 136, 139
製造物責任予防(PLP)………………130〜132
製品評価技術基盤機構(NITE) ……127, 128, 130
政府開発援助(ODA)…………………………194
生物多様性条約(生物の多様性に関する条約)…………………………………………193
石綿健康被害救済法(石綿による健康被害の救済に関する法律)……………………198
セクシャルハラスメント ………281, 290, 293
設計指示の抗弁 ………………………124, 126
善管注意義務 …………………22, 37, 38, 152
全社的リスクマネジメント……………………9, 45
総合福祉団体定期保険 …………………287, 288
損害賠償請求主義(クレイムズ・メイド) ……………………………………………142

【た】

ダイオキシン対策法(ダイオキシン類対策特別措置法)………………………………196
大気汚染防止法 …………………190, 191, 229
卵豆腐事件………………………………99, 101
男女雇用機会均等法 ……………………265, 266
団体長期障害所得補償保険 …………………288
地球温暖化対策基本法案 ……………………258
地球温暖化対策推進法(地球温暖化対策の推進に関する法律) ……180, 198, 232, 234〜236, 242
地球温暖化対策税 ……………………………258
地球サミット ……………………………193, 194
懲罰的損害賠償(Punitive Damages) ……113
ディープ・ポケット理論(Deep Pocket Theory) …………………………………………115, 116
テクノストレス ………………………………265
電通事件………………………………283, 288
特定化学物質の環境への排出量の把握等及び管理の改善の促進に関する法律(PRTR法) ………180, 197, 202, 205, 206, 209, 211, 213
特定保守製品 ………………………………147
土壌汚染浄化費用保険 ……………………253
土壌汚染対策法 ……180, 197, 222, 226〜228,

231, 232

【な】

内部通報制度 …………………………………27
内部統制 (Internal Control) …………2, 6,
　　14～17, 20, 21, 28, 32, 34～36, 39, 41, 42
　——基準 ……………………21, 30, 39, 41, 42
　——システム (Internal Control System)
　　………………………………………1, 6, 23
　——の統合的枠組み…………………………6～8
新潟水俣病訴訟 ……………………………183
熱回収 ……………………………………217
農用地土壌汚染防止法（農用地の土壌の汚
　　染防止等に関する法律）……………222

【は】

バードの法則 ………………………………79
廃棄物処理法（廃棄物の処理及び清掃に関
　　する法律）……………180, 197, 216, 254
排出量取引 ………………………………233
ハインリッヒの法則…………………………79
パワーハラスメント ………280, 281, 290, 293
PCB処理特別措置法（ポリ塩化ビフェニル
　　廃棄物の適正な処理の推進に関する特
　　別措置法）…………………………………197
ヒヤリ・ハット……………………………79
ビルディング総合保険 "e" ………………255
風評リスク………………………………72, 148
フール・プルーフ ………………………134
フォード・ピント事件 …………………113
プライバシー権 …………………58, 69, 70
プライバシーマーク …………79, 81～83, 87
ブルントラント委員会 …………………194
フロン回収破壊法（特定製品に係るフロン
　　類の回収及び破壊の実施の確保等に関
　　する法律）……………………………198
法定外補償保険 …………………………288
保険法 ……………………………………289
保証責任 ……………………………108, 109

【ま】

マーク付賠償制度 ………………………137
マラケシュ合意 …………………………234
無過失責任 ……………………………120, 121
明示の保証 ………………………………109
メンタルヘルス (Mental Health) ………262,
　　263, 289, 290, 292～294, 296, 297, 299
　——・リスク …………273, 286, 287, 294
　——ケア ……261, 262, 290～293, 297～299
黙示の保証 ……………………………109, 110
森永砒素ミルク事件 ……………………99

【や】

輸出生産物賠償責任保険 (輸出PL保険) …143
油濁賠償責任保険 ………………………244
容器包装リサイクル法（容器包装に係る分
　　別収集及び再商品化の促進等に関する
　　法律）……………………………197, 216
四日市公害訴訟 …………………………185
四大公害病 ………………………………182

【ら】

ラブキャナル事件 ………………………223
リオ宣言 …………………………………193
リコール保険 → 生産物回収費用保険 …143,
　　154, 155
リスクコミュニケーション ……212, 213, 231
リステイトメント ……………………111, 112
レスポンシブル・ケア (RC) 活動 …202, 212
レッカーケルク事件 ……………………223
連帯責任法理 ……………………………115
労災保険（労働者災害補償保険）…………276,
　　287, 288
労働安全衛生法 ……………………263, 284
労働基準法 ………………………………284
労働災害総合保険 …………………287, 288

【わ】

ワールドコム (Worldcom) ……………2, 3, 20

■著者略歴

赤堀　勝彦（あかほり　かつひこ）
　1964年3月　早稲田大学商学部卒業
　1964年4月　日本火災海上保険株式会社（現日本興亜損害保険株式会社）入社
　　　　　　ニューヨーク駐在員事務所長，能力開発部主管等を経て
　2002年4月　長崎県立大学経済学部教授
　2007年4月　長崎県立大学名誉教授
　　　　　　神戸学院大学法学部教授（現在に至る）

主要(共)著書
『保険用語小辞典』（共著，経済法令研究会，1994年）
『損害保険の基礎』（経済法令研究会，1995年）
『生命保険の基礎』（共著，経済法令研究会，1996年）
『企業リスクマネジメント・損害保険』（ダイヤモンド社，1997年）
『リスクと保険』（経済法令研究会，2001年）
『ベーシック貿易取引』〔第4版〕（共著，経済法令研究会，2002年）
『リスクマネジメントと保険の基礎』（経済法令研究会，2003年）
『最近のリスクマネジメントと保険の展開』（ゆうり書房，2005年）
『キャリアデザイン―充実した人生を送るためのリスクマネジメント―』（三光，2007年）
『企業リスクマネジメントの理論と実践』（三光，2008年）ほか

Horitsu Bunka Sha

神戸学院大学法学研究叢書18

2010年7月31日　初版第1刷発行

企業の法的リスクマネジメント

著　者　赤堀勝彦

発行者　秋　山　　泰

発行所　株式会社　法律文化社

〒603-8053　京都市北区上賀茂岩ヶ垣内町71
電話 075 (791) 7131　FAX 075 (721) 8400
URL: http://www.hou-bun.co.jp/

©2010　Katsuhiko Akabori　Printed in Japan
印刷：㈱太洋社／製本：㈱藤沢製本
装幀　奥野　章
ISBN978-4-589-03275-1

神戸学院大学法学研究叢書

❶ 離婚と互責──アメリカ諸州離婚法への展望　　村井　衡平　　1987年4月(日本評論社)

❷ 行政上の確約の法理　　乙部　哲郎　　1988年8月(日本評論社)

❸ 投資者保護の法理　　森田　章　　1990年7月(日本評論社)

㊵ 仁保事件救援運動史──命と人権はいかにして守られたか　　播磨　信義　　1992年9月(日本評論社)

❹ オーストラリアの内政と外交・防衛政策　　岩本祐二郎　　1993年5月(日本評論社)

❺ 表示責任と契約法理　　藤田　寿夫　　1994年4月(日本評論社)

❻ 海洋法研究　　林　久茂　　1995年6月(日本評論社)

❼ 地方選挙──英国、日本、ヨーロッパ　　中村　宏　　1996年3月(日本評論社)

❽ 医療と法と生命倫理　　石原　明　　1997年1月(日本評論社)

❾ 銀行取引の法理と実際　　西尾　信一　　1998年3月(日本評論社)

❿ 公共施設の利用と管理──海浜と道路を中心に　　荏原　明則　　1999年9月(日本評論社)

⓫ 性同一性障害と法　　大島　俊之　　2002年6月(日本評論社)

⓬ 労働市場法の改革　　馬渡淳一郎　　2003年2月(日本評論社)

⓭ 日本型政策評価としての事務事業評価　　窪田　好男　　2005年2月(日本評論社)

⓮ 政党国家論と国民代表論の憲法問題　　上脇　博之　　2005年12月(日本評論社)

⓯ 請求権代位の法理──保険代位論序説　　岡田　豊基　　2007年12月(日本評論社)

⓰ 《9・11》の衝撃とアメリカの「対テロ戦争」法制──予防と監視　　岡本　篤尚　　2009年1月(法律文化社)

⓱ 日中通商交渉の政治経済学　　焦　従勉　　2009年3月(京都大学学術出版会)